# 資治通鑑

第十三册

唐高祖武德元年戊寅　起
唐高宗永徽六年乙卯九月止

卷一百八十五
至一百九十九

中華書局

# 資治通鑑卷第一百八十五

端明殿學士兼翰林侍讀學士太中大夫提舉西京嵩山崇福宮上柱國河內郡開國公食邑二千二百戶食實封九百戶賜紫金魚袋臣 司馬光 奉敕編集

後學天台 胡三省 音註

## 唐紀一

起著雍攝提格（戊寅）正月，盡七月，不滿一年。

唐，古國名。陸德明曰：周成王母弟叔虞封於唐，其地帝堯、夏禹所都之墟。漢曰太原郡，在古冀州太行、恆山之西，太原、太岳之野。李唐之先，李虎與李弼等八人佐周伐魏有功，皆爲柱國，號八柱國家。周閔帝受魏禪，虎已卒，乃追錄其功，封唐國公，生子昞，襲封。昞生淵，襲封，起兵克長安，進封唐王，遂受隋禪，國因號曰唐。

### 高祖神堯大聖光孝皇帝上之上

諱淵，字叔德，本隴西成紀人。七世祖暠王西涼，是爲涼武昭王。至曾孫熙家于武川；熙孫虎，從周文帝，始家長安。

**武德元年**（戊寅、六一八）是年五月受隋禪，始改元。

1 **春，正月，丁未朔，隋恭帝詔唐王劍履上殿，贊拜不名。** 隋志：按漢自天子至于百官無不佩刀。蔡謨議云：大臣優禮者皆劍履上殿，非侍臣解之，蓋防刃也。近代以木，未詳所起；東齊著令，謂爲象劍，言象於劍。周武帝時，百官燕會，並帶刀升座。至開皇初，因襲舊式，朝服升殿，亦不解焉。十二年，因蔡徵上事，始制凡朝會應登殿坐者，劍履俱脫；其不坐者，敕召奏事，及須升殿，亦就席解劍乃登。納言、黃門、內史令、侍郎、舍人既夾侍之官則不脫，其劍皆眞刃非假。又，準晉咸康元年定令，故事自天子以下皆衣冠帶劍，今天子則玉具火珠鏢首，惟侍臣帶劍上殿；自王公已下，非殊禮，引升殿，皆就席，解而後升。複下曰舄，單下曰履。諸非侍臣，皆脫履升殿。舄唯冕服及具服著之；履則諸服皆用。凡朝會贊拜，則曰某官某；不名，亦殊禮也。上，時掌翻。鏢，紕招翻。

唐王既克長安，以書諭諸郡縣，於是東自商洛，隋志：商洛縣屬上洛郡，取商山、洛水以名縣也。南盡巴、蜀，郡縣長吏及盜賊渠帥、氐、羌酋長，爭遣子弟入見請降，有司復書，日以百數。長，知兩翻。帥，所類翻。酋，才由翻。見，賢遍翻。降，戶江翻。

2 王世充既得東都兵，進擊李密於洛北，敗之，敗，補邁翻。遂屯鞏北。鞏縣之北。辛酉，世充命諸軍各造浮橋渡洛擊密，橋先成者先進，前後不一。虎賁郎將王辯破密外柵，賁，音奔。將，卽亮翻。密營中驚擾，將潰；世充不知，鳴角收衆，密因帥敢死士乘之，帥，讀曰率。世充大敗，爭橋溺死者萬餘人。溺，奴狄翻。王辯死，世充僅自免，洛北諸軍皆潰。世充不敢入東都，北趣河陽。趣，七喩翻，又逡須翻。是夜，疾風寒雨，軍士涉水沾濕，道路凍死者又以萬數。世充獨與數千人至河陽，考異曰：隋書、北史李密傳曰：「世充復移營洛北，南對鞏縣，其後遂於洛水造浮橋，悉衆以擊密。密出擊之，官軍稍卻，自相陷溺者數萬人；世充僅而獲免，不敢還東都，遂走河陽。其夜，雨雪尺餘，衆隨之者死亡殆盡。」王世充傳曰：「充敗績，赴水溺死者萬餘人。時天寒大雪，兵士既渡水，衣皆霑濕，在道凍死者又數萬人。」蒲山公傳曰：「世充移營就洛水之北，與密隔洛水以相望；密乃築長城，掘深塹，周迴七十里以自固。十五日，世充與密戰於石窟寺東，密軍退敗，世充渡洛水以乘之，逼倉城爲營塹，密縱兵疾戰，世充兵馬棄仗奔亡，沉溺死者不可勝數。密又令露布上府曰：『世充以今月十一日平旦屯兵洛北，偷入月城。其月十五日，世充及王辯才等又於倉城北偷渡水南，敢逼城堞。』」河洛記曰：「十六日，「充與密戰於石窟寺東。」又曰：「其夜，遇風寒疾雨，士卒凍死，十不存一，充脫身宵遁，直向河陽。」餘如蒲山公傳。略記曰：「辛酉，王世充等移兵洛北，仍令諸軍臨岸布兵，軍別造浮橋，橋先成者輒渡。既前後不一，而李密伏發，我師敗績，爭橋赴水溺死者十五六。」雜記曰：「十二月，越王遣太常少卿韋霽等率留守兵三萬並受世充節度；」又曰：「王辯縱等敗，衆軍亦潰，爭橋赴水，死者太半，王辯縱等皆沒，唯世充敗免，與數百騎奔大通城，敗兵得還者，於道遭大雨，凍死者六七千人。世充停留大通十餘日，懼罪不還。十四年，正月，越王遣世充兄世惲往大通慰諭，赦世充喪師之罪。」按李道玄勸進於李密表云：「于時律始太蔟，未宜霢霂，而澍雨忽降，凍殕將盡。」今參取衆書，日從蒲山公傳，雨從河洛記。自繫獄請罪，越王侗遣使赦之，侗，他紅翻。使，疏吏翻。召還東都，賜金帛、美女以安其意。世充收合亡散，得萬餘人，屯含嘉城，含嘉城，蓋在都城之北。按舊書王世充傳，含嘉，倉城也。不敢復出。復，扶又翻。

密乘勝進據金墉城，脩其門堞、廬舍而居之，堞，達協翻。鉦鼓之聲，聞於東都；聞，音問。未幾，擁兵三十萬，陳於北邙，陳，讀曰陣。南逼上春門。乙丑，金紫光祿大夫段達、民部尚書韋津出兵拒之；達望見密兵盛，懼而先還，密縱兵乘之，軍遂潰，韋津死。考異曰：隋書列傳不言戰日。蒲山公傳此戰在四月九日。略記亦云：「四月，乙未，李密率衆北據邙山，南接上春門。段達、韋津等出兵拒之，兵未交而達懼，先還入城，軍遂潰亂。」乙未，二十一日也。今據河洛記，「正月十九日，世充又與密戰於上春門外，韋津沒焉。」又，二月，房彥藻與竇建德書亦云「幕府以去月十九日親董貔虎，西取洛邑。」其蒲山公傳四月已後月日，與事多差互不合。今日從河洛記，事從略記及隋段達傳。於是偃師、柏谷及河陽都尉獨孤武都、檢校河內郡丞柳燮、職方郎柳續等隋制：職方郎，屬兵部尚書。各舉所部降於密。竇建德、朱粲、孟海公、徐圓朗等並遣使奉表勸進，降，戶江翻。使，疏吏翻。考異曰：河洛記云：「盧祖尚亦通表於密。」按祖尚本起兵爲隋，事恐不爾。今不取。密官屬裴仁基等亦上表請正位號，上，時掌翻。密曰：「東都未平，不可議此。」

3 戊辰，唐王以世子建成爲左元帥，秦公世民爲右元帥，帥，所類翻。督諸軍十餘萬人救東都。

4 東都乏食，太府卿元文都等募守城不食公糧者進散官二品；於是商賈執象而朝者，不可勝數。象者，象笏也；西魏以來，五品已上通用象牙。賈，音古。朝，直遙翻。勝，音升。

5 二月，己卯，唐王遣太常卿鄭元璹將兵出商洛，徇南陽，煬帝改鄧州爲南陽郡。璹，殊玉翻。左領軍府司馬安陸馬元規徇安陸及荊、襄。隋十二衞府各有長史、司馬。煬帝改安州爲安陸郡；荊州，南郡；襄州，襄陽郡。

6 李密遣房彥藻、鄭頲等頲，他鼎翻。東出黎陽，分道招慰州縣。以梁郡太守楊汪爲上柱國、宋州總管，煬帝改宋州爲梁郡。守，式又翻。又以手書與之曰：「昔在雍丘，曾相追捕，事見一百八十三卷大業十二年。射鉤斬袪，不敢庶幾。」管仲射齊桓公中帶鉤，桓公用之以相。晉、寺人披伐公子重耳，斬其袪，文公不怨。今以袪爲袂。射，而亦翻。幾，居希翻。汪遣使往來通意，密亦羈縻待之。使，疏吏翻。彦藻以書招竇建德，使來見密。建德復書，卑辭厚禮，託以羅藝南侵，請捍禦北垂。彦藻還，至衞州，賊帥王德仁邀殺之。帥，所類翻；下同。德仁有衆數萬，據林慮山，衞州，隋爲汲郡。林慮山，在魏郡林慮縣。慮，音盧。四出抄掠，爲數州之患。抄，楚交翻。

7 三月，己酉，以齊公元吉爲鎮北將軍、考異曰：創業注，改太原留守爲鎮北府，在去年十二月己巳。蓋因元吉進封齊公言之耳。今從實錄。太原道行軍元帥、都督十五郡諸軍事，聽以便宜從事。

8 隋煬帝至江都，大業十二年，煬帝至江都。荒淫益甚，宮中爲百餘房，各盛供張，張，竹亮翻。實以美人，日令一房爲主人。江都郡丞趙元楷掌供酒饌，饌，雛戀翻，又雛皖翻。帝與蕭后及幸姬歷就宴飲，酒巵不離口，從姬千餘人亦常醉。離，力智翻。從，才用翻。然帝見天下危亂，意亦擾擾不自安，退朝則幅巾短衣，策杖步遊，徧歷臺館，非夜不止，汲汲顧景，唯恐不足。

帝自曉占候卜相，好爲吳語；朝，直遙翻。相，息亮翻。好，呼到翻。常夜置酒，仰視天文，謂蕭后曰：「外間大有人圖儂，吳人率自稱曰儂。然儂不失爲長城公，卿不失爲沈后，長城公，陳叔寶。叔寶后沈氏。且共樂飲耳！」樂，音洛。因引滿沈醉。沈，持林翻。又嘗引鏡自照，顧謂蕭后曰：「好頭頸，誰當斫之！」后驚問故，帝笑曰：「貴賤苦樂，更迭爲之，樂，音洛。更，工衡翻。亦復何傷！」復，扶又翻。

帝見中原已亂，無心北歸，欲都丹陽，帝改蔣州爲丹陽郡，蓋欲都建康也。考異曰：大業記：「帝欲南巡會稽。」今從隋書。保據江東，命羣臣廷議之，內史侍郎虞世基等皆以爲善；右候衞大將軍李才極陳不可，請車駕還長安，與世基忿爭而出。門下錄事衡水李桐客曰：隋制，門下省置錄事、通事、令史各六人。衡水縣屬信都郡，開皇十六年分信都北界、武邑西界、下博南界置。宋白曰：衡水縣，本漢桃縣。「江東卑濕，土地險狹，內奉萬乘，外給三軍，民不堪命，亦恐終散亂耳。」御史劾桐客謗毀朝政。乘，繩證翻。劾，戶概翻，又戶得翻。朝，直遙翻。於是公卿皆阿意言：「江東之民望幸已久，陛下過江，撫而臨之，此大禹之事也。」禹南巡狩，會諸侯於會稽。乃命治丹陽宮，將徙都之。治，直之翻。

時江都糧盡，從駕驍果多關中人，從，才用翻。驍，堅堯翻。久客思鄉里，見帝無西意，多謀叛歸，郎將竇賢遂帥所部西走，將，卽亮翻；下同。帥，讀曰率。帝遣騎追斬之，騎，奇寄翻。而亡者猶不止，帝患之。虎賁郎將扶風司馬德戡素有寵於帝，賁，音奔。戡，音堪。帝使領驍果屯於東城，德戡與所善虎賁郎將元禮、直閤裴虔通謀曰：煬帝制左、右監門府有直閤各六人，正五品。「今驍果人人欲亡，我欲言之，恐先事受誅；先，悉薦翻。不言，於後事發，亦不免族滅，柰何？又聞關內淪沒，李孝常以華陰叛，事見上卷上年。華，戶化翻。上囚其二弟，欲殺之。我輩家屬皆在西，能無此慮乎！」二人皆懼，曰：「然則計將安出？」德戡曰：「驍果若亡，不若與之俱去。」二人皆曰：「善！」因轉相招引，內史舍人元敏、虎牙郎將趙行樞、鷹揚郎將孟秉、符璽郎牛【章：十二行本「牛」上有「李覆」二字；乙十一行本同；孔本同；張校同。】方裕、直長許弘仁、薛世良、城門郎唐奉義、醫正張愷、勳侍楊士覽等隋初，門下省統城門、尚食、尚藥、符璽、御府、殿內等六局，各有直長。煬帝以城門、尚食、尚藥、御府等五局隸殿內省；改符璽監爲郎；城門置校尉，後又改校尉爲城門郎；又置司醫、醫佐等官。意者醫正卽司醫也。勳侍，三侍之一也。璽，斯氏翻。長，知兩翻。皆與之同謀，日夜相結約，於廣座明論叛計，無所畏避。有宮人白蕭后曰：「外間人人欲反。」后曰：「任汝奏之。」宮人言於帝，帝大怒，以爲非所宜言，斬之。其後宮人復白后，復，扶又翻。后曰：「天下事一朝至此，無可救者，何用言之，徒令帝憂耳！」令，力丁翻。自是無復言者。

趙行樞與將作少監宇文智及素厚，少，始照翻。楊士覽，智及之甥也，二人以謀告智及；智及大喜。德戡等期以三月望日結黨西遁，智及曰：「主上雖無道，威令尚行，卿等亡去，正如竇賢取死耳。今天實喪隋，喪，息浪翻。英雄並起，同心叛者已數萬人，因行大事，此帝王之業也。」德戡等然之。行樞、薛世良請以智及兄右屯衛將軍許公化及爲主，結約既定，乃告化及。化及性駑怯，聞之，變色流汗，既而從之。考異曰：蒲山公傳曰：「趙行樞、楊士覽以司馬德戡謀告化及，化及兄弟聞之大喜，因引德戡等相見。士及說德戡等曰：『足下等因百姓之心，謀非常之事，直欲走逃，故非長策。』德戡曰：『爲之柰何？』士及曰：『官家雖言無道，臣下尚畏服之，聞公叛亡，必急相追捕，竇賢之事，殷鑒在近。不如嚴勒士馬，攻其宮闕，因人之欲，稱廢昏凶，事必克成；然後詳立明哲，天下可安，吾徒無患矣。勳庸一集，公等坐延榮禄。縱事不成，威聲大振，足得官家膽懾，不敢輕相追討，遲疑之間，自延數日，比其議定，公等行亦已遠。如此，則去住之計，俱保萬全，不亦可乎！』德戡等大悅曰：『明哲之望，豈惟楊家，衆心實在許公，故是人天協契。』士及佯驚曰：『此非意所及，但與公等思救命耳。』」革命記曰：「帝知曆數將窮，意欲南渡江水；咸言不可。帝知朝士不欲渡，乃將毒藥醞酒二十石，擬三月十六日爲宴會而酖殺百官。南陽公主恐其夫死，乃陰告之，而事泄，爲此，始謀害帝以免禍。並是兇逆之旅妄搆此詞。于時上下離心，人懷異志，帝深猜忌，情不與人，醞若不虛，藥須分付，有處遣何人！併醞二十石藥酒，必其酒有酖毒，一石堪殺千人。審欲擬殺羣寮，謀之者必有三五，衆謀自然早泄，豈得獨在南陽！只是虔通等恥有殺害之名，推過惡於人主耳！」隋書化及傳云：「化及弒逆，士及在公主第，弗之知也。智及遣家僮莊桃樹就第殺之，桃樹不忍，執詣智及。久之，乃見釋。」南陽公主傳責士及云：「但謀逆之日，察君不預知耳。」舊唐書士及傳云：「化及謀逆，以其主壻，深忌之而不告。」按士及仕唐爲宰相，隋書亦唐初所脩，或者史官爲士及隱惡。賈、杜二書之言亦似可信，但杜儒童自知醞藥酒爲虛，則南陽陰告之事亦非其實。如賈潤甫之說，則弒君之謀皆出士及，而智及爲良人矣。今且從隋書而删去莊桃樹事及南陽之語，庶幾疑以傳疑。

德戡使許弘仁、張愷入備身府，帝改左、右領左右府爲左、右備身府。告所識者云：「陛下聞驍果欲叛，多醞毒酒，欲因享會，盡鴆殺之，獨與南人留此。」驍果皆懼，轉相告語，語，牛倨翻。反謀益急。乙卯，德戡悉召驍果軍吏，諭以所爲，皆曰：「唯將軍命！」是日，風霾晝昏。

霾，亡皆翻，雨土也。晡後，德戡盜御廐馬，潛厲兵刃。是夕，元禮、裴虔通直閤下，專主殿內；唐奉義主閉城門，與虔通相知，諸門皆不下鍵。鍵，戶偃翻。陳楚謂戶鑰牡爲鍵。至三更，更，工衡翻。德戡於東城集兵得數萬人，舉火與城外相應。帝望見火，且聞外諠囂，問何事。虔通對曰：「草坊失火，外人共救之耳。」時內外隔絕，帝以爲然。智及與孟秉於城外集千餘人，此城外，謂江都宮城之外。劫候衛虎賁馮普樂布兵分守衢巷。左、右候衛，主晝夜巡察，故劫之。普樂，蓋虎賁郎將。賁，音奔。樂，音洛。燕王倓覺有變，倓，元德太子昭之子，代王侑之弟。倓，徒甘翻。夜，穿芳林門側水竇而入，至玄武門，詭奏曰：「臣猝中風，中，竹仲翻。命懸俄頃，請得面辭。」裴虔通等不以聞，執囚之。丙辰，天未明，德戡授虔通兵，以代諸門衛士。虔通自門將數百騎至成象殿，將，卽亮翻。騎，奇寄翻。宿衛者傳呼有賊，虔通乃還，閉諸門，獨開東門，驅殿內宿衛者令出，皆投仗而走。右屯衛將軍獨孤盛謂虔通曰：「何物兵勢太異！」虔通曰：「事勢已然，不預將軍事；將軍愼毋動！」盛大罵曰：「老賊，是何物語！」不及被甲，與左右十餘人拒戰，爲亂兵所殺。被，皮義翻。考異曰：蒲山公傳：「裴虔通於成象殿前遇將軍獨孤盛，時內直宿，陳兵廊下以拒之。詬曰：『天子在此，爾等何敢兇逆！』叱兵接戰，兵皆倒戈。虔通謂盛曰：『公何暗於機會，恐他人以公爲勳耳。』盛叱之曰：『國家榮寵盛者，正擬今日；且宿衛天居，唯當效之以死！』注弦不動。俄爲亂兵所擊，斃於階下。」略記：「詰旦，諸門已開，而外傳叫有賊。虔通乃還閉諸門，唯開正東一門，而驅殿內執仗者出，莫不投仗亂走。屯衞大將軍獨孤盛揮刀叱之曰：『天子在此，爾等走欲何之！』然亂兵交萃，俄而斃於階下。」今從隋書，亦采略記。盛，楷之弟也。獨孤楷，見一百七十九卷文帝仁壽二年。千牛獨孤開遠煬帝制千牛十六人，掌執千牛刀，屬領左右府。開遠，獨孤后之兄子。帥殿內兵數百人詣玄覽門，叩閤請曰：「兵仗尚全，猶堪破賊。陛下若出臨戰，人情自定；不然，禍今至矣。」竟無應者，軍士稍散。賊執開遠，義而釋之。先是，帝選驍健官奴數百人置玄武門，先，悉薦翻。謂之給使，以備非常，待遇優厚，至以宮人賜之。司宮魏氏爲帝所信，司宮，蓋卽尚宮之職。化及等結之使爲內應。是日，魏氏矯詔悉聽給使出外，倉猝際制無一人在者。

德戡等引兵自玄武門入，帝聞亂，易服逃於西閣。虔通與元禮進兵排左閤，魏氏啓之，遂入永巷，問：「陛下安在？」有美人出，指之。校尉令狐行達拔刀直進，校，戶教翻。令，音鈴。帝映窗扉謂行達曰：「汝欲殺我邪？」邪，音耶。對曰：「臣不敢，但欲奉陛下西還耳。」因扶帝下閣。還，從宣翻，又音如字。虔通，本帝爲晉王時親信左右也，帝見之，謂曰：「卿非我故人乎！何恨而反？」對曰：「臣不敢反，但將士思歸，欲奉陛下還京師耳。」將，卽亮翻。帝曰：「朕方欲歸，正爲上江米船未至，夏口以上爲上江。爲，于僞翻。今與汝歸耳！」虔通因勒兵守之。

至旦，孟秉以甲騎迎化及，騎，奇寄翻；下同。化及戰栗不能言，人有來謁之者，但俛首據鞍稱罪過。罪過，今世俗謙謝之辭。俛，音免。化及至城門，宮城門也。德戡迎謁，引入朝堂，號爲丞相。朝，直遙翻；下同。號，戶刀翻，呼也。裴虔通謂帝曰：「百官悉在朝堂，陛下須親出慰勞。」勞，力到翻。進其從騎，逼帝乘之；從，才用翻。帝嫌其鞍勒弊，更易新者，乃乘之。虔通執轡挾刀出宮門，賊徒喜譟動地。化及揚言曰：「何用持此物出，亟還與手。」與手，魏、齊間人率有是言，言與之毒手而殺之也。宋孝建初，薛安都助順有大功。從弟道生亦以軍功爲大司馬參軍；犯罪，爲秣陵令薛淑之所鞭。安都大怒，乘馬執矟，從數十人，欲往殺淑之。行至朱雀航，逢柳元景問何之，安都曰：「薛淑之鞭我從弟，指往刺殺之。」元景曰：「小子無宜適，卿往與手甚快！」安都既回馬，元景復呼使入車，讓止之。此與手之徵也。亟，紀力翻。帝問：「世基何在？」賊黨馬文舉曰：「已梟首矣！」於是引帝還至寢殿，虔通、德戡等拔白刃侍立。帝歎曰：「我何罪至此？」文舉曰：「陛下違棄宗廟，巡遊不息，外勤征討，內極奢淫，使丁壯盡於矢刃，女弱塡於溝壑，四民喪業，喪，息浪翻。盜賊蠭起；專任佞諛，飾非拒諫：何謂無罪！」帝曰：「我實負百姓；至於爾輩，榮祿兼極，何乃如是！今日之事，孰爲首邪？」邪，音耶。德戡曰：「溥天同怨，何止一人！」化及又使封德彝數帝罪，數，所具翻，又所主翻。帝曰：「卿乃士人，何爲亦爾？」德彝赧然而退。帝愛子趙王杲，年十二，在帝側，號慟不已，虔通斬之，血濺御服。赧，奴板翻，慚而面赤也。號，戶刀翻。濺，子賤翻。賊欲弒帝，帝曰：「天子死自有法，何得加以鋒刃！取鴆酒來！」文舉等不許，使令狐行達頓帝令坐。帝自解練巾授行達，縊殺之。令，力丁翻。縊，於賜翻，又於計翻，絞也。考異曰：蒲山公傳、河洛記皆云「于洪達縊帝。」今從隋書及略記。初，帝自知必及於難，常以罌貯毒藥自隨，難，乃旦翻。罌，於耕翻。貯，丁呂翻。謂所幸諸姬曰：「若賊至，汝曹當先飲之，然後我飲。」及亂，顧索藥，索，山客翻。左右皆逃散，竟不能得。蕭后與宮人撤漆牀板爲小棺，與趙王杲同殯於西院流珠堂。

帝每巡幸，常以蜀王秀自隨，囚於驍果營。化及弒帝，欲奉秀立之，衆議不可，乃殺秀及其七男。又殺齊王暕及其二子幷燕王倓，隋氏宗室、外戚，無少長皆死。暕，古限翻。驍，堅堯翻。少，詩沼翻。長，知兩翻。唯秦王浩素與智及往來，且以計全之。浩，秦王俊之子。齊王暕素失愛於帝，暕失愛事始一百八十一卷大業四年。恆相猜忌，帝聞亂，顧蕭后曰：「得非阿孩邪？」暕，小字阿孩。恆，戶登翻。化及使人就第誅暕，暕謂帝使收之，曰：「詔使且緩兒，使，疏吏翻。兒不負國家！」賊曳至街中，斬之，暕竟不知殺者爲誰，父子至死不相明。又殺內史侍郎虞世基、御史大夫裴蘊、左翊衞大將軍來護兒、祕書監袁充、右翊衞將軍宇文協、千牛宇文皛、皛，戶了翻。梁公蕭鉅等及其子。鉅，琮之弟子也。蕭琮，故梁主。琮，藏宗翻。

難將作，江陽長張惠紹馳告裴蘊，江陽縣，帶江都郡，舊廣陵也，大業初更名。長，知兩翻。與惠紹謀矯詔發郭下兵收化及等，扣門援帝。「與」上更有「蘊」字，文意乃明。議定，遣報虞世基；世基疑告反者不實，抑而不許。須臾，難作，難，乃旦翻。蘊歎曰：「謀及播郎，竟誤人事！」播郎，虞世基小字。虞世基宗人伋謂世基子符璽郎熙曰：「事勢已然，吾將濟卿南渡，同死何益！」熙曰：「棄父背君，璽，斯氏翻。背，蒲妹翻。求生何地！感尊之懷，尊，謂伋也。自此決矣！」世基弟世南抱世基號泣請【章：十二行本「請」下有「以身」二字；乙十一行本同；孔本同；張校同。】代，化及不許。號，戶刀翻。黃門侍郎裴矩知必將有亂，雖廝役皆厚遇之，廝，音斯。今人讀如瑟。又建策爲驍果娶婦；事見上卷上年。爲，于僞翻。及亂作，賊皆曰：「非裴黃門之罪。」既而化及至，矩迎拜馬首，故得免。化及以蘇威不預朝政，亦免之。朝，直遙翻。威名位素重，往參化及；化及集衆而見之，曲加殊禮。百官悉詣朝堂賀，給事郎許善心獨不至。許弘仁馳告之曰：「天子已崩，宇文將軍攝政，闔朝文武咸集，朝，直遙翻。天道人事自有代終，何預於叔而低回若此！」善心怒，不肯行。弘仁反走上馬，泣而去。化及遣人就家擒至朝堂，既而釋之。善心不舞蹈而出，化及怒曰：「此人大負氣！」復命擒還，殺之。其母范氏，年九十二，撫柩不哭，曰：「能死國難，吾有子矣！」因臥不食，十餘日而卒。上，時掌翻。復，扶又翻。柩，音舊。難，乃旦翻。卒，子恤翻。唐王之入關也，張季珣之弟仲琰爲上洛令，張季珣死節，見上卷上年。上洛縣，隋帶上洛郡。帥吏民拒守，部下殺之以降。帥，讀曰率。降，戶江翻。宇文化及之亂，仲琰弟琮爲千牛左右，隋制，領左右府有千牛左右，司射左右。化及殺之，兄弟三人皆死國難，時人愧之。

化及自稱大丞相，總百揆。以皇后令立秦王浩爲帝，居別宮，令發詔畫敕書而已，仍以兵監守之。令，力丁翻。監，古銜翻。化及以弟智及爲左僕射，士及爲內史令，裴矩爲右僕射。

9 乙卯，徙秦公世民爲趙公。

10 戊辰，隋恭帝詔以十郡益唐國，仍以唐王爲相國，總百揆，唐國置丞相以下官，又加九錫。王謂僚屬曰：「此謟諛者所爲耳。孤秉大政而自加寵錫，可乎！必若循魏、晉之迹，彼皆繁文僞飾，欺天罔人；考其實不及五霸，而求名欲過三王，此孤常所非笑，竊亦恥之。」或曰：「歷代所行，亦何可廢！」王曰：「堯、舜、湯、武，各因其時，取與異道，皆推其至誠以應天順人，未聞夏、商之末必效唐、虞之禪也。若使少帝有知，必不肯爲；少，詩照翻。若其無知，孤自尊而飾讓，平生素心所不爲也。」但改丞相爲相國府，其九錫殊禮，皆歸之有司。

11 宇文化及以左武衛將軍陳稜爲江都太守，綜領留事。守，式又翻。壬申，令內外戒嚴，云欲還長安。皇后六宮皆依舊式爲御營，營前別立帳，化及視事其中，仗衛部伍，皆擬乘輿。乘，繩證翻。奪江都人舟檝，取彭城水路西歸。煬帝改徐州爲彭城郡。檝，與楫同。以折衝郎將沈光驍勇，煬帝置折衝郎將，正四品，掌領驍果，屬領左右府。將，卽亮翻；下同。驍，堅堯翻。使將給使營於禁內。既立御營，以御營之內爲禁內。行至顯福宮，虎賁郎將麥孟才、虎牙郎錢傑煬帝制十二衞府，每衞置護軍四人，掌副貳將軍；尋改護軍爲虎賁郎將，而置虎牙郎將副焉。「虎牙郎」下當有「將」字。與光謀曰：「吾儕受先帝厚恩，今俛首事讎，受其驅帥，儕，士皆翻。俛，音免。帥，讀曰率；下同。何面目視息世間哉！吾必欲殺之，死無所恨！」光泣曰：「是所望於將軍也。」孟才乃糾合恩舊，恩舊，與之有舊恩者。帥所將數千人，期以晨起將發時襲化及。語洩，帥，讀曰率。洩，息列翻。化及夜與腹心走出營外，留人告司馬德戡等，使討之。光聞營內諠，知事覺，卽襲化及營，空無所獲，值內史侍郎元敏，數而斬之。數，所具翻，又所主翻。德戡引兵入圍之，殺光，其麾下數百人皆鬭死，一無降者，降，戶江翻。孟才亦死。孟才，鐵杖之子也。鐵杖死於度遼之役。

12 武康沈法興，隋志，武康縣屬餘杭郡。劉昫曰：吳分烏程、餘杭二縣立永安縣，晉改爲永康，又改爲武康；唐分屬湖州。世爲郡著姓，宗族數千家。法興爲吳興太守，守，式又翻。聞宇文化及弑逆，舉兵以討化及爲名，考異曰：太宗實錄、舊唐帝紀：「二月法興據丹陽起兵。」按法興起兵討化及，當在弑逆後。比至烏程，得精卒六萬，遂攻餘杭、毗陵、丹陽，皆下之；按烏程縣帶吳興郡。沈法興旣爲吳興守，而云舉兵至烏程者，法興傳云：大業末，法興爲吳興郡守，東陽賊樓世幹略其郡，煬帝詔法興與太僕丞元祐討之。義寧二年，江都亂，法興執祐舉兵，名討宇文化及。三月，發東陽，行收兵，趨江都，下餘杭，比至烏程，衆六萬。如此，則自東陽至烏程也。比，必寐翻。據江表十餘郡，自稱江南道大總管，承制置百官。

13 陳國公竇抗，唐王之妃兄也，煬帝使行長城於靈武；行，循行也，音下孟翻。聞唐王定關中，癸酉，帥靈武、鹽川等數郡來降。煬帝改靈州爲靈武郡，鹽州爲鹽川郡。帥，讀曰率。

14 夏，四月，稽胡寇富平，隋志，富平縣屬京兆郡。杜佑曰：稽胡，一名步落稽，蓋匈奴別種，自離石以西，安定以東，方七、八百里。將軍王師仁擊破之。又五萬餘人寇宜春，相國府諮議參軍竇軌將兵討之，戰於黃欽山。「宜春」，當作「宜君」。隋志，宜君縣屬京兆郡，有清水。水經註：清水出雲陽縣之石門山，東南流逕黃嶔山西。將，即亮翻；下同。稽胡乘高縱火，官軍小卻；軌斬其部將十四人，拔隊中小校代之，勒兵復戰。校，戶教翻。復，扶又翻。軌自將數百騎居軍後，令之曰：「聞鼓聲有不進者，自後斬之！」既而鼓之，將士爭先赴敵，稽胡射之不能止，騎，奇寄翻。射，而亦翻。遂大破之，虜男女二萬口。

世子建成等至東都，軍於芳華苑；東都閉門不出，遣人招諭，不應。李密出軍爭之，小戰，各引去。城中多欲爲內應者，趙公世民曰：「吾新定關中，根本未固，【章：十二行本「固」下有「懸軍遠來」四字；乙十一行本同；孔本同；張校同；退齋校同。】雖得東都，不能守也。」遂不受。戊寅，引軍還。還，從宣翻，又音如字。世民曰：「城中見吾退，必來追躡。」乃設三伏於三王陵以待之；水經註：三王陵在河南縣西南柏亭東北。三王，或言周景王、悼王、定王也。崔浩曰：「定」，當爲「敬」。子朝作亂，西周政弱人荒，悼、敬二王與景王俱葬於此，故世以三王名陵。段達果將萬餘人追之，遇伏而敗。世民逐北，抵其城下，東都城下。斬四千餘級。遂置新安、宜陽二郡，新安，後周置中州及東垣縣，隋廢州，改縣名。宜陽，後魏置郡，隋開皇初廢爲縣，與新安皆屬河南郡。今並置郡。使行軍總管史萬寶、盛彥師【章：十二行本「師」下有「將兵」二字；乙十一行本同；孔本同。】鎮宜陽，姓苑：後漢西羌傳有北海太守盛苞，其先姓奭，避元帝諱改姓盛。余按戰國策秦有盛橋，則盛姓尚矣。呂紹宗、任瓌將兵鎮新安而還。任，音壬。瓌，古回翻。置二郡，內以蔽關輔，外以圖東都。還，從宣翻，又如字。

16 初，五原通守櫟陽張長遜煬帝改豐州爲五原郡。新唐書：張長遜，京兆櫟陽人。隋志，京兆無櫟陽縣。櫟，音藥。守，式又翻。以中原大亂，舉郡附突厥，突厥以爲割利特勤。郝瑗說薛舉，厥，九勿翻。郝，呼各翻。瑗，子眷翻。說，輸芮翻；下同。與梁師都及突厥連兵以取長安，舉從之。時啓民可汗之子咄苾可，從刊入聲。汗，音寒。咄，當沒翻。苾，毗必翻。號莫賀咄設，建牙直五原之北，舉遣使與莫賀咄設謀入寇；咄，當沒翻。使，疏吏翻；下同。莫賀咄設許之。唐王使都水監宇文歆賂莫賀咄設，開皇初，立都水臺，置使者；大業改爲都水監，改使者爲監。且爲陳利害，止其出兵，又說莫賀咄設遣張長遜入朝，以五原之地歸之中國，莫賀咄設並從之。爲，于僞翻。咄，當沒翻。朝，直遙翻；下同。己卯，武都、宕渠、五原等郡皆降，武都，漢郡，西魏置武州，煬帝復爲郡。宕渠，漢縣，梁置渠州，煬帝改爲宕渠郡。此二郡與五原同日來降，故連書之。宕，徒浪翻。王卽以長遜爲五原太守。守，式又翻。長遜又詐爲詔書與莫賀咄設，示知其謀。莫賀咄設乃拒舉、師都等，不納其使。使，疏吏翻。

17 戊戌，世子建成等還長安。考異曰：創業注在三月。今從太宗實錄。

18 東都號令不出四門，人無固志，朝議郎段世弘等謀應西師。會西師已還，西師，謂建成等之師。還，從宣翻，又音如字。乃遣人招李密，期以己亥夜納之。事覺，越王命王世充討誅之。密聞城中已定，乃還。

19 宇文化及擁衆十餘萬，據有六宮，自奉養一如煬帝。每於帳中南面坐，人有白事者，嘿然不對；下牙，方取啓狀與唐奉義、牛方裕、薛世良、張愷等參決之。劉馮事始曰：兵書曰：牙旗者，將軍之精，凡始建牙，必以制日，制日者，其辰在五行以上剋下之日也。又尚書（緯）曰：門旗二口，色紅，八幅。大將牙門之旗，出引將軍前列。又黃帝出軍決曰：牙旗者，將軍之精；金鼓者，將軍之氣。周禮司常職云：軍旅會同置旌門。夫以旌爲門，卽旗門也，後世軍中遂置牙門將，又有牙兵，典總此名者以押牙爲名。至於官府，早晚軍吏兩謁，亦名爲衙。呼謂旣熟，雖天子正殿受朝謁，亦名正衙。以少主浩付尚書省，令衞士十餘人守之，少，始照翻。遣令史取其畫敕，隋門下省，有錄事、通事、令史各六人。百官不復朝參。至彭城，水路不通，復奪民車牛得二千兩，復，扶又翻。朝，直遙翻。兩，力讓翻。並載宮人珍寶；其戈甲戎器，悉令軍士負之，道遠疲劇，軍士始怨。司馬德戡竊謂趙行樞曰：「君大謬誤我！行樞建言以化及爲主。當今撥亂，必藉英賢；化及庸暗，羣小在側，事將必敗，若之何？」行樞曰：「在我等耳，廢之何難！」初，化及旣得政，賜司馬德戡爵溫國公，加光祿大夫；以其專統驍果，心忌之。後數日，化及署諸將分部士卒，驍，堅堯翻。將，卽亮翻。以德戡爲禮部尚書，外示美遷，實奪其兵柄。德戡由是憤怨，所獲賞賜，皆以賂智及；智及爲之言，乃使之將後軍萬餘人以從。及爲，于僞翻。將，卽亮翻。從，才用翻。於是德戡、行樞與諸將李本、尹正卿、宇文導師等謀，以後軍襲殺化及，更立德戡爲主；遣人詣孟海公，結爲外助，孟海公據曹州。遷延未發，待海公報。許弘仁、張愷知之，以告化及，化及遣宇文士及陽爲遊獵，至後軍，德戡不知事露，出營迎謁，因執之。化及讓之曰：「與公戮力共定海內，出於萬死。今始事成，方願共守富貴，公又何反也？」德戡曰：「本殺昏主，苦其淫虐；推立足下，而又甚之；逼於物情，不得已也。」化及縊殺之，幷殺其支黨十餘人。孟海公畏化及之強，帥衆具牛酒迎之。帥，讀曰率；下同。李密據鞏洛以拒化及，洛水至鞏入河，故曰鞏洛。化及不得西，引兵向東郡，東郡通守王軌以城降之。守，式又翻。降，戶江翻；下同。

20 辛丑，李密將井陘王君廓帥衆來降。隋志，井陘縣屬恆山郡。將，卽亮翻；下同。陘，音刑。帥，讀曰率。考異曰：太宗實錄曰：「王君愕，邯鄲人。君廓寇略邯鄲，君愕往投之，因爲君廓陳井陘之險，勸先往據之。君廓從其言，屯井陘山歲餘。會義師入定關中，乃與君廓率所部萬餘人歸順，拜大將軍。」與君廓事皆出太宗實錄而不同如此。今據高祖實錄。稱李密將王君廓降，從君廓傳。君廓本羣盜，有衆數千人，與賊帥韋寶、鄧豹合軍虞鄉，劉昫曰：虞鄉縣，漢解縣地，後魏分置虞鄉縣，隋志屬河東郡。帥，所類翻。唐王與李密俱遣使招之。使，疏吏翻。寶、豹欲從唐王，君廓僞與之同，乘其無備，襲擊，破之，奪其輜重，重，直用翻。奔李密；密不禮之，復來降，復，扶又翻。拜上柱國，假河內太守。

21蕭銑卽皇帝位，置百官，準梁室故事。謚其從父琮爲孝靖皇帝，謚，神至翻。從，才用翻。祖巖爲河間忠烈王，父璿爲文憲王，璿，音旋。封董景珍等功臣七人皆爲王。遣宋王楊道生擊南郡，下之，徙都江陵，煬帝改荆州爲南郡，江陵帶郡。脩復園廟。引岑文本爲中書侍郎，使典文翰，委以機密。又使魯王張繡徇嶺南，隋將張鎭周、王仁壽等拒之；既而聞煬帝遇弒，皆降於銑。欽州刺史甯長眞亦以鬱林、始安之地附於銑。煬帝改欽州爲寧越郡。長眞刺史，文帝所命也。鬱林郡，梁定州也，後改爲南定州；平陳，改爲尹州；大業初，改爲鬱州，尋改爲郡；又改桂州爲始安郡。漢陽太守馮盎以蒼梧、高涼、珠崖、番禺之地附於林士弘。新唐書馮盎傳曰：隋仁壽初，盎平潮、成叛獠，拜漢陽太守；隋亡，奔還嶺表，據有諸郡。蒼梧郡，梁置成州，開皇初改爲封州，煬帝改爲郡，改高州爲高涼郡；崖州爲珠崖郡。番禺，南海郡治。番，音潘。禺，音愚。銑、士弘各遣人招交趾太守丘和，煬帝改交州爲交趾郡。和不從。銑遣甯長眞帥嶺南之兵自海道攻和，帥，讀曰率；下同。和欲出迎之，司法書佐高士廉煬帝改郡諸司參軍爲書佐。說和曰：「長眞兵數雖多，懸軍遠至，不能持久，城中勝兵足以當之，說，輸芮翻；下同。勝，音升。柰何望風受制於人！」和從之，以士廉爲軍司馬，將水陸諸軍逆擊，破之，將，卽亮翻。長眞僅以身免，盡俘其衆。既而有驍果自江都至，驍，堅堯翻。得煬帝凶問，亦以郡附於銑。士廉，勱之子也。高勱，北齊清河王岳之子。勱，音邁。始安郡丞李襲志，遷哲之孫也，李遷哲見一百七十卷太建二年。隋末，散家財，募士得三千人，以保郡城；蕭銑、林士弘、曹武徹迭來攻之，皆不克。聞煬帝遇弒，帥吏民臨三日。臨，力鴆翻。或說襲志曰：「公中州貴族，按李襲志之先，隴西狄道人，後爲金州安康人。此必出其家傳，以門地自高耳。久臨鄙郡，華、夷悅服。今隋室無主，海內鼎沸，以公威惠，號令嶺表，尉佗之業可坐致也。」尉佗事見漢高帝紀。佗，徒何翻。襲志怒曰：「吾世繼忠貞，今江都雖覆，宗社尚存，尉佗狂僭，何足慕也！」欲斬說者，衆乃不敢言。堅守二年，外無聲援，城陷，爲銑所虜，銑以爲工部尚書，檢校桂州總管。於是東自九江，煬帝改江州爲九江郡。西抵三峽，南盡交趾，北距漢川，此漢川謂漢水以南之地，非漢中之漢川郡。銑皆有之，勝兵四十餘萬。勝，音升。

22 煬帝凶問至長安，唐王哭之慟，曰：「吾北面事人，失道不能救，敢忘哀乎！」

23 五月，山南撫慰使馬元規擊朱粲於冠軍，破之。冠軍縣，屬南陽郡。使，疏吏翻。冠，古玩翻。

24 王德仁既殺房彥藻，事見上二月。李密遣徐世勣討之。德仁兵敗，甲寅，與武安通守袁子幹皆來降，詔以德仁爲鄴郡太守。煬帝改洺州爲武安郡，相州爲魏郡；此又改魏郡爲鄴郡也。守，式又翻。

25 戊午，隋恭帝禪位于唐，遜居代邸。隋開皇元年受禪，歲在辛丑，三主，三十八年而亡。考異曰：創業注此詔在四月，今從實錄。甲子，唐王卽皇帝位于太極殿，卽隋大興殿也；唐既受禪，改爲太極殿。遣刑部尚書蕭造告天於南郊，大赦，改元。改元武德。罷郡，置州，以太守爲刺史。大業三年，改州爲郡。推五運爲土德，色尚黃。

26 隋煬帝凶問至東都，戊辰，留守官奉越王侗卽皇帝位，越王侗，亦元德太子昭子。大赦，改元皇泰。是時於朝堂宣旨，以時鍾金革，朝，直遥翻。說文曰：鍾，當也。公私皆卽日大祥。大祥而禫。追謚大行曰明皇帝，廟號世祖；追尊元德太子曰成皇帝，廟號世宗。尊母劉良娣爲皇太后。以段達爲納言、陳國公，王世充爲納言、鄭國公，隋制，門下省納言二人。元文都爲內史令、魯國公，皇甫無逸爲兵部尚書、杞國公；又以盧楚爲內史令，隋初，內史省置監、令各一人，尋廢監，置令二人。郭文懿爲內史侍郎，趙長文爲黃門侍郎，共掌朝政。長，知兩翻。朝，直遥翻。時人號「七貴」。皇泰主眉目如畫，溫厚仁愛，風格儼然。

27 辛未，突厥始畢可汗遣骨咄祿特勒來，厥，九勿翻。可，從刊入聲。汗，音寒。突厥官子弟曰特勒。咄，當沒翻。宴之於太極殿，奏九部樂。杜佑曰：武德初，因隋舊制，九部樂：一讌樂，二清商，三西涼，四扶南，五高麗，六龜茲，七安國，八疏勒，九康國。前一百八十卷隋大業四年引杜佑註，九部樂與此不同。又考宋祁新唐志：唐有十部樂，有十四國技，以八國入十部；而不明指八國爲何國，此亦異同而難考者也。時中國人避亂者多入突厥，突厥強盛，東自契丹、室韋，西盡吐谷渾、高昌，諸國皆臣之，契，欺訖翻，又音喫。吐，從暾入聲。谷，音浴。控弦百餘萬。帝以初起資其兵馬，前後餉遺，不可勝紀。遺，于季翻。勝，音升。突厥恃功驕倨，每遣使者至長安，多暴橫，使，疏吏翻。橫，戶孟翻。帝優容之。

28 壬申，命裴寂、劉文靜等修定律令。置國子、太學、四門生，合三百餘員，唐六典：國子生，文武官三品已上及國公子孫、從二品已上曾孫。太學生，文武官五品已上及郡・縣公子孫、從三品曾孫。四門生，文武官七品已上及侯、伯、子、男子若庶人子爲俊士生者。後魏劉芳表云：「太和二十年，立四門博士，於四門置學。按禮記云：天子設四學。鄭玄註，周四郊之虞庠也。今以其遼遠，故置於四門，請移與太學同處。」從之。郡縣學亦各置生員。

29 六月，甲戌朔，以趙公世民爲尚書令，黃臺公瑗爲刑部侍郎，黃臺縣公。東魏置黃臺縣於潁川，大業初廢。瑗，于眷翻。相國府長史裴寂爲右僕射、知政事，司馬劉文靜爲納言，司錄竇威爲內史令，李綱爲禮部尚書、參掌選事，長，知兩翻。選，宣絹翻。掾殷開山爲吏部侍郎，掾，于絹翻。屬趙慈景爲兵部侍郎，韋義節爲禮部侍郎，主簿陳叔達、博陵崔民幹並爲黃門侍郎，煬帝改定州爲博陵郡。唐儉爲內史侍郎，錄事參軍裴晞爲尚書左丞；以隋民部尚書蕭瑀爲內史令，禮部尚書竇璡爲戶部尚書，按六典，貞觀二十三年避太宗諱，始改民部尚書爲戶部尚書；史家以後來官名書之也。瑀，音禹。璡，則鄰翻。蔣公屈突通爲兵部尚書，屈，居勿翻。長安令獨孤懷恩爲工部尚書。瑗，上之從子；懷恩，舅子也。從，才用翻。

上待裴寂特厚，羣臣無與爲比，賞賜服玩，不可勝紀；勝，音升。命尚書奉御日以御膳賜寂，「尚書」當作「尚食」，六典：尚食奉御二人，屬殿中省。視朝必引與同坐，入閤則延之臥內；言無不從，稱爲裴監而不名。寂仕隋爲晉陽宫監；親之，以舊官稱之。朝，直遥翻。委蕭瑀以庶政，事無大小，無不關掌。瑀亦孜孜盡力，繩違舉過，人皆憚之，毁之者衆，終不自理。上嘗有敕而内史不時宣行，隋、唐之制，凡王言下内史省，皆宣署申覆而施行之。上責其遲，瑀對曰：「大業之世，内史宣敕，或前後相違，有司不知所從，其易在前，其難在後；臣在省日久，瑀在隋朝爲内史侍郎，故云然。易，以豉翻。備見其事。今王業經始，事繫安危，遠方有疑，恐失機會，故臣每受一敕必勘審，使與前敕不違，始敢宣行，稽緩之愆，實由於此。」上曰：「卿用心如是，吾復何憂！」復，扶又翻。

30 初，帝遣馬元規慰撫山南，南陽郡丞河東呂子臧獨據郡不從；是年二月遣馬元規。元規遣使數輩諭之，使，疏吏翻。皆爲子臧所殺。及煬帝遇弒，子臧發喪成禮，然後請降；拜鄧州刺史，南陽郡復爲鄧州。降，戶江翻；下同。封南郡公。

31 廢大業律令，頒新格。

32 上每視事，自稱名，引貴臣同榻而坐。劉文靜諫曰：「昔王導有言：『若太陽俯同萬物，使羣生何以仰照！』事見九十卷晉元帝太興元年。今貴賤失位，非常久之道。」上曰：「昔漢光武與嚴子陵共寢，子陵加足於帝腹。事見後漢書嚴光傳。今諸公皆名德舊齒，平生親友，宿昔之歡，何可忘也。公勿以爲嫌！」

33戊寅，隋安陽令呂珉以相州來降，隋安陽縣帶相州。相，息亮翻。以爲相州刺史。

34己卯，祔四親廟主。追尊皇高祖瀛州府君曰宣簡公；皇曾祖司空曰懿王；皇祖景王曰景皇帝，廟號太祖，祖妣曰景烈皇后；皇考元王曰元皇帝，廟號世祖，妣獨孤氏曰元貞皇后；追謚妃竇氏曰穆皇后。瀛州府君熙，司空天賜，景王虎，元王昞。每歲祀昊天上帝、皇地祇、神州地祇，以景帝配，神州地祇，神州、迎州、冀州、戎州、拾州、柱州、營州、咸州、陽州，九州之祇也。祇，翹移翻。感生帝、明堂，以元帝配。古者帝王之興，必感五精之氣以生。隋以火德王，祀赤熛怒爲感帝。唐以土德王，祀含樞紐爲感帝。庚辰，立世子建成爲皇太子，趙公世民爲秦王，齊公元吉爲齊王，宗室黃瓜公白駒爲平原王，按白駒蓋先封黃瓜縣公。黃瓜縣蓋拓跋魏所置，在上邽界。水經註：黃瓜水發源黃瓜谷西，東流逕黃瓜縣北，又東北歸于籍水。籍水既與黃瓜水合，又東逕上邽城南。蜀公孝基爲永安王，柱國道玄爲淮陽王，長平公叔良爲長平王，鄭公神通爲永康王，安吉公神符爲襄邑王，柱國德良爲新興王，上柱國博乂爲隴西王，上柱國奉慈爲勃海王。孝基、叔良、神符、德良，帝之從父弟；博乂、奉慈，弟子；道玄，從父兄子也。從，才用翻。

35癸未，薛舉寇涇州，復以安定郡爲涇州。後魏置涇州，治高平，因涇水爲名。以秦王世民爲元帥，將八總管兵以拒之。帥，所類翻。將，卽亮翻。

36遣太僕卿宇文明達招慰山東，以永安王孝基爲陝州總管。義寧初，以河南陝縣爲弘農郡，今爲陝州。陝，失冉翻。時天下未定，凡邊要之州，皆置總管府，以統數州之兵。

37乙酉，奉隋帝爲酅國公。酅，戶圭翻。詔曰：「近世以來，時運遷革，前代親族，莫不誅夷。興亡之效，豈伊人力！其隋蔡王智積等子孫，並付所司，量才選用。」量，音良。

38東都聞宇文化及西來，上下震懼。有蓋琮者蓋，古盍翻，姓也。上疏請說李密與之合勢拒化及。說，輸芮翻。元文都謂盧楚等曰：「今讎恥未雪而兵力不足，若赦密罪使擊化及，兩賊自鬭，吾徐承其弊。化及既破，密兵亦疲；又其將士利吾官賞，易可離間，易，以豉翻。間，古莧翻。并密亦可擒也。」楚等皆以爲然，卽以琮爲通直散騎常侍，散，悉亶翻。騎，奇寄翻。齎敕書賜密。

39丙申，隋信都郡丞東萊麴稜來降，拜冀州刺史。隋信都郡，入唐爲冀州。東萊郡爲萊州。宋白曰：萊州，古萊夷地，春秋萊子之國。齊滅萊，以在國之東，故曰東萊。降，戶江翻。

40萬【章：十二行本「萬」上有「丁酉」二字；乙十一行本同；孔本同；張校同；退齋校同。】年縣法曹武城孫伏伽上表，周明帝二年，分長安爲萬年縣，與長安並居京城，隋改爲大興縣。唐受禪，復爲萬年，與長安並爲赤縣。萬年縣治宣揚坊，領朱雀街東五十四坊。長安縣治長壽坊，領街西五十四坊。隋煬帝改縣尉爲縣正，尋改正爲戶曹、法曹分司，以丞郡之六司，唐復爲縣尉，而六司各置佐史。孫伏伽，萬年法曹，蓋隋官也。武城縣，漢之東武城也，唐志屬貝州。伽，求加翻。以爲：「隋以惡聞其過亡天下。陛下龍飛晉陽，遠近響應，未期年而登帝位；徒知得之之易，不知隋失之之不難也。惡，烏路翻。易，以豉翻；下同。臣謂宜易其覆轍，務盡下情。凡人君言動，不可不慎。竊見陛下今日卽位而明日有獻鷂雛者，此乃少年之事，豈聖主所須哉！鷂，弋召翻。少，詩詔翻。又，百戲散樂，亡國淫聲。百戲散樂，齊、周、隋所以亡國。散，悉亶翻。近太常於民間借婦女裙襦五百餘襲，襦，人朱翻。以充妓衣，妓，渠綺翻。擬五月五日玄武門遊戲，此亦非所以爲子孫法也。凡如此類，悉宜廢罷。善惡之習，朝夕漸染，漸，子廉翻。易以移人。皇太子、諸王參僚左右，宜謹擇其人；其有門風不能雍睦，爲人素無行義，專好奢靡，以聲色遊獵爲事者，皆不可使之親近也。行，下孟翻。好，呼到翻。近，其靳翻。自古及今，骨肉乖離，以至敗國亡家，未有不因左右離間而然也。間，古莧翻。願陛下慎之。」上省表大悅，省，悉景翻。下詔褒稱，擢爲治書侍御史，治，直之翻。賜帛三百匹，仍頒示遠近。

41 辛丑，內史令延安靖公竇威薨。以將作大匠竇抗兼納言，黃門侍郎陳叔達判納言。兼、判皆非正官。

42 宇文化及留輜重於滑臺，滑臺，滑州治所。重，直用翻。以王軌爲刑部尚書，使守之，引兵北趣黎陽。趣，七喻翻，又逡須翻。李密將徐世勣據黎陽，畏其軍鋒，以兵西保倉城。將，卽亮翻。化及渡河，保黎陽，分兵圍世勣。密帥步騎二萬，壁於清淇，汲郡之衛縣，古朝歌也。隋開皇十六年，分置清淇縣，大業初廢入衛縣。李密蓋壁於故縣也。與世勣以烽火相應，深溝高壘，不與化及戰。

化及每攻倉城，密輒引兵以掎其後。掎，居豈翻。密與化及隔水而語，隔淇水也。密數之曰：數，所具翻。「卿本匈奴皁隸破野頭耳，隋書宇文述傳：本姓破野頭，役屬鮮卑俟豆歸，從其主爲宇文氏。父兄子弟，並受隋恩，富貴累世，舉朝莫二。朝，直遙翻。主上失德，不能死諫，反行弒逆，欲規篡奪。不追諸葛瞻之忠誠，諸葛瞻，亮之子。蜀之亡也，瞻死之。乃爲霍禹之惡逆，霍禹，光之子，漢宣親政，禹謀爲大逆，遂以滅族。天地所不容，將欲何之！若速來歸我，尚可得全後嗣。」化及默然，俯視良久，瞋目大言曰：「與爾論相殺事，何須作書語邪！」嗣，祥吏翻。瞋，昌眞翻。邪，音耶。密謂從者曰：從，才用翻。「化及庸愚如此，忽欲圖爲帝王，吾當折杖驅之耳！」化及盛脩攻具以逼倉城，世勣於城外掘深溝以固守，化及阻塹，不得至城下。世勣於塹中爲地道，出兵擊之，塹，七豔翻。化及大敗，焚其攻具。

時密與東都相持日久，又東拒化及，常畏東都議其後，見蓋琮至，大喜，遂上表乞降，蓋，古盍翻。上，時掌翻。降，戶江翻。請討滅化及以贖罪，送所獲【章：十二行本「獲」下有「凶黨」二字；乙十一行本同；孔本同；張校同；退齋校同。】雄武郎將于洪建，煬帝募驍果，置左、右雄武府，雄武郎將以領之。將，卽亮翻。遣元帥府記室參軍李儉、上開府徐師譽等入見。皇泰主命戮洪建於左掖門外，如斛斯政之法。戮斛斯政見一百八十二卷大業十年。帥，所類翻；下同。見，賢遍翻；下同。元文都等以密降爲誠實，盛飾賓館於宣仁門東。六典：東都東城在皇城之東，東曰宣仁門。皇泰主引見儉等，以儉爲司農卿，師譽爲尚書右丞，使具導從，列鐃吹，從，才用翻。鐃，女交翻，似鈴無舌。吹，昌瑞翻。還館，玉帛酒饌，中使相望。饌，雛戀翻，又士免翻。册拜密太尉、尚書令、東南道大行臺行軍元帥、魏國公，令先平化及，然後入朝輔政。朝，直遥翻。以徐世勣爲右武候大將軍。仍下詔稱密忠款，且曰：「其用兵機略，一稟魏公節度。」

元文都喜於和解，謂天下可定，於上東門置酒作樂，六典：東都城東面三門，中曰建春，南曰永通，北曰上東。自段達已下皆起舞。王世充作色謂起居侍郎崔長文曰：六典：起居郎，因起居注以爲名。起居注者，記録人君動止之事。漢獻帝及西晉已後諸帝皆有起居注，皆史官所録，自隋置爲職員，列爲侍臣，專掌其事，每季爲卷，送付史官。按隋志，煬帝減内史舍人員，加置起居舍人員，然未有侍郎。起居侍郎始見於此。長，知兩翻。「朝廷官爵，乃以與賊，其志欲何爲邪！」邪，音耶。文都等亦疑世充欲以城應化及，由是有隙，然猶外相彌縫，陽爲親善。

秋，七月，皇泰主遣大理卿張權、鴻臚卿崔善福賜李密書曰：「今日以前，咸共刷蕩，臚，陵如翻。使至以後，使，疏吏翻。彼此通懷。七政之重，佇公匡弼，日月五星謂之七政。佇，待也。九伐之利，委公指揮。」周官：大司馬以九伐之法正邦國。權等既至，密北面拜受詔書。既無西慮，密軍在鞏洛，東都城在西。悉以精兵東擊化及。密知化及軍糧且盡，因僞與和；化及大喜，恣其兵食，冀密饋之。會密下有人獲罪，亡抵化及，具言其情，化及大怒，其食又盡，乃渡永濟渠，與密戰于童山之下，隋志：汲郡衛縣有同山。自辰達酉；密爲流矢所中，墮馬悶絕，左右奔散，追兵且至，唯秦叔寶獨捍衛之，密由是獲免。叔寶復收兵與之力戰，化及乃退。中，竹仲翻。復，扶又翻。化及入汲郡求軍糧，又遣使拷掠東郡吏民以責米粟。使，疏吏翻。拷，音考。掠，音亮。王軌等不堪其弊，遣通事舍人許敬宗詣密請降；隋內史省有通事舍人十六人。降，戶江翻。以【章：十二行本「以」上有「密」字；乙十一行本同；孔本同；張校同；退齋校同。】軌爲滑州總管，改東郡爲滑州。滑州治白馬，春秋衛之漕邑。宋、魏兵爭，以滑臺爲重鎮。隋開皇三年置滑州，取滑臺爲名也。以敬宗爲元帥府記室，與魏徵共掌文翰。敬宗，善心之子也。善心死於江都之難。房公蘇威在東郡，隨衆降密，密以其隋氏大臣，虛心禮之。威見密，初不言帝室艱危，唯再三舞蹈，稱「不圖今日復覩聖明！」時人鄙之。化及聞王軌叛，大懼，自汲郡引兵欲取以北諸郡，其將陳智略帥嶺南驍果萬餘人，樊文超帥江淮排穳，將，卽亮翻。帥，讀曰率。穳，作管翻。張童兒帥江東驍果數千人，皆降於密。文超，子蓋之子也。樊子蓋事煬帝，有守東都之功。化及猶有衆二萬，北趣魏縣；隋志，魏縣屬武陽郡。時李密改武陽郡爲魏州。趣，七喩翻，又逡須翻。密知其無能爲，西還鞏洛，留徐世勣以備之。

43 乙巳，宣州刺史周超擊朱粲，敗之。宣州「宣」，當作宜州。敗，補邁翻；下同。

44 丁未，梁師都寇靈州，復以靈武郡爲靈州。宋白曰：靈州，漢富平縣地，後魏孝昌二年置靈州。驃騎將軍藺興粲擊破之。義師初起，改隋鷹揚郎將曰軍頭，尋改軍頭曰驃騎將軍。驃，匹妙翻。騎，奇寄翻。

45 突厥闕可汗遣使內附。西突厥闕度設處於會寧，隋亂，自稱可汗。使，疏吏翻。可，從刊入聲。汗，音寒。初，闕可汗附於李軌；隋西戎使者曹瓊據甘州誘之，西戎使者，蓋隋煬帝所置。宋白曰：西魏廢帝二年，以張掖爲甘州，隋大業以爲張掖郡，唐復以張掖郡爲甘州。誘，音酉。乃更附瓊，與之拒軌；爲軌所敗，竄於達斗拔谷，與吐谷渾相表裏。敗，補邁翻。吐，從暾入聲。谷，音浴。至是內附。【章：十二行本「附」下有「上厚加撫慰」五字；乙十一行本同；孔本同；退齋校同。】尋爲李軌所滅。

46 薛舉進逼高墌，新志：寧州定平縣有高墌城。墌，章恕翻。遊兵至于豳、岐，唐復以北地郡爲豳州，扶風郡爲岐州。詳見下卷。秦王世民深溝高壘不與戰。會世民得瘧疾，瘧，魚約翻。委軍事於長史·納言劉文靜、劉文靜以納言爲秦王行軍長史。長，知兩翻。司馬殷開山，殷開山以吏部侍郎爲行軍司馬。且戒之曰：「薛舉懸軍深入，食少兵疲，若來挑戰，少，始紹翻。挑，徒了翻。慎勿應也。俟吾疾愈，爲君等破之。」爲，于僞翻。開山退，謂文靜曰：「王慮公不能辦，故有此言耳。且賊聞王有疾，必輕我，宜曜武以威之。」乃陳於高墌西南，陳，讀曰陣。恃衆而不設備。舉潛師掩其後，壬子，戰於淺水原，新志：豳州宜祿縣有淺水原。八總管皆敗，士卒死者什五六，大將軍慕容羅睺、李安遠、劉弘基皆沒。世民引兵還長安，舉遂拔高墌，收唐兵死者爲京觀；觀，古玩翻。文靜等皆坐除名。

47 乙卯，榆林賊帥郭子和遣使來降，帥，所類翻。使，疏吏翻；下同。降，戶江翻。以爲靈州總管。

48 李密每戰勝，必遣使告捷於皇泰主，隋人皆喜，王世充獨謂其麾下曰：「元文都輩，刀筆吏耳，吾觀其勢，必爲李密所擒。且吾軍士屢與密戰，沒其父兄子弟，前後已多，一旦爲之下，吾屬無類矣！」欲以激怒其衆。文都聞之，大懼，與盧楚等謀因世充入朝，伏甲誅之。朝，直遙翻。段達性庸懦，懦，奴過翻，又奴亂翻。恐其事不就，遣其壻張志以楚等謀告世充。戊午夜三鼓，世充勒兵襲含嘉門。含嘉門，蓋以通含嘉城而名。考異曰：河洛記：「初，元文都欲自爲御史，盧楚已爲宣詔；王世充固執以爲不可，乃止。文都大恨。盧楚私謂文都曰：『王世充是外軍一將，非留守達官。比者領軍，屢爲奔徙。吾方卹外姦，且從捨過，翻更宰制人事，跋扈縱橫，此而不除，恐爲國患。』文都曰：『未可卽殺，且欲當朝上奏，御前縛之，鏁繫於獄。』楚曰：『善。』文都懷奏入殿，臨欲施行，趙季卿私告之，世充遂奔含嘉以作亂。是時宮中亦遣使傳報世充，爲皇姨故也。初，世充妻蕭氏早亡，後有胡氏者，復在江都，皇泰主乃以皇姨嫁之。至是爭權，遂起兵馬。文都等令趙方海前後追世充，世充乃託疾不受召。」按世充正爲與文都爭李密事相誅耳，恐事不因此。今不取。元文都聞變，入奉皇泰主御乾陽殿，乾陽殿，隋東都宮正殿。陳兵自衞，命諸將閉門拒守。將，卽亮翻。將軍跋野綱將兵出，遇世充，下馬降之。跋野，虜複姓。將軍費曜、田闍戰於門外，不利。費，父沸翻。闍，視遮翻，又音都。文都自將宿衞兵欲出玄武門以襲其後，玄武門，宮城北門。長秋監段瑜煬帝大業三年，改內侍省爲長秋監。稱求門鑰不獲，稽留遂久。天且曙，文都復欲引兵出太陽門逆戰，還至乾陽殿，世充已攻太陽門得入。按舊書王世充傳，太陽門宮城東門。

皇甫無逸棄母及妻子，斫右掖門，西奔長安。六典：皇城在都城西北隅，南面三門：中曰端門，左曰左掖，右曰右掖。盧楚匿於太官署，太官署，在光祿寺。百僚廨署皆在皇城之內。世充之黨擒之，至興教門，見世充，皇宮南面三門，左曰興教。世充令亂斬殺之；進攻紫微宮門。皇泰主使人登紫微觀，觀，門闕也，音古玩翻。問：「稱兵欲何爲？」世充下馬謝曰：「元文都、盧楚等橫見規圖；橫，戶孟翻。請殺文都，甘從刑典。」段達乃令將軍黃桃樹執送文都。文都顧謂皇泰主曰：「臣今朝死，陛下夕及矣！」皇泰主慟哭遣之，出興教門，亂斬如盧楚，幷殺盧、元諸子。段達又以皇泰主命開門納世充，世充悉遣人代宿衞者，然後入見皇泰主於乾陽殿。見，賢遍翻；下同。皇泰主謂世充曰：「擅相誅殺，曾不聞奏，豈爲臣之道乎？公欲肆其強力，敢及我邪！」邪，音耶。世充拜伏流涕謝曰：「臣蒙先皇采拔，粉骨非報。文都等苞藏禍心，欲召李密以危社稷，疾臣違異，深積猜嫌；臣迫於救死，不暇聞奏。若內懷不臧，違負陛下，天地日月，實所照臨，使臣闔門殄滅，無復遺類。」復，扶又翻。詞淚俱發。皇泰主以爲誠，引令升殿，與語久之，因與俱入見皇太后；皇泰主之母劉良娣。世充被髮爲誓，稱不敢有貳心。被，皮義翻。乃以世充爲左僕射、總督內外諸軍事。比及日中，比，必寐翻。捕獲趙長文、郭文懿，殺之。二人蓋盧、元之黨。長，知兩翻。然後巡城，告諭以誅元、盧之意。世充自含嘉城移居尚書省，漸結黨援，恣行威福。用兄世惲爲內史令，惲，於粉翻。入居禁中，子弟咸典兵馬，分政事爲十頭，悉以其黨主之，勢震內外，莫不趨附，皇泰主拱手而已。

49 李密將入朝，朝，直遥翻。至溫，隋志，溫縣屬河內郡。聞元文都等死，乃還金墉。東都大饑，私錢濫惡，太半雜以錫鐶，隋開皇初，見用之錢，皆須和以錫鑞。錫鑞既賤，求利者多，私鑄之錢，不可禁約，乃詔禁出錫鑞之處不得私採，立榜置樣錢，不中樣者不入於市。大業之季，王綱弛紊，私鑄益多，錢轉薄惡，初焉每千猶重二斤，漸輕至一斤，或剪鐵鍱，裁皮糊紙以爲錢，相雜用之，錫鐶固宜多矣。鐶，戶關翻。其細如線，米斛直錢八九萬。

50 初，李密嘗受業於儒生徐文遠。文遠爲皇泰主國子祭酒，自出樵采，爲密軍所執；密令文遠南面坐，備弟子禮，北面拜之。文遠曰：「老夫既荷厚禮，荷，下可翻。敢不盡言！未審將軍之志欲爲伊、霍以繼絕扶傾乎？則老夫雖遲暮，猶願盡力；若爲莽、卓，乘危邀利，則無所用老夫矣！」密頓首曰：「昨奉朝命，備位上公，朝，直遥翻；下同。冀竭庸虛，匡濟國難，難，乃旦翻。此密之本志也。」文遠曰：「將軍名臣之子，李密，寬之子；寬爲周將，以驍勇著名。失塗至此，若能不遠而復，猶不失爲忠義之臣！」及王世充殺元文都等，密復問計於文遠。復，扶又翻。文遠曰：「世充亦門人也，其爲人殘忍褊隘，既乘此勢，必有異圖，將軍前計爲不諧矣。非破世充，不可入朝也。」朝，直遥翻。密曰：「始謂先生儒者，不達時事，今乃坐決大計，何其明也！」文遠，孝嗣之玄孫也。徐孝嗣，相蕭齊。

51 庚申，詔隋氏離宮遊幸之所並廢之。

52 戊辰，遣黃臺公瑗安撫山南。瑗，于眷翻。

53 己巳，以隋右武衛將軍皇甫無逸爲刑部尚書。

54 隋河間郡丞王琮守郡城以拒羣盜，琮，祖宗翻。竇建德攻之，歲餘不下；聞煬帝凶問，帥吏士發喪，乘城者皆哭。建德遣使弔之，琮因使者請降，帥，讀曰率。使，疏吏翻。降，戶江翻；下同。建德退舍具饌以待之。琮言及隋亡，俯伏流涕，建德亦爲之泣。饌，雛戀翻，又雛晼翻。爲，于僞翻。諸將曰：「琮久拒我軍，殺傷甚衆，力盡乃降，請烹之。」建德曰：「琮，忠臣也，吾方賞之以勸事君，柰何殺之！往在高雞泊爲盜，容可妄殺人；今欲安百姓，定天下，豈得害忠良乎！」乃徇軍中曰：「先與王琮有怨敢妄動者，夷三族！」以琮爲瀛州刺史。復以河間郡爲瀛州。宋白曰：瀛州，漢爲河間國，後漢爲樂成國；後魏於樂成縣立瀛州，取瀛海爲名。於是河北郡縣聞之，爭附於建德。盜亦有道，豈欺我哉！

先是，建德陷景城，執戶曹河東張玄素，將殺之，景城縣，隋志屬河間郡，舊曰成平，開皇十八年改名。張玄素爲縣戶曹也。先，悉薦翻。縣民千餘人號泣，請代其死，號，戶刀翻。曰：「戶曹清慎無比，大王殺之，何以勸善！」建德乃釋之，以爲治書侍御史，固辭；及江都敗，復以爲黃門侍郎，玄素乃起。史言隋之故官，漸就仕於他姓。治，直之翻。復，扶又翻。饒陽令宋正本，隋志，饒陽縣屬河間郡。博學有才氣，說建德以定河北之策，說，輸芮翻。建德引爲謀主。建德定都樂壽，隋志，樂壽縣屬河間郡，舊曰樂城，開皇十八年，改爲廣城，仁壽初改今名。劉昫曰：後魏移縣東北，近古樂縣（壽）亭，因改爲樂壽焉。按瀛州河間郡，時治樂壽。宋白曰：太和十一年，河間郡自樂城移理於今樂壽縣西一里樂壽亭城。隋開皇廢郡，置瀛州，大業廢州爲河間郡。樂，音洛。命所居曰金城宮，備置百官。

王崇武標點容肇祖聶崇岐覆校

# 資治通鑑卷第一百八十六

端明殿學士兼翰林侍讀學士太中大夫提舉西京嵩山崇福宮上柱國河內郡開國公食邑二千二百戶食實封九百戶賜紫金魚袋臣司馬光奉敕編集

後學天台胡三省音註

## 唐紀二起著雍攝提格（戊寅）八月，盡十二月，不滿一年。

### 高祖神堯大聖光孝皇帝上之中

武德元年（戊寅、六一八）

1 八月，薛舉遣其子仁果進圍寧州，西魏置寧州於定安，置豳州於新平。隋志幷定安、新平二縣皆屬北地郡。大業初，廢新平之豳州，改定安之寧州爲豳州。唐初析北地之新平、三水置豳州，而以北地郡爲寧州，治定安。刺史胡演擊卻之。郝瑗言於舉曰：郝，呼各翻。瑗，于眷翻。「今唐兵新破，關中騷動，宜乘勝直取長安。」舉然之，會有疾而止。辛巳，舉卒。卒，子恤翻。太子仁果立，居於折墌城，新志：涇州保定縣有折墌故城。「折」，杜佑作「析」，音思歷翻。墌，章恕翻。諡舉曰武帝。

2 上欲與李軌共圖秦、隴，薛舉父子時據秦、隴。遣使潛詣涼州，復武威郡爲涼州。宋白曰：涼州之地，本月氏居之，後爲匈奴右地。漢武帝置涼州，兼統河、隴之地，而河西之地列置武威、酒泉、敦煌、張掖四郡。東都之季，河西諸郡以去州隔遠，自求立州，爲立雍州，晉惠帝末，張軌爲涼州刺史，治姑臧，爲會府。後分置諸州，而武威始專涼州之名。使，疏吏翻；下同。招撫之，與之書，謂之從弟。從，才用翻。軌大喜，遣其弟懋入貢。上以懋爲大將軍，命鴻臚少卿張俟德册拜軌爲涼州總管，封涼王。臚，陵如翻。少，始照翻。

3 初，朝廷以安陽令呂珉爲相州刺史，更以相州刺史王德仁爲巖州刺史。是年五月，王德仁來降；先受朝命，德仁未能有相州也。六月，呂珉以相州來降，故正授之。新志以林慮縣置巖州，正德仁所據地。朝廷，直遙翻。相，息亮翻。德仁由是怨憤，甲申，誘山東大使宇文明達入林慮山而殺之，誘，音酉。慮，音廬。叛歸王世充。

4 己丑，以秦王世民爲元帥，帥，所類翻。擊薛仁果。

5 丁酉，臨洮等四郡來降。後周武帝逐吐谷渾以置洮陽郡，尋置洮州；大業初，改州爲臨洮郡。洮，土刀翻。

6 隋江都太守陳稜求得煬帝之柩，取宇文化及所留輦輅鼓吹，粗備天子儀衛，守，式又翻。柩，音舊。吹，昌瑞翻。粗，坐五翻。改葬於江都宮西吳公臺下，今揚州城西北有雷塘，塘西有吳公臺，相傳以爲陳吳明徹攻廣陵所築弩臺，以射城中。其王公以下，皆列瘞於帝塋之側。瘞，於計翻。塋，音營。

7 宇文化及之發江都也，是年四月，化及發江都。以杜伏威爲歷陽太守；義寧元年春，伏威據歷陽。伏威不受，仍上表於隋，皇泰主拜伏威爲東道大總管，封楚王。沈法興亦上表於皇泰主，自稱大司馬、錄尚書事、天門公，上，時掌翻。承制置百官，以陳杲仁爲司徒，新書作「陳果仁」。孫士漢爲司空，蔣元超爲左僕射，殷芊爲左丞，徐令言爲右丞，劉子翼爲選部侍郎，李百藥爲府掾。百藥，德林之子也。李德林歷事齊、周、隋。選，宣絹翻。掾，于絹翻。

8 九月，隋襄國通守陳君賓來降，拜邢州刺史。復以襄國郡爲邢州。宋白曰：邢州，禹貢衡漳之地，春秋邢侯之國；邢遷于夷儀，即其地。秦兼天下，於此置信都郡，項羽改曰襄國，蓋以趙襄子謚名之也。石氏置襄國郡。隋置邢州，取古邢國爲名。守，式又翻。降，戶江翻。君賓，伯山之子也。伯山，陳文帝之子。

9 虞州刺史韋義節義寧元年，以安邑、虞鄉、夏三縣置安邑郡，武德元年曰虞州。攻隋河東通守堯君素，久不下，軍數不利；數，所角翻。壬子，以工部尚書獨孤懷恩代之。

10 初，李密既殺翟讓，見一百八十四卷義寧元年十一月。翟，萇伯翻。頗自驕矜，不恤士衆；倉粟雖多，無府庫錢帛，戰士有功，無以爲賞；又厚撫初附之人，衆心頗怨。徐世勣嘗因宴會刺譏其短；密不懌，使世勣出鎮黎陽，雖名委任，實亦疏之。此敘密致敗之由，非一時之事。

密開洛口倉散米，無防守典當者，當，主當也。當，丁浪翻。又無文券，取之者隨意多少；或離倉之後，離，力智翻。力不能致，委棄衢路，自倉城至郭門，郭，郛郭也。米厚數寸，厚，戶豆翻。爲車馬所轥踐；轥，良刃翻。踐，慈演翻。羣盜來就食者并家屬近百萬口，近，其靳翻。無甕盎，織荆筐淘米，洛水兩岸十里之間，望之皆如白沙。密喜，謂賈閏甫曰：「此可謂足食矣！」閏甫對曰：「國以民爲本，民以食爲天。今民所以襁負如流而至者，以所天在此故也。褨，居兩翻。而有司曾無愛吝，屑越如此，吝，惜也。屑越，猶言狼籍而棄之也。荀子曰：貨財粟米者，彼將日月棲遲薛越之中野，我今將畜積并聚之於倉廩。竊恐一旦米盡民散，明公孰與成大業哉！」密謝之，卽以閏甫判司倉參軍事。

密以東都兵數敗微弱，而將相自相屠滅，謂旦夕可平；王世充既專大權，厚賞將士，繕治器械，亦陰圖取密。時隋軍乏食，而密軍少衣，數，所角翻。將，卽亮翻。治，直之翻。少，詩沼翻。世充請交易，密難之；長史邴元眞等各求私利，邴，卽古丙姓。長，知兩翻。勸密許之。先是，東都人歸密者，日以百數；先，悉薦翻。既得食，降者益少，密悔而止。

密破宇文化及還，還，從宣翻。其勁卒良馬多死，士卒疲病。世充欲乘其弊擊之，恐人心不壹，乃詐稱左軍衞士張永通三夢周公，令宣意於世充，當勒兵相助擊賊；乃爲周公立廟，周公作洛，世充假之以作士氣。令，力丁翻；下同。爲，于僞翻。每出兵，輒先祈禱。世充令巫宣言周公欲令僕射急討李密，當有大功，不卽兵皆疫死。不，讀曰否。世充兵多楚人，信妖言，皆請戰。妖，於驕翻。世充簡練精銳得二萬餘人，馬二千餘匹。壬子，出師擊密，旗幡之上皆書永通字，軍容甚盛。以張永通宣周公之意，故旗幡書永通字以表神助。癸丑，至偃師，營於通濟渠南，作三橋於渠上。通濟渠，大業元年所開。密留王伯當守金墉，自引精兵出偃師，阻邙山以待之。

密召諸將會議，將，卽亮翻。裴仁基曰：「世充悉衆而至，洛下必虛，可分兵守其要路，令不得東，簡精兵三萬，傍河西出以逼東都。傍，步浪翻。世充還，還，從宣翻。我且按甲；世充再出，我又逼之。如此，則我有餘力，彼勞奔命，破之必矣。」密曰：「公言大善。今東都兵有三不可當：兵仗精銳，一也；決計深入，二也；食盡求戰，三也。我但乘城固守，蓄力以待之；彼欲鬬不得，求走無路，不過十日，世充之頭可致麾下。」陳智略、樊文超、單雄信皆曰：「計世充戰卒甚少，屢經摧破，悉已喪膽。少，詩沼翻。喪，息浪翻。兵法曰，『倍則戰』，況不啻倍哉！且江、淮新附之士，望因此機展其勳效，及其鋒而用之，可以得志。」於是諸將諠然，欲戰者什七八，密惑於衆議而從之。將，即亮翻。仁基苦爭不能得，擊地歎曰：「公後必悔之。」魏徵言於長史鄭頲曰：「魏公雖驟勝，而驍將銳卒多死，長，知兩翻。頲，他鼎翻。驍，堅堯翻。將，即亮翻；下同。戰士心怠，此二者難以應敵。且世充乏食，志在死戰，難與爭鋒，未若深溝高壘以拒之，不過旬月，世充糧盡，必自退，追而擊之，蔑不勝矣。」頲曰：「此老生之常談耳。」徵曰：「此乃奇策，何謂常談！」拂衣而起。

程知節將內馬軍與密同營在北邙山上，單雄信將外馬軍營於偃師城北。單，慈淺翻。世充遣數百騎渡通濟渠攻雄信營，密遣裴行儼與知節助之。行儼先馳赴敵，中流矢，墜於地；騎，奇寄翻；下同。中，竹仲翻。知節救之，殺數人，世充軍披靡，披，普彼翻。乃抱行儼重騎而還；重，直龍翻。二人共騎一馬曰重騎。還，從宣翻，又如字。爲世充騎所逐，刺槊洞過，知節迴身捩折其槊，刺，七亦翻。槊，色角翻。捩，練結翻，拗捩也。折，而設翻。兼斬追者，與行儼俱免。會日暮，各斂兵還營。密驍將孫長樂等十餘人皆被重創。驍，堅堯翻。樂，音洛。被，皮義翻。創，初良翻。

密新破宇文化及，有輕世充之心，不設壁壘。世充夜遣二百餘騎潛入北山，北山，即北邙山。伏谿谷中，命軍士皆秣馬蓐食。甲寅旦，將戰，世充誓衆曰：「今日之戰，非直爭勝負；死生之分，在此一舉。若其捷也，富貴固所不論；若其不捷，必無一人獲免。所爭者死，非獨爲國，爲，于僞翻。各宜勉之！」遲明，遲，直二翻。引兵薄密。密出兵應之，未及成列，世充縱兵擊之。世充士卒皆江、淮剽勇，剽，匹妙翻。出入如飛。世充先索得一人貌類密者，縛而匿之，索，山客翻。戰方酣，使牽以過陳前，陳，讀曰陣。譟曰：「已獲李密矣！」考異曰：革命記曰：「世充先於衆中覓得一人眉目狀似李密者，陰畜之而不令出。師至偃師城下，與李密未大相接，遽令數十騎馳將所畜人頭來，云殺得李密。充佯不信，遣衆共看，咸言是密頭也。遂於城下勒兵，擲頭與城中人，城中人亦言是密頭也，遂以城降。」今從壺關錄。士卒皆呼萬歲。其伏兵發，乘高而下，馳壓密營，縱火焚其廬舍。密衆大潰，其將張童仁、陳智略皆降，壓，於甲翻。將，即亮翻。降，戸江翻；下同。密與萬餘人馳向洛口。

世充夜圍偃師；鄭頲守偃師，其部下翻城納世充。初，世充家屬在江都，隨宇文化及至滑臺，又隨王軌入李密，密留於偃師，欲以招世充。及偃師破，世充得其兄世偉、子玄應、虔【玄】恕、瓊等，又獲密將佐裴仁基、鄭頲、祖君彥等數十人。世充於是整兵向洛口，得邴元眞妻子、鄭虔象母及密諸將子弟，皆撫慰之，令潛呼其父兄。令，力丁翻。

初，邴元眞爲縣吏，坐贓亡命，從翟讓於瓦岡；翟，萇伯翻。讓以其嘗爲吏，使掌書記。及密開幕府，妙選時英，讓薦元眞爲長史；密不得已用之，此義寧元年春二月事。長，知兩翻。行軍謀畫，未嘗參預。密西拒世充，留元眞守洛口倉。元眞性貪鄙，宇文溫謂密曰：「不殺元眞，必爲公患。」密不應。元眞知之，陰謀叛密；楊慶聞之，以告密，密固疑焉。至是，密將入洛口城，元眞已遣人潛引世充矣。密知而不發，因與衆謀，待世充兵半濟洛水，然後擊之。世充軍至，密候騎不時覺，比將出戰，比，必寐翻。世充軍悉已濟矣。單雄信等又勒兵自據；密自度不能支，度，徒洛翻。帥麾下輕騎奔虎牢，元眞遂以城降。降，戶江翻。

初，雄信驍捷，善用馬槊，名冠諸軍，帥，讀曰率；下同。冠，古玩翻。軍中號曰「飛將」。將，卽亮翻。彥藻以雄信輕於去就，勸密除之；彥藻，房彥藻也。是年二月彥藻死，此亦敘日前事。密愛其才，不忍也。及密失利，雄信遂以所部降世充。史敘邴元眞、單雄信事，皆言李密當斷不斷，反受其亂。

密將如黎陽，或曰：「殺翟讓之際，徐世勣幾死，事見一百八十四卷義寧元年十一月。幾，居希翻。今失利而就之，安可保乎！」時王伯當棄金墉保河陽，密自虎牢歸之，引諸將共議。密欲南阻河，北守太行，東連黎陽，以圖進取。將，卽亮翻。行，戶剛翻。諸將皆曰：「今兵新失利，衆心危懼，若更停留，恐叛亡不日而盡。又人情不願，難以成功。」密曰：「孤所恃者衆也，衆既不顧，孤道窮矣。」欲自刎以謝衆。刎，扶粉翻。伯當抱密號絕，號，戶刀翻。衆皆悲泣，密復曰：復，扶又翻。「諸君幸不相棄，當共歸關中；密身雖無功，諸君必保富貴。」府掾柳燮曰：「明公與唐公同族，兼有疇昔之好；謂自唐公起與之連和也。掾，于絹翻。好，呼到翻。雖不陪起兵，然阻東都，斷隋歸路，斷，丁管翻。使唐公不戰而據長安，此亦公之功也。」衆咸曰：「然。」密又謂王伯當曰：「將軍室家重大，豈復與孤俱行哉！」伯當曰：「昔蕭何盡帥子弟以從漢王，漢王與項羽相距，蕭何悉遣子弟詣軍，天下既定，論功行封。上曰：「何舉宗數十人隨我。」復，扶又翻；下同。伯當恨不兄弟俱從，從，才用翻。豈以公今日失利遂輕去就乎！縱身分原野，亦所甘心！」左右莫不感激，從密入關者凡二【張：「二」作「三」。】萬人。於是密之將帥、州縣多降於隋。朱粲亦遣使降隋，將，卽亮翻。帥，所類翻。降，戶江翻。使，疏吏翻。皇泰主以粲爲楚王。

11 甲寅，秦州總管竇軌擊薛仁果，不利；驃騎將軍劉感鎭涇州，宋白曰：魏黃初中，分隴右爲秦州，因秦初封也，與州同理冀城，冀城改爲隴城縣。時復以隴西郡爲秦州，安定郡爲涇州。驃，匹妙翻。騎，奇寄翻。仁果圍之。城中糧盡，感殺所乘馬以分將士，感一無所噉，唯煑馬骨取汁和木屑食之。城垂陷者數矣；數，所角翻。會長平王叔良將士至涇州，「士」，當作「兵」。仁果乃揚言食盡，引兵南去；乙卯，又遣高墌人僞以城降。墌，章恕翻。考異曰：實錄云：「乙卯，宇文歆攻高墌城，下之。」今從劉感傳。叔良遣感帥衆赴之；帥，讀曰率；下同。己未，至城下，扣【章：十二行本「扣」下有「門」字；乙十一行本同；孔本同；張校同；退齋校同，云「城」字屬下句。】城中人曰：「賊已去，可踰城入。」感命燒其門，城上下水灌之。感知其詐，遣步兵先還，自帥精兵爲殿。帥，讀曰率。殿，丁練翻。俄而城上舉三烽，仁果兵自南原大下，戰於百里細川，唐軍大敗，感爲仁果所擒。仁果復圍涇州，令感語城中云：語，牛倨翻。「援軍已敗，不如早降。」降，戶江翻。感許之，至城下，大呼曰：呼，火故翻。「逆賊飢餒，亡在旦夕，秦王帥數十萬衆，四面俱集，城中勿憂，勉之！」仁果怒，執感，於城旁埋之至膝，馳騎射之；至死，帥，讀曰率。騎，奇寄翻。射，而亦翻。聲色逾厲。叔良嬰城固守，僅能自全。感，豐生之孫也。劉豐生，高齊將，死於潁川。

12 庚申，隴州刺史陝人常達隋志：扶風汧源縣，西魏之東秦州也，後改爲隴州；大業三年，廢州，併入扶風郡。義寧二年，析扶風郡之汧源、汧陽、南由，安定郡之華亭，置隴東郡。唐受禪，改爲隴州。陝，失冉翻。擊薛仁果於宜祿川，宜祿川，在豳、涇二州間，貞觀二年，析豳之新平及涇之保定、靈臺，置宜祿縣。斬首千餘級。

13 上遣從子襄武公琛、從，才用翻。琛，丑林翻。太常卿鄭元璹璹，殊玉翻。以女妓遺始【章：十二行本「始」上有「突厥」二字；乙十一行本同；孔本同；張校同；退齋校同。】畢可汗。妓，渠綺翻。遺，于季翻。可，從刊入聲。汗，音寒。壬戌，始畢復遣骨咄祿特勒來。上受禪之後，骨咄祿嘗來使。復，扶又翻。咄，當沒翻。

14 癸亥，白馬道士傅仁均白馬縣帶滑州。造戊寅曆成，唐受禪建國，歲在戊寅，故以名曆。奏上，行之。上，時掌翻。

15薛仁果屢攻常達，不能克，乃遣其將仵士政以數百人詐降，仵，姓也。姓苑：仵姓，望出襄陽。急就章有仵終古。將，即亮翻。仵，音疑古翻。降，戶江翻；下同。達厚撫之。乙丑，士政伺隙以其徒劫達，擁城中二千人降於仁果。伺，相吏翻。考異曰：新、舊唐書皆云：「薛舉遣仵士政僞降達，士政劫達以見舉。」據實錄，薛舉前已死，此月達再擊仁果及士政劫達，皆有日月。今從實錄。達見仁果，詞色不屈，仁果壯而釋之。奴賊帥張貴謂達曰：「汝識我乎？」帥，所類翻。達曰：「汝逃死奴賊耳！」貴怒，欲殺之，人救之，得免。

16辛未，追謚隋太上皇爲煬帝。謚，神至翻。

17宇文化及至魏縣，張愷等謀去之；事覺，化及殺之。腹心稍盡，兵勢日蹙，兄弟更無他計，但相聚酣宴，奏女樂。化及醉，尤智及曰：酣，戶甘翻。尤，責過也。「我初不知，由汝爲計，強來立我。智及創謀弑逆，故尤之。強，其兩翻。今所向無成，士馬日散，負弑君之名，天下所不容。今者滅族，豈不由汝乎！」持其兩子而泣。智及怒曰：「事捷之日，初不賜尤，及其將敗，乃欲歸罪，何不殺我以降竇建德！」數相鬬鬩，降，戶江翻。數，所角翻。鬩，許激翻，恨也，戾也。言無長幼；醒而復飲，以此爲恆。恆，常也。長，知兩翻。復，扶又翻。恆，戶登翻。其衆多亡，化及自知必敗，歎曰：「人生固當死，豈不一日爲帝乎！」於是鴆殺秦王浩，卽皇帝位於魏縣，國號許，宇文化及襲封許公，因以爲國號。改元天壽，署置百官。

18冬，十月，壬申朔，日有食之。

19戊寅，宴突厥骨咄祿，引骨咄祿升御坐以寵之。史言突厥驕倨，唐祖欲以結其心，適以滋其慢。厥，九勿翻。咄，當沒翻。坐，徂臥翻。

20李密將至，上遣使迎勞，相望於道。使，疏吏翻；下同。勞，力到翻。密大喜，謂其徒曰：「我擁衆百萬，一朝解甲歸唐，山東連城數百，知我在此，遣使招之，亦當盡至；比於竇融，功亦不細，竇融以河西歸漢光武，李密自謂過之。豈不以一台司見處乎！」處，昌呂翻。己卯，至長安，有司供待稍薄，所部兵累日不得食，衆心頗怨。既而以密爲光祿卿、上柱國，賜爵邢國公。密既不滿望，朝臣又多輕之，朝，直遙翻。執政者或來求賄，意甚不平；爲李密復叛去張本。獨上親禮之，常呼爲弟，以舅子獨孤氏妻之。妻，七細翻。

21庚辰，詔右翊衛大將軍淮安王神通爲山東道安撫大使，山東諸軍並受節度；以黃門侍郎崔民幹爲副。崔民幹，山東望族，故使副神通以招撫諸郡縣。使，疏吏翻。

22鄧州刺史呂子臧與撫慰使馬元規擊朱粲，破之。子臧言於元規曰：「粲新敗，上下危懼，請併力擊之，一舉可滅。若復遷延，復，扶又翻；下同。其徒稍集，力強食盡，致死於我，爲患方深。」元規不從。子臧請獨以所部兵擊之，元規不許。既而粲收集餘衆，兵復大振，自稱楚帝於冠軍，復，扶又翻，又音如字。冠，古玩翻。改元昌達，進攻鄧州。子臧撫膺膺，胸也。謂元規曰：「老夫今坐公死矣！」粲圍南陽，南陽即鄧州。會霖雨城壞，所親勸子臧降。子臧曰：「安有天子方伯降賊者乎！」帥麾下赴敵而死。降，戶江翻。帥，讀曰率。俄而城陷，元規亦死。是年二月遣馬元規，今死。

23 癸未，王世充收李密美人珍寶及將卒十餘萬人還東都，陳於闕下。將，即亮翻。乙酉，皇泰主大赦。丙戌，以世充爲太尉、尚書令、內外諸軍事，「內外諸軍事」之上當有「總督」二字。【章：十二行本正有「總督」二字；乙十一行本同；孔本同；張校同；退齋校同。】仍使之開太尉府，備置官屬，妙選人物。史言王世充篡形已成。世充以裴仁基父子驍勇，深禮之。驍，堅堯翻。徐文遠復入東都，見世充，必先拜。或問曰：「君倨見李密見上七月。而敬王公，何也？」文遠曰：「魏公，君子也，能容賢士；王公，小人也，能殺故人，吾何敢不拜！」

24 李密總管李育德以武陟來降，隋志：河內郡修武縣，開皇十六年析置武陟郡。劉昫曰：武陟，漢懷縣地，故城在今縣西。降，戶江翻；下同。考異曰：舊唐書高季輔傳云：「與李厚德來降。」按以武陟來降者乃育德，非厚德也。拜陟州刺史。新、舊志皆云，武德二年李厚德以修武縣東北濁鹿城歸順，因置陟州。通鑑二年書厚德逐王世充殷州刺史，以獲嘉來降，以厚德刺殷州。二志皆云四年置殷州。差殊如此，當考。育德，諤之孫也。李諤見一百七十六卷陳長城公至德三年。其餘將佐劉德威、賈閏甫、高季輔等，或以城邑，或帥衆，相繼來降。將，即亮翻。帥，讀曰率。

初，北海賊帥綦公順大業初，以青州爲北海郡。綦，姓也。帥，所類翻。綦，音其。帥其徒三萬攻郡城，已克其外郭，進攻子城；城中食盡，公順自謂克在旦夕，不爲備。明經劉蘭成糾合城中驍健百餘人襲擊之，劉蘭成蓋嘗應明經科，因稱之。新唐志曰：唐制取士之科，多因隋舊，則明經科起於隋也。帥，讀曰率。驍，堅堯翻；下同。城中見兵繼之，見，賢遍翻。公順大敗，棄營走，郡城獲全。於是郡官及望族分城中民爲六軍，各將之，蘭成亦將一軍。將，卽亮翻。有宋書佐者，離間諸軍曰：煬帝改郡諸曹參軍爲書佐。間，古莧翻。「蘭成得衆心，必爲諸人不利，不如殺之。」衆不忍殺，但奪其兵以授宋書佐。蘭成恐終及禍，亡奔公順；公順軍中喜譟，欲奉以爲主，固辭，乃以爲長史，軍事咸聽焉。居五十餘日，蘭成簡軍中驍健者百五十人，往抄北海。抄，楚交翻；下同。距城四十里，留十人，使多芟草，分爲百餘積；芟，所銜翻。二十里，又留二十人，各執大旗；五六里，又留三十人，伏險要；蘭成自將十人，夜，距城一里許潛伏；餘八十人分置便處，約聞鼓聲卽抄取人畜亟去，抄，楚交翻。亟，紀力翻。仍一時焚積草。明晨，城中遠望無煙塵，皆出樵牧。日向中，蘭成以十人直抵城門，城上鉦鼓亂發；伏兵四出，抄掠雜畜十【章：十二行本「十」作「千」，乙十一行本同；孔本同。】餘頭及樵牧者而去。畜，許又翻。蘭成度抄者已遠，徐步而還。度，徒洛翻。還，音旋，又如字。城中雖出兵，恐有伏兵，不敢急追；又見前有旌旗、煙火，遂不敢進而還。既而城中知蘭成前者衆少，悔不窮追。少，詩沼翻；下同。居月餘，蘭成謀取郡城，更以二十人直抵城門。城中人競出逐之，行未十里，公順將大兵總至。將，卽亮翻；下自將、主將同。郡兵奔馳還城，公順進兵圍之；蘭成一言招諭，城中人爭出降。降，戶江翻。蘭成撫存老幼，禮遇郡官，見宋書佐，亦禮之如舊，仍資送出境，內外安堵。

時海陵賊帥臧君相隋志：海陵縣屬江都郡。帥，所類翻。相，息亮翻。聞公順據北海，帥其衆五萬來爭之；帥，讀曰率。公順衆少，聞之大懼。蘭成爲公順畫策曰：爲，于僞翻。「君相今去此尙遠，必不爲備，請將軍倍道襲擊其營。」公順從之，自將驍勇五千人，齎熟食，倍道襲之。驍，堅堯翻。將至，蘭成與敢死士二十人前行，距君相營五十里，見其抄者負擔向營，擔，丁濫翻。蘭成亦與其徒負擔蔬米、燒器，擔，亦負也，都甘翻。燒器，鍋釜之屬。詐爲抄者，擇空而行聽察，得其號號，戶告翻，軍號也。及主將姓名；至暮，與賊比肩而入，負擔巡營，知其虛實，得其更號。更號，持更之號。更，工衡翻。乃於空地燃火營食，至三鼓，忽於主將幕前交刀亂下，殺百餘人，賊衆驚擾；公順兵亦至，急攻之，君相僅以身免，考異曰：舊書作「劉蘭」，云：「頗涉經史，善言成敗。然性多兇狡，見隋末將亂，交通不逞，于時北海完富，蘭利其子女玉帛，與羣盜相應，破其鄉城邑。武德中，淮安王神通爲山東道安撫大使，蘭率宗黨歸之。」革命記序其事頗詳。今從之。俘斬數千，收其資糧甲仗以還。還，從宣翻。由是公順黨衆大盛。及李密據洛口，公順以衆附之，密敗，亦來降。降，戶江翻。

25 隋末羣盜起，冠軍司兵李襲譽按新書李襲譽傳：仕隋爲冠軍府司兵。考之隋志，冠軍、輔國將軍，從六品耳。其府司兵，當在流外小官也。冠，古玩翻。說西京留守陰世師守，式又翻。遣兵據永豐倉，發粟以賑貧乏，出庫物賞戰士，移檄郡縣，同心討賊。世師不能用。說，輸芮翻。乃求募兵山南，世師許之。上克長安，自漢中召還，爲太府少卿；隋避諱，以漢中爲漢川郡，唐復曰漢中，仍改郡曰梁州。梁、洋等州皆在長安南山之南。少，始照翻。乙未，附襲譽籍於宗正。李襲譽之先，亦出於隴西，故附之屬籍以親之。宗正寺，掌天子族親屬籍，以別昭穆。襲譽，襲志之弟也。李襲志時事蕭銑。

26 丙申，朱粲寇淅州，舊志：鄧州內鄉縣，漢淅縣地，後周改爲中鄉，隋改爲內鄉，武德二年置淅州。又按隋志，淅陽郡，西魏置淅州，治南鄉縣。朱粲所寇，蓋南鄉之淅州。淅，音析。遣太常卿鄭元璹帥步騎一萬擊之。璹，殊玉翻。帥，讀曰率。騎，奇寄翻。

27 是月，納言竇抗罷爲左武候大將軍。

28 十一月，乙巳，涼王李軌卽皇帝位，改元安樂。樂，音洛。考異曰：按軌傳云，軌稱涼王，卽改元安樂。今據實錄。

29 戊申，王軌以滑州來降。李密既敗，王軌來降。降，戶江翻；下同。

30 薛仁果之爲太子也，去年秋七月，薛舉稱帝，仁果爲太子。與諸將多有隙；及卽位，衆心猜懼。郝瑗哭舉得疾，遂不起，由是國勢浸弱。秦王世民至高墌，仁果使宗羅睺將兵拒之；羅睺數挑戰，將，卽亮翻。郝，呼各翻。瑗，于眷翻。墌，章恕翻。數，所角翻。挑，徒了翻。世民堅壁不出。

諸將咸請戰，世民曰：「我軍新敗，士氣沮喪，謂是年七月淺水原之敗也。沮，在呂翻。喪，息浪翻。賊恃勝而驕，有輕我心，宜閉壘以待之。彼驕我奮，可一戰而克也。」乃令軍中曰：「敢言戰者斬！」相持六十餘日，仁果糧盡，其將梁胡郎等帥所部來降。將，卽亮翻；下同。帥，讀曰率；下同。世民知仁果將士離心，命行軍總管梁實營於淺水原以誘之。誘，音酉。羅睺大喜，盡銳攻之，梁實守險不出；營中無水，人馬不飲者數日。羅睺攻之甚急；世民度賊已疲，度，徒洛翻。謂諸將曰：「可以戰矣！」遲明，遲，直利翻。使右武候大將軍龐玉陳於淺水原。陳，讀曰陣；下同。羅睺併兵擊之，玉戰，幾不能支，幾，居依翻。世民引大軍自原北出其不意，羅睺引兵還戰。世民帥驍騎數十先陷陳，唐兵表裏奮擊，呼聲動地，帥，讀曰率。驍，堅堯翻。騎，奇寄翻；下同。陳，讀曰陣。呼，火故翻。羅睺士卒大潰，斬首數千級。世民帥二千餘騎追之，騎，奇寄翻。竇軌叩馬苦諫曰：「仁果猶據堅城，雖破羅睺，未可輕進，請且按兵以觀之。」睺，音侯。世民曰：「吾慮之久矣，破竹之勢，不可失也，杜預曰：兵威已振，譬如破竹，數節之後，迎刃而解。舅勿復言！」世民竇氏之出，呼軌爲舅。復，扶又翻。遂進。仁果陳於城下，世民據涇水臨之，仁果驍將渾幹等數人臨陳來降。驍，堅堯翻。將，卽亮翻。渾，戶昆翻。姓苑記其所出者多，左傳鄭有大夫渾罕，衞有渾良夫，唐渾瑊祖渾邪王。吐谷渾後爲渾，其音戶本翻；以爲出於渾沌氏者，謬也。註又見後。降，戶江翻。仁果懼，引兵入城拒守。日向暮，大軍繼至，遂圍之。夜半，守城者爭自投下。仁果計窮，已酉，出降；得其精兵萬餘人，男女五萬口。

諸將皆賀，因問曰：「大王一戰而勝，遽捨步兵，又無攻具，輕騎直造城下，造，七到翻。衆皆以爲不克，而卒取之，何也？」卒，子恤翻。世民曰：「羅睺所將皆隴外之人，將驍卒悍；將，卽亮翻，又音如字，領也。悍，戶罕翻，又侯旰翻。吾特出其不意而破之，斬獲不多。若緩之，則皆入城，仁果撫而用之，未易克也；易，以豉翻。急之，則散歸隴外，折墌虛弱，仁果破膽，不暇爲謀，此吾所以克也。」「折」，當作「析」。音思歷翻。墌，章恕翻。衆皆悅服。世民所得降卒，悉使仁果兄弟及宗羅睺、翟長孫等將之，翟，萇伯翻。長，知兩翻。與之射獵，無所疑間。間，古莧翻。賊畏威銜恩，皆願效死。世民聞褚亮名，求訪，獲之，禮遇甚厚，引爲王府文學。自隋時親王府有文學。

上遣使謂世民曰：使，疏吏翻。「薛舉父子多殺我士卒，必盡誅其黨以謝冤魂。」李密諫曰：「薛舉虐殺無辜，此其所以亡也，陛下何怨焉！懷服之民，不可不撫！」乃命戮其謀首，餘皆赦之。

上使李密迎秦王世民於豳州，密自恃智略功名，見上猶有傲色；及見世民，不覺驚服，此豈獨相表服之哉？威靈氣燄足以服之也。私謂殷開山曰：「眞英主也，不如是，何以定禍亂乎！」

詔以員外散騎常侍姜謩爲秦州刺史，曹魏末，置員外散騎常侍。散，悉亶翻。騎，奇寄翻。謩撫以恩信，盜賊悉歸首，首，手又翻。士民安之。

31 徐世勣據李密舊境，未有所屬。魏徵隨密至長安，【章：十二行本「安」下有「久不爲朝廷所知」七字；乙十一行本同；孔本同；張校同。】乃自請安集山東，上以爲祕書丞，漢獻帝建安中，魏武爲魏王，置祕書令及二丞。乘傳至黎陽，遺徐世勣書，傳，株戀翻。遺，于季翻。勸之早降。世勣遂決計西向，謂長史陽翟郭孝恪曰：隋志：陽翟縣屬襄城郡。降，戶江翻。長，知兩翻。「此民衆土地，皆魏公有也；李密建國，稱魏公。吾若上表獻之，上，時掌翻。是利主之敗，自爲功以邀富貴也，吾實恥之。今宜籍郡縣戶口士馬之數以啓魏公，使自獻之。」乃遣孝恪詣長安，又運糧以餉淮安王神通。神通時安撫山東。上聞世勣使者至，無表，止有啓與密，甚怪之。孝恪具言世勣意，上乃歎曰：「徐世勣不背德，不邀功，使，疏吏翻。背，蒲妹翻。眞純臣也！」賜姓李。時授世勣黎州總管，封英國公。通鑑書於明年閏二月。以孝恪爲宋州刺史，復以梁郡爲宋州，此時唐未能有宋州也。使與世勣經略虎牢以東，所得州縣，委之選補。委之選補官吏也。

32 癸丑，獨孤懷恩攻堯君素於蒲反。漢志作「蒲反」，後始作「蒲坂」。行軍總管趙慈景尚帝女桂陽公主，爲君素所擒，梟首城外，以示無降意。梟，堅堯翻。降，戶江翻。

33 癸亥，秦王世民至長安，斬薛仁果於市，賜常達帛三百段。賞其不屈也。唐制，凡賜十段，其率絹三匹，布三端，綿四屯。若雜綵十段，則絲布二匹，紬二匹，綾二匹，縵四匹。贈劉感平原郡公，謚忠壯。以其死節也。撲殺仵士政於殿庭。撲，弼角翻，擊也。以張貴尤淫暴，腰斬之。上享勞將士，因謂羣臣曰：「諸公共相翊戴以成帝業，若天下承平，可共保富貴。使王世充得志，公等豈有種乎！因薛仁果君臣以相戒。勢，力到翻。種，章勇翻。如薛仁果君臣，豈可不以爲前鑑也！」己巳，以劉文靜爲戶部尚書，領陝東道行臺左僕射；復殷開山爵位。先是劉文靜、殷開山皆以淺水原之敗除名。

34 李密驕貴日久，又自負歸國之功，朝廷待之不副本望，事見上。鬱鬱不樂。樂，音洛。嘗遇大朝會，密爲光祿卿，當進食，六典：光祿卿之職，掌邦國酒醴、膳羞之事，總太官、珍羞、良醞、掌醢四署之官，屬朝會燕饗，則節其等差，量其豐約以供焉。故當進食。朝，直遙翻。深以爲恥；退，以告左武衛大將軍王伯當。伯當心亦怏怏，怏，於兩翻。因謂密曰：「天下事在公度內耳。今東海公在黎陽，密封徐世勣爲東海公。襄陽公在羅口，襄陽公，未知爲誰。按密將張善相時爲伊州刺史，據襄城，自襄城北出則羅口。蓋李密封善相爲襄城公，伯當指言之也。「襄陽公」，疑當作「襄城公」。河南兵馬，屈指可計，豈得久如此也！」密大喜，乃獻策於上曰：「臣虛蒙榮寵，安坐京師，曾無報效；山東之衆皆臣故時麾下，請往收而撫之。憑藉國威，取王世充如拾地芥耳！」顏師古曰：地芥，謂草芥之橫在地上者；俯而拾之，言易而必得也。上聞密故將士多不附世充，亦欲遣密往收之，羣臣多諫曰：「李密狡猾好反，將，即亮翻。好，呼到翻。今遣之，如投魚於泉，放虎於山，必不反矣！」上曰：「帝王自有天命，非小子所能取。借使叛去，如以蒿箭射蒿中耳！蒿，蓬蕭之屬，叢生於地，人皆賤其無用。剡蒿爲箭，射之蒿中，言其無用而不足惜也。北齊源文宗曰：「國家視淮南同於蒿箭，」蓋蒿箭之言尚矣。射，而亦翻。今使二賊交鬭，吾可以坐收其弊。」辛未，遣密詣山東，收其餘衆之未下者。密請與賈閏甫偕行，上許之，命密及閏甫同升御榻，賜食，傳飲巵酒曰：「吾三人同飲是酒以明同心，善建功名，以副朕意。丈夫一言許人，千金不易。有人確執不欲弟行，上呼李密爲弟。朕推赤心於弟，非他人所能間也。」間，古莧翻。密、閏甫再拜受命。上又以王伯當爲密副而遣之。考異曰：高祖實錄：「未幾，聞其下兵皆不附王世充，令密收集餘衆以圖洛陽。密言於高祖曰：『臣入朝日淺，不願違離。又在朝公卿，未甚委信，願得陛下腹心左右與臣同去。』高祖曰：『朕推赤心於人，終無疑阻，但有益國利人，卽當專決。』」今從蒲山公傳。

有大鳥五集于樂壽，樂，音洛。羣鳥數萬從之，經日乃去。竇建德以爲己瑞，改元五鳳。宗城人有得玄圭獻於建德者，宋正本及景城丞會稽孔德紹皆曰：「此天所以賜大禹也，隋志：宗城縣屬清河郡，舊曰廣宗，仁壽元年改焉，避煬帝諱也。景城縣屬河間郡，舊曰成平，開皇十八年改。隋改越州爲會稽郡。禹平水土，錫玄圭，告厥成功，蓋堯錫之也。宋正本等引爲天瑞以諂建德，過矣。隋，縣置令、丞。會，古外翻。請改國號曰夏。」竇建德初稱長樂王。夏，戶雅翻。建德從之。以正本爲納言，德紹爲內史侍郎。

初，王須拔掠幽州，中流矢死，中，竹仲翻。考異曰：革命記云：「須拔衆散奔突厥，突厥以爲南面可汗。」今從唐書。其將魏刀兒代領其衆，據深澤，掠冀、定之間，隋志，深澤縣屬博陵郡。劉昫曰：治滹沱河北。宋白曰：以界內水澤深廣名縣。時復信都郡爲冀州，博陵郡爲定州。將，卽亮翻。衆至十萬，自稱魏帝。建德僞與連和，刀兒弛備，建德襲擊破之，遂圍深澤；其徒執刀兒降，建德斬之，盡幷其衆。降，戶江翻。易、定等州皆降，唯冀州刺史麴稜不下。麴稜時附於唐。稜壻崔履行，暹之孫也，崔暹事齊高氏父子，以不畏強禦稱。自言有奇術，可使攻者自敗，稜信之。履行命守城者皆坐，毋得妄鬭，曰：「賊雖登城，汝曹勿怖，怖，普布翻。吾將使賊自縛。」於是爲壇，夜，設章醮，然後自衣衰絰，衣，於既翻。衰，倉回翻。絰，徒結翻。杖竹登北樓慟哭；又令婦女升屋四面振裙。建德攻之急，稜將戰，履行固止之。俄而城陷，履行哭猶未已。自古以來，信妖人之言以喪師亡城者多矣，然後世之人猶有信而不悟者，若高駢、李守貞之徒是也。建德見稜曰：「卿忠臣也！」厚禮之，以爲內史令。

36 十二月，壬申，詔以秦王世民爲太尉，使持節、陝東道大行臺，使，疏吏翻。其蒲州、河北諸府兵馬並受節度。復以河東郡爲蒲州。河北，謂大河以北，黎、相之地。諸府，諸總管府。

37 癸酉，西突厥曷娑那可汗厥，九勿翻。娑，蘇何翻。可，從刊入聲。汗，音寒。降，戶江翻。自宇文化及所來降。隋煬帝以曷娑那自從，煬帝弒，從化及。

38 隋將堯君素守河東，將，卽亮翻。上遣呂紹宗、韋義節、獨孤懷恩相繼攻之，俱不下。義寧元年九月，屈突通留堯君素守河東，呂紹宗攻之不克；以韋義節代之，又不克；武德元年九月，以獨孤懷恩代之，仍不下。時外圍嚴急，君素爲木鵝，置表於頸，具論事勢，浮之於河；河陽守者得之，達於東都。皇泰主見而歎息，拜君素金紫光祿大夫。龐玉、皇甫無逸自東都來降，上悉遣詣城下，爲陳利害，爲，于僞翻。君素不從。考異曰：高祖實錄：「令宇文士及爲陳利害。」按宇文化及爲竇建德所擒，士及乃自歸於唐。實錄誤也。今從隋書。又賜金券，許以不死。其妻又至城下，謂之曰：「隋室已亡，君何自苦！」君素曰：「天下名義，非婦人所知！」引弓射之，應弦而倒。射，而亦翻。考異曰：實錄云：「妻號慟而去。」今從隋書。君素亦自知不濟，然志在守死，每言及國家，未嘗不歔欷。歔，音虛。欷，音希，又許既翻。謂將士曰：「吾昔事主上於藩邸，隋書堯君素傳：煬帝爲晉王，君素以左右從。大義不得不死。必若隋祚永終，天命有屬，屬，之欲翻。自當斷頭以付諸君，聽君等持取富貴。斷，丁管翻。今城池甚固，倉儲豐備，大事猶未可知，不可橫生心也！」橫，戶孟翻。君素性嚴明，善御衆，下莫敢叛。久之，倉粟盡，人相食；又獲外人，微知江都傾覆。丙子，君素左右薛宗、李楚客殺君素以降，傳首長安。降，戶江翻；下同。君素遣朝散大夫解人王行本將精兵七百在他所，解，漢古縣也，後魏曰安定，西魏改曰南解，又改曰綏化，又曰虞鄉；武德元年，更名解縣，別置虞鄉縣，並屬蒲州。朝，直遙翻。散，悉亶翻。解，戶買翻。將，卽亮翻。聞之，赴救不及，因捕殺君素者黨與數百人，悉誅之，復乘城拒守，復，扶又翻，又音如字。獨孤懷恩引兵圍之。

39 丁酉，【章：十二行本「酉」作「丑」；乙十一行本同；孔本同；張校同。】隋襄平太守鄧暠以柳城、北平二郡來降，以暠爲營州總管。隋置襄平、柳城郡，皆在遼西郡柳城縣界。北平郡，卽平州盧龍之地。時復以遼西郡爲營州。守，式又翻。鬲，工老翻。

40 辛巳，太常卿鄭元璹擊朱粲於商州，破之。復以上洛郡爲商州。璹，殊玉翻。

41 初，宇文化及遣使招羅藝，藝曰：「我隋臣也。」斬其使者，爲煬帝發喪，臨三日。使，疏吏翻。爲，于僞翻。臨，力鴆翻。竇建德、高開道各遣使招之，藝曰：「建德、開道，皆劇賊耳！吾聞唐公已定關中，人望歸之。此眞吾主也，吾將從之，敢沮議者斬！」沮，在呂翻。會張道源慰撫山東，藝遂奉表，與漁陽、上谷等諸郡皆來降。癸未，詔以藝爲幽州總管。隋大業初，置漁陽郡於無終。唐復以涿郡爲幽州。考異曰：創業注：「藝以武德元年二月降。」舊云三年，新書云二年，皆誤也。今從實錄。薛萬均，世雄之子也，薛世雄死見一百八十四卷義寧元年。與弟萬徹俱以勇略爲藝所親待，詔以萬均爲上柱國、永安郡公，萬徹爲車騎將軍、武安縣公。唐制，上柱國、郡公皆正二品，縣公從二品；車騎將軍則諸衛郎將之職也，正五品。騎，奇寄翻；下同。

竇建德既克冀州，兵威益盛，帥衆十萬寇幽州。帥，讀曰率；下同。藝將逆戰，萬均曰：「彼衆我寡，出戰必敗，不若使羸兵背城阻水爲陳，羸，倫爲翻。背，蒲妹翻。陳，讀曰陣。彼必渡水擊我。萬均請以精騎百人伏於城旁，俟其半渡擊之，蔑不勝矣。」藝從之。建德果引兵渡水，萬均邀擊，大破之。建德竟不能至其城下，乃分兵掠霍堡及雍奴等縣，霍堡，蓋世亂，霍氏宗黨築堡以自固，因以爲名。雍奴，漢古縣，唐志屬幽州，天寶改爲武淸縣。藝復邀擊，敗之。復，扶又翻。敗，補邁翻。凡相拒百餘日，建德不能克，乃還樂壽。樂，音洛。

藝得隋通直謁者溫彥博，以爲司馬。隋煬帝置謁者臺，有司朝謁者、通事謁者、通直謁者、將事謁者。藝以幽州歸國，彥博贊成之；詔以彥博爲幽州總管府長史，未幾，徵爲中書侍郎。長，知兩翻。幾，居豈翻。兄大雅，時爲黃門侍郎，與彥博對居近密，黃門侍郎居門下省，謂之東省；中書侍郎居中書省，謂之西省；故曰對居近密。時人榮之。

42 以西突厥曷娑那可汗爲歸義王，厥，九勿翻。娑，素那翻。可，從刊入聲。汗，音寒。曷娑那獻大珠，上曰：「珠誠至寶；然朕寶王赤心，珠無所用。」竟還之。

43 乙酉，車駕幸周氏陂，過故墅。【章：十二行本「墅」下有「丁亥還宮」四字；乙十一行本同；孔本同；張校同；退齋校同。】水經註：白渠尾入櫟陽而東南注于渭。故渠逕漢丞相周勃冢南，冢北有亞夫冢，故渠東南有周氏曲渠，又南逕漢景帝陵南，又東南注于渭。周氏曲，即周氏陂也，在高陵縣界。故墅，在高陵縣西十里店，上舊所居也；武德六年，名龍躍宮。

44 初，羌豪旁企地以所部附薛舉，旁，步光翻，羌姓也。及薛仁果敗，企地來降，留長安。企地不樂，企，去智翻。樂，音洛。帥其衆數千叛，入南山，出漢川，帥，讀曰率。此自長安南山諸谷出漢川。漢川，卽漢中。所過殺掠。武候大將軍龐玉擊之，爲企地所敗。敗，補邁翻。企地【據張校補。】行至始州，普安，漢梓潼縣，廣漢郡治焉；宋置南安郡，梁置南梁州，後改安州，西魏改爲始州；大業初，改爲普安郡，唐復爲始州，先天二年，改爲劍州。掠女子王氏，與俱醉臥野外；王氏拔其佩刀，斬首送梁州，唐改漢川郡爲梁州。其衆遂潰。詔賜王氏號爲崇義夫人。

45 壬辰，王世充帥衆三萬圍穀州，新安縣，後周置中州及東垣縣，州尋廢；開皇十六年置穀州，仁壽四年州廢，又廢新安入東垣；大業初，改名新安縣，屬河南郡；義寧二年，破段達，置新安郡；武德元年，改穀州，取穀水爲名。帥，讀曰率。刺史任瓌拒卻之。任，音壬。瓌，古回翻。

46 上使李密分其麾下之半留華州，周宣王封其弟友於鄭，自漢以來爲鄭縣；後魏置東雍州及華山郡，西魏改曰華州；開皇初，州廢；大業初，郡廢爲鄭縣，屬京兆郡；義寧元年，析京兆之鄭、華陰置華陰郡，尋改華州。華，戶化翻。將其半出關。將，卽亮翻。長史張寶德預在行中，恐密亡去，罪相及；上封事，言其必叛。長，知兩翻。上，時掌翻。上意乃中變，又恐密驚駭，乃降敕書勞來，勞，力到翻。來，力代翻。令密留所部徐行，單騎入朝，更受節度。騎，奇寄翻。朝，直遙翻。

密至稠桑，得敕，謂賈閏甫曰：「敕遣我去，無故復召我還，稠，直留翻。復，扶又翻。天子曏云，『有人確執不許』，此譖行矣。吾今若還，無復生理，不若破桃林縣，開皇十六年，分閿鄉、陝置桃林縣，取古桃林之塞以名縣也，在陝西四十五里。收其兵糧，北走渡河。比信達熊州，宜陽縣，後魏置宜陽郡，東魏置陽州，後周改曰熊州，開皇初，郡廢，大業初，州廢，屬河南郡。義寧二年，破段達，置宜陽郡。武德元年，置熊州，取熊耳山以名州。杜佑曰：熊州，今福昌縣。比，必寐翻。吾已遠矣。苟得至黎陽，大事必成。言欲就徐世勣也。公意如何？」闓甫曰：「主上待明公甚厚；況國家姓名，著在圖讖，讖，楚譖翻。天下終當一統。明公既已委質，質，職日翻。復生異圖；復，扶又翻；下同。任瓌、史萬寶據熊、穀二州，任，音壬。瓌，古回翻。此事朝舉，彼兵夕至，雖克桃林，兵豈暇集，一稱叛逆，誰復容人！爲明公計，不若且應朝命，朝，直遙翻。以明元無異心，自然浸潤不行；論語曰：浸潤之譖不行焉。闓甫引此。更欲出就山東，徐思其便可也。」密怒曰：「唐使吾與絳、灌同列，何以堪之！言不得如韓、彭割地而王使與周勃、灌嬰同列。且讖文之應，彼我所共。今不殺我，聽使東行，足明王者不死；縱使唐遂定關中，山東終爲我有。天與不取，乃欲束手投人！公，吾之心腹，何意如是！若不同心，當斬而後行！」闓甫泣曰：「明公雖云應讖，近察天人，稍已相違。今海內分崩，人思自擅，強者爲雄；明公奔亡甫爾，誰相聽受！且自翟讓受戮之後，翟，萇伯翻。人皆謂明公棄恩忘本，今日誰肯復以所有之兵束手委公乎！彼必慮公見奪，逆相拒抗，一朝失勢，豈有容足之地哉！自非荷恩殊厚者，詎肯深言不諱乎！荷，下可翻。願明公熟思之，但恐大福不再。楚靈王之言。苟明公有所措身，闓甫亦何辭就戮！」密大怒，揮刃欲擊之；王伯當等固請，乃釋之。闓甫奔熊州。伯當亦止密，以爲未可；密不從。伯當乃曰：「義士之志，不以存亡易心。公必不聽，伯當與公同死耳，然恐終無益也。」

密因執使者，斬之。庚子旦，密紿桃林縣官曰：「奉詔蹔還京師，使，疏吏翻。紿，徒亥翻。

塹，與暫同。家人請寄縣舍。」乃簡驍勇數十人，著婦人衣，戴羃䍦，驍，堅堯翻。著，側略翻。羃，莫狄翻。䍦，音離。藏刀裙下，詐爲妻妾，自帥之入縣舍，帥，讀曰率；下同。須臾，變服突出，因據縣城。驅掠徒衆，直趣南山，趣，七喻翻，又逡須翻。乘險而東，遣人馳告故將伊州刺史襄城張善相，令以兵應接。五代志：襄城郡，東魏置北荆州；後周改曰和州；開皇初，改曰伊州；大業初，改曰汝州，尋改爲郡。李密復開皇舊州名。杜佑曰：伊州，今陸渾縣。將，卽亮翻。相，息亮翻。

右翊衛將軍史萬寶鎮熊州，謂行軍總管盛彥師曰：「李密，驍賊也，驍，堅堯翻。又輔以王伯當，今決策而叛，殆不可當也。」彥師笑曰：「請以數千之衆邀之，必梟其首。」梟，古堯翻。萬寶曰：「公以何策能爾？」彥師曰：「兵法尚詐，不可爲公言之。」爲，于僞翻。卽帥衆踰熊耳山熊耳山，在熊州南。南，據要道，南字當屬上句。令弓弩夾路乘高，刀楯伏於溪谷，楯，食尹翻。令之曰：「俟賊半渡，一時俱發。」或問曰：「聞李密欲向洛州，而公入山，何也？」洛州，謂洛陽。彥師曰：「密聲言向洛，實欲出人不意，走襄城，就張善相耳。走，音奏。相，息亮翻。若賊入谷口，我自後追之，山路險隘，無所施力，一夫殿後，必不能制。殿，丁練翻。今吾先得入谷，擒之必矣。」

李密既渡陝，以爲餘不足慮，陝州之兵既不能邀密，密自以爲踰山而南，他無邀阻，不足慮也。陝，失冉翻。遂擁衆徐行，果踰山南出。彥師擊之，密衆首尾斷絕，不得相救，遂斬密及伯當，俱傳首長安。考異曰：河洛記：「密因執驛使者斬之，曉入桃林，詐縣官翻據縣，城中驚悸，莫敢當者；驅掠畜產趨南山。時右翊衛將軍、上柱國、太平公史萬寶在熊州，既聞密叛，遣將劉善武領兵追躡。善武兄善績往在洛口，爲密所屠，善武因此發憤，志在取密，十日十夜，倍道兼行，百方羅捕，無暫休息。追至陸渾縣南七十里，與密相及，連戰轉鬭，一步一前，驅密於邢公山，與王伯當死之。」今從實錄及舊書。彥師以功賜爵葛國公，【章：十二行本「公」下有「拜武衛將軍」五字；乙十一行本同；孔本同；張校同；退齋校同。】仍領熊州。「領」，當依舊書作「鎮」。

李世勣在黎陽，上遣使以密首示之，告以反狀。世勣北面拜伏號慟，表請收葬；使，疏吏翻。號，戶刀翻。詔歸其尸。世勣爲之行服，備君臣之禮。世勣以此受知於太宗。爲，于僞翻。大具儀衛，舉軍縞素，葬密于黎陽山南。縞，工老翻。密素得士心，哭者多歐血。

47 隋右武衛大將軍李景守北平，高開道圍之，歲餘不能克。遼西太守鄧暠將兵救之，景帥其衆遷于柳城；守，式又翻。暠，古老翻。將，卽亮翻。帥，讀曰率；下同。後將還幽州，於道爲盜所殺。開道遂取北平，進陷漁陽郡，有馬數千匹，衆且萬，自稱燕王，改元始興，考異曰：實錄、唐書皆無開道年號。柳璨註正閏位曆年號天成，李昉歷代年號亦如之。宋庠紀年通譜：「武德元年，開道年號始興。」云出歷代紀要錄。此號未知孰是。今從紀要。都漁陽。

懷戎沙門高曇晟劉昫曰：懷戎，後漢之潘縣，屬上谷郡；北齊改爲懷戎縣；隋屬幽州涿郡。曇，徒含翻。晟，承正翻。因縣令設齋，士民大集，曇晟與僧五千人擁齋衆而反，殺縣令及鎮將，將，卽亮翻。自稱大乘皇帝，立尼靜宣爲邪輪皇后，釋氏以人之性識根業各差，故有大乘、小乘之說。改元法輪。遣使招開道，立爲齊王。開道帥衆五千人歸之，使，疏吏翻。帥，讀曰率。居數月，襲殺曇晟，悉幷其衆。

48 有犯法不至死者，上特命殺之。監察御史李素立諫曰：六典：監察御史，蓋取秦監郡御史以名官。晉孝武太元中，創置檢校御史。後周秋官府，有司憲旅下士，隋初改爲監察御史，從八品上。監，工銜翻。「三尺法，王者所與天下共也；漢書：客謂杜周曰：「君爲廷尉，不循三尺法。」孟康註云：以三尺竹簡書法律也。法一動搖，人無所措手足。陛下甫創洪業，柰何棄法！臣忝法司，不敢奉詔。」上從之。自是特承恩遇，命所司授以七品清要官；所司擬雍州司戶，雍，於用翻。上曰：「此官要而不清。」又擬祕書郎，上曰：「此官清而不要。」遂擢授侍御史。六典：侍御史，從六品上。杜佑曰：唐侍御史之職有四，謂推、彈、公廨、雜事。推者，掌推鞫；彈者，掌彈舉；公廨，知公廨事；雜事，臺事總悉判之。素立，義深之曾孫也。李義深，趙郡著姓，事高齊，史云人位兼美。

上以舞胡安比【嚴：「比」改「叱」。】奴爲散騎侍郎。散，悉亶翻。騎，奇寄翻。禮部尚書李綱諫曰：「古者樂工不與士齒，雖賢如子野、師襄，皆【章：十二行本「皆」下有「終身繼」三字；乙十一行本同；孔本同；張校同；退齋校同。】世不易其業。子野，晉樂師曠字。襄，魯樂師。唯齊末封曹妙達爲王，安馬駒爲開府，有國家者以爲殷鑑。齊後主亡國，亦此之由。詩云：殷監不遠，在夏后之世。今天下新定，建義功臣，行賞未遍，高才碩學，猶滯草萊；而先擢舞胡爲五品，使鳴玉曳組，趨翔廊廟，組，則古翻。非所以規模後世也。」上不從，曰：「吾業已授之，不可追也。」

陳嶽論曰：受命之主，發號出令，爲子孫法；一不中理，則爲厲階。中，竹仲翻。今高祖曰「業已授之，不可追」，苟授之而是，則已；授之而非，胡不可追歟！君人之道，不得不以「業已授之」爲誡哉！

49 李軌吏部尚書梁碩，有智略，軌常倚之以爲謀主。碩見諸胡浸盛，陰勸軌宜加防察，由是與戶部尚書安脩仁有隙。其後安脩仁兄弟縛軌以歸於唐，卒如梁碩所慮。軌子仲琰嘗詣碩，碩不爲禮，乃與脩仁共譖碩於軌，誣以謀反，軌酖碩，殺之。有胡巫謂軌曰：「上帝當遣玉女自天而降。」軌信之，發民築臺以候玉女，勞費甚廣。河右饑，人相食，軌傾家財以賑之；不足，欲發倉粟，賑，津忍翻。召羣臣議之，曹珍等皆曰：「國以民爲本，豈可愛倉粟而坐視其死乎！」謝統師等皆故隋官，心終不服，謝統師等爲軌所執，見一百八十四卷義寧元年七月。密與羣胡爲黨，排軌故人，乃詬珍曰：詬，苦候翻。「百姓餓者自是羸弱，勇壯之士終不至此。國家倉粟以備不虞，豈可散之以飼羸弱！羸，倫爲翻。飼，祥吏翻。僕射苟悅人情，不爲國計，非忠臣也。」軌以爲然，由是士民離怨。爲李軌敗亡張本。

# 資治通鑑卷第一百八十七

端明殿學士兼翰林侍讀學士太中大夫提舉西京嵩山崇福宮上柱國河内郡開國公食邑二千二百戶食實封九百戶賜紫金魚袋臣司馬光 奉敕編集
後學天台胡三省 音註

## 唐紀三 起屠維單閼(己卯)正月,盡十月,不滿一年。

### 高祖神堯大聖光孝皇帝上之下

武德二年(己卯、六一九)

1春,正月,壬寅,王世充悉取隋朝顯官、名士爲太尉府官屬,朝,直遙翻;下同。杜淹、戴胄皆預焉。胄,安陽人也。安陽縣帶相州。隋將軍王隆帥屯衞將軍張鎮周、煬帝改左、右領軍衞爲左、右屯衞。帥,讀曰率。考異曰:高祖實錄作「鎮州」。今從隋書陳稜傳。都水少監蘇世長等以山南兵始至東都。義寧元年七月,遣王隆會兵東都,今始至。少,始照翻。王世充專總朝政,事無大小,悉關太尉府;臺省監署,莫不闃然。闃,苦鶪翻。世充立三牌於府門外:一求文學才識,堪濟時務者;一求武勇智略,能摧鋒陷敵者;一求身有冤滯,擁抑不申者。於是上書陳事【章:乙十一行本「事」下有「者」字；張校同。】日有數百，世充悉引見，躬自省覽，省，悉景翻。殷勤慰諭，人人自喜，以爲言聽計從，然終無所施行。下至士卒廝養，析薪爲廝，炊烹爲養。廝，音斯。養，羊尚翻。世充皆以甘言悅之，而實無恩施。施，式智翻。

隋馬軍總管獨孤武都爲世充所親任，其從弟司隸大夫機煬帝置司隸臺，以大夫爲之長，掌諸巡察，正四品。從，才用翻。與虞部郎楊恭慎、六典：周禮，地官有山虞、澤虞，蓋虞部之職也。魏始有虞曹郎中，晉因之，梁、陳爲侍郎；後周冬官有虞部下大夫；梁、陳、後魏、北齊並祠部尚書領之，隋工部尚書領之，煬帝曰虞曹郎。前勃海郡主簿孫師孝、煬帝改滄州爲勃海郡。步兵總管劉孝元、李儉、崔孝仁謀召唐兵，使孝仁說武都曰：「王公徒爲兒女之態以悅下愚，而鄙隘貪忍，不顧親舊，豈能成大業哉！圖讖之文，應歸李氏，人皆知之。說，輸芮翻；下同。讖，楚譖翻。唐起晉陽，奄有關內，兵不留行，英雄景附。且坦懷待物，舉善責功，不念舊惡，據勝勢以爭天下，誰能敵之！吾屬託身非所，坐待夷滅。今任管公兵近在新安，任瓌以穀州刺史鎮新安，封管國公。任，音壬。又吾之故人也，若遣間使召之，使夜造城下，間使，上古莧翻，下疏吏翻。造，七到翻。吾曹共爲內應，開門納之，事無不集矣。」武都從之。事泄，世充皆殺之。恭慎，達之子也。達，隋觀德王雄之弟。

2 癸卯，命秦王世民出鎮長春宮。長春宮在同州朝邑縣，後周宇文護所建。

3 宇文化及攻魏州總管元寶藏，四旬不克。魏徵往說之，丁未，寶藏舉州來降。魏徵本元寶藏官屬。說，式芮翻。降，戶江翻；下同。

4戊午，淮安王神通擊宇文化及於魏縣，化及不能抗，東走聊城。聊城縣時屬魏州，武德四年，分爲博州。神通拔魏縣，斬獲二千餘人，引兵追化及至聊城，圍之。

5甲子，以陳叔達爲納言。

6丙寅，李密所置伊州刺史張善相來降。相，息亮翻。降，戶江翻。

7朱粲有衆二十萬，剽掠漢、淮之間，剽，匹妙翻。遷徙無常，每破州縣，食其積粟未盡，復他適，復，扶又翻；下同。將去，悉焚其餘資；又不務稼穡，民餒死者如積。粲無可復掠，軍中乏食，乃教士卒烹婦人、嬰兒噉之，噉，徒濫翻，又徒覽翻。曰：「肉之美者無過於人，但使他國有人，何憂於餒！」隋著作佐郎陸從典、通事舍人顏愍楚六典：著作佐郎修國史。宋百官春秋云：常道鄉公咸熙百官名，有著作佐郎三人。晉制，著作佐郎始到職，必撰名臣傳一人。宋氏之初，國朝始建，未有合撰者，此制遂替。後周，春官府置著作中士，即著作佐郎之任。通事舍人，即秦之謁者。漢書百官表：謁者，掌賓贊受事。舊儀云：謁者有缺，選郎中美鬚眉大音者補。晉初中書置舍人、通事各一人，東晉令舍人、通事兼謁者之任，通事舍人之名由此始也。隋初，罷謁者官，置通事舍人。煬帝改通事舍人爲通事謁者。顏愍楚，蓋大業前爲舍人。謫官在南陽，南陽，鄧州。粲初引爲賓客，其後無食，闔家皆爲所噉。愍楚，之推之子也。顏之推仕於高齊之季。又稅諸城堡細弱以供軍食，諸城堡相帥叛之。帥，讀曰率；下同。

淮安土豪楊士林、田瓚起兵攻粲，後魏置東荆州於比陽，西魏改爲淮州。梁置淮安縣於桐柏，并立上川郡。隋開皇廢郡，改淮安爲桐柏縣，改淮安郡曰顯州，領比陽、平氏、桐柏等七縣。大業改顯州爲淮安郡。瓚，藏旱翻。諸州皆應之。粲與戰于淮源，水經註：淮水出平氏縣桐柏大復山，山南有淮源廟。唐州桐柏淮源縣〔廟〕碑，漢延熹六年立，其文曰：「淮出平氏，始於大復，潛行地中，見於陽口。」大敗，帥餘衆數千奔菊潭。帥，讀曰率。菊潭，舊曰酈縣，開皇初改焉，時屬鄧州；山有菊，人飲其水多壽，故以名縣。士林家世蠻酋，酋，慈由翻。隋末，士林爲鷹揚府校尉，殺郡官而據其郡。校，戶教翻。既逐朱粲，己巳，帥漢東四郡遣使詣信州總管廬江王瑗請降，大業改隋州爲漢東郡。梁置信州於魚復，大業改爲巴東郡，唐復爲信州。使，疏吏翻。瑗，于眷翻。詔以爲顯州道行臺。宋白曰：後魏置東荆州於比陽，後改淮州；隋文帝改顯州，取界內顯望岡爲名。士林以瓚爲長史。

8 初，王世充既殺元、盧，元、盧，元文都、盧楚，世充殺之，事見一百八十五卷元年七月。慮人情未服，猶媚事皇泰主，禮甚謙敬。又請爲劉太后假子，尊號曰聖感皇太后。既而漸驕横，嘗賜食於禁中，還家大吐，横，戶孟翻。吐，土故翻。疑遇毒，自是不復朝謁。復，扶又翻。朝，直遥翻。皇泰主知其終不爲臣，而力不能制，唯取內庫綵物大造幡花；又出諸服玩，令僧散施貧乏以求福。施，式智翻。世充使其黨張績、董濬守章善、顯福二門，東都皇城南面三門，中曰應天，左曰興教，右曰光政；興教之內曰會昌，其北曰章善；光政之內曰廣運，其北曰顯福。宮內雜物，毫釐不得出。是月，世充使人獻印及劍。又言河水清，欲以耀衆，爲己符瑞云。

9 上遣金紫光祿大夫武功靳孝謨安集邊郡，靳，居焮翻。爲梁師都所獲。孝謨罵之極口，師都殺之。二月，詔追賜爵武昌縣公，謚曰忠。

10 初定租、庸、調法，每丁租二石，絹二匹，綿三兩；租、庸、調之法，以人丁爲本，梁、陳、齊、周各有損益。唐制，凡授田者，丁歲輸粟二斛，稻三斛，謂之租。丁，隨鄉所出，歲輸絹二匹，綾絁二丈，布加五之一，綿三兩，麻三斤；非蠶鄉，則輸銀十四兩，謂之調。用人之力，歲二十日，閏加二日；不役者日爲絹三尺，謂之庸。有事而加役二十五日者，免調；三十日者，租調皆免；通正役不過五十日。調，徒釣翻；下同。自茲以外，不得橫有調斂。橫，戶孟翻。斂，力贍翻。

11 丙戌，詔：「諸宗姓居官者在同列之上，未仕者免其傜役；每州置宗師一人以攝總，別爲團伍。」

12 張俟德至涼，去年八月，遣張俟德冊拜李軌。李軌召其羣臣廷議曰：「唐天子，吾之從兄，從，才用翻；下同。今已正位京邑。一姓不可自爭天下，吾欲去帝號，受其封爵，可乎？」去，羌呂翻。曹珍曰：「隋失其鹿，天下共逐之，稱王稱帝者，奚啻一人！唐帝關中，涼帝河右，固不相妨。且已爲天子，柰何復自貶黜！復，扶又翻。必欲以小事大，請依蕭詧事魏故事。」蕭詧事魏事見一百六十五卷梁元帝承聖三年。軌從之。戊戌，軌遣其尙書左丞鄧曉入見，見，賢遍翻。

奉書稱「皇從弟大涼皇帝臣軌」而不受官爵。帝怒，拘曉不遣，始議興師討之。

初，隋煬帝自征吐谷渾，吐谷渾可汗伏允以數千騎奔党項，事見一百八十一卷煬帝大業五年。吐，從暾入聲。谷，音浴。可，從刊入聲。汗，音寒。騎，奇寄翻。煬帝立其質子順爲主，質，音致。使統餘衆，不果入而還。會中國喪亂，還，從宣翻，又如字。喪，息浪翻。伏允復還收其故地。復，扶又翻。上受禪，順自江都還長安，煬帝既弒，順逃還長安。上遣使與伏允連和，使擊李軌，許以順還之。伏允喜，起兵擊軌，數遣使入貢請順，上遣之。爲後太宗立順以統吐谷渾之衆張本。遣使，疏吏翻；下同。

13 閏月，朱粲遣使請降，降，戶江翻。詔以粲爲楚王，聽自置官屬，以便宜從事。

14 宇文化及以珍貨誘海曲諸賊，賊帥王薄帥衆從之，誘，羊久翻。賊帥，所類翻。薄帥，讀曰率。與共守聊城。

竇建德謂其羣下曰：「吾爲隋民，隋爲吾君；今宇文化及弒逆，乃吾讎也，吾不可以不討！」乃引兵趣聊城。趣，七喻翻，又逡須翻。

淮安王神通攻聊城，化及糧盡，請降，神通不許。安撫副使崔世幹勸神通許之，降，戶江翻；下同。使，疏吏翻。神通曰：「軍士暴露日久，賊食盡計窮，克在旦暮，吾當攻取以示國威，且散其玉帛以勞將士，勞，力到翻。若受其降，將何以爲軍賞乎！」世幹曰：「今建德方至，若化及未平，內外受敵，吾軍必敗。夫不攻而下之，爲功甚易，夫，音扶。易，以豉翻。柰何貪其玉帛而不受乎！」神通怒，囚世幹於軍中。去年十月，遣神通安撫山東，書崔民幹爲副，今書「世幹」，當有一誤。既而宇文士及自濟北餽之，濟北郡，濟州。濟，子禮翻。化及軍稍振，遂復拒戰。復，扶又翻；下同。神通督兵攻之，貝州刺史趙君德攀堞先登，時復以清河郡爲貝州。宋白曰：貝州清河郡，春秋爲晉東陽之地，亦爲齊境；秦爲鉅鹿郡地；漢分鉅鹿郡，置清河郡，理清陽。石趙移郡理平晉城，卽今博州清平縣。後周平齊，於清河縣置貝州。清河，後漢之甘陵清陽縣，又兼有漢貝丘縣之地，貝州以此得名。堞，徒協翻。神通心害其功，收兵不戰，君德大詬而下，詬，苦候翻。遂不克。建德軍且至，神通引兵退。

建德與化及連戰，大破之，化及復保聊城。建德縱兵四面急攻，王薄開門納之。建德入城，生擒化及，先謁隋蕭皇后，語皆稱臣，素服哭煬帝盡哀；收傳國璽及鹵簿儀仗，璽，斯氏翻。撫存隋之百官，然後執逆黨宇文智及、楊士覽、元武達、許弘仁、孟景，集隋官而斬之，梟首軍門之外。梟，堅堯翻。以檻車載化及并二子承基、承趾至襄國，斬之。煬帝改邢州爲襄國郡。杜佑曰：邢州，古邢國，治龍岡縣；秦爲信都，項羽改襄國，隋改龍岡。考異曰：隋書云：「載之河間，斬之。」唐書云：「至大陸，斬之。」河洛記云：「建德將化及并蕭后、南陽公主隨軍，于時襄國郡尚爲隋守，建德因其迴兵，欲攻之，營於城下，遣大理官引化及出營東南二里許，宣令數其罪，并二子一號魏王，一號蜀王，同時受戮。」按蜀王乃士及所封，今不取。化及且死，更無餘言，但云：「不負夏王！」夏，戶雅翻。

建德每戰勝克城，所得資財，悉以分將士，身無所取。又不噉肉，常食蔬，茹粟飯；妻曹氏，不衣紈綺，將，即亮翻。噉，徒覽翻，又徒濫翻。衣，於既翻。紈，音丸。綺，區几翻。所役婢妾，纔十許人。及破化及，得隋宮人千數，即時散遣之。以隋黃門侍郎裴矩爲左僕射，掌選事，選，宣絹翻。兵部侍郎崔君肅爲侍中，考異曰：革命記作「君秀」。今從舊建德傳。少府令何稠爲工部尚書，漢書百官表，少府，秦官。至北齊，不置少府，以其屬官併太府寺。隋煬帝大業三年，始分太府爲少府監，置監、少監，其後改監爲令，少監爲少令。少，始照翻。右司郎中柳調爲左丞，六典：左右司郎中，前代不置。煬帝三年，尚書都司始置左右司郎各一人，掌都省之職，品同諸曹郎，從五品。司馬彪續漢書云：尚書丞一人，秦所置，漢因之。成帝置列曹尚書，更置丞四人，至光武減其二，惟置左、右丞各一人。丞者，承也，言承助令僕、總理臺事也。虞世南爲黃門侍郎，歐陽詢爲太常卿。詢，紇之子也。歐陽紇見一百七十卷陳宣帝太建元年。紇，下沒翻。自餘隨才授職，委以政事。其不願留，欲詣關中及東都者亦聽之，仍給資糧，以兵援之出境。隋驍果尚近萬人，亦各縱遣，任其所之。驍，堅堯翻。近，其靳翻。又與王世充結好，好，呼到翻。遣使奉表於隋皇泰主，使，疏吏翻。皇泰主封爲夏王。建德起於羣盜，雖建國，未有文物法度，裴矩爲之定朝儀，制律令，爲，于僞翻。朝，直遙翻。建德甚悅，每從之諮訪典禮。

甲辰，上考第羣臣，以李綱、孫伏伽爲第一，伽，求加翻。因置酒高會，謂裴寂等曰：「隋氏以主驕臣諂亡天下，朕即位以來，每虛心求諫，然惟李綱差盡忠款，孫伏伽可謂誠直，餘人猶踵敝風，俛眉而已，豈朕所望哉！朕視卿如愛子，卿當視朕如慈父，有懷必盡，勿自隱也！」因命捨君臣之敬，極歡而罷。使，疏吏翻。

16 遣前御史大夫段確使於朱粲。

17 初，上爲隋殿內少監，少，始照翻。宇文士及爲尚輦奉御，隋尚輦局，屬殿內省。上與之善。士及從化及至黎陽，上手詔召之，士及潛遣家僮間道詣長安，又因使者獻金環。金環，言欲還長安。間，古莧翻。使，疏吏翻。化及至魏縣，兵勢日蹙，士及勸之歸唐，化及不從，內史令封德彝說士及於濟北徵督軍糧以觀其變。說，輸芮翻。濟，子禮翻。化及稱帝，立士及爲蜀王。化及死，士及與德彝自濟北來降。降，戶江翻。時士及妹爲昭儀，由是授上儀同。上以封德彝隋室舊臣，而諂巧不忠，深誚責之，誚，才笑翻。罷遣就舍。德彝以祕策干上，上悅，尋拜內史舍人，俄遷侍郎。

18 甲寅，隋夷陵郡丞安陸許紹帥黔安、武陵、澧陽等諸郡來降。梁置宜州於夷陵郡，西魏改曰拓州，後周改曰硤州。宋白曰：周武帝以州扼三峽之口，故名。隋煬帝改爲夷陵郡，改安州爲安陸郡，黔州爲黔安郡。武陵郡，梁置武州，後改曰沅州，隋改曰朗州，大業復爲郡。澧陽，隋初置澧州，大業改爲郡。帥，讀曰率。澧，音禮。考異曰：舊書傳云世充簒位乃來降。按世充簒在四月。實錄紹降在此，今從之。紹幼與帝同學；詔以紹爲峽州刺史，賜爵安陸公。

19 丙辰，以徐世勣爲黎州總管。後魏置黎陽郡於黎陽縣，後置黎州，至隋，州郡並廢，以黎陽縣屬汲郡。

今復置黎州。

[20]丁巳，驃騎將軍張孝珉以勁卒百人襲王世充汜水城，入其郛，沈米船百五十艘。隋志：汜水縣舊曰成皋，即虎牢也。後魏置東中府，東魏置北豫州，後周置滎州，開皇初，曰鄭州。十八年，改成皋曰汜水。驃，匹妙翻。騎，奇寄翻；下同。汜，音祀。沈，持林翻。艘，蘇遭翻。

[21]己未，世充寇穀州。世充以秦叔寶爲龍驤大將軍，驤，思將翻。程知節爲將軍，待之皆厚。然二人疾世充多詐，知節謂叔寶曰：「王公器度淺狹而多妄語，好爲呪誓，此乃老巫嫗耳，好，呼到翻。呪，職救翻。嫗，威遇翻。豈撥亂之主乎！」世充與唐兵戰於九曲，水經註：洛水自宜陽而東，逕九曲南，其地十里，有坂九曲。穆天子傳所謂「天子西征，升于九阿」，此是也。洛水又東與豪水會，豪水出新安縣密山，南流歷九曲東而南流入于洛。舊志：熊州壽安縣，義寧元年，移治九曲城。叔寶、知節皆將兵在陳，將，即亮翻。陳，讀曰陣。與其徒數十騎，西馳百許步，下馬拜世充曰：「僕荷公殊禮，荷，下可翻。深思報效；公性猜忌，喜信讒言，喜，許既翻。非僕託身之所，今不能仰事，請從此辭。」遂躍馬來降。降，戶江翻。考異曰：河洛記：「二月，王世充將兵圍新安，將軍程咬金帥其徒以歸義。」按新安乃穀州也。而梁載言十道志，九曲在壽安。壽安乃熊州也，或者世充亦寇熊州乎？世充不敢逼。上使事秦王世民，世民素聞其名，厚禮之，以叔寶爲馬軍總管，知節爲左三統軍。時世充驍將又有驃騎武安李君羨、隋改洺州爲武安郡。驍，堅堯翻。將，即亮翻；下守將同。驃，匹妙翻。騎，奇寄翻。征

南將軍臨邑田留安，隋臨邑縣屬齊郡。亦惡世充之爲人，惡，烏路翻。帥衆來降。帥，讀曰率。降，戶江翻。世民引君羨置左右，以留安爲右四統軍。

22 王世充因李育德之兄厚德於獲嘉，獲嘉，漢縣，武帝巡幸至此，聞破南越獲呂嘉，因以名縣；隋屬河內郡。厚德與其守將趙君潁逐殷州刺史段大師，以城來降。以厚德爲殷州刺史。隋開皇十六年於獲嘉縣置殷州。大業初，州廢，王世充復置，今因以命厚德。

23 竇建德陷邢州，執總管陳君賓。

24 上遣殿內監竇誕、隋煬帝置殿內監，諱中，改爲內；唐爲殿中監。是時蓋未改隋官名也。右衛將軍宇文歆秦、漢始置衛將軍，晉武帝分爲左、右二衛，下至隋初，皆因之；煬帝改左、右翊衛，唐復舊。歆，許金翻。助并州總管齊王元吉守晉陽。誕，抗之子也，竇抗，后兄也。并，卑盈翻。尚帝女襄陽公主。元吉性驕侈，奴客婢妾數百人，好使之被甲，戲爲攻戰，好，呼到翻；下同。被，皮義翻；下同。前後死傷甚衆，元吉亦嘗被傷。其乳母陳善意苦諫，元吉醉，怒，命壯士毆殺之。毆，烏口翻。性好田獵，載罔罟三十車，嘗言：「我寧三日不食，不能一日不獵。」常與誕遊獵，蹂踐人禾稼。蹂，人九翻。又縱左右奪民物，當衢射人，觀其避箭。射，而亦翻。夜，開府門，宣淫他室。百姓憤怨，歆屢諫不納，乃表言其狀。壬戌，元吉坐免官。爲元吉失守張本。

25 癸亥，陟州刺史李育德按志，是年育德以脩武縣濁鹿城降，置陟州，因武陟爲名。攻下王世充河內堡聚三十一所。乙丑，世充遣其兄子君廓侵陟州，李育德擊走之，斬首千餘級。李厚德歸省親疾，使李育德守獲嘉，李厚德蓋歸濁鹿省親，而使育德守獲嘉也。省，悉景翻。世充併兵攻之；丁卯，城陷，育德及弟三人皆戰死。

26 己巳，李公逸以雍丘來降，拜杞州總管，以其族弟善行爲杞州刺史。隋志：梁郡雍丘縣，後魏置陽夏郡，開皇廢郡置杞州，大業廢州爲縣，李公逸因亂據之，今復置州。時邊要州置總管及刺史。

27 隋吏部侍郎楊恭仁，從宇文化及至河北；化及敗，魏州總管元寶藏獲之，己巳，送長安。上與之有舊，拜黄門侍郎，尋以爲涼州總管。恭仁素習邊事，曉羌、胡情僞，民夷悦服，自葱嶺已東，並入朝貢。按恭仁至長安時，李軌尚據河西，唐未得涼州也，安能遠及葱嶺乎！史終言恭仁事耳。是年五月，安興貴執李軌，方遣楊恭仁安撫河西。朝，直遥翻。

28 突厥始畢可汗將其衆渡河至夏州，夏州，漢朔方之地，赫連所都統萬也，魏滅赫連，以爲統萬鎮。魏太和十一年，置夏州，因赫連故國名以名州，隋大業改州爲朔方郡，今復以朔方郡爲夏州。厥，九勿翻。可，從刊入聲。汗，音寒。夏，戶雅翻。梁師都發兵會之，以五百騎授劉武周，欲自句注入寇太原。騎，奇寄翻。句，音鉤，又如字，又音拘。會始畢卒，考異曰：高祖實錄：「六月己酉，始畢可汗卒。」疑遣使告喪月日也。今從舊書本紀、列傳。子什鉢苾幼，未可立，苾，毗必翻。立其弟俟利弗設爲處羅可汗。俟，渠之翻。處，昌呂翻。處羅以什鉢苾爲尼步設，使居東偏，直幽州之北。直，當也。尼，女夷翻。先是，上遣右武候將軍高靜奉幣使於突厥，使，疏吏翻。至豐州，復以五原郡爲豐州。豐州，漢朔方臨戎縣地，後周保定三年，置永豐鎮，隋開皇五年，置豐州，因鎮爲名，大業廢州爲五原郡，唐復爲州。大元以豐州置天德軍節度，屬大同府路。聞始畢卒，敕納於所在之庫。突厥聞之，怒，欲入寇；豐州總管張長遜遣高靜以幣出塞爲朝廷致賻，爲，于僞翻。賻，音附。貨財曰賻。突厥乃還。還，從宣翻，又如字。

29 三月，庚午，梁師都寇靈州，長史楊則擊走之。邊要之州，置總管、刺史、長史、司馬。長，知兩翻。

30 壬申，王世充寇穀州，刺史史萬寶戰不利。

31 庚辰，隋北海通守鄭虔符、文登令方惠整及東海、齊郡、東平、任城、平陸、壽張、須昌賊帥王薄等並以其地來降。煬帝以青州爲北海郡。守，式又翻。文登縣屬東萊郡。以海州爲東海郡，齊州爲齊郡，鄆州爲東平郡，須昌縣屬焉。任城、平陸二縣屬魯郡，壽張縣屬濟北郡。任，音壬。帥，所類翻。降，戶江翻。

32 王世充之寇新安也，外示攻取，實召文武之附己者議受禪。李世英深以爲不可，曰：「四方所以奔馳歸附東都者，以公能中興隋室故也。中，竹仲翻，又如字。今九州之地，未清其一，遽正位號，恐遠人皆思叛去矣！」世充曰：「公言是也！」長史韋節、楊續等曰：「隋氏數窮，在理昭然。夫非常之事，固不可與常人議之。」夫，音扶。太史令樂德融曰：「昔歲長星出，乃除舊布新之徵；隋志：大業十三年六月，有星孛于太微五帝座，色黃赤，長三四尺許。今歲星在角、亢，亢，鄭之分野。晉天文志：自軫十二度至氐四度爲壽星，於辰在辰。鄭之分野屬兖州。陳卓、范蠡、鬼谷先生、張良、諸葛亮、京房、譙周、張衡並云角、亢、氐，鄭、兗州。亢，音剛。分，扶問翻。若不亟順天道，恐王氣衰息。」世充從之。外兵曹參軍戴胄外兵曹，隋官無之，世充取魏、晉以來官制而置之耳。言於世充曰：「君臣猶父子也，休戚同之。明公莫若竭忠徇國，則家國俱安矣。」世充詭辭稱善而遣之。世充議受九錫，胄復固諫，復，扶又翻。世充怒，出爲鄭州長史，使與兄子行本鎮虎牢。長，知兩翻。乃使段達等言於皇泰主，請加世充九錫。皇泰主曰：「鄭公近平李密，已拜太尉，事見去年九月、十月。自是以來，未有殊績，俟天下稍平，議之未晚。」段達曰：「太尉欲之。」皇泰主熟視達曰：「任公！」辛巳，達等以皇泰主之詔命世充爲相國，假黃鉞，總百揆，進爵鄭王，加九錫，鄭國置丞相以下官。

33 初，宇文化及以隋大理卿鄭善果爲民部尚書，從至聊城，爲化及督戰，中流矢。爲化，于僞翻；下何爲同。中，竹仲翻。竇建德克聊城，王琮獲善果，責之曰：「公名臣之家，鄭善果父誠，討尉遲迥，以力戰死，由是爲隋名臣家。隋室大臣，柰何爲弒君之賊效命，苦戰傷痍至此乎！」善果大慙，欲自殺，宋正本馳往救止之；建德復不爲禮，乃奔相州，相，息亮翻。淮安王神通送之長安。庚【嚴：「庚」改「壬」。】午，善果至，上優禮之，拜左庶子、檢校內史侍郎。隋室之臣若宇文士及、鄭善果，安可復用乎！

34 齊王元吉諷幷州父老詣闕留己；甲申，復以元吉爲幷州總管。復，扶又翻。

35 戊子，淮南五州皆遣使來降。使，疏吏翻。降，戶江翻。

36 辛卯，劉武周寇幷州。

37 壬辰，營州總管鄧暠擊高開道，敗之。暠，古浩翻。敗，補邁翻。

38 甲午，王世充遣其將高毗寇義州。新志：武德元年，以衞州之汲、新鄉置義州，仍高齊舊州名也。將，即亮翻。

39 東都道士桓法嗣獻孔子閉房記於王世充，言相國當代隋爲天子。嗣，祥吏翻。相，息亮翻。世充大悅，以法嗣爲諫議大夫。世充又羅取雜鳥，書帛繫頸，自言符命而縱之。有得鳥來獻者，亦拜官爵。於是段達以皇泰主命，加世充殊禮，世充奉表三讓。百官勸進，設位於都堂。納言蘇威年老，不任朝謁，任，音壬。朝，直遙翻。世充以威隋氏重臣，欲以眩耀士民，每勸進，必冠威名。冠，古玩翻。及受殊禮之日，扶威置百官之上，然後南面正坐受之。

40 夏，四月，劉武周引突厥之衆，軍於黃蛇嶺，嶺在榆次縣北。兵鋒甚盛。厥，九勿翻。齊王元吉使車騎將軍張達以步卒【章：十二行本「卒」下有「百人」二字；乙十一行本同；孔本同；張校同；退齋校同。】嘗寇，嘗，試也。騎，奇寄翻。達辭以兵少不可往，元吉強遣之，少，詩沼翻。強，其兩翻。至則俱沒。達忿恨，庚子，引武周襲榆次，陷之。榆次縣屬幷州，漢古縣也。

41 散騎常侍段確，性嗜酒，奉詔慰勞朱粲於菊潭。是年二月，段確以前御史大夫出使，今書散騎常侍，蓋續命之。散，悉亶翻。騎，奇寄翻。勞，力到翻。辛丑，乘醉侮粲曰：「聞卿好噉人，人作何味？」好，呼到翻。噉，徒濫翻，又徒覽翻；下同。粲曰：「噉醉人正如糟藏彘肉。」確怒，罵曰：「狂賊入朝，爲一頭奴耳，復得噉人乎！」粲於座收確及從者數十人，悉烹之朝，直遥翻。復，扶又翻；下同。從，才用翻。以噉左右。遂屠菊潭，奔王世充，世充以爲龍驤大將軍。驤，思將翻。

42 王世充令長史韋節、楊續等及太常博士衡水孔穎達，長，知兩翻。衡水縣屬冀州，本漢桃縣，隋開皇十六年置衡水縣。造禪代儀，遣段達、雲定興等十餘人入奏皇泰主曰：「天命不常，鄭王功德甚盛，願陛下遵唐、虞之迹！」皇泰主斂膝據案，怒曰：「天下，高祖之天下，若隋祚未亡，此言不應輒發；必天命已改，何煩禪讓！公等或祖禰舊臣，禰，乃禮翻。或台鼎高位，既有斯言，朕復何望！」顏色凜冽，言嚴冷也。在廷者皆流汗。退朝，泣對太后。世充更使人謂之曰：「今海內未寧，須立長君，朝，直遥翻。長，知兩翻。俟四方安集，當復子明辟，必如前誓。」謂去年七月禁中被髮之誓也。癸卯，世充稱皇泰主命，禪位于鄭，遣其兄世惲幽皇泰主於含涼殿，惲，於粉翻。雖有三表陳讓及敕書敦勸，皇泰主皆不知也。遣諸將引兵入清宮城，又遣術人以桃湯葦火祓除禁省。將，卽亮翻；下同。祓，敷勿翻。

43 隋將帥、郡縣及賊帥前後繼有降者，帥，所類翻。降，戶江翻；下同。詔以王薄爲齊州總管，伏德爲齊州治歷城縣，古歷下城也。漢爲歷城縣，劉宋僑立冀州於此。魏爲濟南郡，隋立濟州，唐復隋初之舊。

濟州總管，鄭虔符爲青州總管，綦公順爲淮州總管，濟，子禮翻。宋白曰：濟州，古碻磝城也，秦爲東郡在平地，宋置碻磝戍及濟北郡，後魏立濟州。按綦公順本起北海，新志云：是年分青州之北海、營丘、下密置濰州，蓋以公順爲濰州總管。「淮」，當作「濰」。宋白曰：濰州取界內濰水爲名。王孝師爲滄州總管。宋白曰：滄州，禹疏九河在此州界，漢置勃海郡，理浮陽，後魏置滄州。

44 甲辰，遣大理卿新樂郎楚之安撫山東，舊志曰：新樂，古鮮虞子國，漢新市縣，屬中山郡，隋改爲新樂縣，唐屬定州。宋白曰：隋開皇十六年，置新樂縣。新樂者，漢成帝時中山孝王母馮昭儀隨王就國，建宮於西鄉，呼爲西樂城，後語訛呼西爲新，故曰新樂。樂，音洛。祕書監夏侯端安撫淮左。

45 乙巳，王世充備法駕入宮，卽皇帝位；丙午，大赦，改元開明。

46 丁未，隋禦衞將軍陳稜以江都來降；以稜爲揚州總管。揚州，漢廣陵、江都之地，自漢以來，揚州所治不常厥邑，至唐廣陵，始專有揚州之名。

47 戊申，王世充立子玄應爲太子，玄恕爲漢王，餘兄弟宗族十九人皆爲王。奉皇泰主爲潞國公。以蘇威爲太師，段達爲司徒，雲定興爲太尉，張僅爲司空，楊續爲納言，韋節爲內史，「內史」下當有「令」字。王隆爲左僕射，韋霽爲右僕射，齊王世惲爲尚書令，楊汪爲吏部尚書，杜淹爲少吏部，少吏部，卽吏部侍郎。惲，於粉翻。少，始照翻。鄭頲爲御史大夫。頲，他鼎翻。世惲，世充之兄也。又以國子助教吳人陸德明爲漢王師，晉武帝立國子學，置助教，掌佐博士教授，後世因之。令玄恕就其家行束脩禮。論語：孔子曰：「自行束脩以上，吾未嘗無誨焉」。朱子曰：脩，脯也。十脡爲束。古者相見必執贄以爲禮，束脩其至薄者。後世緣夫子之言，遂以爲事師之禮。德明恥之，服巴豆散，臥稱病，巴豆有毒，能痢人。散，悉但翻。玄恕入跪牀下，對之遺利，竟不與語。德明名朗，以字行。陸德明過孔穎達遠矣。

世充於闕下及玄武門等數處皆設榻，坐無常所，親受章表；或輕騎歷衢市，亦不清道，天子清道而後行。騎，奇寄翻。民但避路而已。世充按轡徐行，語之曰：語，牛倨翻。「昔時天子深居九重，重，直龍翻。在下事情無由聞徹。徹，敕列翻。今世充非貪天位，但欲救恤時危，正如一州刺史，親覽庶務，當與士庶共評朝政，尚恐門有禁限，今於門外設坐聽朝，朝，直遥翻；下同。坐，徂臥翻。宜各盡情。」又令西朝堂納冤抑，東朝堂納直諫。於是獻策上書者日有數百，條流既煩，上，時掌翻。條流，猶言條派。省覽難遍，省，悉景翻。數日後，不復更出。復，扶又翻。

48 竇建德聞王世充【張：「充」下脫「廢皇泰主」四字。】自立，乃絕之，始建天子旌旗，出警入蹕，下書稱詔，追謚隋煬帝爲閔帝。齊王暕之死也，謚，神至翻。江都之難，齊王暕亦死。暕，古限翻。有遺腹子政道，建德立以爲鄖公，鄖，音云。然猶依倚突厥以壯其兵勢。厥，九勿翻。隋義成公主遣使迎蕭皇后及南陽公主，建德遣千餘騎送之，使，疏吏翻。騎，奇寄翻。又傳宇文化及首以獻義成公主。

49 丙辰，劉武周圍幷州，齊王元吉拒卻之。戊午，詔太常卿李仲文將兵救幷州。將，卽亮翻。

50 王世充將軍丘懷義居門下內省，召越王君度、漢王玄恕、將軍郭士衡雜妓妾飲博，侍御史張蘊古彈之。世充大怒，令散手執君度、玄恕，批其耳數十；散手者，散手仗也。凡朝會之仗，三衞番上，分爲五仗：一曰供奉仗，以左、右衞爲之；二曰親仗，以親衞爲之；三曰勳仗，以勳衞爲之；四曰翊仗，以翊衞爲之；皆服鶡冠、緋衫裌。五曰散手仗，以親、勳、翊衞爲之，服緋絁裲襠，繡野馬，列坐于東西廊下。唐謂之衙內五衞。唐蓋因隋制，世充亦因隋制也。妓，渠綺翻。彈，徒丹翻。散，悉但翻。批，蒲鱉翻，又普迷翻。又命引入東上閤，杖之各數十。東都皇宮正殿曰乾陽殿，殿左曰東上閤，右曰西上閤，閤各有門。懷義、士衡不問。賞蘊古帛百段，遷太子舍人。君度，世充之兄子也。

世充每聽朝，殷勤誨諭，言詞重複，朝，直遙翻。重，直龍翻。千端萬緒，侍衞之人不勝倦弊，勝，音升。百司奏事，疲於聽受。御史大夫蘇良諫曰：「陛下語太多而無領要，領要，猶漢人言要領也。計云爾卽可，何煩許辭也！」世充默然良久，亦不罪良，然性如是，終不能改也。

51 王世充數攻伊州，數，所角翻。總管張善相拒之；糧盡，援兵不至，癸亥，城陷，善相罵世充極口而死。帝聞，歎曰：「吾負善相，善相不負吾也！」賜其子襄城郡公。相，息亮翻。「子」下當有「爵」字，蜀本然。【章：十二行本正有「爵」字；乙十一行本同；孔本同；張校同。】

52 五月，王世充陷義州，復寇西濟州。新志：濟源縣，武德二年，王世充將丁伯德以縣來降，置西濟州。復，扶又翻。濟，子禮翻。遣右驍衛大將軍劉弘基將兵救之。驍，堅堯翻。基將，卽亮翻；下同。

53 李軌將安脩仁兄興貴，仕長安，表請說軌，諭以禍福。說，式芮翻；下同。上曰：「軌阻兵恃險，連結吐谷渾、突厥，吐，從暾入聲。谷，音浴。厥，九勿翻。吾興兵擊之，尚恐不克，豈口舌所能下乎！」興貴曰：「臣家在涼州，奕世豪望，爲民夷所附；弟脩仁爲軌所信任，子弟在機近者以十數。臣往說之，說，式芮翻。軌聽臣固善，若其不聽，圖之肘腋，易矣！」腋，音亦。易，以豉翻。上乃遣之。

興貴至武威，軌以爲左右衛大將軍。興貴乘間說軌曰：間，古莧翻。「涼地不過千里，土薄民貧。今唐起太原，取函秦，宰制中原，戰必勝，攻必取，此殆天啓，非人力也。不若舉河西歸之，則竇融之功復見於今日矣！」竇融事見漢光武紀。復，扶又翻。軌曰：「吾據山河之固，彼雖強大，若我何！汝自唐來，爲唐遊說耳。」爲，于僞翻。興貴謝曰：「臣聞富貴不歸故鄉，如衣繡夜行，項羽之言。衣，於既翻。臣闔門受陛下榮祿，安肯附唐！但欲效其愚慮，可否在陛下耳。」於是退與脩仁陰結諸胡起兵擊軌，軌出戰而敗，嬰城自守。興貴徇曰：「大唐遣我來誅李軌，敢助之者夷三族！」城中人爭出就興貴。軌計窮，與妻子登玉女臺，軌築玉女臺，見上卷上年。置酒爲別。庚辰，興貴執之以聞，河西悉平。

鄧曉在長安，舞蹈稱慶，上曰：「汝爲人使臣，使，疏吏翻；下同。聞國亡，不慼而喜，以求媚於朕，不忠於李軌，肯爲朕用乎！」遂廢之終身。是年二月，李軌遣鄧曉入見。軌至長安，幷其子弟皆伏誅。以安興貴爲右武候大將軍、上柱國、涼國公，賜帛萬段，安脩仁爲左武候大將軍、申國公。

54 隋末，離石胡劉龍兒舊志云：離石，漢縣，後周改名昌化郡，隋爲離石郡，唐爲石州。離石胡，匈奴種也，卽稽胡。擁兵數萬，自號劉王，以其子季眞爲太子；虎賁郎將梁德擊斬龍兒。賁，音奔。將，卽亮翻。至是，季眞與弟六兒復舉兵爲亂，復，扶又翻。引劉武周之衆攻陷石州，殺刺史王儉。季眞自稱突利可汗，可，從刊入聲。汗，音寒。以六兒爲拓定王。六兒遣使請降，降，戶江翻。詔以爲嵐州總管。以樓煩郡置嵐州。宋白曰：因界内岢嵐山立名。嵐，盧含翻。

55 壬午，以秦王世民爲左武候大將軍、使持節、涼·甘等九州諸軍事、涼州總管，九州，涼、甘、瓜、鄯、肅、會、蘭、河、廓，皆李軌所據之地也。其太尉、尚書令、雍州牧、陝東道行臺並如故。雍，於用翻。陝，失冉翻。遣黄門侍郎楊恭仁安撫河西。

56 丙戌，劉武周陷平遙。平遙縣屬汾州，卽漢平陶縣，魏避國諱，改「陶」爲「遙」。

57 癸巳，梁州總管、山東道安撫副使陳政爲麾下所殺，擕其首奔王世充。政，茂之子也。隋書陳茂傳：政歸唐，卒於梁州總管。不言死於山東。通鑑當是據實錄諸書。但是時山東無梁州，或者政先爲梁州總管，後安撫山東而死也。陳茂事隋文帝，典機密。

58 王世充以禮部尚書裴仁基、左輔大將軍裴行儼有威名，忌之。仁基父子知之，亦不自安，乃與尚書左丞宇文儒童、儒童弟尚食直長溫、隋制，尚食局屬殿中省，有奉御、有直長。長，知兩翻。散騎常侍崔德本謀殺世充及其黨，散，悉亶翻。騎，奇寄翻。復尊立皇泰主；事泄，皆夷三族。齊王世惲言於世充曰：「儒童等謀反，正爲皇泰主尚在故也，復，扶又翻。惲，於粉翻。爲，于僞翻；下同。不如早除之。」世充從之，遣兄子唐王仁則及家奴梁百年酖皇泰主。皇泰主曰：「更爲請太尉，以往者之言，未應至此。」謂世充往有「復子明辟」之言，既不能踐，今不應遽殺之也。百年欲爲啓陳，爲，于僞翻。世惲不許；又請與皇太后辭訣，亦不許。乃布席焚香禮佛：「願自今已往，不復生帝王家！」飲藥，不能絕，以帛縊殺之，謚曰恭皇帝。縊，於賜翻，又於計翻。謚，神至翻。世充以其兄楚王世偉爲太保，齊王世惲爲太傅，領尚書令。

59 六月，庚子，竇建德陷滄州。滄州，隋勃海郡。

60 初，易州賊帥宋金剛，有衆萬餘，與魏刀兒連結。易州，上谷郡。宋白曰：易州，六國時燕地，秦幷天下，是爲上谷郡。漢置涿郡。今州卽涿郡故安縣。地圖經云：隋初，自今遂城縣所理英雄城，移南營州，居燕之候臺，仍改名易州，取州南易水爲名。帥，所類翻。刀兒爲竇建德所滅，去年十一月建德滅刀兒。金剛救之，戰敗，帥衆四千西奔劉武周。帥，讀曰率。武周聞其善用兵，得之，甚喜，號曰宋王，委以軍事，中分家貲以遺之。遺，于季翻。金剛亦深自結，出其故妻，納武周之妹。因說武周圖晉陽，南向爭天下。說，輸芮翻。武周以金剛爲西南道大行臺，使將兵三萬寇并州。將，即亮翻；下周將、人將同。丁未，武周進逼介州，義寧元年，以介休、平遙置介休郡。武德元年曰介州。沙門道澄以佛幡縋之入城，縋，他僞翻。遂陷介州；詔左武衛大將軍姜寶誼、行軍總管李仲文擊之。武周將黄子英往來雀鼠谷，新志：介休縣有雀鼠谷。將，即亮翻。數以輕兵挑戰，數，所角翻。挑，徒了翻。兵纔接，子英陽不勝而走，如是再三，寶誼、仲文悉衆逐之，伏兵發，唐兵大敗，寶誼、仲文皆爲所虜。考異曰：舊裴寂傳云：「寶誼、仲文相次陷沒。」按實錄，二人敗處皆在雀鼠谷，賊將黄子英陽不勝以誘之，遇伏而沒，事迹並同，必一時共戰，皆被擒耳。既而俱逃歸，上復使二人將兵擊武周。復，扶又翻。

61 己酉，突厥使來告始畢可汗之喪，厥，九勿翻。使，疏吏翻；下同。可，從刊入聲。汗，音寒。上舉哀于長樂門，六典：長安宮城南面三門：中曰承天，東曰長樂，西曰永安。樂，音洛。廢朝三日，朝，直遙翻。詔百官就館弔其使者。又遣內史舍人鄭德挺弔處羅可汗，賻帛三萬段。處，昌呂翻。賻，音附。

62 上以劉武周入寇爲憂，右僕射裴寂請自行。癸亥，以寂爲晉州道行軍總管，晉州，曹魏之平陽郡，後魏眞君四年，置東雍州，孝昌中，改爲唐州，建義元年，又改爲晉州，隋爲臨汾郡，唐復爲晉州。討武周，聽以便宜從事。

63 秋，七月，初置十二軍，分關內諸府以隸焉，皆取天星爲名，以萬年道爲參旗軍，長安道爲鼓旗軍，富平道爲玄戈軍，醴泉道爲井鉞軍，同州道爲羽林軍，華州道爲騎官軍，寧州道爲折威軍，岐州道爲平道軍，豳州道爲招搖軍，西麟州道爲苑游軍，涇州道爲天紀軍，宜州道爲天節軍。以車騎府統之。每軍將、副各一人，取威名素重者爲之，騎，奇寄翻。將，即亮翻；下同。督以耕戰之務。由是士馬精強，所向無敵。

64 海岱賊帥徐圓朗以數州之地請降，言徐圓朗跨據數州，東至海，西距岱。帥，所類翻。降，戶江翻；下同。拜兗州總管，兗州，隋之魯郡。禹貢之兗州，東南據濟，西北距河，封域廣矣。後漢以來，兗州所治，不常厥邑，所部亦廣。至是始專以魯郡爲兗州。封魯國公。

65 王世充遣其將羅士信寇穀州，士信帥其衆千餘人來降。帥，讀曰率；下同。先是，士信從李密擊世充，兵敗，爲世充所得，先，悉薦翻。世充厚禮之，與同寢食。既而得邴元眞等，待之如士信，士信恥之。士信有駿馬，世充兄子趙王道詢欲之，不與，世充奪之以賜道詢；士信怒，故來降。上聞其來，甚喜，遣使迎勞，【章：十二行本「勞」下有「賜帛五千段」五字；乙十一行本同；孔本同；張校同；退齋校同。】使，疏吏翻。勞，力到翻。廩食其所部，食，祥吏翻。以士信爲陝州道行軍總管。陝，失冉翻。宋白曰：陝州，卽周二伯分陝之地。後魏太和十一年置陝州。世充左龍驤將軍臨涇席辯新志：臨涇縣屬涇州。驤，思將翻。與同列楊虔安、李君義皆帥所部來降。

66 丙子，王世充遣其將郭士衡寇穀州，刺史任瓌大破之，俘斬且盡。任，音壬。瓌，古回翻。甲申，行軍總管劉弘基遣其將种如願襲王世充河陽城，种，音沖。毀其河橋而還。還，從宣翻，又如字。

67 乙酉，西突厥統葉護可汗、高昌王麴伯雅各遣使入貢。

初，西突厥曷娑那可汗入朝于隋，隋人留之，國人立其叔父，號射匱可汗。事見一百八十一卷煬帝大業七年。厥，九勿翻。可，從刊入聲。娑，素何翻。朝，直遙翻。射匱者，達頭可汗之孫也，既立，拓地東至金山，按開元中以西州爲金山都督府。又，突厥之先，興於金山，在高昌西北，則知是山近高昌。西至海，此西海也。遂與北突厥爲敵，建庭於龜茲北三彌山。龜茲，音丘慈。射匱卒，子統葉護【章：十二行本「護」下有「可汗」二字；乙十一行本同；孔本同。】立。統葉護勇而有謀，北并鐵勒，控弦數十萬，據烏孫故地，又移庭於石國北千泉；石國，康居枝庶之分王者也，治柘折城，漢時大宛北鄙也。西域諸國皆臣之，葉護各遣吐屯監之，督其征賦。監，工銜翻。

68 辛卯，宋金剛寇浩州，浹旬而退。唐初改西河郡爲浩州。浹，子協翻。

69 八月，丁酉，酅公薨，酅，奚圭翻。謚曰隋恭帝；無後，以族子行基嗣。嗣，祥吏翻。

70 竇建德將兵十餘萬趣洺州，洺州，隋之武安郡。淮安王神通帥諸軍退保相州。己亥，建德兵至洺州城下。將，卽亮翻；下充將、禮將同。趣，七喻翻；下同。洺，音名。帥，讀曰率；下同。相，息亮翻。

71 丙午，將軍秦武通軍至洛陽，敗王世充將葛彥璋。敗，補邁翻。

72 丁未，竇建德陷洺州，總管袁子幹降之。降，戶江翻。考異曰：實錄作「甲子」，蓋奏到之日。今從革命記。乙卯，引兵趣相州，淮安王神通聞之，帥諸軍就李世勣於黎陽。

73 梁師都與突厥合數千騎寇延州，延州，隋之延安郡。騎，奇寄翻。厥，九勿翻。行軍總管段德操兵少不敵，閉壁不戰，伺師都稍怠，九月，丙寅，遣副總管梁禮將兵擊之。師都與禮戰方酣，德操以輕騎多張旗幟，掩擊其後，少，詩沼翻。伺，相吏翻。酣，戶江翻。幟，昌志翻。師都軍潰，逐北二百里，破其魏州，新志：綏州城平縣，置魏州，因魏平關而名。虜男女二千餘口。德操，孝先之子也。段孝先柄用於高齊之季。

74 蕭銑遣其將楊道生寇峽州，刺史許紹擊破之。銑又遣其將陳普環帥舟師上峽，規取巴、蜀。將，即亮翻。上，時掌翻。紹遣其子智仁及錄事參軍李弘節等追至西陵，大破之，夷陵，孫吳之西陵，世謂之步闡壘。唐貞觀九年，峽州徙治焉。隋之峽州，本治下牢戍，在步闡壘西南二十八里。水經注：江水逕夷陵縣南，又東逕流頭灘、狼尾灘、黃牛山之黃牛灘，而後逕西陵峽，出峽東南流，而後逕步闡壘。此蓋自下牢追至西陵峽也。擒普環。銑遣兵戍安蜀城及荊門城。安蜀城在公安縣界，荊門城在長林縣界，皆荊州西南要地。

先是，上遣開府李靖詣夔州經略巴東郡舊置信州，是年改夔州。杜佑曰：避皇外祖獨孤信諱改之。先，悉薦翻。蕭銑。句斷。靖至峽州，阻銑兵，久不得進。上怒其遲留，陰敕許紹斬之；不以明詔而陰敕，猶欲以宿憾殺之。紹惜其才，爲之奏請，獲免。爲，于僞翻。

75己巳，竇建德陷相州，殺刺史呂珉。相，息亮翻。考異曰：實錄作「庚辰」，蓋亦奏到之日。今從革命記。

76民部尚書魯公劉文靜，自以才略功勳在裴寂之右而位居其下，意甚不平。每廷議，寂有所是，文靜必非之，數侵侮寂，數，所角翻；下同。由是有隙。文靜與弟通直散騎常侍文起飲，酒酣怨望，拔刀擊柱曰：「會當斬裴寂首！」家數有妖，散，悉亶翻。騎，奇寄翻。妖，於驕翻。文起召巫於星下被髮銜刀爲厭勝。被，皮義翻。厭，於葉翻。文靜有妾無寵，使其兄上變告之。上，時掌翻。上以文靜屬吏，屬，之欲翻。遣裴寂、蕭瑀問狀，文靜曰：「建義之初，忝爲司馬，計與長史位望略同。長，知兩翻。今寂爲僕射，據甲第；甲第，甲於諸第也。臣官賞不異衆人，東西征討，老母留京師，風雨無所庇，實有觖望之心，觖望，怨望也。觖，苦穴翻。因醉怨言，不能自保。」上謂羣臣曰：「觀文靜此言，反明白矣。」李綱、蕭瑀皆明其不反，秦王世民爲之固請曰：「昔在晉陽，文靜先定非常之策，始告寂知，事見一百八十四卷隋恭帝義寧元年。爲，于僞翻。及克京城，任遇懸隔，令文靜觖望則有之，令，力丁翻。非敢謀反。」裴寂言於上曰：「文靜才略實冠時人，性復粗險，冠，古玩翻。復，扶又翻。今天下未定，留之必貽後患。」上素親寂，低回久之，卒用寂言。卒，子恤翻。考異曰：高祖實錄、唐書、唐曆等皆以文靜之死由於裴寂。今據實錄，裴寂此年六月爲晉州道行軍總管，討劉武周，此月丁丑，爲宋金剛敗於介州，去文靜死才七日，此時不當在京師。實錄曰：「高祖低回者久之。」蓋寂未行時，先有此言，高祖未忍殺，至是乃決意耳。辛未，文靜及文起坐死，籍沒其家。

77 沈法興既克毗陵，克毗陵見一百八十五卷元年三月。謂江、淮之南指撝可定，撝，與麾同。自稱梁王，都毗陵，改元延康，置百官。性殘忍，專尚威刑，將士小有過，即斬之，由是其下離怨。時杜伏威據歷陽，陳稜據江都，李子通據海陵，俱有窺江表之心。法興軍數敗；會子通圍稜於江都，稜送質求救於法興將，即亮翻；下同。數，所角翻。質，音致。及伏威，法興使其子綸將兵數萬與伏威共救之。伏威軍清流，綸軍揚子，相去數十里。舊志：清流縣，漢全椒縣地，梁置南譙州，居桑根山之朝陽，在今縣西南八十里，南譙州故城是也。北齊自南譙故城徙治於新昌郡城，今滁州治清流縣是也。隋志，江都郡帶江陽縣，有江都宮、揚子宮。唐永淳元年，始分江都縣置揚子縣，今眞州治其地。宋白曰：清流縣因縣東清流水爲名，隋文帝更梁新昌縣爲清流縣。子通納言毛文深獻策，募江南人詐爲綸兵，夜襲伏威營，伏威怒，復遣兵襲綸。復，扶又翻。由是二人相疑，莫敢先進。子通得盡銳攻江都，克之，稜奔伏威。子通入江都，因縱擊綸，大破之，伏威亦引去。子通即皇帝位，國號吳，改元明政。丹陽賊帥樂伯通帥衆萬餘降之，丹陽郡，隋初之蔣州。賊帥，所類翻。通帥，讀曰率。降，戶江翻。子通以爲左僕射。

78 杜伏威請降；丁丑，以伏威爲淮南安撫大使、和州總管。和州，漢歷陽縣地，九江都尉治所。晉氏南渡，置戍守以防江。侯景之亂，江西皆入高齊，置和州於歷陽，以南北通和，往來之津要也。大業廢州爲歷陽郡，今復以歷陽郡爲和州。使，疏吏翻。

79裴寂至介休，介休，漢古縣，因介子推介山而名，時爲介州。宋金剛據城拒之。寂軍于度索原，營中飲澗水，金剛絕之，士卒渴乏。寂欲移營就水，金剛縱兵擊之，寂軍遂潰，失亡略盡；寂一日一夜馳至晉州。先是，劉武周屢遣兵攻西河，浩州刺史劉贍拒之，浩州，隋之西河郡。先，悉薦翻。贍，而豔翻。李仲文引兵就之，與共守西河。及裴寂敗，自晉州以北城鎮俱沒，唯西河獨存。姜寶誼復爲金剛所虜，謀逃歸，金剛殺之。復，扶又翻。裴寂上表謝罪，上，時掌翻。上慰諭之，復使鎮撫河東。劉文靜淺水原之敗，貶落不偶以至於誅；裴寂度索原之敗，位任如故；唐高祖以賞罰馭臣，上下其手矣。

劉武周進逼并州，齊王元吉紿其司馬劉德威曰：「卿以老弱守城，吾以強兵出戰。」辛巳，元吉夜出兵，攜其妻妾棄州奔還長安。紿，蕩亥翻。還，從宣翻。元吉始去，武周兵已至城下，晉陽土豪薛深以城納武周。上聞之，大怒，謂禮部尚書李綱曰：「元吉幼弱，未習時事，故遣竇誕、宇文歆輔之。歆，許今翻。晉陽強兵數萬，食支十年，興王之基，一旦棄之。聞宇文歆首畫此策，我當斬之！」綱曰：「王年少驕逸，竇誕曾無規諫，又掩覆之，少，詩照翻。覆，敷又翻。使士民憤怨，今日之敗，誕之罪也。歆諫，王不悛，尋皆聞奏，事見上二月。悛，丑緣翻。乃忠臣也，豈可殺哉！」明日，上召綱入，升御座曰：「我得公，遂無濫刑。元吉自爲不善，非二人所能禁也。」并誕赦之。衞尉少卿劉政會在太原，爲武周所虜，政會密【章：十二行本「密」下有「遣人奉」三字；乙十一行本同；孔本同。】表論武周形勢。

武周據太原，遣宋金剛攻晉州，拔之，虜右驍衞大將軍劉弘基。驍，堅堯翻。弘基逃歸。金剛進逼絳州，陷龍門。宋白曰：絳州，晉都，左傳所謂新田也。後周武成二年，置絳州。龍門，漢皮氏縣也，後魏改爲龍門縣，隋、唐屬蒲州。

80 西突厥曷娑那可汗與北突厥有怨；曷娑那在長安，北突厥遣使請殺之，厥，九勿翻。可，從刊入聲。汗，音寒。使，疏吏翻。上不許。羣臣皆曰：「保一人而失一國，後必爲患！」秦王世民曰：「人窮來歸，我殺之不義。」上遲迴久之，不得已，丙戌，引曷娑那於內殿宴飲，既而送中書省，縱北突厥使者使殺之。

81 禮部尚書李綱領太子詹事，漢書百官表：詹事，秦官，掌皇后、太子家。應劭云：詹，省也，給也，言給事太子家。晉、宋及後魏用人漸重，北齊總東宮內外衆事，無大小皆統之。後周置太子宮正、宮尹；隋復置詹事；唐統東宮三寺、十率府之政令。太子建成始甚禮之。久之，太子漸昵近小人，昵，尼質翻。近，其靳翻。疾秦王世民功高，頗相猜忌；綱屢諫不聽，乃乞骸骨。上罵之曰：「卿爲何潘仁長史，乃恥爲朕尚書邪！長，知兩翻。邪，音耶。且方使卿輔導建成，而固求去，何也？」綱頓首曰：「潘仁，賊也，每欲妄殺人，臣諫之即止，爲其長史，可以無愧。爲長史事見一百八十四卷義寧元年。陛下創業明主，臣不才，所言如水投石，言以水投石，雖沾濕而不能受水。言於太子亦然，臣何敢久汚天臺、辱東朝乎！」天臺，謂尚書省。東朝，謂東宮。汚，烏故翻。朝，直遥翻。上曰：「知公直士，勉留輔吾兒。」戊子，以綱爲太子少保，尚書、詹事如故。少，始照翻。綱復上書諫太子飲酒無節，及信讒慝，疏骨肉；復，扶又翻；下同。上，時掌翻。慝，吐得翻。太子[illegible]懌，而所爲如故。綱鬱鬱不得志，是歲，固稱老病辭職，詔解尚書，仍爲少保。

82 淮安王神通使慰撫使張道源鎮趙州。庚寅，竇建德陷趙州，撫使，疏吏翻。宋白曰：趙州，周穆王封造父於趙城，即此地。後魏置趙郡，隋大業初置趙州。考異曰：實録，今年三月建德陷趙州，此又云陷趙州，蓋重複。或三月是貝州。唐統紀唯有九月陷趙州。今從之。執總管張志昂及道源。建德以二人及邢州刺史陳君賓不早下，欲殺之，國子祭酒凌敬諫曰：「人臣各爲其主用，爲，于僞翻。彼堅守不下，乃忠臣也。今大王殺之，何以勵羣下乎！」建德怒曰：「吾至城下，彼猶不降，力屈就擒，何可捨也！」敬曰：「今大王使大將高士興拒羅藝於易水，藝纔至，興即降，將，即亮翻。降，戶江翻。大王之意以爲何如？」建德乃悟，即命釋之。

83 乙未，梁師都復寇延州，復，扶又翻。考異曰：太宗實録云：「經數月，師都又來寇。」按丙寅九月朔，寇延州。乙未，九月晦也。今從高祖實録。段德操擊破之，斬首二千餘級，師都以百餘騎遁去。騎，奇寄翻。德操以功拜柱國，賜爵平原郡公。鄜州刺史鄜城壯公梁禮戰沒。隋志：上郡，後魏置東秦州，後改爲北華州，西魏爲敷州，大業二年改爲鄜城郡，後改爲上郡，唐爲鄜州。鄜，音膚。

84冬，十月，己亥，就加涼州總管楊恭仁納言；賜幽州總管燕公羅藝姓李氏，封燕郡王。自國公進封郡王。唐制，國公食邑三千戶，郡王食邑五千戶，皆從一品。燕，因肩翻。

辛丑，李藝破竇建德於衡水。衡水縣，屬冀州。宋白曰：衡水縣本漢桃縣，隋開皇十六年，置衡水縣。

85癸卯，以左武候大將軍龐玉爲梁州總管。時集州獠反，新志：武德元年，析梁州之難江、巴州之符陽、長池、白石，置集州。按舊志，漢宕渠，符陽之地也。宋白曰：後魏恭帝改梁之東巴州爲集州，以東北集川水爲名。獠，魯皓翻。玉討之，獠據險自守，軍不得進，糧且盡。熟獠與反者皆鄰里親黨，近邊者爲熟獠，遠者爲生獠。爭言賊不可擊，請玉還。玉揚言：「秋穀將熟，百姓毋得收刈，一切供軍，非平賊吾不返。」聞者大懼曰：「大軍不去，吾曹皆將餒死。」其中壯士乃入賊營，與所親潛謀，斬其渠帥而降，帥，所類翻；下同。降，戶江翻。餘黨皆散，玉追討，悉平之。

86劉武周將宋金剛進攻澮州，陷之，新志：義寧元年以絳郡之翼城、絳縣置澮州，因澮水而名。將，即亮翻；下同。澮，古外翻。軍勢甚銳。裴寂性怯，無將帥之略，唯發使駱驛，趣虞、泰二州居民入城堡，焚其積聚。駱驛，相繼不絕也。新志：義寧元年，以蒲州之安邑、虞鄉、夏置安邑郡，武德元年曰虞州。又義寧元年，以蒲州之汾陰、龍門置汾陰郡，武德元年曰泰州。使，疏吏翻。趣，讀曰促。積聚，上子賜翻，下慈喻翻；今人多讀如字，非也。民驚擾愁怨，皆思爲盜，夏縣民呂崇茂聚衆自稱魏王，以應武周，夏縣，古虞公之地，稷山、虞坂皆在縣界。隋屬河東郡，時屬虞州。杜佑曰：夏縣，漢安邑縣地；夏都安邑，城在縣北十五里，蓋以此名縣。夏，戶雅翻。寂討之，爲所敗。敗，補邁翻。詔永安王孝基、【章：十二行本「基」下有「工部尚書」四字；乙十一行本同；孔本同；張校同；退齋校同。】獨孤懷恩、陝州總管于筠、內史侍郎唐儉等將兵討之。陝，失冉翻。將，卽亮翻；下同。

時王行本猶據蒲反，未下，亦與武周相應，去年十二月，隋將堯君素死，王行本據蒲反，事見上卷。關中震駭。上出手敕曰：「賊勢如此，難與爭鋒，宜棄大河以東，謹守關西而已。」所謂蒲津，關以西也。秦王世民上表曰：「太原，王業所基，國之根本；河東富實，京邑所資，若舉而棄之，臣竊憤恨。上，時掌翻。願假臣精兵三萬，必冀平殄武周，克復汾、晉。」上於是悉發關中兵以益世民所統，使擊武周。乙卯，幸華陰，至長春宮以送之。華，戶化翻。

87 竇建德引兵趣衞州。衞州，漢汲縣地，東魏立義州，後周改衞州，治汲。宋白曰：其州城，隋已前謂之陣城，郡國縣道記：武王伐紂，於此列陣，因名。建德每行軍，常爲三道，輜重、細弱居中央，步騎夾左右，相去三里許。趣，七喩翻。重，直用翻。騎，奇寄翻；下同。建德以千騎前行，過黎陽三十里，黎陽縣，在衞州東北百二十里。李世勣遣騎將丘孝剛將三百騎偵之。偵，丑鄭翻。孝剛驍勇，善馬槊，驍，堅堯翻。槊，色角翻。與建德遇，遂擊之，建德敗走；右方兵救之，右方，用漢書語。此謂建德兵之在右者也。擊斬孝剛。建德怒，還攻黎陽，克之，考異曰：實錄，黎陽陷在十一月丙子，蓋亦奏到之日。今從革命記。虜淮安王神通，李世勣父蓋、魏徵及帝妹同安公主。唯李世勣以數百騎走渡河，數日，以其父故，還詣建德降；衞州聞黎陽陷，亦降。降，戶江翻；下同。建德以李世勣爲左驍衞將軍，使守黎陽，驍，堅堯翻。考異曰：革命記：「使與其將高雅賢守新鄉。」按是時新鄉猶屬王世充，使劉黑闥守之，世勣既事建德，乃爲建德攻下新鄉，虜黑闥耳。今從唐書。常以其父蓋自隨爲質。質，音致。以魏徵爲起居舍人。滑州刺史王軌奴殺軌，攜其首詣建德降。建德曰：「奴殺主大逆，吾何爲受之！」立命斬奴，返其首於滑州。吏民感悅，卽日請降。於是其旁州縣及徐圓朗等皆望風歸附。己未，建德還洺州，築萬春宮，徙都之。置淮安王神通於下博，下博縣時屬冀州。宋白曰：下博，漢舊縣。應劭云：泰山有博縣，故此云下。故縣在今縣南二十里，今縣後魏移於衡水北，俗謂之故縣城，以周建德六年，又移縣於今理也。今理，卽後漢祭遵壘，北枕衡水。待以客禮。

88行軍總管羅士信帥勇士夜入洛陽外郭，縱火焚清化里而還。帥，讀曰率。還，從宣翻。壬戌，士信拔青城堡。蓋因青城宮爲堡。

89王世充自將兵徇地至滑臺，臨黎陽；尉氏城主時德叡、汴州刺史王要漢、亳州刺史丁叔則遣使降之。汴州，古大梁地，戰國時爲魏都，漢爲陳留郡，東魏爲梁州，後周改汴州，以城臨汴水，因以爲名。宋白曰：亳州，春秋爲東國之焦邑，漢爲譙縣，魏爲譙郡，後周武帝置亳州，遙取古南亳之名以名州。將，卽亮翻。使，疏吏翻。以德叡爲尉州刺史。要漢，伯當之兄也。

夏侯端至黎陽，是年四月，遣夏侯端安撫淮左。夏，戶雅翻。李世勣發兵送之，自澶淵濟河，隋開皇十六年，置澶淵縣，時屬黎州。澶，市連翻。傳檄州縣，東至于海，南至于淮，二十餘州，皆遣使來降。使，疏吏翻。行至譙州，舊志：亳州臨渙縣，隋置譙州。會汴、亳降於王世充，還路遂絕。端素得衆心，所從二千人，雖糧盡不忍委去，端坐澤中，殺馬以饗士，因歔欷謂曰：歔，音虛。欷，音希，又許既翻。「卿等鄉里皆已從賊，特以共事之情，未能見委。委，棄也。我奉王命，不可從卿；卿有妻子，無宜效我。可斬吾首歸賊，必獲富貴。」衆皆流涕曰：「公於唐室非有親屬，直以忠義，志不圖存。某等雖賤，心亦人也，寧肯害公以求利乎！」端曰：「卿不忍見殺，吾當自刎。」刎，武粉翻。衆抱持之，乃復同進，復，扶又翻。潛行五日，餒死及爲賊所擊奔潰相失者太半，唯餘五十二人同走，采䕺豆生食之。䕺豆，野豆也，音勞，魯刀翻。端持節未嘗離身，屢遣從者散，自求生，離，力智翻。從，才用翻。衆又不可。時河南之地皆入世充，唯杞州刺史李公逸爲唐堅守，遣兵迎端，館給之。爲，于僞翻。館，古玩翻。世充遣使召端，解衣遺之，使，疏吏翻。遺，于季翻。仍送除書，以端爲淮南郡公、尚書少吏部。少，始照翻。端對使者焚書毀衣，曰：「夏侯端天子大使，豈受王世充官乎！汝欲吾往，唯可取吾首耳。」因解節旄懷之，置刃於竿，自山中西走，無復蹊徑，冒踐荆棘，晝夜兼行，得達宜陽，宜陽，唐熊州。從者墜崖溺水，爲虎狼所食，又喪其半；從，才用翻；下同。喪，息浪翻。其存者鬢髮禿落，無復人狀。端詣闕見上，但謝無功，初不自言艱苦，上復以爲祕書監。

郎楚之至山東，亦爲竇建德所獲，楚之不屈，竟得還。郎楚之與夏侯端同時出使。史言唐之興也，使於四方者，皆能不辱君命。還，從宣翻。

王世充遣其從弟世辯以徐、亳之兵攻雍丘，李公逸遣使求救，從，才用翻。使，疏吏翻。上以隔賊境，不能救。公逸乃留其屬李善行守雍丘，身帥輕騎入朝，帥，讀曰率。騎，奇寄翻。朝，直遙翻。至襄城，爲世充伊州刺史張殷所獲，世充謂曰：「卿越鄭臣唐，其說安在？」公逸曰：「我於天下，唯知有唐，不知有鄭。」世充怒，斬之。善行亦沒。上以公逸子爲襄邑公。

90 甲子，上祠華山。新志：華山在華州華陰縣，有岳祠。華，戶化翻。

# 資治通鑑卷第一百八十八

端明殿學士兼翰林侍讀學士太中大夫提舉西京嵩山崇福宮上柱國河內郡開國公食邑二千二百戶食實封九百戶賜紫金魚袋臣司馬光奉敕編集
後學天台胡三省音註

## 唐紀四

起屠維單閼（己卯）十一月，盡重光大荒落（辛巳）二月，凡一年有奇。

### 高祖神堯大聖光孝皇帝中之上

武德二年（己卯、六一九）

1十一月，己卯，劉武周寇浩州。武周復寇西河。

2秦王世民引兵自龍門乘冰堅渡河，屯柏壁，柏壁在龍門關東北。宋白曰：柏壁在正平縣西南二十里。正平，絳州治所。與宋金剛相持。時河東州縣，此河東，通言大河以東，非專指河東一郡。俘掠之餘，未有倉廩，人情恇擾，恇，去王翻。恇，懼也。聚入城堡，徵斂無所得，斂，力贍翻。軍中乏食。世民發教諭民，民聞世民爲帥而來，莫不歸附，此豈可以聲音笑貌致之。帥，所類翻。自近及遠，至者日多，然後漸收其糧食，軍食以充。孔子曰：「足食足兵，民信之矣。」民已信之，足食足兵，當知所先後也。乃休兵秣馬，唯令偏裨乘間抄掠，間，古莧翻。抄，楚交翻。大軍堅壁不戰，由是賊勢日衰。

世民嘗自帥輕騎覘敵，帥，讀曰率。騎，奇寄翻；下同。覘，丑廉翻，又丑豔翻；下同。騎皆四散，世民獨與一甲士登丘而寢。俄而賊兵四合，初不之覺，會有蛇逐鼠，觸甲士之面，甲士驚寤，遂白世民俱上馬，史言世民之有天命。上，時掌翻。馳百餘步，爲賊所及，世民以大羽箭射殪其驍將，史言世民不惟有天命，亦武藝絕人。射，而亦翻。殪，一計翻。驍，堅堯翻；下同。將，即亮翻；下同。賊騎乃退。

3 李世勣欲歸唐，恐禍及其父，謀於郭孝恪。孝恪曰：「吾新事竇氏，動則見疑，宜先立效以取信，然後可圖也。」世勣從之。襲王世充獲嘉，破之，是年閏二月，王世充殺李育德，取獲嘉。多所俘獲，以獻建德，建德由是親之。

初，漳南人劉黑闥，少驍勇狡獪，舊志：貝州漳南縣，漢東陽縣地；後魏省東陽縣；隋開皇六年，分棗強、清平二縣地，復置東陽縣於東陽古城，十八年，改爲漳南。宋白曰：取地居漳水之南爲名。少，詩照翻。驍，堅堯翻。獪，古外翻。與竇建德善，後爲羣盜，轉事郝孝德、李密、王世充。世充以爲騎將，每見世充所爲，竊笑之。世充使黑闥守新鄉，舊志：隋分汲、獲嘉二縣地，於古新樂城置新鄉縣，時屬義州，後屬殷州。宋白曰：漢書，武帝將幸緱氏，至汲縣之新中鄉，即此地。新樂城，十六國時，燕樂安王臧所築。李世勣擊虜之，獻於建德。建德署爲將軍，賜爵漢東公，常使將奇兵東西掩襲，或潛入敵境覘視虛實，黑闥往往乘間奮擊，克獲而還。間，古莧翻。還，從宣翻。

4 十二月，庚申，上獵于華山。華，戶化翻。

5 于筠說永安王孝基急攻呂崇茂，說，輸芮翻。獨孤懷恩請先成攻具，然後進，孝基從之。崇茂求救於宋金剛，金剛遣其將善陽尉遲敬德、尋相將兵奄至夏縣。孝基表裏受敵，軍遂大敗，將，卽亮翻。舊志：朔州善陽縣，漢定襄縣地，有秦時馬邑城、武周塞，後魏置桑乾郡，隋大業初，置善陽縣。尉，紆勿翻。尋，姓也。姓苑，晉有尋曾。相，息亮翻。是年十月，呂崇茂據夏縣。夏，戶雅翻。考異曰：高祖實錄云：「戰于下邽縣。」按下邽乃在關中，去夏縣殊遠，實錄之誤也，今從舊書孝基傳。孝基、懷恩、筠、唐儉及行軍總管劉世讓皆爲所虜。敬德名恭，以字行。

上徵裴寂入朝，責其敗軍，下吏，朝，直遙翻。敗，補邁翻。下，遐嫁翻。既而釋之，寵待彌厚。

尉遲敬德、尋相將還澮州，澮，古外翻。秦王世民遣兵部尚書殷開山、總管秦叔寶等邀之於美良川，大破之，斬首二千餘級。頃之，敬德、尋相潛引精騎援王行本於蒲反，騎，奇寄翻；下同。世民自將步騎三千從間道夜趨安邑，安邑，古縣，時屬虞州。將，卽亮翻。間，古莧翻。趨，七喻翻。邀擊，大破之。敬德、相僅以身免，悉俘其衆，復歸柏壁。

諸將咸請與宋金剛戰，世民曰：「金剛懸軍深入，精兵猛將，咸聚於是，將，卽亮翻；下同。武周據太原，倚金剛爲扞蔽。軍【章：十二行本「軍」上有「金剛」二字；乙十一行本同；孔本同；張校同。】

無蓄積，以虜掠爲資，利在速戰。我閉營養鋭以挫其鋒，分兵汾、隰，衝其心腹，汾、隰，隋龍泉、西河二郡之地也。孫愐曰：汾州，本漢西河郡茲氏縣地，魏於茲氏置西河郡，今州城是也。左傳曰：重耳居蒲，卽隰川縣故蒲城是也。漢爲蒲子縣，後魏、齊、周之間爲汾州，隋爲隰州。爾雅曰：下濕曰隰。以州帶泉泊下濕，故以隰名。彼糧盡計窮，自當遁走。當待此機，未宜速戰。」

永安壯王孝基謀逃歸，劉武周殺之。

6 李世勣復遣人說竇建德曰：「曹、戴二州，戶口完實，隋置曹州於濟陰，戴州於成武；大業初，廢二州，併爲濟陰郡；大業亂，復爲州。復，扶又翻。說，式芮翻。孟海公竊有其地，與鄭人外合內離；王世充國號鄭。若以大軍臨之，指期可取。旣得海公，以臨徐、兗，王世充時遣王世辯據徐州，徐圓朗據兗州。河南可不戰而定也。」建德以爲然，欲自將徇河南，先遣其行臺曹旦等將兵五萬濟河，世勣引兵三千會之。考異曰：實錄在來年正月。今從革命記。

三年（庚辰、六二〇）

1 春，正月，將軍秦武通攻王行本於蒲反。行本出戰而敗，糧盡援絕，欲突圍走，無隨之者，戊寅，開門出降。降，戶江翻。辛巳，上幸蒲州，斬行本。蒲州治蒲反。宋白曰：蒲州，漢之河東郡蒲反縣，本舜都，周爲虞、虢、耿、揚、芮之地，戰國時魏地，漢置河東郡，後魏初置雍州，延和元年，改泰州，後周改蒲州。秦王世民輕騎謁上於蒲州。騎，奇寄翻；下同。宋金剛圍絳州。絳州治正平。癸巳，上還長安。

2 李世勣謀俟竇建德至河南，掩襲其營，殺之，冀得其父幷建德土地以歸唐。會建德妻產，久之不至。

曹旦，建德之妻兄也，在河南，多所侵擾，諸賊羈屬者皆怨之。賊帥魏郡李文相，號李商胡，帥，所類翻。相，息亮翻。考異曰：革命記作「傷胡」。今從河洛記。聚五千餘人，據孟津中潬；此卽河陽中潬城也。宋白曰：中潬城，東魏所築，仍置河陽關。潬，徒旱翻。母霍氏，亦善騎射，自稱霍總管。考異曰：革命記，商胡母張氏，號「女將軍」。今從河洛記。世勣結商胡爲昆弟，入拜商胡之母。母泣謂世勣曰：「竇氏無道，如何事之！」世勣曰：「母無憂，不過一月，當殺之，相與歸唐耳！」世勣辭去，母謂商胡曰：「東海公許我共圖此賊，事久變生，何必待其來，不如速決。」是夜，商胡召曹旦偏裨二十三人，飮之酒，盡殺之。飮，於鴆翻。旦別將高雅賢、阮君明尚在河北未濟，商胡以巨舟四艘濟河北之兵三百人，至中流，悉殺之。有獸醫游水得免，獸醫，以能醫牛馬從軍。將，卽亮翻。艘，蘇遭翻。至南岸，告曹旦，旦嚴警爲備。商胡旣舉事，始遣人告李世勣。世勣與曹旦連營，郭孝恪勸世勣襲旦，世勣未決，聞旦已有備，遂與孝恪帥數十騎來奔。帥，讀曰率。商胡復引精兵二千復，扶又翻。北襲阮君明，破之。高雅賢收衆去，商胡追之，不及而還。還，從宣翻，又如字。

建德羣臣請誅李蓋，建德曰：「世勣，唐臣，爲我所虜，不忘本朝，乃忠臣也，朝，直遥翻。其父何罪！」遂赦之。

甲午，世勣、孝恪至長安。曹旦遂取濟州，武德之初，張青特據濟北。濟北郡即濟州。是後建德與唐相持於虎牢，張青特運糧爲唐所獲，蓋先以濟州降曹旦也。濟，子禮翻。復還洺州。復，扶又翻；下同，又音如字。

3 二月，庚子，上幸華陰。華，戶化翻。

4 劉武周遣兵寇潞州，陷長子、壺關。二縣皆屬潞州。宋白曰：潞州，春秋潞子國，秦、漢爲上黨郡；後周立潞州，以其浸汾潞爲名。潞州刺史郭子武不能禦，上以將軍河東王行敏助之。河東縣帶蒲州，即蒲反也。隋開皇十六年，析蒲反置縣，大業初，幷蒲反入焉。行敏與子武不叶，或言子武將叛，行敏斬子武以徇。乙巳，武周復遣兵寇潞州，行敏擊破之。

5 壬子，開州蠻冉肇則陷通州。舊志：開州，隋巴東郡之盛山縣；盛山，漢巴郡之朐䏰縣也。義寧二年，析巴東之盛山、新浦，通川之萬世、西流，置萬州。武德元年，改開州。通州，漢宕渠縣地，梁置萬州，元魏改通州，隋爲通川郡，武德元年復爲通州。孫愐曰：通州本漢宕渠縣，內有地萬餘頃，因名爲萬州；後魏以萬州居四達之路，改爲通州；宋爲達州。

6 甲寅，遣將軍桑顯和等攻呂崇茂於夏縣。夏，戶雅翻。

7 初，工部尚書獨孤懷恩攻蒲反，久不下，失亡多，上數以敕書誚讓之，數，所角翻。誚，才笑翻。懷恩由是怨望。上嘗戲謂懷恩曰：「姑之子皆已爲天子，謂隋煬帝及上也。次應至舅之子乎？」懷恩亦頗以此自負，或時扼腕曰：「我家豈女獨貴乎？」周明帝后、隋文帝后及上母皆獨孤氏。腕，烏貫翻。遂與麾下元君寶謀反。會懷恩、君寶與唐儉皆沒於尉遲敬德，尉，紆勿翻。君寶謂儉曰：「獨孤尚書近謀大事，若能早決，豈有此辱哉！」及秦王世民敗敬德於美良川，敗，補邁翻。懷恩逃歸，上復使之將兵攻蒲反。復，扶又翻；下同。將，即亮翻；下同。君寶又謂儉曰：「獨孤尚書遂拔難得還，難，乃旦翻。復在蒲反，可謂王者不死！」儉恐懷恩遂成其謀，乃說尉遲敬德，說，輸芮翻。尉，紆勿翻。請使劉世讓還與唐連和，敬德從之，遂以懷恩反狀聞。時王行本已降，降，戶江翻；下同。懷恩入據其城，上方濟河幸懷恩營，已登舟矣，世讓適至。上大驚曰：「吾得免，豈非天也！」乃使召懷恩，懷恩未知事露，輕舟來至，即執以屬吏，屬，之欲翻。分捕黨與。甲寅，誅懷恩及其黨。

8 竇建德攻李商胡，殺之。建德【張：「德」下脫「至」字。】洺州勸課農桑，境內無盜，商旅野宿。

9 突厥處羅可汗迎楊政道，立爲隋王。楊政道，齊王暕遺腹之子。厥，九勿翻。處，昌呂翻。可，從刊入聲。汗，音寒。中國士民在北者，處羅悉以配之，有衆萬人。置百官，皆依隋制，居于定襄。此蓋隋之定襄郡也，治大利城。

10 三月，乙丑，劉武周遣其將張萬歲寇浩州，將，即亮翻。李仲文擊走之，俘斬數千人。

11 改納言爲侍中，内史令爲中書令，給事郎爲給事中。復舊官名也。杜佑曰：漢制，給事中，日上朝謁，平尚書奏事，以有事殿中，故曰給事中。東漢省，魏復置，南北朝因之。後周天官之屬有給事中，掌治六經，給事左右；其後别置給事中，在六官之外。隋初，於吏部置給事郎，至煬帝，移爲門下之職，置員四人，以省讀奏章，至是，改爲給事中。龍朔二年，改東臺舍人；咸亨元年，復舊。掌侍從讀署奏抄，較正違失，分判省事。給事中蓋因漢之名，行周、隋之職。

12 甲戌，以内史侍郎封德彝爲中書令。

13 王世充將帥、州縣來降者，時月相繼。帥，所類翻。降，戶江翻。世充乃峻其法，一人亡叛，舉家無少長就戮，少，詩照翻。長，知兩翻。父子、兄弟、夫婦許相告而免之。又使五家爲保，有舉家亡者，四鄰不覺，皆坐誅。殺人益多而亡者益甚，至於樵采之人，出入皆有限數；公私愁窘，窘，渠隕翻。人不聊生。又以宫城爲大獄，意所忌者，并其家屬收繫宫中；諸將出討，亦質其家屬於宫中，將，卽亮翻。質，音致。禁止者常不減萬口，餒死者日有數十。世充又以臺省官爲司、鄭、管、原、伊、殷、梁、溱、嵩、谷、懷、德等十二州營田使，世充以洛州爲司州，汜水爲鄭州，管城爲管州，沁水爲原州，襄城爲伊州，獲嘉爲殷州，睢陽爲梁州。溱州，闕；九域志：鄭州古跡有溱水，當置溱州於此。嵩陽爲嵩州，大谷爲谷州，河内爲懷州，武德爲德州。丞、郎得爲此行者，喜若登仙。丞、郎，尚書左右丞及諸曹郎也。史言王世充將敗。

14 甲申，行軍副總管張綸敗劉武周於浩州，敗，補邁翻。俘斬千餘人。

15 西河公張綸、此張綸卽上張綸，上書其官，此書其爵。眞鄉公李仲文引兵臨石州，石州，隋之離石郡。劉季眞懼而詐降。乙酉，以季眞爲石州總管，賜姓李氏，封彭山郡王。

16 蠻酋冉肇則寇信州，按新志：信州，隋之巴東郡，武德二年改爲夔州，史以舊州名書之。杜佑曰：夔州，春秋時爲魚國，梁置信州。唐武德二年，避皇外祖獨孤信諱，改爲夔州，治奉節縣。酋，慈由翻。趙郡公孝恭與戰，不利。李靖將兵八百，襲擊，斬之，將，卽亮翻。俘五千餘人；己丑，復開、通二州。孝恭又擊蕭銑東平王闍提，斬之。闍，視遮翻。考異曰：舊書蕭銑傳云：「孝恭討之，拔其開、通二州，斬其僞東平王蕭闍提。」按實錄云：「冉肇則陷我通州。」又云：「孝恭復開、通二州。」若二州本屬銑，不當云「我」與「復」，蓋肇則先據開州，又陷通州，以地附銑，銑使闍提助之耳。

17 夏，四月，丙申，上祠華山；壬寅，還長安。華，戶化翻。從，還宣翻。

18 置益州道行臺，以益、利、會、鄜、涇、遂六總管隸焉。益州，隋之蜀郡。利州，隋之義城郡，梁之黎州，晉之晉壽，蜀之漢壽，漢之葭萌也。會州，隋之涼川縣會寧鎭，西魏之會州也。鄜州，隋之上郡，西魏之敷州，後魏之北華州中部敷城郡也，太和中爲東秦州。涇州，隋之安定郡。遂州，隋之遂寧郡，漢之廣漢縣也。是時益州行臺所統，起蜀，跨隴而東北。

19 劉武周數攻浩州，爲李仲文所敗。數，所角翻。敗，補邁翻。宋金剛軍中食盡；丁未，金剛北走，秦王世民追之。

20 羅士信圍慈澗，隋志：河南郡壽安縣有慈澗。水經註：新安有孝水，孝水東十里有水，世謂之慈澗。王世充使太子玄應救之，【章：十二行本「救」作「拒」；乙十一行本同；孔本同。】士信刺玄應墜馬，刺，七亦翻。人救之，得免。

21 壬子，以顯州道行臺楊士林爲行臺尚書令。去年正月，楊士林降。

22 甲寅，加秦王世民益州道行臺尚書令。

23 秦王世民追及尋相於呂州，新志：義寧元年，以晉州之霍邑、趙城、汾西，汾州之靈石，置霍山郡，武德元年，曰呂州，呂州蓋治霍邑也。相，息亮翻。大破之，乘勝逐北，一晝夜行二百餘里，戰數十合。至高壁嶺，總管劉弘基執轡諫曰：「大王破賊，逐北至此，功亦足矣，深入不已，不愛身乎！且士卒飢疲，宜留壁於此，俟兵糧畢集，然後復進，未晚也。」復，扶又翻；下同。世民曰：「金剛計窮而走，衆心離沮；功難成而易敗，機難得而易失，沮，在呂翻。易，以豉翻。必乘此勢取之。若更淹留，使之計立備成，不可復攻矣。吾竭忠徇國，豈顧身乎！」遂策馬而進，將士不敢復言飢。將，即亮翻。追及金剛於雀鼠谷，一日八戰，皆破之，俘斬數萬人。夜，宿於雀鼠谷西原，世民不食二日，不解甲三日矣，軍中止有一羊，世民與將士分而食之。將，即亮翻。丙辰，陝州總管于筠自金剛所逃來。陝，失冉翻。去年十二月，筠爲金剛將所擒。世民引兵趣介休，介休，介州治所。趣，七喻翻，又逡須翻。金剛尚有衆二萬，出【章：十二行本「出」上有「戊午」二字；乙十一行本同；孔本同；張校同；退齋校同。】西門，背城布陳，背，蒲妹翻。陳，讀曰陣。南北七里。世民遣總管李世勣與戰，小卻，爲賊所乘，世民帥精騎擊之，帥，讀曰率。騎，奇寄翻。出其陳後，金剛大敗，斬首三千級。金剛輕騎走，世民追之數十里，至張難堡。張難，蓋人姓名，築堡自守，因以名之。浩州行軍總管樊伯通、張德政據堡自守，世民免胄示之，堡中喜譟且泣，左右告以王不食，獻濁酒、脫粟飯。

尉遲敬德收餘衆守介休，尉，紆勿翻。世民遣任城王道宗、宇文士及往諭之，任，音壬。敬德與尋相舉介休及永安降。永安，漢中陽縣也。後魏更名，時屬浩州。雀鼠谷，在永安、介休二縣間。世民得敬德，甚喜，以爲右一府統軍，使將其舊衆八千，與諸營相參。將，卽亮翻；下同。屈突通慮其變，驟以爲言，世民不聽。

劉武周聞金剛敗，大懼，棄并州走突厥。金剛收其餘衆，欲復戰，衆莫肯從，亦與百餘騎走突厥。秦王之破劉武周、宋金剛，與破薛仁杲、宗羅睺方略一也。復，扶又翻。走，音奏；下同。厥，九勿翻。世民至晉陽，武周所署僕射楊伏念以城降。降，戶江翻。唐儉封府庫以待世民，唐儉與于筠同被禽。武周所得州縣皆入于唐。

未幾，金剛謀走上谷，突厥追獲，腰斬之。金剛本起於上谷。幾，居豈翻。嵐州總管劉六兒從宋金剛在介休，秦王世民擒斬之。其兄季眞，棄石州，奔劉武周將馬邑高滿政，滿政殺之。去年五月，劉六兒降，今年三月，季眞降，而實附金剛、武周，今皆誅死。

武周之南寇也，其內史令苑君璋諫曰：「唐主舉一州之衆，直取長安，所向無敵，此乃天授，非人力也。晉陽以南，道路險隘，縣軍深入，縣，讀曰懸。無繼於後，若進戰不利，何以自還！還，從宣翻。不如北連突厥，南結唐朝，厥，九勿翻。朝，直遙翻。南面稱孤，足爲長策。」武周不聽，留君璋守朔州。及敗，泣謂君璋曰：「不用君言，以至於此。」久之，武周謀亡歸馬邑，事泄，突厥殺之。突厥又以君璋爲大行臺，統其餘衆，仍令郁射設督兵助鎭。

24 庚申，懷州總管黃君漢擊王世充太子玄應於西濟州，大破之；新志：武德二年，王世充將丁伯德以濟源縣來降，置西濟州。曰「西」者，以別濟北之濟州。濟，子禮翻。熊州行軍總管史萬寶邀之於九曲，又破之。

25 辛酉，王世充陷鄧州。

26 上聞幷州平，大悅。壬戌，宴羣臣，賜繒帛，使自入御府，盡力取之。唐御府蓋屬內侍省內府局。六典：內府令掌中宮府藏寶貨、給納名數，凡朝會，五品已上賜絹及雜綵、金銀器於殿庭者，並供之。今使各稱力自取繒帛。繒，慈陵翻。復唐儉官爵，仍以爲幷州道安撫大使；使，疏吏翻。所籍獨孤懷恩田宅資財，悉以賜之。賞其發懷恩反謀也。世民留李仲文鎭幷州，劉武周數遣兵入寇，此言武周未死之前。數，所角翻。仲文輒擊破之，下城堡百餘所。謂馬邑郡界城堡也。詔仲文檢校幷州總管。檢校官未爲眞。

27 五月，竇建德遣高士興擊李藝於幽州，不克，退軍籠火城。藝襲擊，大破之，斬首五千級。建德大將軍王伏寶，勇略冠軍中，冠，古玩翻。諸將疾之，將，卽亮翻；下同。言其謀反，建德殺之，伏寶曰：「大王柰何聽讒言，自斬左右手乎！」

28 初，尉遲敬德將兵助呂崇茂守夏縣，上潛遣使赦崇茂罪，拜夏州刺史，蓋以夏縣爲夏州。使，疏吏翻。夏，戶雅翻。尉，紆勿翻。使圖敬德，事泄，敬德殺之。敬德去，崇茂餘黨復據夏縣拒守。復，扶又翻。秦王世民引軍自晉州還攻夏縣，壬午，屠之。考異曰：高祖實錄：「帝曰：『平薛舉之初，不殺奴賊，致生叛亂，若不盡誅，必爲後患。』詔勝兵者悉斬之。」疑作實錄者歸太宗之過於高祖，今不取。

29 辛卯，秦王世民至長安。

30 是月，突厥遣阿史那揭多獻馬千匹於王世充，厥，九勿翻。揭，居謁翻。且求婚，世充以宗女妻之，妻，七細翻。幷與之互市。

31 六月，壬辰，詔以和州總管、東南道行臺尚書令楚王杜伏威爲使持節、總管江·淮以南諸軍事、揚州刺史、東南道行臺尚書令、淮南道安撫使，進封吳王，賜姓李氏。使，疏吏翻；下同。以輔公祏爲行臺左僕射，封舒國公。祏，音石。

32 丙午，立皇子元景爲趙王，元昌爲魯王，元亨爲酆王。

33 顯州行臺尚書令楚公楊士林，雖受唐官爵，而北結王世充，南通蕭銑，詔廬江王瑗與安撫使李弘敏討之。瑗，于眷翻。兵未行，長史田瓚爲士林所忌，甲寅，瓚殺士林，降於世充，世充以瓚爲顯州總管。長，知兩翻。瓚，藏旱翻。降，戶江翻。

34 秦王世民之討劉武周也，突厥處羅可汗遣其弟步利設帥二千騎助唐。厥，九勿翻。處，昌呂翻。可，從刊入聲。汗，音寒。帥，讀曰率。騎，奇寄翻。武周既敗，是月，處羅至晉陽，總管李仲文不能制；又留倫特勒，使將數百人，云助仲文鎮守，自石嶺以北，皆留兵戍之而去。石嶺關在代州。杜佑曰：忻州定襄縣、漢陽曲縣，有石嶺關，甚嶮固。

35 上議擊王世充，世充聞之，選諸州鎮驍勇皆集洛陽，驍，堅堯翻。置四鎮將軍，募人分守四城。謂洛陽四城也。秋，七月，壬戌，詔秦王世民督諸軍擊世充。陝東道行臺屈突通二子在洛陽，時命通判陝東道行臺左僕射，從秦王東征。屈，區勿翻。上謂通曰：「今欲使卿東征，如卿二子何？」通曰：「臣昔爲俘囚，分當就死，陛下釋縛，加以恩禮。事見一百八十四卷義寧元年十二月。分，扶問翻。當是之時，臣心口相誓，期以更生餘年爲陛下盡節，爲，于僞翻。但恐不獲死所耳。今得備先驅，二兒何足顧乎！」上歎曰：「徇義之士，一至此乎！」

36 癸亥，突厥遣使潛詣王世充，潞州總管李襲譽邀擊，敗之，使，疏吏翻。敗，補邁翻。虜牛羊萬計。

37 驃騎大將軍可朱渾定遠可朱渾，虜三字姓。驃，匹妙翻。騎，奇寄翻。告「并州總管李仲文與突厥通謀，欲俟洛陽兵交，引胡騎直入長安。」甲戌，命皇太子鎮蒲反以備之，又遣禮部尚書唐儉安撫并州，蹔廢并州總管府，蹔，與暫同。徵仲文入朝。朝，直遙翻。

38 壬午，秦王世民至新安；九域志：新安在洛州西七十里。考異曰：高祖實錄：「丙戌，至新安。」蓋據奏到之日。今從河洛記。王世充遣魏王弘烈鎮襄陽，襄陽，襄州。荆王行本鎮虎牢，宋王泰鎮懷州，齊王世惲檢校南城，楚王世偉守寶城，太子玄應守東城，漢王玄恕守含嘉城，魯王道徇守曜儀城，六典：東都皇城在都城之西北隅，東城在皇城之東，皇城在東城之內，皇宮在皇城之北。以地望準之，南城蓋在皇城之南，端門之外。曜儀城蓋在東城之東，含嘉城則含嘉倉城，寶城卽寶城朝堂，蓋皇城也。惲，於粉翻。世充自將戰兵，將，卽亮翻；下同。左輔大將軍楊公卿帥左龍驤二十八府騎兵，右游擊大將軍郭善才帥內軍二十八府步兵，左游擊大將軍跋野綱跋野，虜複姓。帥，讀曰率。驤，思將翻。騎，奇寄翻；下同。帥外軍二十八府步兵，總三萬人，以備唐。弘烈、行本，世偉之子；泰，世充之兄子也。

39 梁師都引突厥、稽胡兵入寇，厥，九勿翻。行軍總管段德操擊破之，斬首千餘級。

40 羅士信將前軍圍慈澗，世充自將兵三萬救之。己丑，秦王【章：十二行本「王」下有「世民」二字；乙十一行本同；張校同，云無註本亦無。】將輕騎前覘世充，覘，丑廉翻，又丑豔翻。猝與之遇，衆寡不敵，道路險阨，爲世充所圍。考異曰：太宗實錄云：「師次穀州，王充以精兵三萬來拒戰，太宗帥輕騎挑之，衆寡不敵，被圍數重。太宗引弓馳射，皆應弦而倒，獲其大將燕頎，賊乃退。」舊書太宗紀云：「太宗命左右先歸，獨留後殿。世充驍將單雄信數百騎夾道來逼，交槍競進，太宗幾爲所敗。太宗左右射之，無不應弦而倒，獲其大將燕頎。」單雄信傳云：「太宗圍逼東都，雄信出軍拒戰，援槍而至，幾及太宗。徐世勣呵止之曰：『此秦王也！』雄信惶懼，遂退。太宗由是獲免。」按劉餗小說：「英公勣與海陵王元吉圍洛陽，元吉恃膂力，每親行圍。王世充召雄信告之，酌以金椀，雄信盡飲馳馬而出，槍不及海陵者一尺。勣惶遽連呼曰：『阿兄，此是勣主！』雄信乃攬轡而止，顧笑曰：『胡兒不緣你，且竟！』」舊書蓋承此致誤耳。雄信若知是秦王，則取之尤切，安肯惶懼而退！借如小說所云，雄信既受世充之命，指取元吉，亦安肯以勣故而捨之。況元吉之圍東都，勣乃從太宗在武牢。今不取。世民左右馳射，【章：十二行本「射」下有「皆應弦而斃」五字；乙十一行本同；孔本同；張校同；退齋校同。】獲其左建威將軍燕琪，燕，因肩翻。考異曰：高祖實錄作「燕頊」，太宗實錄作「燕傾」，舊太宗紀作「燕頎」。今從河洛記。世充乃退。世民還營，塵埃覆面，覆，敷又翻。軍不復識，欲拒之；復，扶又翻。世民免冑自言，乃得入。旦日，帥步騎五萬進軍慈澗；帥，讀曰率。騎，奇寄翻。世充拔慈澗之戍，歸于洛陽。

世民遣行軍總管史萬寶自宜陽南據龍門，此伊闕之龍門也。酈道元曰：伊水北入伊闕。昔大禹疏以通水，兩山相對，望之若闕，故謂之伊闕。春秋，昭公二十六年，趙鞅使女寬守闕塞，卽此。傅毅東都賦曰：因龍門以暢化，開伊闕以達聰。是後武后居東都，數遊龍門，正此地也。將軍劉德威自太行東圍河內，行，戶剛翻。上谷公王君廓自洛口斷其餉道，斷，丁管翻。懷州總管黃君漢自河陰攻迴洛城；大軍屯于北邙，連營以逼之。世充洧州長史繁水張公謹與刺史崔樞以州城來降。世充蓋以扶溝、鄢陵置洧州。隋志，繁水縣屬武陽郡，唐貞觀十八年，併入昌樂縣，屬魏州。洧，音于軌翻。降，戶江翻；下同。

41 八月，丁酉，南寧西爨蠻遣使入貢。初，隋末蠻酋爨翫反，誅，諸子沒爲官奴，棄其地。爨翫見一百七十八卷隋文帝開皇十七年、十八年。使，疏吏翻。酋，慈由翻。帝卽位，以翫子弘達爲昆州刺史，新志：昆州，本隋置，隋亂廢。武德元年，開南中復置，領晉寧、秦臧等縣。令持其父尸歸葬；益州刺史段綸因遣使招諭其部落，皆來降。

42 己亥，竇建德共州縣令唐綱殺刺史，以州來降。新志：衞州共城縣，武德元年置共州。去年竇建德破降李世勣，取衞州，故共州亦附建德。唐綱當是共城縣令也。共，讀曰恭。降，戶江翻。

43 鄧州土豪執王世充所署刺史來降。是年五月，王世充陷鄧州。

44 癸卯，梁師都石堡留守張舉帥千餘人來降。此石堡蓋在夏州東，非開元、天寶間與吐蕃爭之石堡城也。守，式又翻。帥，讀曰率；下同。

45 甲辰，黃君漢遣校尉張夜叉以舟師襲迴洛城，克之，以舟師自懷州渡河，襲破迴洛。獲其將達奚善定，斷河陽南橋而還，降其堡聚二十餘。將，卽亮翻。斷，丁管翻。還，從宣翻。聚，才喻翻。世充使太子玄應帥楊公卿等攻迴洛，不克，考異曰：革命記作「公鄉」。河洛記、唐書作「公卿」，今從之。乃築月城於其西，留兵戍之。

世充陳於青城宮，秦王世民亦置陳當之。今世以郊天齋宿大次爲青城宮，其地當在都城之南。此青城宮若在洛城西北。按六典，洛城西禁苑，北拒北邙，西至孝水，南帶洛水，支渠穀、洛二水會于其間，中有合璧、翠微、宿羽、青城等十一宮。陳，讀曰陣。世充隔水謂世民曰：「隋室傾覆，唐帝關中，鄭帝河南，世充未嘗西侵，王忽舉兵東來，何也？」世民使宇文士及應之曰：「四海皆仰皇風，唯公獨阻聲教，爲此而來！」爲，于僞翻。世充曰：「相與息兵講好，不亦善乎！」又應之曰：「奉詔取東都，不令講好也。」好，呼到翻。至暮，各引兵還。

46 上遣使與竇建德連和，建德遣同安長公主隨使者俱還。同安長公主，上同母娟，黎陽之破，沒於竇建德。使，疏吏翻。長，知兩翻。

47 乙卯，劉德威襲懷州，入其外郭，下其堡聚。

48 九月，庚午，梁師都將劉旻以華池來降，以爲林州總管。慶州華池縣，西魏之蔚州也。後周州廢，隋仁壽初，置華池縣，今置林州。將，卽亮翻。降，戶江翻。

49 癸酉，王世充顯州總管田瓚以所部二十五州來降；是年六月，田瓚降世充。瓚，藏旱翻。自是襄陽聲問與世充絕。世充使王弘烈鎮襄陽。自襄陽至洛，路出南陽。鄧州既屬唐，南陽之路不可由矣，則自顯州出蔡、汝以至洛，顯州今又降唐，故襄陽聲問絕。

50 史萬寶進軍甘泉宮。漢甘泉宮在京兆醴泉縣。史萬寶自新安進軍逼洛陽，不應至漢之甘泉宮。隋志：

河南壽安縣，後魏之甘棠縣，有顯仁宮。或者以顯仁宮爲甘棠宮也。「泉」，恐當作「棠」。丁丑，秦王世民遣右武衞將軍王君廓攻轘轅，拔之。新志：洛州緱氏縣東南有轘轅故關。轘，音環。王世充遣其將魏隱等擊君廓，君廓僞遁，設伏，大破之，遂東徇地，至管城而還。隋志：滎陽郡管城縣，舊曰中牟，開皇十六年，析置管城縣，十八年，省内牟入焉。隋改中牟曰内牟，時爲管州治所。將，卽亮翻；下同。還，從宣翻。先是，王世充將郭士衡、許羅漢掠唐境，先，悉薦翻。君廓以策擊卻之，詔勞之曰：勞，力到翻。「卿以十三人破賊一萬，自古以少制衆，未之有也。」少，詩沼翻。

世充尉州刺史時德叡帥所部杞、夏、陳、隨、許、潁、尉七州來降。王世充蓋置杞州於雍丘，夏州於陽夏，陳州於宛丘；隨州無所考，意淯州之誤也；許州於長社，潁州於汝陰，尉州於尉氏。帥，讀曰率。降，戶江翻；下同。秦王世民以便宜命州縣官並依世充所署，無所變易，改尉州爲南汴州，於是河南郡縣相繼來降。

劉武周降將尋相等多叛去。諸將疑尉遲敬德，囚之軍中，相，息亮翻。尉，紆勿翻。行臺左僕射屈突通、尚書殷開山言於世民曰：「敬德驍勇絕倫，屈，九勿翻。驍，堅堯翻。今旣囚之，心必怨望，留之恐爲後患，不如遂殺之。」世民曰：「不然，敬德若叛，豈在尋相之後邪！」邪，音耶。遽命釋之，引入臥內，賜之金，曰：「丈夫意氣相期，勿以小嫌介意，吾終不信讒言以害忠良，公宜體之。必欲去者，以此金相資，表一時共事之情也。」辛巳，世民以五百騎行戰地，騎，奇寄翻；下同。行視地形，可置陳處。行，下孟翻。登魏宣武陵。魏宣武陵曰景陵，在北邙山。魏世宗，謚宣武帝。王世充帥步騎萬餘猝至，圍之，單雄信引槊直趨世民，帥，讀曰率；下同。槊，所角翻。趨，七喻翻。敬德躍馬大呼，橫刺雄信墜馬，呼，火故翻。刺，七亦翻。世充兵稍卻，敬德翼世民出圍。世民、敬德更帥騎兵還戰，出入世充陳，往反無所礙。屈突通引大兵繼至，世充兵大敗，僅以身免；擒其冠軍大將軍陳智略，陳，讀曰陣；下同。冠，古玩翻。考異曰：實錄：「丙戌，太宗與世充相遇於魏宣武陵，擊大破之，斬數千級，獲陳智略。」舊書敬德傳：「太宗既釋之，是日從獵於榆窠，世充引步騎數萬來戰，單雄信直趨太宗，敬德刺雄信墜馬，翼太宗出圍，更帥騎兵交戰，擒陳智略。」據擒智略，則宣武、榆窠之戰，共是一事也。實錄據奏到日。河洛記在二十一日，今從之。斬首千餘級，獲排矟兵六千。排矟，言執排執矟者也。矟，與槊同。世民謂敬德曰：「公何相報之速也！」賜敬德金銀一篋，篋，苦協翻。自是寵遇日隆。

敬德善避矟，每單騎入敵陳中，敵叢矟刺之，終莫能傷，又能奪敵矟返刺之。刺，七亦翻。齊王元吉以善馬矟自負，聞敬德之能，請各去刃相與校勝負，敬德曰：「敬德謹當去之，王勿去也。」既而元吉刺之，終不能中。去，羌呂翻。中，竹仲翻。秦王世民問敬德曰：「奪矟與避矟，孰難？」敬德曰：「奪矟難。」乃命敬德奪元吉矟。元吉操矟躍馬，志在刺之，操，七刀翻。敬德須臾三奪其矟；元吉雖面相歎異，內甚恥之。

51 叛胡陷嵐州。嵐，盧含翻。

52 初，王世充以邴元眞爲滑州行臺僕射。濮州刺史杜才幹，隋志：東平郡鄄城縣，舊置濮陽郡，開皇十六年置濮州，大業初廢州，以鄄城縣屬東平；蓋李密復置州也。濮，博木翻。李密故將也，將，即亮翻。恨元眞叛密，叛密事見一百八十六卷元年九月。詐以其衆降之。降，戶江翻；下同。元眞恃其官勢，自往招慰，才幹出迎，延入就坐，坐，徂臥翻。執而數之曰：數，所具翻，又所主翻。「汝本庸才，魏公置汝元僚，謂李密以爲長史。不建毫髮之功，乃構滔天之禍，今來送死，是汝之分！」分，扶問翻。遂斬之，遣人齎其首至黎陽祭密墓。壬午，以濮州來降。

53 突厥莫賀咄設寇涼州，總管楊恭仁擊之，爲所敗，厥，九勿翻。咄，當沒翻。敗，補邁翻。掠男女數千人而去。

54 丙戌，以田瓚爲顯州總管，賜爵蔡國公。瓚，藏旱翻。

55 冬，十月，甲午，王世充大將軍張鎭周來降。

56 甲辰，行軍總管羅士信襲王世充硤石堡，拔之。水經註：穀水自新安縣東流逕千秋亭，又東逕雍谷溪，迴岫縈紆，石路阻峽，故亦有峽石之稱。考異曰：河洛記作「峽山堡」。今從實錄。士信又圍千金堡，此於古千金堨築堡也。水經註：穀水逕周乾祭門北，東至千金堨。河南境簿曰：河南縣城東十五里有千金堨。洛陽記曰：千金堨，舊堨穀水，魏時更修此堨，謂之千金堨。堡中人罵之。士信夜遣百餘人抱嬰兒數十至堡下，使兒啼呼，詐云「從東都來歸羅總管」。既而相謂曰：「此千金堡也，吾屬誤矣。」卽去。堡中以爲士信已去，來者洛陽亡人，出兵追之。士信伏兵於道，伺其門開，突入，屠之。伺，相吏翻。

57 竇建德之圍幽州也，是年五月，建德兵攻幽州。李藝告急于高開道，開道帥二千騎救之，建德兵引去，開道因藝遣使來降。帥，讀曰率。騎，奇寄翻。使，疏吏翻。降，下江翻。戊申，以開道爲蔚州總管，蔚州，隋鴈門郡之靈丘、上谷郡之飛狐縣地。蔚，紆勿翻。賜姓李氏，封北平郡王。開道有矢鏃在頰，召醫出之，醫曰：「鏃深，不可出。」開道怒，斬之。別召一醫，曰：「出之恐痛。」又斬之。更召一醫，醫曰：「可出。」乃鑿骨，置楔其間，楔，先結翻。骨裂寸餘，竟出其鏃；開道奏妓進膳不輟。妓，渠綺翻。

58 竇建德帥衆二十萬復攻幽州。建德兵已攀堞，復，扶又翻。堞，達協翻。薛萬均、萬徹帥敢死士百人從地道出其背，掩擊之，建德兵潰走，斬首千餘級。李藝兵乘勝薄其營，建德陳於營中，陳，讀曰陣。填塹而出，奮擊，大破之，塹，七豔翻。建德逐北，至其城下，攻之不克而還。還，從宣翻，又音如字。

59 李密之敗也，見一百八十六卷元年九月。楊慶歸洛陽，復姓楊氏。楊慶歸密改姓，事見一百八十四卷義寧元年十一月。及王世充稱帝，見上卷本年四月。慶復姓郭氏，世充以爲管州總管，妻以兄女。妻，七細翻。秦王世民逼洛陽，慶潛遣人請降，降，戶江翻。世民遣總管李世勣將兵往據其城。將，卽亮翻；下四將、其將同。慶欲與其妻偕來，妻曰：「主上使妾侍巾櫛者，櫛，阻瑟翻，梳也。欲結君之心也。今君旣辜付託，辜，負也。徇利求全，妾將如君何！若至長安，則君家一婢耳，君何用爲！願送至洛陽，君之惠也。」慶不許。慶出，妻謂侍者曰：「若唐遂勝鄭，則吾家必滅；鄭若勝唐，則吾夫必死。人生至此，何用生爲！」遂自殺。庚戌，慶來降，復姓楊氏，拜上柱國、郇國公。郇，音荀。

時世充太子玄應鎭虎牢，軍于滎、汴之間，「滎」，當作「熒」。言軍于熒澤、汴水之間。【章：十二行本正作「熒」；張校同。】聞之，引兵趣管城，趣，七喻翻，又逡須翻。李世勣擊卻之。使郭孝恪爲書說滎州刺史魏陸，王世充蓋以滎陽縣置滎州；作「榮」亦誤也。【章：十二行本正作「滎」；孔本同。】陸密請降。玄應遣大將軍張志就陸徵兵，丙辰，陸擒志等四將，舉州來降。陽城令王雄帥諸堡來降，秦王世民使李世勣引兵應之，以雄爲嵩州刺史，新志：陽城縣屬洛州。又云：武德四年，王世充僞令王雄來降，以陽城、嵩陽、陽翟置嵩州。與此所書稍差二三月。嵩南之路始通。嵩南，謂嵩山以南。魏陸使張志詐爲玄應書，停其東道之兵，令其將張慈寶且還汴州，又密告汴州刺史王要漢使圖慈寶，要漢斬慈寶以降。玄應聞諸州皆叛，大懼，奔還洛陽。詔以要漢爲汴州總管，賜爵郳國公。郳，五稽翻。

60王弘烈據襄陽，上令金州總管府司馬涇陽李大亮安撫樊、鄧以圖之。十一月，庚申，大亮攻樊城鎮，拔之，隋志：西城郡，梁置梁州，尋改曰南梁州，西魏改東梁州，尋改金州，置總管府，府置長史、司馬。舊志：襄州鄧城縣，漢鄧縣，屬南陽郡，古樊城也。宋改安養縣。此時樊城鎮當在安養縣界。斬其將國大安，下其城柵十四。將，卽亮翻。

61蕭銑性褊狹，多猜忌。諸將恃功恣橫，好專誅殺，橫，戶孟翻。好，呼到翻。銑患之，乃宣言罷兵營農，實欲奪諸將之權。大司馬董景珍弟爲將軍，怨望，謀作亂；事泄，伏誅。景珍時鎮長沙，長沙，潭州治所。銑下詔赦之，召還江陵。景珍懼，甲子，以長沙來降，降，戶江翻。詔峽州刺史許紹出兵應之。

62雲州總管郭子和，隋志：定襄郡，開皇五年置雲州總管府，治大利城。先與突厥、梁師都相連結，既而襲師都寧朔城，克之。新志：寧朔縣屬夏州，後周置。先，悉薦翻。厥，九勿翻。又詗得突厥釁隙，詗，休正翻。釁，許覲翻。遣使以聞，爲突厥候騎所獲。使，疏吏翻。騎，奇寄翻。處羅可汗大怒，囚其弟子升。子和自以孤危，請帥其民南徙，處，昌呂翻。可，從刊入聲。汗，音寒。帥，讀曰率。考異曰：子和傳云：「四年，拔戶口南徙。」按處羅可汗以今年卒，故置此。詔以延州故城處之。處，昌呂翻。

63張舉、劉旻之降也，是年八月，張舉降。九月，劉旻降。梁師都大懼，遣其尚書陸季覽說突厥處羅可汗曰：「比者中原喪亂，說，輸芮翻。比，毗至翻。喪，息浪翻。分爲數國，勢均力弱，故皆北面歸附突厥。今定楊可汗既亡，是年四月，劉武周敗亡。天下將悉爲唐有。師都不辭灰滅，亦恐次及可汗，不若及其未定，南取中原，如魏道武所爲，事見晉孝武帝紀。師都請爲鄉導。」鄉，讀曰嚮。處羅從之，謀使莫賀咄設入自原州，平涼郡置原州。處，昌呂翻。咄，當沒翻。泥步設與師都入自延州，【章：十二行本「州」下有「處羅入自幷州」六字；乙十一行本同；孔本同；張校同；退齋校同。】突利可汗與奚、霫、契丹、靺鞨入自幽州，可，從刊入聲。汗，音寒。奚與契丹本皆東胡種，保烏丸山者，其後爲奚，保鮮卑山者，其後爲契丹。霫與突厥同俗，保冷陘山，南契丹，東靺鞨，西拔野古。靺鞨居肅愼地，亦曰挹婁，元魏時曰勿吉。霫，而立翻。契，欺訖翻，又音喫。靺，莫撥翻。鞨，戶割翻。考異曰：舊突厥傳：「大業中，突利年數歲，始畢遣領東牙之兵，號泥步設，頡利嗣位，以爲突利可汗。」按梁師都傳，此際有泥步設，又有突利可汗。然則突利、處羅時已爲小可汗，非頡利嗣位後也。高祖實錄云：「處羅欲分兵大掠中國，於懷戎、鴈門、靈武、涼州四道俱入。」今從舊書梁師都傳。會竇建德之師自滏口西入，會于晉、絳。滏口，滏水之口，在磁州滏陽縣界。晉州，隋之臨汾郡。絳州，隋之絳郡。滏，音釜。莫賀咄者，處羅之弟咄苾也；突利者，始畢之子什鉢苾也。咄，當沒翻。苾，毗必翻。

處羅又欲取幷州以居楊政道，楊政道時居定襄。其羣臣多諫，處羅曰：「我父失國，賴隋得立，事見一百七十八卷隋開皇十九年。此恩不可忘。」將出師而卒。卒，子恤翻。義成公主以其子奧射設醜弱，廢之，更立莫賀咄設，更，工衡翻。號頡利可汗。乙酉，頡利遣使告處羅之喪，使，疏吏翻。上禮之如始畢之喪。去年四月始畢卒。

64 戊子，安撫大使李大亮取王世充沮、華二州。襄州南漳縣，後周置沮州。南漳，漢之臨沮縣也。隋廢沮州。蓋王世充復置。漢南縣，宋置華山郡，西魏廢郡，王世充蓋取宋郡名而置華州也。漢南縣，唐貞觀八年省併入宜城。沮，子魚翻。華，戶化翻。

65 是月，竇建德濟河擊孟海公。考異曰：實錄在十二月丙午。蓋於時唐始聞之，遣劉世讓攻洺州之日也。今從革命記。

初，王世充侵建德黎陽，建德襲破殷州以報之。殷州治獲嘉，此皆去年冬事。自是二國交惡，信使不通。及唐兵逼洛陽，世充遣使求救於建德。使，疏吏翻。考異曰：隋季革命記曰：「世充亦自遣使求救於建德云：『夏王或率領軍師來相救援。王取東都、河、洛之地，北收幷、汾，南盡揚、越，充乃取京師、蒲、絳以西，通蜀、荆、襄之境，並據山河之險，長爲弟兄之國。』」按世充止有河、洛之地，豈肯遽以賂建德！借有是言，建德亦何由肯信！今從河洛記。建德中書侍郎劉彬說建德曰：「天下大亂，唐得關西，鄭得河南，夏得河北，共成鼎足之勢。今唐舉兵臨鄭，自秋涉冬，唐兵日增，鄭地日蹙，唐強鄭弱，勢必不支，鄭亡，則夏不能獨立矣。說，輸芮翻。夏，戶雅翻。不如解仇除忿，發兵救之，夏擊其外，鄭攻其內，破唐必矣。唐師既退，徐觀其變，若鄭可取則取之，幷二國之兵，乘唐師之老，天下可取也！」建德從之，遣使詣世充，許以赴援。又遣其禮部侍郎李大師等詣唐，請罷洛陽之兵，秦王世民留之，不答。

66 十二月，辛卯，王世充許、亳等十一州皆請降。許州，隋之潁川郡。亳州，隋之譙郡。亳，蒲博翻。降，戶江翻。

67 壬辰，燕郡王李藝又擊竇建德軍於籠火城，破之。燕，因肩翻。

68 辛丑，王世充隨州總管徐毅舉州降。隨州，隋之漢東郡。

69 癸卯，峽州刺史許紹攻蕭銑荆門鎮，拔之。荆門，在荆州長林縣。紹所部與梁、鄭鄰接，峽州北境接鄭之襄州，東境接梁之荆門。二境得紹士卒，皆殺之，紹得二境士卒，皆資給遣之。敵人愧感，不復侵掠，境內以安。復，扶又翻。

70 蕭銑遣其齊王張繡攻長沙，董景珍謂繡曰：「『前年醢彭越，往年殺韓信』，卿不見之乎，何爲相攻！」引漢高祖殺功臣事，以恐動繡。繡不應，進兵圍之，景珍欲潰圍走，爲麾下所殺；銑以繡爲尚書令。繡恃功驕横，横，戶孟翻。銑又殺之。由是功臣諸將皆有離心，兵勢益弱。史言蕭銑將亡。

71 王世充遣其兄子代王琬、長孫安世詣竇建德報聘，且乞師。長，知兩翻。

72 突厥倫特勒在并州，大爲民患，是年六月，突厥留倫特勒於并州。厥，九勿翻。并州總管劉世讓設策擒之。上聞之，甚喜。張道源從竇建德在河南，去年九月，道源爲建德所執。密遣人詣長安，請出兵攻洺州以震山東。竇建德都洺州。洺，音名。丙午，詔世讓爲行軍總管，使將兵出土門，趣洛州。新志：恆州鹿泉縣有故井陘關，一名土門關。鹿泉，漢之石邑也。

73 己酉，瓜州刺史賀拔行威執驃騎將軍達奚暠，瓜州，隋之敦煌郡。騎，奇寄翻。驃，匹妙翻。暠，古老翻。舉兵反。

74 是歲，李子通渡江攻沈法興，取京口。京口時屬揚州延陵縣。法興遣其僕射蔣元超拒之，戰於庱亭，庱亭在毗陵西北。庱，丑拯翻，又恥陵翻。元超敗死，法興棄毗陵，奔吳郡。毗陵至吳郡百八十里。於是丹陽、毗陵等郡皆降於子通。降，戶江翻。子通以法興府掾李百藥爲內史侍郎、國子祭酒。掾，于絹翻。

杜伏威遣行臺左僕射輔公祏祏，音石。將卒數千攻子通，將，卽亮翻。以將軍闞稜、王雄誕爲之副。公祏渡江攻丹陽，克之，進屯溧水，隋志：丹陽郡治江寧；溧水以縣屬焉，本溧陽縣，開皇十八年更名。自丹陽至溧水二百四十里。溧，音栗。子通帥衆數萬拒之。帥，讀曰率。公祏簡精甲千人，執長刀爲前鋒，簡，選也，分別也。又使千人踵其後，曰：「有退者卽斬之。」自帥餘衆，復居其後。帥，讀曰率。復，扶又翻；下同。子通爲方陳而前，陳，讀曰陣。公祏前鋒千人殊死戰，公祏復張左右翼以擊之，子通敗走，公祏逐之，反爲所敗，敗，補邁翻。還，閉壁不出。王雄誕曰：「子通無壁壘，又狃於初勝，狃，女九翻。乘其無備，擊之可破也。」公祏不從。雄誕以其私屬數百人夜出擊之，私屬親兵不在大軍名籍者。因風縱火，子通大敗，降其卒數千人。降，戶江翻。子通食盡，棄江都，保京口，江西之地盡入於伏威，盧、和等州皆江西也。伏威徙居丹陽。

子通復東走太湖，太湖在蘇州吳縣東南五十里。收合亡散，得二萬人，襲沈法興於吳郡，大破之。法興帥左右數百人棄城走，吳郡賊帥聞人遂安遣其將葉孝辯迎之，聞人，複姓，今吳中亦以爲著姓。賊帥，所類翻。將，即亮翻。法興中塗而悔，欲殺孝辯，更向會稽。會稽，越州。會，古外翻。孝辯覺之，法興窘迫，赴江溺死。子通軍勢復振，【章：十二行本「振」下有「帥其羣臣」四字；乙十一行本同；孔本同；張校同；退齋校同。】徙都餘杭，餘杭，杭州。盡收法興之地，北自太湖，南至嶺，嶺，五嶺也。東包會稽，西距宣城，按子通之地，西距宣城耳，南境安能至嶺哉！史大而言之耳。會，古外翻。皆有之。

75 廣、新二州賊帥高法澄、沈寶徹殺隋官，據州，附於林士弘，隋志：南海郡，廣州。信安郡新興縣，梁置新州。宋白曰：新州，秦始皇所取陸梁地，漢爲合浦臨允縣，晉置新寧郡，梁置新州。漢陽太守馮盎擊破之。馮盎自大業之亂歸嶺南，未受朝命，故書隋官。守，式又翻。既而寶徹兄子智臣復聚兵於新州，盎引兵擊之。賊始合，盎免胄大呼曰：呼，火故翻。「爾識我乎？」賊多棄仗肉袒而拜，馮盎自其祖母洗夫人以來，威令行於嶺南，故然。遂潰，擒寶徹、智臣等，嶺外遂定。

76 竇建德行臺尚書令恆山胡大恩請降。恆山，恆州。恆，戶登翻。降，戶江翻。

## 四年（辛巳、六二一）

1春，正月，癸酉，以大恩爲代州總管，代州，隋之鴈門郡。封定襄郡王，賜姓李氏。代州石嶺之北，自劉武周之亂，寇盗充斥，大恩徙鎮鴈門，鴈門，漢廣武縣，隋更名。隋、唐代州皆治鴈門，漢鴈門郡治陰館。李大恩豈徙鎮漢鴈門邪？宋白曰：句注在代州西北三十五里，鴈門界西陘山也。始皇十三年移樓煩於善無縣，今句注山北下館城是也，故續漢書云：鴈門郡理陰館。建安立新興郡，陘北悉棄之，其地荒廢。魏文帝移鴈門郡，南渡句注，置廣武城，卽今州西廣武故城是也。後魏明帝又移置廣武東古上館城內，卽今州城是也。或曰李大恩自恆山請降，授代州總管，故自恆山徙鎮鴈門。討擊，悉平之。

2稽胡酋帥劉仚成部落數萬，爲邊寇；酋，慈由翻。帥，所類翻。仚，許延翻。辛巳，詔太子建成統諸軍討之。

3王世充梁州總管程嘉會以所部來降。後魏置梁州於浚儀，因古大梁城以名州也。此時以浚儀爲汴州，而隋之梁郡治宋城縣。宋城，古睢陽也，漢梁國都之，後魏以來，以睢陽爲梁郡，王世充當於此置梁州。

4杜伏威遣其將陳正通、徐紹宗帥精兵二千，來會秦王世民擊王世充，將，卽亮翻。帥，讀曰率。考異曰：舊書杜伏威傳：「太宗之圍王世充，遣使招之，伏威請降，高祖遣使就拜東南道行臺尚書令、江·淮以南安撫大使、上柱國，封吳王，賜姓李氏。」按伏威封吳王在太宗討王世充前。今從高祖、太宗實錄。甲申，攻梁，克之。梁縣屬伊州。杜佑曰：汝州梁縣，漢舊縣，戰國時謂之南梁，以別大梁、少梁也。

5丙戌，黔州刺史田世康黔州，隋之黔安郡，古黔中也。黔，音琴。攻蕭銑五州、四鎮，皆克之。

6秦王世民選精銳千餘騎，皆皂衣玄甲，分爲左右隊，使秦叔寶、程知節、尉遲敬德、翟長孫分將之。騎，奇寄翻；下同。尉，紆勿翻。翟，萇伯翻。長，知兩翻。將，卽亮翻；下同。每戰，世民親被玄甲帥之爲前鋒，被，皮義翻。帥，讀曰率；下同。乘機進擊，所向無不摧破，敵人畏之。行臺僕射屈突通、贊皇公竇軌屈，九勿翻。軌封贊皇縣公。贊皇縣屬趙州，隋開皇十六年置。劉昫曰：取贊皇山爲名。引兵按行營屯，行，下孟翻。猝與王世充遇，戰不利。秦王世民帥玄甲救之，世充大敗，獲其騎將葛彥璋，考異曰：太宗實錄云：「初，羅士信取千金堡，太宗令屈突通守之。王充自來攻堡，通懼，舉烽請救。太宗度通力堪自守，且緩救以驕世充，通舉三烽以告急，太宗方出援之，左右未獲從，以兩騎而進，遇賊騎將葛彥璋，射之，應弦而墜，擒之於陳，後軍亦繼至，通軍復振，表裏奮擊，王充大敗，俘斬六千餘人，幾獲世充。」今從河洛記。俘斬六千餘人。世充遁歸。

7 李靖說趙郡王孝恭以取蕭銑十策，孝恭上之。說，輸芮翻。上，時掌翻。考異曰：高祖實錄：「孝恭獻平銑之策，帝嘉納之。」太宗實錄、李靖傳：「靖說趙郡王孝恭，陳伐蕭銑之計，獻以十策。高祖以孝恭未更戎旅，三軍之任，一以委靖，授靖行軍總管，兼攝孝恭長史事。」孝恭傳：「時李靖亦奉使江南，以策干孝恭，孝恭善之，委以軍事。」蓋靖畫策使孝恭上之耳。二月，辛卯，改信州爲夔州，以孝恭爲總管，使大造舟艦，習水戰。艦，戶黯翻。以孝恭未更軍旅，更，工衡翻。以靖爲行軍總管，兼孝恭長史，委以軍事。靖說孝恭悉召巴、蜀酋長子弟，長，知兩翻。酋，才由翻。量才授任，置之左右，外示引擢，實以爲質。量，音良。質，音致。

8王世充太子玄應將兵數千人，自虎牢運糧入洛陽，秦王世民遣將軍李君羨邀擊，大破之，玄應僅以身免。

世民使宇文士及奏請進圍東都，上謂士及曰：「歸語爾王：語，牛倨翻。今取洛陽，止於息兵，克城之日，乘輿法物，圖籍器械，乘，繩證翻。非私家所須者，委汝收之；其餘子女玉帛，並以分賜將士。」將，卽亮翻。

辛丑，世民移軍青城宮，壁壘未立，王世充帥衆二萬自方諸門出，憑故馬坊垣塹，臨穀水以拒唐兵，東都城西連禁苑，方諸門蓋自都城出禁苑之門也。青城宮在禁苑中，穀、洛二水會于禁苑之中。帥，讀曰率；下同。塹，七豔翻。諸將皆懼。世民以精騎陳於北邙，登魏宣武陵以望之，謂左右曰：「賊勢窘矣，悉衆而出，徼幸一戰，騎，奇寄翻；下同。陳，讀曰陣；下同。徼，古堯翻。今日破之，後不敢復出矣！」復，扶又翻；下同。命屈突通帥步卒五千渡水擊之，屈，居勿翻。戒通曰：「兵交則縱煙。」煙作，世民引騎南下，身先士卒，先，悉薦翻。與通合勢力戰。世民欲知世充陳厚薄，與精騎數十衝之，直出其背，衆皆披靡，披，普彼翻。殺傷甚衆。既而限以長堤，與諸騎相失，將軍丘行恭獨從世民，世充數騎追及之，世民馬中流矢而斃。行恭回騎射追者，發無不中，中，竹仲翻。射，而亦翻。追者不敢前。乃下馬以授世民，行恭於馬前步執長刀，距躍大呼，距躍，超距而跳躍也。杜預曰：距躍，超越也。呼，火故翻。斬數人，突陳而出，得入大軍。世充亦帥衆殊死戰，散而復合者數四，自辰至午，世充兵始退。世民縱兵乘之，直抵城下，俘斬七千人，遂圍之。驃騎將軍段志玄與世充兵力戰，深入，馬倒，爲世充兵所擒，兩騎夾持其髻，驃，匹妙翻。騎，奇寄翻。髻，古詣翻。將渡洛水，志玄踴身而奮，二人俱墜馬，志玄馳歸，追者數百騎，不敢逼。

初，驃騎將軍王懷文爲唐軍斥候，爲世充所獲，世充欲慰悅之，引置左右。壬寅，世充出右掖門，東都城南面三門，中曰端門，左曰左掖門，右曰右掖門，洛水逕其前，有天津、永濟、中橋三橋。臨洛水爲陳，懷文忽引槊刺世充，世充衷甲，槊折不能入，刺，七亦翻。折，而設翻。左右猝出不意，皆愕眙不知所爲。懷文走趣唐軍，眙，丑吏翻。趣，七喻翻，又逡須翻。至寫口，洛城中水於此寫放以流其惡，因名之爲寫口。追獲，殺之。世充歸，解去衷甲，去，羌呂翻。袒示羣臣曰：「懷文以槊刺我，卒不能傷，卒，子恤翻。豈非天所命乎！」

先是御史大夫鄭頲不樂仕世充，多稱疾不預事，鄭頲，李密之臣，爲世充所獲，疾其多詐，故不樂仕焉。先，悉薦翻。頲，他鼎翻。樂，音洛。至是謂世充曰：「臣聞佛有金剛不壞身，陛下眞是也。臣實多幸，得生佛世，願棄官削髮爲沙門，服勤精進，以資陛下之神武。」詭辭以求去。世充曰：「國之大臣，聲望素重，一旦入道，將駭物聽。俟兵革休息，當從公志。」頲固請，不許。退謂其妻曰：「吾束髮從官，志慕名節，束髮，謂幼小總角時也。不幸遭遇亂世，流離至此，側身猜忌之朝，累足危亡之地，朝，直遥翻。累，力委翻。智力淺薄，無以自全，人生會有死，早晚何殊，姑從吾所好，好，呼到翻。死亦無憾。」遂削髮被僧服。被，皮義翻。世充聞之，大怒曰：「爾以我爲必敗，欲苟免邪？邪，音耶。不誅之，何以制衆！」遂斬頲於市。頲言笑自若，觀者壯之。

詔贈王懷文上柱國、朔州刺史。朔州，隋之馬邑郡。

9 幷州安撫使唐儉密奏：「眞鄉公李仲文與妖僧志覺有謀反語，眞鄉縣公也。西魏置眞鄉縣，時屬綏州。使，疏吏翻。妖，於驕翻。又娶陶氏之女以應桃李之謠。諂事可汗，甚得其意，可汗許立爲南面可汗；可，從刊入聲。汗，音寒。及在幷州，贓賄狼籍。」上命裴寂、陳叔達、蕭瑀雜鞫之。瑀，音禹。乙巳，仲文伏誅。

10 庚戌，王泰棄河陽走，去年七月，世充使泰守河陽。其將趙敻等以城來降。將，卽亮翻。敻，休正翻。降，戶江翻。別將單雄信、裴孝達與總管王君廓相持於洛口，單，慈淺翻。秦王世民帥步騎五千援之，至轘轅，雄信等遁去，君廓追敗之。轘，音環。敗，補邁翻。

11 壬子，延州總管段德操擊劉仚成，破之，仚，許延翻。斬首千餘級。

12 乙卯，王世充懷州刺史陸善宗以城降。

13 秦王世民圍洛陽宮城，城中守禦甚嚴，大礮飛石重五十斤，擲二百步，礮，與砲同，匹貌翻。

八弓弩箭如車輻，鏃如巨斧，射五百步。八弓弩，八弓共一弩也，如古連弩，今之划車弩，亦其類也。輻，音福。世民四面攻之，晝夜不息，旬餘不克。城中欲翻城者凡十三輩，皆不果發而死。唐將士皆疲弊思歸，總管劉弘基等請班師，世民曰：「今大舉而來，當一勞永逸。東方諸州已望風款服，唯洛陽孤城，勢不能久，功在垂成，柰何棄之而去！」乃下令軍中曰：「洛陽未破，師必不還，還，從宣翻。敢言班師者斬！」衆乃不敢復言。復，扶又翻。上聞之，亦密敕世民使還，世民表稱洛陽必可克，又遣參謀軍事封德彝入朝面論形勢。參謀之官，蓋始於此。朝，直遙翻。德彝言於上曰：「世充得地雖多，率皆羈屬，言羈縻屬之而已。號令所行，唯洛陽一城而已，智盡力窮，克在朝夕。今若旋師，賊勢復振，復，扶又翻，又音如字。更相連結，後必難圖！」上乃從之。世民遺世充書，遺，于季翻。諭以禍福；世充不報。

14 戊午，王世充鄭州司兵沈悅遣使詣左武候大將軍李世勣請降。李世勣時屯管城。使，疏吏翻。降，戶江翻。左衞將軍王君廓夜引兵襲虎牢，王君廓時屯洛口。悅爲內應，遂拔之，獲其荊王行本及長史戴胄。長，知兩翻。悅，君理之孫也。沈君理仕陳爲僕射。

15 竇建德克周橋，虜孟海公。

# 資治通鑑卷第一百八十九

端明殿學士兼翰林侍讀學士太中大夫提舉西京嵩山崇福宮上柱國河內郡開國公食邑二千二百戶食實封九百戶賜紫金魚袋臣司馬光奉敕編集

後學天台胡三省音註

## 唐紀五 起重光大荒落（辛巳）三月，盡十二月，不滿一年。

### 高祖神堯大聖光孝皇帝中之中

武德四年（辛巳、六二一）

1 三月，庚申，以靺鞨渠帥突地稽爲燕州總管。靺鞨有七種，粟末靺鞨居最南，本附高麗。隋煬帝初，其渠帥突地稽率其部來降，居之柳城。新志曰：隋於營州之境汝羅故城置遼西郡，以處靺鞨降人；武德元年曰燕州。「突地稽」，隋書作「度地稽」。帥，所類翻。靺，音末。鞨，音曷。燕，因肩翻。

2 太子建成獲稽胡千餘人，釋其酋帥數十人，酋，才由翻。帥，所類翻。授以官爵，使還，招其餘黨，劉仚成亦降。仚，許延翻。降，戶江翻；下同。建成詐稱增置州縣，築城邑，命降胡年二十以上皆集，以兵圍而殺之，死者六千餘人，考異曰：實錄，前言四千餘戶，後云六千餘計，蓋前言戶，後言口也。仚成覺變，亡奔梁師都。

3 行軍總管劉世讓攻竇建德黃州，拔之。黃州闕。洛州嚴備，世讓不得進。會突厥將入寇，上召世讓還。

竇建德所署普樂令平恩程名振來降，上遙除名振永寧令，新志：平恩縣屬洺州；又所領雞澤縣有普樂縣，竇建德平後，廢入雞澤。永寧縣屬洛州；本熊耳，義寧二年更名，時屬熊州。按舊書除名振永年令。此承新書之誤。永年，漢廣平縣也，隋仁壽元年，改曰永年，帶洺州。舊志曰：永年，本漢曲梁縣地。杜佑曰：洺州，春秋赤狄之地。洺，彌并翻。厥，九勿翻。還，從宣翻，又音如字。樂，音洛。使將兵徇河北。名振夜襲鄴，舊志：鄴縣屬相州，後魏於鄴置相州；周末尉遲迥既平，乃焚鄴，以安陽爲相州理所。煬帝復於鄴故都大慈寺置鄴縣。將，卽亮翻。俘其男女千餘人。去鄴八十里，閱婦人乳有湩者，九十餘人，悉縱遣之，鄴人感其仁，爲之飯僧。湩，竹用翻；乳汁。爲，于僞翻。飯，扶晚翻。

4 突厥頡利可汗承父兄之資，頡利者，啓民之子，始畢、處羅之弟。厥，九勿翻。可，從刊入聲。汗，音寒。士馬雄盛，有憑陵中國之志。妻隋義成公主，公主從弟善經，從，才用翻。避亂在突厥，與王世充使者王文素共說頡利曰：使，疏吏翻；下同。說，式芮翻。「昔啓民爲兄弟所逼，脫身奔隋，賴文皇帝之力，有此土宇，事見隋文帝紀。子孫享之。今唐天子非文皇帝子孫，可汗宜奉楊政道以伐之，楊政道時居定襄。以報文皇帝之德。」頡利然之。上以中國未寧，待突厥甚厚，而頡利求請無厭，厭，於鹽翻。言辭驕慢。甲戌，突厥寇汾陰。汾陰縣本屬蒲州，時爲泰州治所。

5 唐兵圍洛陽，掘塹築壘而守之。塹，七豔翻。城中乏食，絹一匹直粟三升，布十匹直鹽一升，服飾珍玩，賤如土芥。民食草根木葉皆盡，相與澄取浮泥，投米屑作餅食之，皆病，身腫脚弱，死者相枕倚於道。枕，職任翻。皇泰主之遷民入宮城也，見一百八十三卷隋義寧元年四月。凡三萬家，至是無三千家。雖貴爲公卿，糠覈不充，孟康曰：覈，麥糠中不破者也。晉灼曰：覈，音紇。京師人謂粗屑爲紇頭。尚書郎以下，親自負戴，負以肩背，戴以首。往往餒死。

竇建德使其將范願守曹州，將，卽亮翻；下同。悉發孟海公、徐圓朗之衆，西救洛陽。至滑州，王世充行臺僕射韓洪開門納之。己卯，軍于酸棗。酸棗縣隋屬鄭州，此時屬東梁州。

6 壬午，突厥寇石州，石州，隋之離石郡。刺史王集擊卻之。

7 竇建德陷管州，殺刺史郭士安；又陷滎陽、陽翟等縣，滎陽縣屬鄭州。陽翟縣，隋屬汝州，時屬嵩州。水陸並進，汎舟運糧，泝河西上。上，時掌翻。王世充之弟徐州行臺世辯徐州，隋之彭城郡。遣其將郭士衡將兵數千會之，將，卽亮翻。合十餘萬，號三十萬，軍於成皋之東原，築宮板渚，成皋卽虎牢；東原卽東廣武。水經：河水過成皋而東，合汜水，又東逕板城北。註云：有津，謂之板城渚口。遣使與王世充相聞。

先是，建德遺秦王世民書，使，疏吏翻。先，悉薦翻。遺，于僞翻。請退軍潼關，返鄭侵地，復脩前好。好，呼到翻。世民集將佐議之，將，卽亮翻。皆請避其鋒，郭孝恪曰：「世充窮蹙，垂將面縛，建德遠來助之，此天意欲兩亡之也。宜據武牢之險以拒之，唐諱虎，改虎牢爲武牢。伺間而動，破之必矣！」間，古莧翻。記室薛收曰：「世充保據東都，府庫充實，所將之兵，皆江、淮精鋭，卽日之患，但乏糧食耳。以是之故，爲我所持，求戰不得，守則難久。建德親帥大衆，遠來赴援，帥，讀曰率。亦當極其精鋭。若【章：十二行本「若」上有「致死於我」四字；乙十一行本同；孔本同；張校同；退齋校同。】縱之至此，兩寇合從，從，子容翻。轉河北之粟以饋洛陽，則戰爭方始，偃兵無日，混一之期，殊未有涯也。今宜分兵守洛陽，深溝高壘，世充出兵，愼勿與戰，大王親帥驍鋭，先據成皋，帥，讀曰率。驍，堅堯翻。厲兵訓士，以待其至，以逸待勞，決可克也。建德既破，世充自下，不過二旬，兩主就縛矣！」世民善之。收，道衡之子也。薛道衡爲隋煬帝所殺。隋之伐陳，道衡知其必克。收之識時審勢，蓋有父風。蕭瑀、屈突通、封德彝皆曰：「吾兵疲老，世充憑守堅城，未易猝拔，瑀，音禹。屈，居勿翻。易，以豉翻；下同。建德席勝而來，鋒鋭氣盛，吾腹背受敵，非完策也，不若退保新安，以承其弊。」世民曰：「世充兵摧食盡，上下離心，不煩力攻，可以坐克。建德新破海公，將驕卒惰，吾據武牢，扼其咽喉。將，卽亮翻；下同。咽，音煙。彼若冒險爭鋒，吾取之甚易。易，弋豉翻。若狐疑不戰，旬月之間，世充自潰。城破兵強，氣勢自倍，一舉兩克，在此行矣。若不速進，賊入武牢，諸城新附，必不能守；兩賊併力，其勢必強，何弊之承！吾計決矣！」通等又請解圍據險以觀其變，世民不許。中分麾下，使通等副齊王元吉圍守東都，世民將驍勇三千五百人東趣武牢。驍，堅堯翻。趣，七喻翻，又逡須翻。時正晝出兵，歷北邙，抵河陽，趨鞏而去。鞏在東都之東一百一十里。時世民大軍，據都城西北以臨世充而圍之，故出兵向武牢，歷北邙，抵河陽而趨鞏。趨，與趣同，音七喻翻。王世充登城望見，莫之測也，竟不敢出。

癸未，世民入武牢；甲申，將驍騎五百，出武牢東二十餘里，覘建德之營。覘，丑廉翻，又丑豔翻。緣道分留從騎，從，才用翻；下同。使李世勣、程知節、秦叔寶分將之，伏於道旁，纔餘四騎，與之偕進。世民謂尉遲敬德曰：騎，奇寄翻。尉，紆勿翻。「吾執弓矢，公執槊相隨，槊，色角翻。雖百萬衆若我何！」又曰：「賊見我而還，上策也。」還，從宣翻。去建德營三里所，建德遊兵遇之，以爲斥候也。世民大呼曰：「我秦王也。」引弓射之，呼，火故翻。射，而亦翻；下同。斃其一將。將，卽亮翻。建德軍中大驚，出五六千騎逐之，從者咸失色。從，才用翻。世民曰：「汝弟前行，吾自與敬德爲殿。」弟，大計翻，但也。漢書多用此弟字，可考也。殿，丁練翻。於是按轡徐行，追騎將至，則引弓射之，輒斃一人。追者懼而止，止而復來，復，扶又翻；下同。如是再三，每來必有斃者，世民前後射殺數人，敬德殺十許人，追者不敢復逼。世民逡巡稍卻以誘之，逡，七荀翻。誘，音酉；下同。入於伏內，世勣等奮擊，大破之，斬首三百餘級，獲其驍將殷秋、石瓚以歸。瓚，藏旱翻。乃爲書報建德，諭以「趙、魏之地，久爲我有，爲足下所侵奪。但以淮安見禮，公主得歸，故相與坦懷釋怨。武德二年，竇建德盡取趙、魏，虜淮安王神通及同安公主，待淮安以客禮，次年八月，遣公主歸。世充頃與足下修好，已嘗反覆，武德二年，王、竇結好；世充篡，建德絕之，尋有疆場之爭。好，呼到翻。今亡在朝夕，更飾辭相誘，足下乃以三軍之衆，仰哺他人，千金之資，坐供外費，兵法曰：興師十萬，日費千金。良非上策。今前茅相遇，彼遽崩摧，左傳：隨武子曰：「前茅慮無。」杜預註云：軍行前有斥候蹹伏。茅，明也，備慮有無也。或曰：以茅爲旌識。郊勞未通，能無懷愧。古者諸侯相見有郊勞之禮。言建德來救世充，阻於唐兵，使命不得通也。勞，力到翻。故抑止鋒鋭，冀聞擇善，欲使之擇善而從。若不獲命，恐雖悔難追。」

8 立秦王世民之子泰爲衛王。

9 夏，四月，己丑，豐州總管張長遜入朝。時言事者多云，長遜久居豐州，張長遜，隋末守豐州，唐興來降，至是入朝。豐州至長安二千六百六里。朝，直遥翻；下同。爲突厥所厚，非國家之利。厥，九勿翻。長遜聞之，請入朝，上許之。會太子建成北伐稽胡，長遜帥所部會之，因入朝，拜右武候將軍。帥，讀曰率；下同。益州行臺左僕射竇軌帥巴、蜀兵來會秦王擊王世充，以長遜檢校益州行臺右僕射。

10 己亥，突厥頡利可汗寇鴈門，李大恩擊走之。可，從刊入聲。汗，音寒。

11 壬寅，王世充騎將楊公卿、單雄信引兵出戰，騎，奇寄翻。將，即亮翻。單，音善。齊王元吉擊之，不利，行軍總管盧君諤戰死。

12 太子還長安。

13 王世充平州刺史周仲隱以城來降。洛州河陰縣，古平陰也。王世充當於此置平州。降，戶江翻。

14 戊申，突厥寇并州。初，處羅可汗與劉武周相表裏，寇并州；上遣太常卿鄭元璹往諭以禍福，處羅不從。未幾，處羅遇疾卒，處，昌呂翻。璹，殊玉翻。幾，居豈翻。卒，子恤翻。考異曰：舊書鄭元璹傳作「叱羅可汗」。今從實錄。國人疑元璹毒之，留不遣。上又遣漢陽公瓌賂頡利可汗以金帛，頡利欲令瓌拜，瓌不從，亦留之。瓌，古回翻。又留左驍衛大將軍長孫順德。驍，堅堯翻。長，知兩翻。上怒，亦留其使者。瓌，孝恭之弟也。孝恭時鎮夔州。

15 甲寅，封皇子元方爲周王，元禮爲鄭王，元嘉爲宋王，元則爲荆王，元茂爲越王。

16 竇建德迫於武牢不得進，留屯累月，考異曰：舊書，停留七十餘日；新書，六十餘日。按二月戊午，沈悅始以武牢降唐，至五月己未，建德敗，纔六十二日。若沈悅今日降唐，明日建德即至，亦不能自固。又吳兢太宗勳史：「三月己卯，建德率兵十二萬次于酸棗。」去敗纔四十一日，故但云「留屯累月」。戰數不利，數，所角翻。將士思歸。丁巳，秦王世民遣王君廓將輕騎千餘抄其糧運，抄，楚交翻。又破之，獲其大將軍張青特。凌敬言於建德曰：「大王悉兵濟河，攻取懷州、河陽，使重將守之，更鳴鼓建旗，踰太行，入上黨，行，戶剛翻。徇汾、晉，趣蒲津，趣，七喩翻。如此有三利：一則蹈無人之境，取勝可以萬全；二則拓地收衆，形勢益強；三則關中震駭，鄭圍自解。爲今之策，無以易此。」凌敬之策善矣。當是時，洛城危急，秦王定計而堅守之，蓋計日而收功；吾恐建德未得至蒲州，洛城已破矣。建德將從之，而王世充遣使告急相繼於道，王琬、長孫安世朝夕涕泣，請救洛陽，使，疏吏翻。長，知兩翻。又陰以金玉啗建德諸將，以撓其謀。啗，徒濫翻；將，即亮翻。撓，奴巧翻，又奴教翻。諸將皆曰：「凌敬書生，安知戰事，其言豈可用也！」建德乃謝敬曰：「今衆心甚鋭，天贊我也，因之決戰，必將大捷，不得從公言。」敬固爭之，建德怒，令扶出。令，力丁翻。其妻曹氏謂建德曰：「祭酒之言不可違也。凌敬蓋爲建德國子祭酒。今大王自滏口乘唐國之虛，連營漸進以取山北，建德都洛州，時在山南，幷、代、汾、晉，皆山北也。滏，音釜。又因突厥西抄關中，唐必還師自救，厥，九勿翻。抄，楚交翻。還，從宣翻，又音如字。鄭圍何憂不解！若頓兵於此，老師費財，欲求成功，在於何日？」建德曰：「此非女子所知！吾來救鄭，鄭今倒懸，亡在朝夕，吾乃捨之而去，是畏敵而棄信也，不可。」

諜者告曰：「建德伺唐軍芻盡，牧馬於河北，將襲武牢。」諜，達協翻。伺，相吏翻。五月，戊午，秦王世民北濟河，南臨廣武，此西廣武也。察敵形勢，因留馬千餘匹，牧於河渚以誘之，誘，音酉。夕還武牢。己未，建德果悉衆而至，此所謂善戰者，因其勢而利導之也。自板渚出牛口置陳，北距大河，西薄汜水，南屬鵲山，水經註：汜水南出浮戲山，亦謂之方山，北逕虎牢城東，又北流注于河。陳，讀曰陣；下同。汜，音祀。屬，之欲翻。亙二十里，鼓行而進。諸將皆懼，將，即亮翻。懼其衆也。

世民將數騎升高丘而望之，將，音如字，領也。騎，奇寄翻。謂諸將曰：「賊起山東，未嘗見大敵，今度險而囂，囂，虛驕翻，喧也。是無紀律，逼城而陳，有輕我心；我按甲不出，彼勇氣自衰，陳久卒飢，勢將自退，所謂以計穡之也。追而擊之，無不克者。與公等約，甫過日中，必破之矣！」甫，始也，纔也。建德意輕唐軍，遣三百騎涉汜水，距唐營一里所止。遣使與世民相聞曰：「請選銳士數百與之劇。」汜，音祀。使，疏吏翻。劇，戲也；今俗謂戲爲則劇。世民遣王君廓將長槊二百以應之，槊，色角翻。相與交戰，乍進乍退，兩無勝負，各引還。還，從宣翻，又音如字。王琬乘隋煬帝驄馬，煬，余尚翻。馬青白曰驄。鎧仗甚鮮，迥出陳前以誇衆。鎧，可亥翻。迥，戶頂翻。陳，讀曰陣。世民曰：「彼所乘眞良馬也！」尉遲敬德請往取之，世民止之曰：「豈可以一馬喪猛士。」尉，紆勿翻。喪，息浪翻。敬德不從，與高甑生、梁建方三騎直入其陳，擒琬，引其馬馳歸，衆無敢當者。騎，奇寄翻。世民使召河北馬，待其至乃出戰。

建德列陳，自辰至午，士卒飢倦，皆坐列，杜預曰：士皆坐列，言無鬭志。又爭飲水，逡巡欲退。逡，七倫翻。世民命宇文士及將三百騎經建德陳西，馳而南上，所以嘗敵也。將，卽亮翻，又音如字。騎，奇寄翻；下同。上，時掌翻。戒之曰：「賊若不動，爾宜引歸，動則引兵東出。」士及至陳前，陳果動，世民曰：「可擊矣！」時河渚馬亦至，乃命出戰。世民帥輕騎先進，帥，讀曰率；下同。大軍繼之，東涉汜水，直薄其陳。薄，迫也。建德羣臣方朝謁，唐騎猝來，朝臣趨就建德，建德召騎兵使拒唐兵，騎兵阻朝臣不得過，建德揮朝臣令卻，朝，直遙翻。進退之間，唐兵已至，建德窘迫，退依東陂。竇抗引兵擊之，戰小不利。世民帥騎赴之，所向皆靡。淮陽王道玄挺身陷陳，直出其後，復突陳而歸，窘，渠隕翻。復，扶又翻，又音如字。再入再出，飛矢集其身如蝟毛，蝟，于貴翻；蟲似豪猪而小。爾雅曰：彙毛刺是也。勇氣不衰，射人，皆應弦而仆。世民給以副馬，使從己。於是諸軍大戰，塵埃漲天。世民帥史大柰、程知節、秦叔寶、宇文歆等卷旆而入，歆，許今翻。卷，讀曰捲。出其陳後，陳，讀曰陣。張唐旗幟，幟，昌志翻。建德將士顧見之，大潰，將，即亮翻。追奔三十里，斬首三千餘級。建德中槊，中，竹仲翻。槊，色角翻。竄匿於牛口渚。車騎將軍白士讓、楊武威逐之，建德墜馬，士讓援槊欲刺之，騎，奇寄翻。援，于元翻。刺，七亦翻。建德曰：「勿殺我，我夏王也，能富貴汝。」言得我以獻則富貴也。夏，戶雅翻。武威下擒之，下馬擒之也。載以從馬，從，才用翻。來見世民。世民讓之曰：「我自討王世充，何預汝事，而來越境，犯我兵鋒！」建德曰：「今不自來，恐煩遠取。」建德將士皆潰去，所俘獲五萬人，世民即日散遣之，使還鄉里。

封德彝入賀，世民笑曰：「不用公言，得有今日。智者千慮，不免一失乎！」用李左車之言。德彝甚慚。

建德妻曹氏與左僕射齊善行將數百騎遁歸洺州。洺，彌幷翻。

甲子，世充偃師、鞏縣皆降。

乙丑，以太子左庶子鄭善果爲山東道撫慰大使。降，戶江翻；下同。使，疏吏翻。

世充將王德仁棄故洛陽城而遁，此漢、魏故都之城也。亞將趙季卿以城降。秦王世民囚竇建德、王琬、長孫安世、郭士衡等至洛陽城下，以示世充。世充與建德語而泣，仍遣安世等入城言敗狀。世充召諸將議突圍，南走襄陽，欲走襄陽就王弘烈、王泰。走，音奏。諸將皆曰：「吾所恃者夏王，夏王今已爲擒，雖得出，終必無成。」考異曰：舊書世充傳云：「諸將皆不答。」今從河洛記。丙寅，世充素服帥其太子、羣臣二千餘人詣軍門降。帥，讀曰率。降，戶江翻。世民禮接之，世充俯伏流汗。世民曰：「卿常以童子見處，處，昌呂翻。今見童子，何恭之甚邪？」邪，音耶。世充頓首謝罪。於是部分諸軍，分，扶問翻。先入洛陽，分守市肆，禁止侵掠，無敢犯者。丁卯，世民入宮城，命記室房玄齡先入中書、門下省，收隋圖籍制詔，已爲世充所毀，無所獲。命蕭瑀、竇軌等封府庫，收其金帛，頒賜將士。瑀，音禹。將，卽亮翻。收世充之黨罪尤大者段達、王隆、崔洪丹、薛德音、楊汪、孟孝義、單雄信、楊公卿、郭什柱、郭士衡、董叡、張童兒、王德仁、朱粲、郭善才等十餘人斬於洛水之上。單，慈淺翻。新書云：薛德音以移檄慢逆，崔弘丹以造弩多傷士，前誅之；次收段達等斬洛渚上。溫公避國諱，改弘丹爲洪丹。郭什柱意當作「什住」。初，李世勣與單雄信友善，誓同生死。及洛陽平，世勣言雄信驍健絕倫，驍，堅堯翻。請盡輸己之官爵以贖之，世民不許。考異曰：舊傳云：「高祖不許。」按太宗得洛城卽誅雄信，何嘗稟命於高祖，蓋太宗時史臣敍高祖時事，有誅殺不厭衆心者，皆稱高祖之命，以掩太宗之失，如屠夏縣之類皆是也。世勣固請不能得，涕泣而退。雄信曰：「我固知汝不辦事。」世勣曰：「吾不惜餘生，與兄俱死；但旣以此身許國，事無兩遂。且吾死之後，誰復視兄之妻子乎？」復，扶又翻。乃割股肉以啗雄信，曰：「使此肉隨兄爲土，庶幾不負昔誓也！」幾，居希翻。士民疾朱粲殘忍，競投瓦礫擊其尸，須臾如冢。礫，郎擊翻。囚韋節、楊續、長孫安世等十餘人送長安。長孫之長，知兩翻。士民無罪爲世充所囚者，皆釋之，所殺者祭而誄之。古者卿大夫歿，則君命有司累其功德，爲文以哀之，曰誄。今誄之者，哀其無罪而死也。誄，魯水翻。

初，秦王府屬杜如晦叔父淹事王世充。淹素與如晦兄弟不協，譖如晦兄殺之，又囚其弟楚客，餓幾死，幾，居依翻，又音祁。楚客終無怨色。及洛陽平，淹當死，楚客涕泣請如晦救之，如晦不從。楚客曰：「曩者叔已殺兄，今兄又殺叔，一門之內，自相殘而盡，豈不痛哉！」欲自剄，剄，古頂翻。如晦乃爲之請於世民，淹得免死。爲，于僞翻。

秦王世民坐閶闔門，晉都洛陽，其城西面北來第三門曰閶闔。隋營新都，唐六典所載都城、皇城、宮城、苑城諸門，皆無閶闔，蓋唐改之也。闔，戶臘翻。蘇威請見，稱老病不能拜。世民遣人數之曰：見，賢遍翻。數，所具翻，又所主翻。「公隋室宰相，危不能扶，使君弒國亡。見李密、王世充皆拜伏舞蹈。今既老病，無勞相見。」及至長安，又請見，不許。既老且貧，無復官爵，卒於家，年八十二。史言蘇威之壽不若早夭。卒，子恤翻。

秦王世民觀隋宮殿，歎曰：「逞侈心，窮人欲，無亡得乎！」命撤端門樓，焚乾陽殿，毀則天門及闕；唐六典：東都皇城南面三門，中曰端門。乾陽殿，唐後於此起乾元殿。宮城南面三門，中曰應天門，蓋隋之則天門也。唐六典曰：毀建國門。隋志：東都城南面三門，正南曰建國。廢諸道場，城中僧尼，留有名德者各三十人，餘皆返初。返初服也。尼，女夷翻。

17 前眞定令周法明，眞定縣，隋帶恆山郡，唐改郡爲恆州。法尚之弟也，周法尚自陳入隋爲將。隋末結客，襲據黃梅，隋志：黃梅縣舊曰永興，開皇初改曰新蔡，十八年改曰黃梅，因黃梅山以名縣也。劉昫曰：黃梅，漢蘄春縣地，宋分置新蔡郡，隋爲縣，屬蘄春郡。遣族子孝節攻蘄春，蘄春，漢縣，屬江夏郡，吳爲蘄春郡，晉改爲西陽，又改爲蘄陽，梁改曰蘄水，後齊改曰齊昌，隋開皇十八年復曰蘄春，帶郡。蘄，音渠之翻。兄子紹則攻安陸，安陸，漢縣，屬江夏郡。宋分置安陸郡，梁置南司州，西魏置安州，隋復爲安陸郡。子紹德攻沔陽，沔陽，漢竟陵縣地，屬江夏郡，後周置復州，大業初，改沔州，尋改爲沔陽郡。沔，彌兗翻。皆拔之。庚午，以四郡來降。降，戶江翻；下同。

18 壬申，齊善行以洺、相、魏等州來降。洺，音名。相，息亮翻。考異曰：革命記云：「五月七日，善行等至洺州。」實錄云「壬申，洺、相、魏等州降」者，蓋降使到之日也。月末又云「裴矩等以八璽降」，蓋璽到之日也。時建德餘衆走至洛州，欲立建德養子爲主，徵兵以拒唐；又欲剽掠居民，還向海隅爲盜。善行獨以爲不可，曰：「隋末喪亂，剽，匹妙翻。喪，息浪翻；下同。故吾屬相聚草野，苟求生耳。以夏王之英武，平定河朔，士馬精強，一朝爲擒，易如反掌，豈非天命有所屬，夏，戶雅翻。易，以豉翻。屬，之欲翻。非人力所能爭邪！邪，音耶。今喪敗如此，守亦無成，逃亦不免，等爲亡國，豈可復遺毒於民！復，扶又翻。不若委心請命於唐，必欲得繒帛者，繒，慈陵翻。當盡散府庫之物，勿復殘民也！」復，扶又翻。於是運府庫之帛數十萬段，置萬春宮東街，萬春宮，竇建德所築。以散將卒，凡三晝夜乃畢。將，即亮翻。仍布兵守坊巷，得物者即出，無得更入人家。士卒散盡，然後與僕射裴矩、行臺曹旦，帥其百官奉建德妻曹氏及傳國八璽并破宇文化及所得珍寶請降于唐。武德二年，建德破化及，得八璽及珍寶。帥，讀曰率。璽，斯氏翻。降，戶江翻。上以善行爲秦王左二護軍，秦王所統置左三府、右三府，各有統軍、護軍。仍厚賜之。

初，竇建德之誅宇文化及也，隋南陽公主有子曰禪師，建德虎賁郎將於士澄問之曰：何承天姓苑有於姓，今浙間有此姓。禪，市連翻。賁，音奔。將，即亮翻。於，如字。「化及大逆，兄弟之子皆當從坐，若不能捨禪師，當相爲留之。」爲，于僞翻。公主泣曰：「虎賁既隋室貴臣，按隋書帝紀，大業初，造龍舟，於士澄已爲上儀同，往江南採木。茲事何須見問。」建德竟殺之。公主尋請爲尼。及建德敗，公主將歸長安，與宇文士及遇於洛陽，士及請與相見，公主不可。士及立於戶外，請復爲夫婦。

公主曰：「我與君仇家，今所以不手刃君者，但謀逆之日，察君不預知耳。」訶令速去。訶，虎何翻。士及固請，公主怒曰：「必欲就死，可相見也。」士及知不可屈，乃拜辭而去。

19乙亥，以周法明爲黃州總管。黃州，治黃岡縣，漢江夏郡西陵縣地，齊曰南安，又置齊安郡，隋置黃州，尋改永安郡。

20戊寅，王世充徐州行臺杞王世辯以徐、宋等三十八州詣河南道安撫大使任瓌請降；使，疏吏翻。任，音壬。瓌，古回翻。降，戶江翻。世充故地悉平。

21竇建德博州刺史馮士羨隋志：武陽郡聊城縣，開皇十六年置博州。復推淮安王神通爲慰撫山東使，徇下三十餘州；建德之地悉平。

22己卯，代州總管李大恩擊苑君璋，破之。

23突厥寇邊，長平靖王叔良督五將擊之，叔良中流矢；厥，九勿翻。將，即亮翻。中，竹仲翻。師旋，六月，戊子，卒於道。卒，子恤翻。

24戊戌，孟海公餘黨蔣善合以鄆州，孟噉鬼以曹州來降。鄆州，隋之東平郡。曹州，隋之濟陰郡。鄆，音運。噉，徒濫翻。降，戶江翻。噉鬼，海公之從兄也。從，才用翻。

25庚子，營州人石世則執總管晉文衍，營州，隋志之遼西郡。舉州叛，奉靺鞨突地稽爲主。靺，音末。鞨，音曷。

26 黃州總管周法明攻蕭銑安州，拔之，蕭銑蓋亦置安州於隋安陸郡界。獲其總管馬貴遷。

27 乙巳，以右驍衞將軍盛彥師爲宋州總管，安撫河南。驍，堅堯翻。

28 乙卯，海州賊帥臧君相以五州來降，拜海州總管。海州，隋志之東海郡。宋白曰：魏武定七年置海州。帥，所類翻。

29 秋，七月，庚申，王世充行臺王弘烈、王泰、左僕射豆盧行褒、右僕射蘇世長以襄州來降。襄州，隋志之襄陽郡。宋白曰：襄州，春秋穀、鄧、鄾、盧、羅、鄀之地，秦爲南陽郡地，魏置襄陽郡，以其地在襄山之陽也。江左置雍州，西魏改襄州。上與行褒、世長皆有舊，先是，屢以書招之，先，悉薦翻。行褒輒殺使者；既至長安，上誅行褒而責世長。世長曰：「隋失其鹿，天下共逐之。陛下既得之矣，豈可復忿同獵之徒，問爭肉之罪乎！」使，疏吏翻。復，扶又翻。上笑而釋之，以爲諫議大夫。考異曰：舊本紀及唐曆年代記、唐會要皆云五年六月，置諫議大夫。按世長自諫議歷陝州長史、天策府軍諮祭酒，四年十一月，已預十八學士。據舊職官志，四年，置諫議大夫，今從之。余按唐六典，秦、漢曰諫大夫，光武加議字。北齊集書省置諫議大夫七人，隋氏門下省亦置諫議大夫七人。四年以前，唐未及置，今始置之耳。嘗從校獵高陵，如淳曰：合軍聚衆，有幡校擊鼓也。周禮，校人，掌王田獵之馬，故謂之校獵。師古曰：如說非也。此校，謂以木相貫穿爲闌校耳。校人職云，六廐成校。是則以遮闌爲義也。校獵者，大爲闌校，以遮禽獸而獵取也。軍之幡旗雖有校名，本因部校，此無豫也。原父曰：予謂校讀如「犯而不校」，亦競逐獵也。高陵縣屬京兆府。大獲禽獸，上顧羣臣曰：「今日畋，樂乎？」世長對曰：「陛下遊獵，薄廢萬機，不滿十旬，未足爲樂！」樂，音洛。上變色，既而笑曰：「狂態復發邪？」復，扶又翻。邪，音耶。對曰：「於臣則狂，於陛下甚忠。」嘗侍宴披香殿，程大昌雍錄：慶善宮有披香殿。又云：慶善宮，高祖舊第也，在武功渭水北。余按下文世長言昔侍於武功，若此殿正在武功舊宅，世長縱是譎諫，不應引以爲言，恐此殿不在慶善宮。酒酣，謂上曰：「此殿煬帝之所爲邪？」上曰：「卿諫似直而實多詐，豈不知此殿朕所爲，而謂之煬帝乎？」對曰：「臣實不知，但見其華侈如傾宮、鹿臺，紂爲傾宮、鹿臺。非興王之所爲故也。若陛下爲之，誠非所宜。臣昔侍陛下於武功，見所居宅僅庇風雨，當時亦以爲足。今因隋之宮室，已極侈矣，而又增之，將何以矯其失乎？」上深然之。

30 甲子，秦王世民至長安。世民被黃金甲，齊王元吉、李世勣等二十五將從其後，鐵騎萬匹，【章：十二行本「匹」下有「甲士三萬人」五字；乙十一行本同；孔本同；張校同。】被，皮義翻。將，卽亮翻。騎，奇寄翻。前後部鼓吹，鼓吹，軍樂也；漢制，萬人將軍得之。司馬法：軍中有鼓笛，所以發壯勇。薛居正曰：義鏡問鼓吹十二案，合於何所。答云：周禮，鼓人掌六鼓、四金。漢朝乃有黃門鼓吹。崔豹古今註云：張騫使西域，得摩訶兜勒一曲，李延年增之，分爲二十八曲。梁置鼓吹清商令二人。唐又有掆鼓、金鉦、大鼓、長鳴歌簫、笳、笛，合爲鼓吹十二案。吹，昌瑞翻。俘王世充、竇建德及隋乘輿、御物獻于太廟，乘，繩證翻。考異曰：李勣傳云：「太宗爲上將，勣爲下將，與太宗俱服金甲，乘戎輅，告捷于太廟。」今從唐曆。行飲至之禮以饗之。左傳：歸而飲至，以數軍實。杜預註曰：飲於廟，以數車徒、器械及所獲也。

31乙丑，高句麗王建武遣使入貢。句，音駒。麗，鄰知翻。建武，元之弟也。高元，見隋紀。

32上見王世充而數之，數，所具翻，又所主翻。世充曰：「臣罪固當誅，然秦王許臣不死。」丙寅，詔赦世充爲庶人，與兄弟子姪【章：十二行本「姪」下有「徙」字；乙十一行本同；孔本同。】處蜀；處，昌呂翻。斬竇建德於市。

33丁卯，以天下略定，大赦百姓，給復一年。復，方目翻；下同。陝、鼎、函、虢、虞、芮六州，轉輸勞費，陝州，治陝弘農縣，本隋弘農郡，義寧元年曰鳳林，領弘農、閿鄉、湖城；武德元年曰鼎州，因鼎湖爲名。武德三年，以永寧、崤置函州。又義寧元年，分盧氏、長水、桃林置虢郡，武德元年，曰虢州。義寧元年，以安邑、虞鄉、夏置安邑郡，武德元年，曰虞州。二年，以芮城、河北、永樂置芮州。幽州管內，久隔寇戎，並給復二年。律、令、格、式，且用開皇舊制。赦令既下，而王、竇餘黨尚有遠徙者，治書侍御史孫伏伽上言：「兵、食可去，信不可去，陛下已赦而復徙之，治，直之翻。伽，求加翻。上，時掌翻。去，羌呂翻。復，扶又翻，又音如字。是自違本心，使臣民何所憑依。且世充尚蒙寬宥，況於餘黨，所宜縱釋。」考異曰：伏伽表云：「今月二日，發雲雨之制。」而赦書乃十二日，或脫「十」字也。又云：「常赦所不免，咸赦除之。」今赦無此文，豈實錄錄赦文不盡歟？上從之。

王世充以防夫未備，置雍州廨舍。按雍錄，都城坊里圖，雍州廨舍後爲京兆府，在光德坊。雍，於用翻。廨，古隘翻。獨孤機之子定州刺史修德帥兄弟至其所，帥，讀曰率。矯稱敕呼鄭王；世充與兄世惲趨出，修德等殺之。武德二年正月，獨孤機兄弟爲世充所殺，故修德報仇。惲，於粉翻。考異曰：舊傳作「獨孤修」，今從河洛記。詔免修德官。其餘兄弟子姪等，於道亦以謀反誅。

34 隋末錢弊濫薄，言錢之弊也。至裁皮糊紙爲之，民間不勝其弊。勝，音升。至是，初行開元通寶錢，重【章：十二行「重」上有「徑八分」三字；乙十一行本同；孔本同；退齋校同。】二銖四參，按漢書律曆志：權輕重者不失黍絫。應劭註曰：十黍爲絫，十絫爲銖。師古曰：絫，孟音來戈翻。此字讀亦音纍紲之纍。二銖四絫，二百四十黍也。「參」當作「絫」，蓋筆誤也。積十錢重一兩，輕重大小最爲折衷，衷，竹仲翻。遠近便之。命給事中歐陽詢撰其文并書，迴環可讀。六典：漢書百官表云：給事中亦加官，所加或博士、大夫、議郎。漢儀注，諸給事中日上朝謁，平尚書奏事，分爲左右，以有事殿中，故曰給事中。魏氏或爲加官，或爲正員。晉氏隸散騎省，宋、齊隸集書省；後周天官府置給事中士；隋曰給事郎，唐曰給事中，屬門下省，掌侍奉左右，分判省事。凡百司奏抄，侍中審定，則先讀而署之，以駁正違失。撰其文者，撰爲八分篆、隸二體。考異曰：薛璫唐聖運圖云：「初進蠟樣，文德皇后掐一甲，故錢上有甲痕云。」淩璠唐錄政要云竇皇后。按時竇皇后已崩，文德皇后未立，今皆不取。

35 以屈突通爲陝東道大行臺右僕射，鎮洛陽；以淮陽王道玄爲洛州總管。李世勣父蓋竟無恙而還，詔復其官爵。屈，居勿翻。陝，失冉翻。李蓋被虜，見一百八十七卷武德二年十月。恙，余亮翻。還，從宣翻。竇軌還益州。自平洛還。軌將兵征討，或經旬月不解甲。性嚴酷，將佐有犯，無貴賤立斬之，鞭撻吏民，常流血滿庭，所部重足屏息。將，即亮翻。重，直龍翻。屏，必郢翻。

36 癸酉，置錢監於洛、并、幽、益等諸州，秦王世民、齊王元吉賜三鑪，裴寂賜一鑪，聽鑄錢。賜以官鑪也。鑪，音爐，鑪冶也。自餘敢盜鑄者，身死，家口配沒。

37 河北既平，上以陳君賓爲洺州刺史。將軍秦武通等將兵屯洺州，欲使分鎮東方諸州；又以鄭善果等爲慰撫大使，就洺州選補山東州縣官。

竇建德之敗也，其諸將多盜匿庫物，及居閭里，暴橫爲民患，洺，彌并翻。將，即亮翻；下同。使，疏吏翻。橫，戶孟翻。唐官吏以法繩之，或加捶撻，捶，止橤翻。建德故將皆驚懼不安。高雅賢、王小胡家在洺州，欲竊其家以逃，官吏捕之，雅賢等亡命至貝州。貝州，隋志之清河郡。會上徵建德故將范願、董康買、曹湛及雅賢等，於是願等相謂曰：「王世充以洛陽降唐，降，戶江翻。其將相大臣段達、單雄信等皆夷滅；相，息亮翻。單，慈淺翻。吾屬至長安，必不免矣。吾屬自十年以來，身經百戰，當死久矣，今何惜餘生，不以之立事。且夏王得淮安王，遇以客禮，見一百八十七卷二年十月。夏，戶雅翻。唐得夏王即殺之。吾屬皆爲夏王所厚，今不爲之報仇，爲，于僞翻。將無以見天下之士！」乃謀作亂，卜之，以劉氏爲主吉，因相與之漳南，之，往也。舊志，漳南縣屬貝州，漢之東陽縣。隋開皇十八年分棗強、清平二縣地，置漳南縣於古東陽城。見建德故將劉雅，以其謀告之。雅曰：「天下適安定，吾將老於耕桑，不願復起兵！」復，扶又翻。衆怒，且恐泄其謀，遂殺之。故漢東公劉黑闥，時屏居漳南，漢東公，竇建德所封爵也。屏，必郢翻。諸將往詣之，告以其謀，黑闥欣然從之。黑闥方種蔬，卽殺耕牛與之共飲食定計，聚衆得百人。甲戌，襲漳南縣，據之。考異曰：革命記：「七月二十七日，衆立黑闥爲漢東王，建元天造，卽入漳南城，鏁縣官於獄，發使告貝州及諸鎭戍等云：『今漢東王爲夏王起義兵於漳南，請軍會戰。』」今據實錄。甲戌，七月十九日。又黑闥陷相州乃稱王改元，在五年正月。今不取。是時，諸道有事則置行臺尚書省，無事則罷之。朝廷聞黑闥作亂，乃置山東道行臺於洺州，朝，直遙翻。洺，彌并翻。魏、冀、定、滄並置總管府。滄州，隋志之勃海郡。丁丑，以淮安王神通爲山東道行臺右僕射。

38 辛巳，褒州道安撫使郭行方攻蕭銑鄀州，拔之。「褒州」，當作「襄州」，詳見辯誤。新志：武德四年以竟陵之樂鄉及襄州之率道、上洪置鄀州。上書郡，下書州；竟陵之樂鄉，蓋蕭銑地也。鄀，音若。

39 孟海公與竇建德同伏誅，戴州刺史孟噉鬼不自安，新志：武德四年以曹州之成武，宋州之單父、楚丘置戴州。噉，徒濫翻。挾海公之子義以曹、戴二州反，以禹城令蔣善合爲腹心；禹城縣屬齊州，隋之祝阿也。新、舊志皆云，天寶元年，改祝阿爲禹城。此時未有禹城，當考。又前言蔣善合以鄆州來降，此以「禹城令」書之，亦未知爲誰所命也。善合與其左右同謀斬之。

40 八月，丙戌朔，日有食之。

41 丁亥，命太子安撫北邊。

42 丁酉，劉黑闥陷鄃縣，鄃縣，屬貝州。鄃，音輸。魏州刺史權威、魏州，隋志之武陽郡。貝州刺史戴元祥與戰，皆敗死，黑闥悉取其餘衆及器械。竇建德舊黨稍稍出歸之，衆至二千人，爲壇於漳南，祭建德，告以舉兵之意，自稱大將軍。詔發關中步騎三千，使將軍秦武通、定州總管藍田李玄通擊之；藍田縣屬雍州。騎，奇寄翻。又詔幽州總管李藝引兵會擊黑闥。

43 癸卯，突厥寇代州，厥，九勿翻。總管李大恩遣行軍總管王孝基拒之，舉軍皆沒。甲辰，進圍崞縣。崞縣屬代州。崞，音郭。乙巳，王孝基自突厥逃歸，李大恩衆少，少，詩沼翻。據城自守，突厥不敢逼，月餘引去。

44 上以南方寇盜尚多，丙午，以左武候將軍張鎮周爲淮南道行軍總管，大將軍陳智略爲嶺南道行軍總管，鎮撫之。

45 丁未，劉黑闥陷歷亭，舊志：歷亭，漢東陽地，隋開皇十六年分鄃縣置。隋志曰：分武城置。時屬貝州。執屯衞將軍王行敏，使之拜，不可，遂殺之。

46 初，洛陽既平，徐圓朗請降，拜兗州總管，兗州，隋志之魯郡。降，戶江翻。封魯郡公。劉黑闥作亂，陰與圓朗通謀。上使葛公盛彥師安集河南，行至任城；任城縣屬兗州。任，音壬。辛亥，圓朗執彥師，舉兵反。黑闥以圓朗爲大行臺元帥，帥，所類翻。兗、鄆、陳、杞、伊、洛、曹、戴等八州豪右皆應之。圓朗厚禮彥師，使作書與其弟，令舉虞城降。舊志：虞城縣屬宋州，隋分下邑縣置，時置東虞州。令，力丁翻。彥師爲書曰：「吾奉使無狀，爲賊所擒，使，疏吏翻；下同。爲臣不忠，誓之以死；汝善侍老母，勿以吾爲念。」圓朗初色動，而彥師自若。圓朗乃笑曰：「盛將軍有壯節，不可殺也。」待之如舊。

河南道安撫大使任瓌行至宋州，屬圓朗反，宋州治睢陽，時爲宋城縣。使，疏吏翻。瓌，古回翻。屬，之欲翻。副使柳濬勸瓌退保汴州，宋州西至汴州二百八十五里。瓌笑曰：「柳公何怯也！」圓朗又攻陷楚丘，楚丘縣，後魏之已氏縣，隋開皇六年更名，時屬戴州。引兵將圍虞城，瓌遣部將崔樞、張公謹自鄢陵帥諸豪右質子百餘人守虞城。鄢陵縣時屬洧州。將，即亮翻；下同。鄢，謁晚翻，又於建翻，又音偃。帥，讀曰率。質，音致；下同。濬曰：「樞與公謹皆王世充將，諸州質子父兄皆反，恐必爲變。」瓌不應。樞至虞城，分質子使與土人合隊共守城。合，音閤。賊稍近，質子有叛者，樞斬其隊帥。於是諸隊帥皆懼，帥，所類翻；下同。各殺其質子，樞不禁，梟其首於門外，遣使白瓌。梟，堅堯翻。使，疏吏翻。瓌陽怒曰：「吾所以使與質子俱者，欲招其父兄耳，何罪而殺之！」退謂濬曰：「吾固知崔樞能辦此也。縣人既殺質子，與賊深仇，吾何患乎！」賊攻虞城，果不克而去。

47 初，竇建德以鄱陽崔元遜爲深州刺史，鄱陽縣屬饒州。隋開皇十六年，以定州安平置深州，大業初廢。新志：武德四年，以定州之安平、瀛州之饒陽置深州，蓋竇建德置，而唐因之耳。宋白曰：以州城西故深城名州。及劉黑闥反，元遜與其黨數十人謀於野，伏甲士於車中，以禾覆其上，覆，敷又翻。【章：十二行本「上」下有「詐爲農人」四字；乙十一行本同；孔本同；退齋校同。】直入聽事，聽，讀曰廳。自禾中呼譟而出，執刺史裴晞殺之，傳首黑闥。

48 九月，乙卯，文登賊帥淳于難請降，置登州，以難爲刺史。文登，本漢牟平縣地，後齊置文登縣，因文登山而名。隋志，屬東萊郡。時置登州兼領萊州之觀陽縣。降，戶江翻；下同。

49 突厥寇并州，厥，九勿翻。并，卑名翻。遣左屯衞大將軍竇琮等擊之。戊午，突厥寇原州，遣行軍總管尉遲敬德等擊之。琮，徂宗翻。尉，紆勿翻。

50 辛酉，徐圓朗自稱魯王。

51 隋末，歙州賊汪華據黟、歙等五州，有衆一萬，歙州，本新安郡，隋平陳置歙州，黟、歙二縣屬焉。歙，音攝。黟，音伊；劉昫曰：音同翳。縣南石墨嶺出石墨故也。自稱吳王。甲子，遣使來降；使，疏吏翻。降，戶江翻。拜歙州總管。

52 隋末，弋陽盧祖尙糾合壯士以衞鄉里，部分嚴整，羣盜畏之。及煬帝遇弑，鄉人奉之爲光州刺史；弋陽，漢縣；南齊爲郡，梁置光州。分，扶問翻。時年十九，奉表於皇泰主。及王世充自立，祖尙來降，丙子，以祖尙爲光州總管。考異曰：實錄：「丙子，以光州豪右盧祖尙爲光州總管。」按舊傳，世充自立，祖尙遂舉州歸款，而實錄至此始見之，蓋當時止爲刺史，至此遷總管耳。

53 己卯，詔括天下戶口。

54 徐圓朗寇濟州，治中吳伋論擊走之。濟州，隋之濟北郡。漢置州刺史，其屬有治中從事、別駕從事，自是兩官。唐武德元年，改郡太守曰州刺史，郡丞曰別駕。未嘗置治中。今書濟州治中吳伋論，豈即以別駕爲治中邪？下文又書徐圓朗昌州治中，蓋此時官稱猶未定于一。濟，子禮翻。

55 癸未，詔以太常樂工皆前代因罪配沒，子孫相承，多歷年所，所謂樂戶也。良可哀愍；宜並蠲除爲民，蠲，吉淵翻。且令執事，若仕宦入流，令，力丁翻。入流者爲流內官。勿更追集。

56 甲申，靈州總管楊師道擊突厥，破之。師道，恭仁之弟也。楊恭仁時鎮涼州。厥，九勿翻。

57 詔發巴、蜀兵，以趙郡王孝恭爲荊湘道行軍總管，荊州南郡，湘州長沙郡。荊湘道，以南朝荊、湘所部言之；下荊郢道類此。李靖攝行軍長史，長，知兩翻。統十二總管，自夔州順流東下；以廬江王瑗爲荊郢道行軍元帥，【章：十二行本「帥」下有「出襄州道」四字；乙十一行本同；孔本同；張校同；退齋校同。】郢州，隋之竟陵郡。瑗，于眷翻。帥，所類翻。黔州刺史田世康出辰州道，舊志：漢辰陽縣，隋改辰陽爲辰溪縣，仍分置沅陵縣。沅陵郡唐改爲辰州，以沅陵爲理所。黔，音琴。黃州總管周法明出夏口道，夏口卽漢口。夏，戶雅翻。以擊蕭銑。是月，孝恭發夔州。時峽江方漲，蜀江逕三峽，謂之峽江。諸將請俟水落進軍，將，卽亮翻；下同。李靖曰：「兵貴神速。今吾兵始集，銑尚未知，若乘江漲，倏忽抵其城下，掩其不備，此必成擒；不可失也！」孝恭從之。

58 淮安王神通將關內兵至冀州，與李藝兵合。又發邢、洺、相、魏、恆、趙等兵合五萬餘人，與劉黑闥戰於饒陽城南，布陳十餘里；黑闥衆少，依隄單行而陳以當之。宋白曰：饒陽，漢縣，在饒河之陽，今縣東北二十里饒陽故城是也。齊天保五年，移於今理。按饒陽縣，則魏虜渠口，置虜口鎮於此，後爲縣理。洺，音名。相，息亮翻。恆，戶登翻。陳，讀曰陣。行，戶剛翻。會風雪，神通乘風擊之，既而風返，神通大敗，士馬軍資失亡三分之二。李藝居西偏，擊高雅賢，破之，逐奔數里，聞大軍不利，退保藁城；藁城縣本屬恆州，時屬廉州。黑闥就擊之，藝亦敗，薛萬均、萬徹皆爲所虜，截髮驅之。萬均兄弟亡歸，藝引兵歸幽州。黑闥兵勢大振。

59 上以秦王【章：十二行本「王」下有「世民」二字；乙十一行本同；孔本同。】功大，前代官皆不足以稱之，特置天策上將，位在王公上。冬，十月，以世民爲天策上將，領司徒、陝東道大行臺尚書令，增邑二萬戶，唐爵九等，王食邑萬戶；今倍之。陝，失冉翻。仍開天策府，置官屬。天策府置長史、司馬各一人，從事中郎二人，並掌通判府事。軍諮祭酒二人，謀軍事，贊相禮儀，應接賓客。典籤四人，掌宣傳導引之事。主簿二人，掌省覆教命。錄事二人，記室參軍事二人，掌書疏表啓，宣行教命。功、倉、兵、騎、鎧、士六曹參軍各二人，參軍事六人。以齊王元吉爲司空。世民以海內浸平，乃開館於宮西，延四方文學之士，出教以王府屬杜如晦、記室房玄齡、虞世南、文學褚亮、姚思廉、主簿李玄道、參軍蔡允恭、薛元敬、顏相時、諮議典籤蘇勗、天策府從事中郎于志寧、軍諮祭酒蘇世長、記室薛收、倉曹李守素、國子助教陸德明，孔穎達，信都蓋文達、宋州總管府戶曹許敬宗，諸王出命稱教。相，息亮翻。蓋，古盍翻。並以本官兼文學館學士，考異曰：舊書，參軍薛元敬承許敬宗下。今從太宗實錄。諮議典籤蘇勉，舊書作軍諮典籤，今從實錄。宋州總管府戶曹許敬宗，舊書褚亮傳作著作佐郎攝記室。敬宗傳，擬漣州別駕。今從實錄。分爲三番，更日直宿，更，工衡翻。供給珍膳，恩禮優厚。世民朝謁公事之暇，輒至館中，引諸學士討論文籍，朝，直遙翻。論，盧昆翻。或夜分乃寢。又使庫直閻立本圖像，庫直，隸親事府。褚亮爲贊，號十八學士。士大夫得預其選者，時人謂之「登瀛州」。自來相傳海中有三神山，蓬萊、方丈、瀛洲，人不能至，至則成仙矣，故以爲喻。允恭，大寶之弟子；蔡大寶輔後梁主蕭詧。元敬，收之從子；從，才用翻。相時，師古之弟；顏師古以碩學名。立本，毗之子也。閻毗以巧思事隋煬帝。

初，杜如晦爲秦王府兵曹參軍，俄遷陝州長史。陝，失冉翻。長，知兩翻。時府僚多補外官，世民患之。房玄齡曰：「餘人不足惜，至於杜如晦，王佐之才，大王欲經營四方，非如晦不可。」世民驚曰：「微公言，幾失之。」幾，居依翻。即奏爲府屬。與玄齡常從世民征伐，參謀帷幄，軍中多事，如晦剖決如流。世民每破軍克城，諸將佐爭取寶貨，玄齡獨收采人物，致之幕府。又將佐有勇略者，玄齡必與之深相結，將，即亮翻。使爲世民盡死力。爲，于僞翻；下同。世民每令玄齡入奏事，上歎曰：「玄齡爲吾兒陳事，雖隔千里，皆如面談。」

李玄道嘗事李密爲記室，密敗，官屬爲王世充所虜，懼死，皆達曙不寐。獨玄道起居自若，曰：「死生有命，非憂可免！」衆服其識量。

60 庚寅，劉黑闥陷瀛州，殺刺史盧士叡。觀州人執刺史雷德備，以城降之。隋以東光縣置觀州，大業初，廢。武德四年，以德州之弓高、胡蘇、東光，冀州之阜城、蓨、安陵、觀津，置觀州。觀，古喚翻。降，戶江翻；下同。

61 辛卯，蕭銑鄂州刺史雷長潁以魯山來降。隋平陳，以江夏郡置鄂州，治江南之江夏，大業初，復爲郡。蕭銑蓋置州於魯山。

62 趙郡王孝恭帥戰艦二千餘艘東下，帥，讀曰率。艦，戶黯翻。艘，蘇遭翻。蕭銑以江水方漲，殊不爲備；孝恭等拔其荆門、宜都二鎮，進至夷陵。蕭銑置宜都鎮於峽州夷道縣。夷陵縣帶峽州。銑將文士弘將精兵數萬屯清江，將，卽亮翻。按水經註：清江卽佷山夷水也，水色清照，十丈分沙，蜀人見其澄清，因名清江。吳分漢南郡之巫縣立沙渠縣，後周於縣立施州，清江郡，隋廢郡及州爲清江縣。癸巳，孝恭擊走之，獲戰艦三百餘艘，殺溺死者萬計，追奔至百里洲。自清江而東，過歸州、峽州，而後至百里洲。士弘收兵復戰，復，扶又翻。又敗之，進入北江。百里洲，在枝江縣江中，江水至此分流，出百里洲北而東流者，因謂之北江。敗，補邁翻。銑江州總管蓋彥舉以五州來降。梁以漢夷道縣置宜都郡、宜昌縣，後周置江州，隋廢爲巴山縣，屬清江郡，蕭銑蓋復置江州於此。蓋，古盍翻。

63 毛州刺史趙元愷魏州館陶縣舊置毛州，隋大業初，州廢，竇建德復置，唐因之，領魏州之館陶、冠氏，博州之堂邑，貝州之臨清、清水。性嚴急，下不堪命。丁卯，州民董燈明等作亂，殺元愷以應劉黑闥。

64 盛彥師自徐圓朗所逃歸。王薄因說青、萊、密諸州，皆下之。萊州東萊郡，後魏之光州也。密州高密郡，後魏之膠州也。說，輸芮翻。

65 蕭銑之罷兵營農也，見上卷三年。纔留宿衛數千人，聞唐兵至，文士弘敗，大懼，倉猝徵兵，皆在江、嶺之外，道塗阻遠，不能遽集，乃悉見兵出拒戰。見，賢遍翻。孝恭將擊之，李靖止之曰：「彼救敗之師，策非素立，勢不能久，不若且泊南岸，江陵南岸即馬頭岸。緩之一日，彼必分其兵，或留拒我，或歸自守，兵分勢弱，我乘其懈而擊之，懈，古隘翻。蔑不勝矣。今若急之，彼則併力死戰，楚兵剽銳，未易當也。」剽，匹妙翻。易，以豉翻。孝恭不從，留靖守營，自帥銳師出戰，果敗走，趣南岸。帥，讀曰率。趣，七喻翻，又逡須翻。銑衆委舟收掠軍資，人皆負重，靖見其衆亂，縱兵奮擊，大破之，乘勝直抵江陵，入其外郭。又攻水城，拔之，大獲舟艦，李靖使孝恭盡散之江中。諸將皆曰：將，即亮翻。「破敵所獲，當藉其用，柰何棄以資敵？」靖曰：「蕭銑之地，南出嶺表，東距洞庭。洞庭湖在岳州巴陵縣。吾懸軍深入，若攻城未拔，援軍四集，吾表裏受敵，進退不獲，雖有舟楫，將安用之？今棄舟艦，使塞江而下，塞，悉則翻。援兵見之，必謂江陵已破，未敢輕進，往來覘伺，覘，丑廉翻，又丑豔翻。伺，相吏翻。動淹旬月，吾取之必矣。」銑援兵見舟艦，果疑不進。其交州刺史【章：十二行本作「總管」；乙十一行本同；孔本同；張校同。】丘和、長史高士廉、司馬杜之松將朝江陵，交州，隋交趾郡。長，知兩翻。朝，直遙翻。聞銑敗，悉詣孝恭降。降，戶江翻；下同。

孝恭勒兵圍江陵，銑內外阻絕，問策於中書侍郎岑文本，文本勸銑降。銑乃謂羣下曰：「天不祚梁，不可復支矣。復，扶又翻。若必待力屈，則百姓蒙患，柰何以我一人之故陷百姓於塗炭乎！」乙巳，銑以太牢告于太廟，下令開門出降，考異曰：高祖實錄：「癸巳，趙郡王孝恭與蕭銑將文士弘相遇於清江合口，擊之，獲其戰艦千餘艘，下宜昌、當陽、枝江、松滋四縣。」舊書孝恭傳：「攻其水城，克之，所得船散於江中。諸將皆曰：『虜得賊船，當藉其用，何爲棄之，無乃資賊邪？』孝恭曰：『不然。蕭銑僞境，南極嶺外，東至洞庭。若攻城未拔，援兵復到，我則內外受敵，進退不可，雖有舟楫，何所用之！今銑緣江州鎮，忽見船舸亂下，必知銑敗，未敢進兵，來去覘伺，動淹旬月，用緩其救，吾克之必矣。』銑救兵至巴陵，見船被江而下，果狐疑不敢輕進。」太宗實錄孝恭傳：「進師至清江，銑遣其將文士弘以兵拒戰，擊走之，追奔至于百里洲。士弘收兵復戰，又敗之，追入北江，銑悉兵以拒之。孝恭將戰，李靖止之曰：『楚人輕銳，難與爭鋒，今新失荆門，盡兵出戰，此救敗之師也，非其本圖，勢不能久。一日不戰，賊必兩分，留輕兵抗我，退羸師以自守，此卽勢攜力弱，擊之必捷。』孝恭不從，遣靖撫營，自以銳師水戰。孝恭果敗，奔于南岸。賊委舟大掠，人皆負重，靖見其軍亂，進兵擊之，賊大敗，乘勝進軍，入其郛郭。攻其水城，剋之，悉取其舟楫，散於江中。賊救兵見之，謂城已陷，莫敢輕進。銑內外阻絕，城中攜貳，由是懼而出降。」唐曆：「孝恭、靖乘勝進兵，攻其水城，剋之，悉取其船艦散於江中。諸將曰：『棄之無乃資敵？』靖曰：『不然。』」云云。如舊書所載孝恭語。「既而銑救兵見之，謂城已陷，莫敢輕進，銑由是懼而出降。」按十道志：荆門在峽州宜都縣界。夷陵，峽州縣名。清江，在峽州巴山縣界。百里州，在荆州枝江縣界。江自此洲派別，去江陵已近，故銑悉兵死戰。太宗實錄近爲得實，今從之。其餘則參取四書之語。孝恭以李靖爲謀主，蓋靖畫策而孝恭爲諸將言之。今從唐曆。守城者皆哭。銑帥羣臣緦縗布幘詣軍門，帥，讀曰率。縗，倉回翻。曰：「當死者唯銑耳，百姓無罪，願不殺掠。」孝恭入據其城，諸將欲大掠，岑文本說孝恭曰：「江南之民，自隋末以來，困於虐政，重以羣雄虎爭，將，即亮翻。說，輸芮翻。重，直用翻。今之存者，皆鋒鏑之餘，跂踵延頸以望真主，踵不至地曰跂，音去智翻。是以蕭氏君臣、江陵父老決計歸命，庶幾有所息肩。今若縱兵俘掠，【章：十二行本「掠」下有「使士民失望」五字；乙十一行本同；孔本同；張校同；退齋校同。】恐自此以南，無復向化之心矣！」幾，居希翻。復，扶又翻。孝恭稱善，遽禁止之。諸將又言：「梁之將帥與官軍拒鬭死者，其罪既深，請籍沒其家，以賞將士。」李靖曰：「王者之師，宜使義聲先路。彼爲其主鬭死，將，即亮翻。帥，所類翻。先，悉薦翻；下同。爲，于僞翻。乃忠臣也，豈可同叛逆之科籍其家乎！」於是城中安堵，秋毫無犯。南方州縣聞之，皆望風款附。銑降數日，援兵至者十餘萬，聞江陵不守，皆釋甲而降。

孝恭送銑於長安，上數之，銑曰：「隋失其鹿，天下共逐之。銑無天命，故至此；若以爲罪，無所逃死！」竟斬於都市。詔以孝恭爲荆州總管；李靖爲上柱國，賜爵永康縣公，永康縣屬婺州。仍使之安撫嶺南，得承制拜授。

先是，銑遣黄門侍郎江陵劉洎略地嶺表，得五十餘城，未還而銑敗，洎以所得城來降，除南康州都督府長史。是年分端州之端溪置南康州，仍置都督府，督端、康、封、新、宋、瀧等州。時改總管府爲都督府。貞觀初，始分上、中、下州。洎，其冀翻。長，知兩翻。

66 戊申，徐圓朗昌州治中劉善行以須昌來降。圓朗蓋以鄆州之須昌置昌州。降，戶江翻。

67 庚戌，詔陝東道大行臺尚書省自令、僕至郎中、主事，六典曰：漢官云：光祿勳有南·北廬主事、三署主事，於諸郎之中，察茂才高弟者爲之，秩四百石，次補尚書郎，出宰百里。謝承後漢書：胡伯蕃、范滂、公沙穆並以俊才舉孝廉，除郎中、光祿勳主事。後魏尚書吏部、儀曹、三公、虞曹、都官、二千石、比部，各量事置掌故主事員，門下置主事令史，並從八品上。隋初，臺省並置主事令史，煬帝三年，並去令史之名，其主事隨曹閑劇而置，每十令史置一主事，不滿十者亦置一人，雜用才術之士，至唐並用流外入流者補之。陝，失冉翻。品秩皆與京師同，而員數差少，少，詩沼翻。山東行臺及總管府、諸州並隸焉。其益州、襄州、山東、淮南、河北等道令、僕以下，各降京師一等，員數又減焉。行臺尚書令得承制補署。其秦王、齊王府官之外，各置左右六護軍府，及左右親事帳內府。護軍，惟秦、齊二府有之，他國不得置也。親王親事府及帳內府各置典軍二人，正五品上；副典軍二人，從五品上。

68 閏月，乙卯，上幸稷州；武德三年，以京兆之武功、好畤、盩厔置稷州；又廢郇州，以郿、鳳泉二縣屬焉。己未，幸武功舊墅；壬戌，獵于好畤；武德二年，分醴泉置好畤縣，屬雍州，因漢舊名也。乙丑，獵于九嵕；九嵕山，在雍州醴泉縣。嵕，子紅翻。丁卯，獵于仲山；戊辰，獵于清水谷，隋志：京兆宜君縣有清水。遂幸三原；三原本屬漢池陽縣界，後周置建忠郡，隋置三原縣，唐屬雍州。辛未，幸周氏陂；壬申，還長安。

69 十一月，甲申，上祀圜丘。貞觀禮：冬至祀昊天上帝於圜丘。

70 杜伏威使其將王雄誕擊李子通，子通以精兵守獨松嶺。自宣州廣德縣東南過獨松嶺至湖州，嶺路險狹。將，即亮翻；下同。雄誕遣其將陳當陳當之下合有「世」字，蓋唐史避太宗諱，去「世」字也。將千餘人，乘高據險以逼之，多張旗幟，夜則縛炬火於樹，布滿山澤。子通懼，燒營走保杭州；雄誕追擊之，又敗之於城下。敗，補邁翻。庚寅，子通窮蹙請降。降，戶江翻。考異曰：實錄：是月景申，會稽賊帥李子通伏誅。按子通因杜伏威入朝始謀叛伏誅，於時未也。舊紀：是月，子通以其地來降。新紀：庚寅，李子通降；丙申，謀反。亦不寤伏威未入朝也。伏威執子通幷其左僕射樂伯通送長安；上釋之。

先是，汪華據黟、歙，稱王十餘年，雄誕還軍擊之，華拒之於新安洞口，唐歙州，隋之新安郡也。新安洞口卽歙州隘道之口。先，悉薦翻。黟，音伊。歙，音攝。甲兵甚銳。雄誕伏精兵於山谷，帥羸弱數千犯其陳，帥，讀曰率；下同。羸，倫爲翻。陳，讀曰陣。戰纔合，陽不勝，走還營，華進攻之，不能克，會日暮，引還，伏兵已據其洞口，華不得入，窘迫請降。

聞人遂安據崑山，無所屬，伏威使雄誕擊之，雄誕以崑山險隘，難以力勝，乃單騎造其城下，騎，奇寄翻。造，七到翻。陳國威靈，陳唐國之威靈也。示以禍福，遂安感悅，帥諸將出降。於是伏威盡有淮南、江東之地，南至嶺，東距海。雄誕以功除歙州總管，賜爵宜春郡公。袁州宜春郡。

71 壬辰，林州總管劉旻擊劉仚成，仚，許延翻。大破之。舊志：慶州華池縣，隋置；武德四年，置林州總管府。仚成僅以身免，部落皆降。降，戶江翻。

72 李靖度嶺，遣使分道招撫諸州，所至皆下。使，疏吏翻。蕭銑桂州總管李襲志帥所部【章：十二行本「部」下有「諸州」二字；乙十一行本同；孔本同。】來降，桂州，隋志之始安郡。趙郡王孝恭卽以襲志爲桂州總管，明年入朝。朝，直遙翻。以李靖爲嶺南撫慰大使，檢校桂州總管，引兵下九十六州，得戶六十餘萬。

73 壬寅，劉黑闥陷定州，執總管李玄通，黑闥愛其才，欲以爲大將，將，卽亮翻；下同。玄通不可。故吏有以酒肉饋之者，玄通曰：「諸君哀吾幽辱，幸以酒肉來相開慰，當爲諸君一醉。」爲，于僞翻。酒酣，謂守者曰：「吾能劍舞，願假吾刀。」守者與之，玄通舞竟太息曰：「大丈夫受國厚恩，鎮撫方面，不能保全所守，亦何面目視息世間哉！」卽引刀自刺，刺，七亦翻。潰腹而死。上聞，爲之流涕，爲，于僞翻。拜其子伏護爲大將。

74 庚戌，杞州人周文舉殺刺史王文矩，以城應徐圓朗。

75 幽州大饑，高開道許以粟賑之。賑，津忍翻。李藝遣老弱詣開道就食，開道皆厚遇之。藝喜，於是發民三千人，車數百乘，驢馬千餘匹往受粟，開道悉留之，告絕於藝，復稱燕王，北連突厥，南與劉黑闥相結，引兵攻易州不克，大掠而去。又遣其將謝稜詐降於藝，請兵援接，藝出兵應之。將至懷戎，舊志：北燕州懷戎縣，後漢上谷之潘縣也，北齊改爲懷戎，嬀水經其中，州所治也，貞觀八年，改北燕州爲嬀州。稜襲擊破之。開道與突厥連兵數入爲寇，厥，九勿翻。數，所角翻。恆、定、幽、易咸被其患。恆，戶登翻。被，皮義翻。

76 十二月，乙卯，劉黑闥陷冀州，殺刺史麴稜。黑闥既破淮安王神通，移書趙、魏，以戰國時趙、魏大界言之。故竇建德將卒爭殺唐官吏以應黑闥。庚申，遣右屯衞大將軍義安王孝常將兵討黑闥。黑闥將兵數萬進逼宗城，將，即亮翻。黎州總管李世勣先屯宗城，棄城走保洺州。新志：武德二年，以黎陽縣置黎州。宗城本廣宗縣，隋仁壽初，改爲宗城縣，避煬帝名也，屬清河郡，時置宗州。洺，彌幷翻。考異曰：實錄：「世勣與黑闥戰於宋州，我師敗績。」革命記：「李勣爲大總管，張仕貴爲副，領兵二萬人入宋州。勣以五百騎自探，聞黑闥到南宮，馳至宋州，不入城而西過至洺州，騎馬於南門外，喚陳君賓、党仁弘、秦武通等棄城西拔。永年縣令程名振見武通狼狽走出，騎馬向縣取家口，入城，城人恐相劫掠，即閉城門自守。名振乃於城北門上以繩懸下，將母妻男女步走西去，不踰四五里，母妻等被劫散失，名振脫身而免。黑闥攻宋城，破之，仕貴以輕騎突圍而走，投相州。數日，黑闥大軍至洺州。」按舊地理志，武德四年置宗州於宗城縣，「宋」字皆當作「宗」。世勣名將，必不至如革命記所云，但力不能拒而棄城耳。今從舊書黑闥傳。甲子，黑闥追擊世勣等，破之，殺步卒五千人，世勣僅以身免。丙寅，洺州土豪翻城應黑闥。黑闥於【章：十二行本「於」上有「築壇」二字；乙十一行本同；孔本同；張校同；退齋校同。】城東南告天及祭竇建德而後入；

後旬日，引兵攻拔相州，相，息亮翻。考異曰：實錄，黑闥陷相州在來年正月乙酉，蓋奏到之日也。今從革命記。執刺史房晃，右武衛將軍張士貴潰圍走。黑闥南取黎、衞二州，半歲之間，盡復建德舊境。又遣使北連突厥，頡利可汗遣俟斤宋邪那【張：「宋」作「末」。】帥胡騎從之。使，疏吏翻；下同。厥，九勿翻。俟，渠之翻。邪，讀曰耶。帥，讀曰率。騎，奇寄翻。右武衛將軍秦武通、洺州刺史陳君賓、永寧令程名振「永寧」當作「永年」。皆自河北遁歸長安。

77 丁卯，命秦王世民、齊王元吉討黑闥。

78 昆彌遣使內附。昆彌，即漢之昆明也。昆明蠻在爨蠻西，以西洱河為境。西洱河，即葉榆河也。巂州治中吉弘緯通南寧，巂州，漢越巂郡地，後周置嚴州，開皇六年改西寧州，十八年，改巂州。南寧，古南中味、升麻諸縣之地，武德四年置南寧州。巂，音髓。至其國說之，遂來降。說，輸芮翻。降，戶江翻。

79 己巳，劉黑闥陷邢州、趙州；庚午，陷魏州，殺總管潘道毅；辛未，陷莘州。隋開皇十六年，以魏州之莘縣置莘州，大業初廢。是年，復以魏州之莘、臨黃、武陽，博州之武水置莘州。考異曰：實錄作「華州」，新書作「業州」。按地理志無業州，必莘州也。十道志：開皇十六年於莘縣置莘州。舊志，武德五年置。

80 壬申，徙宋王元嘉為徐王。



王崇武標點　容肇祖　聶崇岐覆校

# 資治通鑑卷第一百九十

端明殿學士兼翰林侍讀學士太中大夫提舉西京嵩山崇福宮上柱國河內郡開國公食邑二千二百戶食實封九百戶賜紫金魚袋臣司馬光奉敕編集
後學天台胡三省音註

## 唐紀六起玄黓敦牂（壬午），盡閼逢涒灘（甲申）五月，凡二年有奇。

### 高祖神堯大聖光孝皇帝中之下

武德五年（壬午、六二二）

1春，正月，劉黑闥自稱漢東王，改元天造，定都洺州。以范願爲左僕射，董康買爲兵部尚書，高雅賢爲右領軍；徵王琮爲中書令，劉斌爲中書侍郎；琮，藏宗翻。斌，音彬。竇建德時文武悉復本位。其設法行政，悉師建德，而攻戰勇決過之。

2丙戌，同安賊帥殷恭邃以舒州來降。舒州，隋之同安郡。宋白曰：舒州，漢皖縣，屬廬江郡；晉置晉熙郡，梁置南豫州，復爲晉州；北齊改江州，隋初改熙州，大業改同安郡；唐改舒州，以其地古舒子之國也。帥，所類翻。降，戶江翻。

3丁亥，濟州別駕劉伯通執刺史竇務本，以州附徐圓朗。濟，子禮翻。

4 庚寅，東鹽州治中王才藝殺刺史田華，以城應劉黑闥。滄州鹽山縣，本漢高成縣地，去年，置東鹽州，以清池縣隸之。

5 秦王世民軍至獲嘉，按宋白續通典：隋開皇四年，移獲嘉縣於脩武故城。劉黑闥棄相州，退保洺州。宋白曰：洺州城，春秋晉曲梁之地。相，息亮翻。丙申，世民復取相州，考異曰：實錄云：「祿州人殺刺史獨孤徹以城應黑闥。」按地理志無祿州，蓋字誤耳；新書作相州，尤誤也。按劉黑闥攻拔相州，執刺史房晃，秦王兵至，乃棄相州，故秦王復取之。新書帝紀，拔相州，殺房晃在正月乙酉，相州人殺獨孤徹叛附黑闥在丙申，其誤明矣。祿州既莫考其地，然黑闥之拔相州，與秦王之復相州，本末甚明，與祿州全不相干。而新書所書殺房晃，拔相州，月日亦誤。復，扶又翻，又音如字。進軍肥鄉，肥鄉縣，漢魏郡邯溝縣地，曹魏置肥鄉縣，屬廣平郡。武德初屬紫州，去年廢紫州，以肥鄉屬磁州。九域志：肥鄉在洺州東南三十五里。列營洺水之上以逼之。水經：洺水東逕曲梁城。曲梁即永年，洺州所治也。

6 蕭銑既敗，散兵多歸林士弘，軍勢復振。林士弘爲張善安所敗，兵勢自此衰，見一百八十四卷隋義寧元年。

7 己酉，嶺南俚帥楊世略以循、潮二州來降。循州，龍川郡，秦、漢龍川、博羅縣地；南朝置郡，隋置州。潮州，義安郡，漢南海郡揭陽縣地；梁置東揚州，尋改瀛州，隋平陳，改潮州。俚，音里。帥，所類翻。降，戶江翻；下同。

8 唐使者王義童下泉、睦、建三州。睦州，遂安郡，漢富春、歙縣地。劉昫曰：武德四年，以建安郡之建安縣置建州。蓋隋置泉州建安郡治閩縣，景雲元年，改爲閩州，開元十三年改爲福州。聖曆二年，分泉州之南安、龍溪、莆田三縣置武榮州，景雲二年，更武榮州爲泉州。是今之福州乃唐初之泉州，今之泉州乃景雲二年之泉州也。使，疏吏翻。

9 **幽州總管李藝將所部兵數萬會秦王世民討劉黑闥，黑闥聞之，留兵萬人，使范願守洺州，自將兵拒藝。夜，宿沙河，**隋以漢襄國縣爲龍岡縣，又分龍岡置沙河縣，時屬邢州。宋白曰：沙河即湡水也。水經云：湡水出趙郡襄國縣西山，東過沙河縣，沙河在縣南五里。范成大曰：臨洺鎮東去洺州三十五里，過洺河三十里至沙河縣，二十五里至邢州。將，即亮翻；下同。**程名振載鼓六十具，於城西二里隄上急擊之，城中地皆震動。范願驚懼，馳告黑闥；黑闥遽還，遣其弟十善與行臺張君立將兵一萬擊藝於鼓城。壬子，戰於徐河，**鼓城縣，舊曰曲陽，後齊廢；隋開皇十六年分置昔陽縣，十八年，改爲鼓城。按水經註，下曲陽縣有鼓聚，此因春秋鼓子之國以名縣也；唐屬趙州。水經：徐水出廣昌縣東南大嶺下，東北逕五回縣，又逕北平縣界，東南出山，又東逕清苑城北，又東至高陽入河。范成大曰：徐河在清苑北十里。**十善、君立大敗，所失亡八千人。**

10 **洺水人李去惑**隋志：洺水縣，舊曰斥漳，後齊省入平恩。開皇六年，分置曲周，大業初，廢曲周入洺水；唐末，省洺水入曲周。去，羌呂翻。**據城來降，秦王世民遣彭公王君廓將千五百騎赴之，入城共守。**

**二月，劉黑闥引兵還攻洺水，癸亥，行至列人；**列人縣，漢屬廣平國，後漢屬魏郡，晉復屬廣平，後魏復屬魏郡，隋廢。九域志：洺州有列人城，在漢斥丘縣東北，武安縣西南。杜佑曰：漢列人縣古城，在肥鄉縣東北。

騎，奇寄翻。秦王世民使秦叔寶邀擊，破之。考異曰：實錄：「癸亥，秦王擊劉黑闥於列人，大破之。」革命記：「十一月，太宗渡河入相州，劉黑闥從洺州勒兵拒王師，置營於鄴縣東三十里。每日兩軍皆挑戰，而大兵皆不出。經十餘日，洺水縣人李去惑、李潘買、李開弼等爲車騎、驃騎，領兵在劉黑闥營，去惑等背賊營來入洺州城，詐人云：『劉黑闥已敗，先走得歸。』乃喚得宗室子弟二百餘人，守城定，遣使間道以告太宗。太宗遣彭國公王君廓領馬軍一千五百騎入洺州。經十許日，黑闥引兵攻洺州，行至故列人城西，秦叔寶等以五千騎擊之。叔寶等爲闥所敗，又以伏兵從河下起，橫擊黑闥，敗之。會日暮，收軍。其夜三更，賊兵總至洺州城東營，卽於城兩門掘壕豎柵，防王君廓之走。洺州城四面有水，闊五十步已上，深皆三四尺，黑闥於東北角兩處，塡柴運土，作甬道，以撞車攻城。太宗三度將兵擊之，賊置陣拒官軍，攻城愈急。」按高祖、太宗實錄皆以去年十二月命太宗討黑闥，今年正月始至河北，無十一月渡河之事。太宗實錄亦無列人戰事。蓋叔寶破賊，秦王奏之耳。又按洺水，洺州屬縣。去惑、君廓所據者洺水縣城，「水」字誤作「州」耳。

11 豫章賊帥張善安以虔、吉等五州來降，拜洪州總管。洪州，豫章郡；虔州，南康郡；吉州，廬陵郡；皆隋平陳所置州。帥，所類翻。

12 戊辰，金鄉人陽孝誠叛徐圓朗，以城來降。金鄉縣，漢屬山陽郡，晉屬高平郡，隋屬曹州；武德四年，置金州，是年廢州，以縣屬戴州。

13 己巳，秦王世民復取邢州。辛未，井州人馮伯讓以城來降。隋開皇十六年，以恆州井陘縣置井州，大業初廢，武德元年復置。考異曰：實錄作「幷州」。按幷州未嘗失城。蓋是時於井陘縣置井州，字之誤也。

14 丙子，李藝取劉黑闥定、欒、廉、趙四州，隋開皇十六年，分趙州廣阿縣置欒州，大業初，州廢，併爲趙州。新志：武德五年，改趙州爲欒州。按趙州治平棘，欒州治廣阿。竇建德、劉黑闥相繼跨有山東，蓋自置欒州。是年黑闥破走之後，始幷趙州爲欒州也。武德元年，分恆州稾城縣置廉州。考異曰：實錄作「定、率、廉、隋四州」。按河北無率、隋二州。今從唐統紀。獲黑闥尙書劉希道，引兵與秦王世民會洺州。洺，彌幷翻。

15 劉黑闥攻洺水甚急。城四旁皆有水，廣五十餘步，廣，古曠翻。黑闥於城東北築二甬道以攻之；世民三引兵救之，黑闥拒之，不得進。世民恐王君廓不能守，召諸將謀之，將，卽亮翻。李世勣曰：「若甬道達城下，城必不守。」行軍總管郯勇公羅士信請代君廓守之。世民乃登城南高冢，以旗招君廓，君廓帥其徒力戰，潰圍而出；士信帥左右二百人乘之入城，代君廓固守。帥，讀曰率。黑闥晝夜急攻，會大雪，救兵不得往，凡八日，丁丑，城陷。黑闥素聞其勇，欲生之，士信詞色不屈，乃殺之，時年二十。考異曰：高祖實錄：「王君廓知不可守，潰圍而出，秦王謂諸將曰：『誰能代者？』士信曰：『願以死守。』因遣之。」按君廓若已潰圍而出，則黑闥圍守益固，士信何以復得入城！革命記曰：「太宗知賊勢盛，恐王君廓不能固，以問諸將，士信以爲無慮，太宗使士信入守之。太宗登段王墓，以旗招王君廓從南門突圍，不得；卽向北門，併兵攻捉門人，少退，得出，士信亦以左右二百人入城。經八日，晝夜被攻，木石俱盡，士信被左右執之以降賊。五年正月，城陷，李去惑以數十人突圍出，歸太宗。去惑後授秦州都督，李潘買拜檀州刺史，李開弼城陷而沒，贈上柱國，以公禮葬。」今從之。高祖實錄，士信死時年二十八，舊傳云年二十。按士信始從張須陀擊王薄等，時年十四，若死時年二十八，則在大業四年，於時王薄未爲盜。年二十，則在大業十二年，是歲須陀死。今從之。

16 戊寅，汴州總管王要漢攻徐圓朗杞州，拔之，獲其將周文舉。將，卽亮翻；下同。

17 庚辰，延州道行軍總管段德操延州，漢上郡膚施之地，元魏之末，置東夏州，西魏改曰延州，隋曰延安郡。擊梁師都石堡城，師都自將救之；將，卽亮翻。德操與戰，大破之，師都以十六騎遁去。上益其兵，使乘勝進攻夏州，克其東城，騎，奇寄翻。夏，戶雅翻。師都以數百人保西城。會突厥救至，厥，九勿翻。詔德操引還。還，從宣翻。

18 辛巳，秦王世民拔洺水。洺，彌幷翻。三月，世民與李藝營於洺水之南，分兵屯水北。黑闥數挑戰，數，所角翻。挑，徒了翻。世民堅壁不應，別遣奇兵絕其糧道。壬辰，黑闥以高雅賢爲左僕射，軍中高會。李世勣引兵逼其營，雅賢乘醉，單騎逐之，世勣部將潘毛刺之墜馬，將，卽亮翻。刺，七亦翻。左右繼至，扶歸，未至營而卒。卒，子恤翻。甲午，諸將復往逼其營，復，扶又翻。潘毛爲王小胡所擒。黑闥運糧於冀、貝、滄、瀛諸州，水陸俱進，程名振以千餘人邀之，沈其舟，焚其車。沈，持林翻。

19 宋州總管盛彥師帥齊州總管王薄攻須昌，帥，讀曰率。徵軍糧於潭州；刺史李義滿與薄有隙，閉倉不與。及須昌降，降，戶江翻。彥師收義滿，繫齊州獄，詔釋之。使者未至，義滿憂憤死獄中。使，疏吏翻。薄還，過潭州，戊戌夜，義滿兄子武意執薄，殺之；「潭州」當作「譚州」，武德二年，李義滿以齊州之章丘縣來降，於平陵置譚州，并置平陵縣，蓋因春秋譚子之國以名州也。彥師亦坐死。坐死者，朝廷以義滿之死爲彥師罪而殺之。

20 上遣使賂突厥頡利可汗，且許結婚。使，疏吏翻。厥，九勿翻。可，從刊入聲。汗，音寒。頡利乃遣漢陽公瓌、鄭元璹、長孫順德等還，瓌等被留，事見上卷四年。瓌，工回翻。璹，殊玉翻。長，知兩翻。庚子，復遣使來修好，復，扶又翻。好，呼到翻。上亦遣其使者特勒熱寒、阿史那德等還。還，從宣翻。并州總管劉世讓屯鴈門，頡利與高開道、苑君璋合衆攻之，【章：十二行本「之」下有「不克」二字；乙十一行本同；孔本同；張校同；退齋校同。】月餘，乃退。考異曰：舊世讓傳云：「時鴻臚卿鄭元璹先使在蕃，可汗令元璹來說之，世讓厲聲曰：『大丈夫乃爲夷狄作說客邪！』經月餘，虜乃退。及元璹還，述世讓忠貞勇幹，高祖下制褒美之。」按高祖稱元璹蘇武弗之過，安肯爲可汗遊說！脫或果爾，則元璹唯恐帝知之，安肯稱世讓忠貞，說之不下邪！據實錄世讓傳無此事，今不取。

21 甲辰，以隋交趾太守丘和爲交州總管，以交趾郡爲交州。宋白曰：交州，周爲越裳重譯之地，漢交趾、日南二郡界。按交趾之稱，今南方夷人，其足大指開廣，若並足而立，其指相交，故曰交趾。吳黃武中，以交趾縣遠，分爲二州，割合浦以北海東四郡立廣州，交趾以南立交州。守，式又翻。和遣司馬高士廉奉表請入朝，朝，直遙翻。詔許之，遣其子師利迎之。義師之向長安，丘師利以兵來附。

22 秦王世民與劉黑闥相持六十餘日。黑闥潛師襲李世勣營，世民引兵掩其後以救之，爲黑闥所圍，尉遲敬德帥壯士犯圍而入，尉，紆勿翻。帥，讀曰率。世民與略陽公道宗乘之得出。道宗，帝之從子也。從，才用翻。世民度黑闥糧盡，必來決戰，度，徒洛翻。乃使人堰洺水上流，洺，彌幷翻。謂守吏曰：「待我與賊戰，乃決之。」丁未，黑闥帥步騎二萬南渡洺水，壓唐營而陳，陳，讀曰陣。世民自將精騎擊其騎兵，破之，乘勝蹂其步兵。蹂，人九翻。黑闥帥衆殊死戰，帥，讀曰率。自午至昏，戰數合，黑闥勢不能支。王小胡謂黑闥曰：「智力盡矣，宜早亡去。」遂與黑闥先遁，餘衆不知，猶格戰。守吏決堰，洺水大至，深丈餘，洺，彌幷翻。深，式禁翻。黑闥衆大潰，斬首萬餘級，溺死數千人，黑闥與范願等二百騎奔突厥，山東悉平。騎，奇寄翻。厥，九勿翻。按秦王之討黑闥，前後接戰，黑闥之衆皆決死确鬬。特秦王大展方略，黑闥智力俱困而敗走耳。秦王之平羣盜，黑闥最爲堅敵。

23 高開道寇易州，殺刺史慕容孝幹。

24 夏，四月，己未，隋鴻臚卿甯長眞以寧越、鬱林之地請降於李靖，臚，陵如翻。降，戶江翻。交、愛之道始通；以長眞爲欽州總管。寧越郡，欽州，漢合浦縣地，宋爲宋壽、宋廣郡。鬱林郡，鬱州，漢古郡，隋置州。愛州，九眞郡，漢古郡，梁置州。劉昫曰：交州至京師七千五百二十三里，愛州至京師八千八百里。

25 以夔州總管趙郡王孝恭爲荆州總管。

26 徐圓朗聞劉黑闥敗，大懼，不知所出。河間人劉復禮說圓朗曰：「有劉世徹者，其才不世出，名高東夏，說，輸芮翻。夏，戶雅翻。且有非常之相，相，息亮翻。眞帝王之器。將軍若自立，恐終無成；若迎世徹而奉之，天下指揮可定。」圓朗然之，使復禮迎世徹於浚儀。浚儀縣，漢、晉、後魏屬陳留郡，周、隋、唐爲汴州治所。或說圓朗曰：「將軍爲人所惑，欲迎劉世徹而奉之，世徹若得志，將軍豈有全地乎！僕不敢遠引前古，將軍獨不見翟讓之於李密乎？」李密、翟讓事始一百八十三卷隋大業十二年，終一百八十四卷義寧元年。翟，萇伯翻。考異曰：革命記云：「盛彥師以世徹有虛名於徐、兗，恐二人相得，爲患益深，因說圓朗使不納。」按實錄，彥師奔王薄，與薄共殺李義滿。三月，戊戌，王薄死，丁未，黑闥乃敗。彥師在圓朗所時，黑闥未敗也。今稱或說以闕疑。圓朗復以爲然。復，扶又翻；下同。世徹至，已有衆數千人，頓於城外，以待圓朗出迎，圓朗不出，使人召之。世徹知事變，欲亡走，恐不免，乃入謁；圓朗悉奪其兵，以爲司馬，使徇譙、杞二州，東人素聞其名，所向皆下，圓朗遂殺之。

秦王世民自河北引兵將擊圓朗，會上召之，使馳傳入朝，乃以兵屬齊王元吉。傳，株戀翻。屬，之欲翻，付也。庚申，世民至長安，上迎之於長樂。長樂坂在長安城東。樂，音洛。世民具陳取圓朗形勢，上復遣之詣黎陽，會大軍趨濟陰。曹州治濟陰縣。趨，七喻翻。濟，子禮翻。

27丁卯，廢山東行臺。劉黑闥敗走故也。

28壬申，代州總管定襄王李大恩爲突厥所殺。厥，九勿翻。先是，大恩奏稱突厥饑饉，馬邑可取，先，悉薦翻。詔殿內少監獨孤晟將兵與大恩共擊苑君璋，期以二月會馬邑；失期不至，大恩不能獨進，頓兵新城。新城，當在朔州南。杜佑曰：魏都平城，於馬邑郡北三百餘里置懷朔鎮；及遷洛後，於郡北三百餘里置朔州。魏初雲中郡，在今郡北三百餘里定襄故城北；北齊置朔州在故都西南。新城，一名平城，後移於馬邑，即今郡城也。馬邑郡治善陽縣，亦漢定襄縣地。新城即魏之新平城也。晟，承正翻。將，即亮翻。頡利可汗遣數萬騎與劉黑闥共圍大恩，上遣右驍衞大將軍李高遷救之。騎，奇寄翻。驍，堅堯翻。未至，大恩糧盡，夜遁，突厥邀之，衆潰而死，上惜之。獨孤晟坐減死徙邊。

29 丙子，行臺民部尚書史萬寶攻徐圓朗陳州，拔之。宋白曰：陳州，楚襄王自郢徙此，謂之西楚，漢爲淮陽國之地。後魏立陳郡，天平二年，置北揚州，隋改陳州，治宛丘。春秋陳國都也。

30 戊寅，廣州賊帥鄧文進、隋合浦太守甯宣、日南太守李晙並來降。合浦郡，越州，貞觀改廉州。日南郡，德州，貞觀改驩州。帥，所類翻。守，式又翻。晙，子峻翻。

31 五月，庚寅，瓜州土豪王幹斬賀拔行威以降，瓜州，晉昌郡。是年分瓜州之常樂縣置瓜州，舊瓜州爲西沙州。賀拔行威反事始見一百八十八卷三年。瓜州平。

32 突厥寇忻州，忻州，新興郡，義寧元年，以樓煩郡秀容縣置。此秀容，漢汾陽縣地，非後魏之北秀容也。李高遷擊破之。

33 六月，辛亥，劉黑闥引突厥寇山東，詔燕郡王李藝擊之。厥，九勿翻。燕，因肩翻。

34 癸丑，吐谷渾寇洮、旭、疊三州，岷州總管李長卿擊破之。後周武帝逐吐谷渾，置疊州於疊川，旭州於洮源，岷州於臨洮。義寧元年，改臨洮於溢樂。後周書曰：於河州鷄鳴防置旭州，於宕州渠株川置岷州。吐，從暾入聲。谷，音浴。洮，土刀翻。旭，吁玉翻。長，知兩翻。

35 乙卯，遣淮安王神通擊徐圓朗。

36 丁卯，劉黑闥引突厥寇定州。

37 秋，七月，甲申，爲秦王世民營弘義宮，弘義宮，後改爲大安宮，在宮城外西偏。爲，于僞翻。使居之。世民擊徐圓朗，下十餘城，聲震淮、泗，杜伏威懼，請入朝。朝，直遥翻；下同。世民以淮、濟之間略定，濟，子禮翻。使淮安王神通、行軍總管任瓌、李世勣攻圓朗；乙酉，班師。

38 丁亥，杜伏威入朝，延升御榻，拜太子太保，仍兼行臺尚書令，留長安，位在齊王元吉上，以寵異之。以闞稜爲左領軍將軍。漢建安中，魏武爲丞相，始置中領軍，北齊置領軍府，煬帝改爲禦衛，唐改爲領軍衛。

李子通謂樂伯通曰：「伏威既來，江東未定，我往收舊兵，可以立大功。」遂相與亡至藍田關，雍州藍田縣有藍田關。爲吏所獲，俱伏誅。

39 劉黑闥至定州，其故將曹湛、董康買亡命在鮮虞，鮮虞縣，舊曰盧奴，開皇初更名，以其地春秋鮮虞子之國也；定州治所。復聚兵應之。復，扶又翻。甲午，以淮陽王道玄爲河北道行軍總管以討之。

40丙申，遷州人鄧士政執刺史李敬昂以反。西魏以房陵置遷州，大業初，改曰房州，武德初，復曰遷州，房陵郡。

41丁酉，隋漢陽太守馮盎承李靖檄，帥所部來降，守，式又翻。帥，讀曰率。降，戶江翻；下同。以其地爲高、羅、春、白、崖、儋、林、振八州，高州，高涼郡。羅州，石城郡。春州，陽春郡。白州，南昌郡。崖州，珠崖郡。林州，桂林郡。振州，臨振郡。羅州，今化州。白州，今鬱林州之博白縣。崖、儋、振皆在海外。振州，今吉陽軍地。林州，後改繡州。投荒錄：高州高涼郡，土厚而山環遶，高而稍汙，故名。羅州，宋將檀道濟於陵羅江口築城，因置羅州，今廢。陵羅縣在化州北一百二十里。宋白曰：州在陵、羅二水之間。春州治陽春縣，故名。白州以博白江名。崖州以珠崖名。儋州以儋耳名。林州以綏懷林邑名。振州以漢臨振古縣而名。儋，丁甘翻。以盎爲高州總管，封耿國公。先是，或說盎曰：「唐始定中原，未能及遠，公所領二十州地已廣於趙佗，趙佗，見漢紀。先，悉薦翻。說，輸芮翻。佗，徒何翻。宜自稱南越王。」盎曰：「吾家居此五世矣，馮氏居高涼事始見一百六十三卷梁簡文帝大寶元年。爲牧伯者不出吾門，富貴極矣，常懼不克負荷，爲先人羞，敢效趙佗自王一方乎！」荷，下可翻，又如字。王，于況翻。遂來降。於是嶺南悉平。

42八月，辛亥，以洺、荊、交、幷、幽五州爲大總管府。洺，彌幷翻。幷，卑名翻。

43改葬隋煬帝於揚州雷塘。雷塘，漢所謂雷陂也，在今揚州城北平岡上。考異曰：實錄，「武德二年六月癸巳，有詔葬隋帝及子孫」，此又云葬煬帝，蓋三年李子通猶據江都，雖有詔，不果葬也。

44甲戌，吐谷渾寇岷州，敗總管李長卿。吐，從暾入聲。谷，音浴。敗，補邁翻。長，知兩翻。詔益州行臺右僕射竇軌、渭州刺史且洛生救之。渭州，隴西郡。且，姓也，音子余翻。

45乙卯，突厥頡利可汗寇邊；厥，九勿翻。可，從刊入聲。汗，音寒。遣左武衛將軍段德操、雲州總管李子和將兵拒之。子和本姓郭，郭子和，武德三年以榆林郡降。榆林之地，本屬雲州，隋割置勝州榆林郡。子和以榆林降，因命之爲雲州總管。以討劉黑闥有功，賜姓。丙辰，頡利十五萬騎入鴈門，頡，奚結翻。騎，奇寄翻。己未，寇并州，別遣兵寇原州；庚子，【章：十二行本「子」作「申」；乙十一行本同；孔本同；退齋校同。】命太子出幽州道，「幽州」，當作「豳州」。秦王世民出秦州道以禦之。「秦州」，當作「泰州」。出豳州以禦原州之寇，出泰州以禦并州之寇。泰州時治龍門。李子和趨雲中，掩擊可汗，漢雲中古城，在榆林郡東北四十里。趨，七喻翻。段德操趨夏州，邀其歸路。夏，戶雅翻。

辛酉，上謂羣臣曰：「突厥入寇而復求和，厥，九勿翻。復，扶又翻。和與戰孰利？」太常卿鄭元璹曰：「戰則怨深，不如和利。」璹，殊玉翻。中書令封德彝曰：「突厥恃犬羊之衆，有輕中國之意，若不戰而和，示之以弱，明年將復來。復，扶又翻。臣愚以爲不如擊之，既勝而後與和，則恩威兼著矣！」上從之。

己巳，并州大總管襄邑王神符破突厥於汾東；汾州刺史蕭顗破突厥，浩州，西河郡，武德三年更名汾州。顗，魚豈翻。斬首五千餘級。

46 吐谷渾寇【章：十二行本「寇」作「陷」；乙十一行本同；孔本同；退齋校同。】洮州，遣武州刺史賀【章：十二行本「賀」下有「拔」字；乙十一行本同；孔本同；退齋校同。】亮禦之。武都郡，西魏置武州，唐後改曰階州。洮，土刀翻。

47 丙子，突厥寇廉州；戊寅，陷大震關。大震關，在隴州汧源縣，當隴山之路。程大昌曰：漢武帝至此，遇雷大震，因以爲名。按寇廉州者，幷州之寇，陷大震關者，原州之寇也。上遣鄭元璹詣頡利。是時，突厥精騎數十萬，自介休至晉州，數百里間，填溢山谷。元璹見頡利，責以負約，與相辨詰，詰，去吉翻。頡利頗慚。元璹因說頡利曰：「唐與突厥，風俗不同，突厥雖得唐地，不能居也。今虜掠所得，皆入國人，於可汗何有？不如旋師，復脩和親，說，輪芮翻。復，扶又翻。可無跋涉之勞，坐受金幣，又皆入可汗府庫，可，從刊入聲。汗，音寒。孰與棄昆弟積年之歡，而結子孫無窮之怨乎！」頡利悅，引兵還。還，從宣翻。元璹自義寧以來，五使突厥，幾死者數焉。使，疏吏翻。幾，居依翻。數，所角翻。

48 九月，癸巳，交州刺史權士通、西魏置北秦州於上郡，廢帝三年，改曰交州。弘州總管宇文歆、慶州弘化縣，開皇十八年置弘州，大業初州廢，蓋唐復置也。靈州總管楊師道擊突厥於三觀山，破之。觀，古玩翻。乙未，太子班師。丙申，宇文歆邀突厥於崇崗鎮，大破之，斬首千餘級。歆，許今翻。壬寅，定州總管雙士洛擊突厥於恆山之南，雙，姓也。姓苑曰：黃帝後，封於雙蒙城。恆，戶登翻。丙午，領軍將軍安興貴擊突厥於甘州，皆破之。甘州，張掖郡。

49 劉黑闥陷瀛州，殺刺史馬匡武。鹽州人馬君德以城叛附黑闥。此鹽州，即東鹽州。高開道寇蠡州。武德五年，以瀛州之博野、清苑，定州之義豐，置蠡州，因漢蠡吾亭以名州也。

50 冬，十月，己酉，詔齊王元吉討劉黑闥於山東。壬子，以元吉爲領軍大將軍、并州大總管。癸丑，貝州刺史許善護與黑闥弟十善戰於鄃縣，鄃，音輸。善護全軍皆沒。甲寅，右武候將軍桑顯和擊黑闥於晏城，破之。隋開皇十六年，分冀州之鹿城置晏城縣，大業初廢入鹿城，蓋其縣名猶在。觀州刺史劉會以城叛附黑闥。觀，古喚翻。

51 契丹寇北平。北平郡，平州。契，欺訖翻，又音喫。

52 甲子，以秦王世民領左、右十二衞大將軍。左・右衞、左・右驍衞、左・右武衞、左・右屯衞、左・右領軍衞、左・右候衞，爲十二衞。

53 乙丑，行軍總管淮陽壯王道玄與劉黑闥戰于下博，下博縣，屬冀州。考異曰：高祖實錄謚曰忠。本傳謚曰壯，蓋後來改謚也。軍敗，爲黑闥所殺。時道玄將兵三萬，與副將史萬寶不協；道玄帥輕騎先出犯陳，將，卽亮翻。帥，讀曰率。騎，奇寄翻。陳，讀曰陣；下同。使萬寶將大軍繼之。萬寶擁兵不進，謂所親曰：「我奉手敕云，淮陽小兒，軍事皆委老夫。今王輕脫妄進，若與之俱，必同敗沒，不如以王餌賊，王敗，賊必爭進，我堅陳以待之，破之必矣。」由是道玄獨進敗沒。

萬寶勒兵將戰，士卒皆無鬬志，軍遂大潰，萬寶逃歸。道玄數從秦王世民征伐，死時年十九，數，所角翻。世民深惜之，謂人曰：「道玄常從吾征伐，見吾深入賊陳，心慕効之，以至於此。」爲之流涕。爲，于僞翻。世民自起兵以來，前後數十戰，常身先士卒，先，悉薦翻。輕騎深入，雖屢危殆而未嘗爲矢刃所傷。史言秦王有天命。

54 林士弘遣其弟鄱陽王藥師攻循州，刺史楊略與戰，斬之，其將王戎以南昌州降。士弘懼，己巳，請降。尋復走保安成山洞，袁州人相聚應之；是年以洪州建昌縣置南昌州。吉州安復，本吳所置安成縣也，唐後改爲安福。袁州，宜春郡。將，卽亮翻。降，戶江翻。復，扶又翻。洪州總管若干則遣兵擊破之。會士弘死，其衆遂散。隋大業十三年，林士弘起爲盜，至是死散。

55 淮陽王道玄之敗也，山東震駭，洺州總管廬江王瑗棄城西走，洺，彌并翻。瑗，于眷翻。州縣皆叛附於黑闥，旬日間，黑闥盡復故地，乙亥，進據洺州。十一月，庚辰，滄州刺史程大買爲黑闥所迫，棄城走。齊王元吉畏黑闥兵強，不敢進。

上之起兵晉陽也，皆秦王世民之謀，事見一百八十一卷隋義寧元年。上謂世民曰：「若事成，則天下皆汝所致，當以汝爲太子。」世民拜且辭。及爲唐王，將佐亦請以世民爲世子，將，卽亮翻。上將立之，世民固辭而止。太子建成，性寬簡，喜酒色，喜，許記翻。遊畋；句斷。齊王元吉，多過失；皆無寵於上。世民功名日盛，上常有意以代建成，建成內不自安，乃與元吉協謀，共傾世民，各引樹黨友。

上晚年多內寵，小王且二十人，尹德妃生酆王元亨，莫嬪生荆王元景，孫嬪生漢王元昌，宇文昭儀生韓王元嘉、魯王靈夔，翟嬪生鄧王元裕，楊嬪生江王元祥，小楊嬪生舒王元名，郭婕妤生徐王元禮，劉婕妤生道王元慶，楊美人生虢王鳳，張美人生霍王元軌，張寶林生鄭王元懿，柳寶林生滕王元嬰，王才人生彭王元則，魯才人生密王元曉，張氏生周王元方，凡十七人。且者，將及未及之辭。其母競交結諸長子以自固。建成與元吉曲意事諸妃嬪，諂諛賂遺，無所不至，遺，于季翻。以求媚於上。或言蒸於張婕妤、尹德妃，宮禁深祕，莫能明也。是時，東宮、諸王公、妃主之家及後宮親戚橫長安中，橫，戶孟翻；下同。恣【章：十二行本「恣」上有「奪人田宅」四字；乙十一行本同；孔本同；張校同；退齋校同。】爲非法，有司不敢詰。世民居承乾殿，閣本太極宮圖：月華門內有承慶殿，無承乾殿。按新書，承乾殿在西宮。又按王溥會要，承乾殿在宮中。蓋皆指太極宮。元吉居武德殿後院，武德殿在東宮西。按閣本太極宮圖，武德殿在虔化門東，入門過內倉廩、立政殿、萬春殿，即東上閤門。與上臺、東宮晝夜通行，無復禁限。上臺，謂帝居。復，扶又翻。太子、二王出入上臺，皆乘馬、攜弓刀雜物，相遇如家人禮。太子令、秦・齊王教與詔敕並行，有司莫知所從，唯據得之先後爲定。使唐之政終於如此，亡隋之續耳。世民獨不奉事諸妃嬪，諸妃嬪爭譽建成、元吉而短世民。譽，音余。

世民平洛陽，上使貴妃等數人詣洛陽選閱隋宮人及收府庫珍物。貴妃等私從世民求寶貨及爲親屬求官，唐制，皇后而下有貴妃、淑妃、德妃、賢妃，是爲夫人。昭儀、昭容、昭媛、脩儀、脩容、脩媛、充儀、充容、充媛，是爲九嬪。婕妤、美人、才人各九，合二十七，是爲世婦。寶林、御女、采女各二十七，合八十一，是爲御妻。爲，于僞翻。世民曰：「寶貨皆已籍奏，官當授賢才有功者。」皆不許，由是益怨。世民以淮安王神通有功，給田數十頃。張婕妤之父因婕妤求之於上，婕妤，音接予。上手敕賜之，神通以教給在先，不與。婕妤訴於上曰：「敕賜妾父田，秦王奪之以與神通。」上遂發怒，責世民曰：「我手敕不如汝教邪！」邪，音耶。他日，謂左僕射裴寂曰：「此兒久典兵在外，爲書生所教，非復昔日子也。」尹德妃父阿鼠驕橫，阿，烏葛翻。秦王府屬杜如晦過其門，阿鼠家童數人曳如晦墜馬，敺之，折一指，敺，烏口翻。折，而設翻。曰：「汝何人，敢過我門而不下馬！」阿鼠恐世民訴於上，先使德妃奏云：「秦王左右陵暴妾家。」上復怒復，扶又翻。責世民曰：「我妃嬪家猶爲汝左右所陵，況小民乎！」世民深自辯析，上終不信。

世民每侍宴宮中，對諸妃嬪，思太穆皇后早終，竇皇后謚太穆，帝未即位先崩，建成、世民、玄霸、元吉，皆其所生也。不得見上有天下，或歔欷流涕，上顧之不樂。歔，音虚。欷，音希，又許既翻。樂，音洛；下同。諸妃嬪因密共譖世民曰：「海內幸無事，陛下春秋高，唯宜相娛樂，而秦王每獨涕泣，正是憎疾妾等，陛下萬歲後，妾母子必不爲秦王所容，無孑遺矣！」言必皆誅翦，無有孑然見遺者也。因相與泣，且曰：「皇太子仁孝，陛下以妾母子屬之，屬，之欲翻。必能保全。」上爲之愴然。爲，于僞翻。由是無易太子意，待世民浸疏，而建成、元吉日親矣。考異曰：高祖實錄曰：「建成幼不拘細行，荒色嗜酒，好畋獵，常與博徒遊，故時人稱爲任俠。高祖起義于太原，建成時在河東，本既無寵，又以今上首建大計，高祖不之思也，而今上白高祖，遣使召之，盤遊不即往。今上急難情切，遽以手書諭之，建成乃與元吉間行赴太原，隋人購求之，幾爲所獲。及義旗建而方至，高祖亦喜其獲免，因授以兵。」又曰：「建成帷薄不修，有禽犬之行，聞於遠邇。今上以爲恥，嘗流涕諫之，建成慙而成憾。」又曰：「太宗每總戎律，惟以撫接才賢爲務，至於參請妃媛，素所不行。」太宗實錄曰：「隱太子始則流宕河曲，逸遊是好，素無才略，不預經綸，於後雖統左軍，非衆所附。既陞儲兩，坐構猜嫌，太宗雖備禮竭誠以希恩睦，而妬害之心日以滋甚。又，巢刺王性本兇愎，志識庸下，行同禽獸，兼以棄鎭失守，罪戾尤多，反害太宗之能。於是潛苞毀譖，同惡相濟，膚受日聞，雖大名徽號，禮冠羣后，而情疏意隔，寵異曩時。」按建成、元吉雖爲頑愚，既爲太宗所誅，史臣不無抑揚誣諱之辭，今不盡取。

太子中允王珪、洗馬魏徵太子左春坊，左庶子爲之長，掌侍從贊相，敷正啓奏；中允爲之貳。洗馬，漢官，掌前馬；唐爲司經局長官，掌四庫圖籍繕寫刊緝之事。唐六典曰：後漢太子官屬有中允，在中庶子下，洗馬上，其後無聞，唐始置太子中允。洗，悉薦翻。說太子曰：「秦王功蓋天下，中外歸心；殿下但以年長位居東宮，說，輸芮翻。長，知兩翻。無大功以鎭服海內。今劉黑闥散亡之餘，衆不滿萬，資糧匱乏，以大軍臨之，勢如拉朽，拉，盧合翻。殿下宜自擊之以取功名，因結納山東豪傑，庶可自安。」太子乃請行於上，上許之。珪，頍之兄子也。王頍，僧辯之子，死於隋漢王諒反時。頍，丘弭翻。

甲申，詔太子建成將兵討黑闥，其陝東道大行臺及山東道行軍元帥、河南・河北諸州並受建成處分，將，即亮翻。陝，失冉翻。帥，所類翻。處，昌呂翻。分，扶問翻。得以便宜從事。

56 乙酉，封宗室略陽公道宗等十八人爲郡王。道宗，道玄從父弟也。從，才用翻。爲靈州總管，梁師都遣弟洛兒引突厥數萬圍之，道宗乘間出擊，大破之。厥，九勿翻。間，古莧翻。突厥與師都相結，遣其郁射設入居故五原，五原縣屬鹽州，武德初，寄治靈州，其地爲突厥所居。杜佑曰：鹽州，西魏五原郡地，漢五原縣城在今榆林郡界。道宗逐出之，斥地千餘里。毛晃曰：「斥，開拓也。」上以道宗武幹如魏任城王彰，魏任城王彰，曹操之子，擊烏丸有功。任，音壬。乃立爲任城郡王。

57 丙申，上幸宜州。義寧二年，以京兆之華原、宜君、同官置宜君郡，武德元年曰宜州。

58 己亥，齊王元吉遣兵擊劉十善於魏州，破之。

59 癸卯，上校獵於富平。富平縣屬雍州，漢富平縣治，唐靈州迴樂縣界，後漢移寧州彭原縣界，晉移懷德城，魏移於懷德城東北，今耀州東南富平縣即其地。

60 劉黑闥擁兵而南，自相州以北州縣皆附之，相，息亮翻。唯魏州總管田留安勒兵拒守。黑闥攻之，不下，引兵南拔元城，復還攻之。元城縣，治古殷城，在朝城東北十二里。時魏州治貴鄉縣。相，息亮翻。復，扶又翻。考異曰：實錄：「十二月甲子，黑闥攻魏州。」蓋留安破黑闥奏到之日也。按革命記，黑闥攻魏州在十一月，今從之。

61 十二月，庚戌，立宗室孝友等八人爲郡王。孝友，神通之子也。

62 丙辰，上校獵於華池。京兆三原縣，武德四年改池陽，六年，改華池。

63 戊午，劉黑闥陷恆州，殺刺史王公政。恆，戶登翻。恆州，漢常山郡，唐置恆州，因恆山爲名。

64 庚申，車駕至長安。

65 癸亥，幽州大總管李藝復廉、定二州。

66 甲子，田留安擊劉黑闥，破之，獲其莘州刺史孟柱，魏州莘縣，隋開皇十六年置莘州，大業二年廢，唐復置。降將卒六千人。降，戶江翻。將，卽亮翻。是時，山東豪傑多殺長吏以應黑闥，長，知兩翻。上下相猜，人益離怨；留安待吏民獨坦然無疑，白事者無問親疏，皆聽直入臥內，每謂吏民曰：「吾與爾曹俱爲國禦賊，爲，于僞翻。固宜同心協力，必欲棄順從逆者，但自斬吾首去。」吏民皆相戒曰：「田公推至誠以待人，當共竭死力報之，必不可負。」有苑竹林者，本黑闥之黨，潛有異志。留安知之，不發其事，引置左右，委以管鑰；竹林感激，遂更歸心，卒收其用。卒，子恤翻。以功進封道國公。

乙丑，并州刺史成仁重擊范願，破之。并，卑名翻。

67 劉黑闥攻魏州未下，太子建成、齊王元吉大軍至昌樂，劉昫曰：晉置昌樂縣，屬陽平郡，今縣西古城是也。隋廢縣入繁水，武德元年，復置，仍築今治所。樂，音洛。黑闥引兵拒之，再陳，皆不戰而罷。陳，讀曰陣。魏徵言於太子曰：「前破黑闥，其將帥皆懸名處死，言亡命者先書其名，處以死罪也。

將，卽亮翻。帥，所類翻；下同。處，昌呂翻。妻子係虜；故齊王之來，雖有詔書赦其黨與之罪，皆莫之信。今宜悉解其囚俘，慰諭遣之，則可坐視離散矣！」太子從之。黑闥食盡，衆多亡，或縛其渠帥以降。帥，所類翻。降，戶江翻。黑闥恐城中兵出，與大軍表裏擊之，遂夜遁。至館陶，永濟橋未成，不得度。館陶縣屬魏州，在州北，隋煬帝鑿永濟渠所經也。宋白曰：館陶，春秋時晉冠氏邑，陶丘在縣西北七里，趙時置館於其側，因爲縣名。壬申，太子、齊王以大軍至，黑闥使王小胡背水而陳，背，蒲妹翻。陳，讀曰陣。自視作橋成，卽過橋西，衆遂大潰，考異曰：高祖實錄：「壬申，太子與黑闥戰於魏州城下，破之，闥抽軍北遁。甲戌，追闥於毛州，賊背永濟渠而陳，接戰，又破之。」舊傳：「六年二月，太子破黑闥于館陶。」革命記：「闥遁至館陶，二十五日，官軍至，闥敗走。」按館陶卽毛州也。長曆，十二月壬申，二十五日。甲戌，二十七日。蓋實錄據奏到之日也。舊傳尤疏。今從革命記。太宗實錄云：「黑闥重反，高祖謂太宗曰：『前破黑闥，欲令盡殺其黨，使空山東，不用吾言，致有今日。』及隱太子征闥，平之，將遣唐儉往，使男子年十五已上悉阬之，小弱及婦女總驅入關，以實京邑。太宗諫曰：『臣聞唯德動天，唯恩容衆。山東人物之所，河北蠶綿之鄉，而天府委輸，待以成績。今一旦見其反覆，盡戮無辜，流離寡弱，恐以殺不能止亂，非行弔伐之道。』其事遂寢。」新書隱太子傳云：「黑闥敗於洺水，太子建成問於洗馬魏徵曰：『山東其定乎？』對曰：『黑闥雖敗，殺傷太甚，其魁黨皆縣名處死，妻子係虜，欲降無繇，雖有赦令，獲者必戮，不大蕩宥，恐殘賊嘯結，民未可安。』既而黑闥復振，廬江王瑗棄洺州，山東亂，命齊王元吉討之。有詔降者赦罪，衆不信。建成至，獲俘，皆撫遣之，百姓欣悅。賊懼，夜奔，兵追戰，黑闥衆猶盛，乃縱囚使相告曰：『褫而甲還鄉里，若妻子獲者，既已釋矣。』衆乃散，或縛其渠長降，遂禽黑闥。」按高祖雖不仁，亦不至有「欲空山東」之理。史臣專欲歸美太宗，其於高祖亦太誣矣。今采革命記及新書。捨仗來降。大軍度橋追黑闥，度者纔千餘騎，橋壞，由是黑闥得與數百騎亡去。降，戶江翻；下同。騎，奇寄翻；下同。

68 上以隋末戰士多沒於高麗，是歲，賜高麗王建武書，使悉遣還；亦使州縣索高麗人在中土者，遣歸其國。麗，力知翻。索，山客翻。建武奉詔，遣還中國民前後以萬數。

六年（癸未、六二三）

1 春，正月，己卯，劉黑闥所署饒州刺史諸葛德威執黑闥，舉城降。時太子遣騎將劉弘基追黑闥，黑闥爲官軍所迫，奔走不得休息，至饒陽，饒陽縣，前漢屬涿郡，後漢屬安平國，晉、魏屬博陵郡，隋屬河間郡，唐屬深州，黑闥分置饒州。將，卽亮翻。從者纔百餘人，從，才用翻。餒甚。德威出迎，延黑闥入城，黑闥不可；德威涕泣固請，黑闥乃從之。至城旁市中憩止，憩，去例翻。德威饋之食；食未畢，德威勒兵執之，送詣太子，幷其弟十善斬於洺州。洺，彌幷翻。考異曰：革命記：「劉黑闥走至深州，崔元遜爲僞深州總管，黑闥欲至，城中陳列三千餘兵，擬納黑闥，據城拒守，北勾突厥。城人諸葛德威爲車騎，領當城之兵。有張善護者，先任鄉長，來就軍中，語三五少年曰：『可捉黑闥以取富貴，今若不捉，在後終是擾亂山東，廢我等作生活。』諸少年咸云：『非諸葛車騎不可。』善護知德威非得酒食不肯出師，乃於家宰一肥豬，出酒一石，延德威而語之；德威許諾。黑闥至，元遜乃請之入城而不許，唯就市中遣鋪設而坐食。元遜請以城中兵呈閱，言並精銳，必堪拒守，黑闥食而許之。元遜乃召兵以呈之，德威以前領健卒出，卽就市中擒劉闥，送於洺州皇太子所。元懿與男野久奔突厥。斬黑闥於洺州城西，臨刑乃嘆」云云。今從實錄，亦兼采革命記。黑闥臨刑歎曰：「我幸在家鉏菜，爲高雅賢輩所誤至此！」

2 壬午，嶲州人王摩沙舉兵，嶲，音髓。沙，讀曰莎，蘇何翻。自稱元帥，改元進通，遣驃騎將軍衞彥討之。帥，所類翻。驃，匹妙翻。騎，奇寄翻；下同。

3 庚子，以吳王杜伏威爲太保。唐制，太師、太傅、太保謂之三師，正一品；天子所師法，無所統職，功德崇重者乃使居之。

4 二月，庚戌，上幸驪山溫湯；驪山在雍州新豐，有湯泉，天寶起華淸宮於此。驪，力知翻。甲寅，還宮。

5 平陽昭公主薨。戊午，葬公主，詔加前後部鼓吹、班劍四十人，班，列也；持劍成列，夾道而行也。吹，昌瑞翻。武賁甲卒。武賁，虎賁也。唐諱「虎」字，改爲「武」。賁，音奔。太常奏：「禮，婦人無鼓吹。」上曰：「鼓吹，軍樂也。公主親執金鼓，興義兵以輔成大業，事見一百八十五卷隋義寧元年。豈與常婦人比乎！」

6 丙寅，徐圓朗窮蹙，與數騎棄城走，爲野人所殺，其地悉平。

7 林邑王梵志遣使入貢。初，隋人破林邑，見一百八十卷隋大業元年。梵，扶汎翻。使，疏吏翻。分其地爲三郡。三郡，比景、海陰、林邑也。及中原喪亂，喪，息浪翻。林邑復國，至是始入貢。

8 幽州總管李藝請入朝；朝，直遥翻。庚午，以藝爲左翊衞大將軍。

9 廢參旗等十二軍。十二軍，詳見一百八十八卷二年。參，疏簪翻。

10 三月，癸未，高開道掠文安、魯城，文安縣，前漢屬勃海郡，後漢屬河間國，晉屬章武郡，隋、唐屬瀛州。魯城縣，開皇十六年置，亦屬瀛州。驃騎將軍平善政邀擊，破之。驃，匹妙翻。騎，奇寄翻。

11 庚子，梁師都將賀遂、索同以所部十二州來降。將，卽亮翻。降，戶江翻。

12 乙巳，前洪州總管張善安反，遣舒州總管張鎮周等擊之。舒州，同安郡，隋爲熙州；武德四年改舒州，以古羣舒之國也。

13 夏，四月，吐谷渾寇芳州，刺史房當樹奔松州。吐，從暾入聲。谷，音浴。西魏逐吐谷渾，置同昌郡及封德等縣，後周以縣立芳州，隋大業初廢，武德元年，以同昌之常芬縣置芳州，省封德。松州，交川郡，治嘉誠縣，生羌之地，後魏時白水羌，舒彭遣使朝貢，始置甘松縣，魏亂而絶，後周復招慰之，於此置龍涸防，天和六年，改置扶州，隋改甘松縣爲嘉誠縣，屬同昌郡，武德初，置松州，取甘松嶺爲名。

14 張善安陷孫州，舊唐志：武德五年分洪州置南昌州總管府，管南昌、西吳、靖、米、孫五州。南昌州領建昌、龍安、永脩三縣。八年，廢南昌州及孫州，以南昌州新吳、永脩、龍安入建昌縣，以孫州之建昌入豫章縣，而以豫章屬洪州。新志：武德五年，以洪州南昌縣置孫州，以建昌縣置南昌州。執總管王戎而去。

15 乙丑，鄜州道行軍總管段德操擊梁師都，至夏州，俘其民畜而還。鄜，音膚。夏，戶雅翻。

還，從宣翻，又如字。

16丙寅，吐谷渾寇洮、岷二州。洮，土刀翻。

17丁卯，南州刺史龐孝恭、南越州民甯道明、高州首領馮暄俱反，陷南越州，進攻姜州；合州刺史甯純引兵救之。武德四年，以合浦郡之南昌、合浦地置南州，六年，改白州。合浦郡舊置越州，隋改合州，武德四年復曰越州，加南字以別會稽之越州也。舊志：桂州總管府所管有姜州，武德五年，以合州之封山縣置姜州，貞觀十年，廢入越州。雷州，海康郡，本合州徐聞郡，武德四年置，貞觀更州郡名。「龐孝恭」，新書作「龐孝泰」。

18壬申，立皇子元軌爲蜀王、鳳爲豳王、元慶爲漢王。考異曰：實錄以皇子元眞爲邵王，鶴爲豳王。新本紀封元璹爲蜀王。按高祖子無名元眞、鶴、元璹及封邵王者。今從舊傳及唐曆。

19癸酉，以裴寂爲左僕射，蕭瑀爲右僕射，瑀，音禹。楊恭仁爲吏部尚書兼中書令，封德彝爲中書令。

20五月，庚辰，遣岐州刺史柴紹救岷州。岐州，扶風郡。

21庚寅，吐谷渾及党項寇河州，吐，從暾入聲。谷，音浴。河州，枹罕郡。党，底朗翻。刺史盧士良擊破之。

22丙申，梁師都將辛獠兒引突厥寇林州。將，即亮翻；下同。獠，盧皓翻。厥，九勿翻。舊志，慶州華池縣，武德四年置林州總管府。

23 戊戌，苑君璋將高滿政寇代州，驃騎將軍林【章：十二行本「林」作「李」；乙十一行本同；孔本同；張校同；退齋校同。】寶言擊走之。驃，匹妙翻。騎，奇寄翻。

24 癸卯，高開道引奚騎寇幽州，長史王詵擊破之。長，知兩翻。詵，疏臻翻。劉黑闥之叛也，突地稽引兵助唐，徙其部落於幽州之昌平城；昌平城在軍都關南。高開道引突厥寇幽州，突地稽將兵邀擊，破之。

25 六月，戊午，高滿政以馬邑來降。降，戶江翻。先是，前幷州總管劉世讓除廣州總管，將之官，上問以備邊之策，先，悉薦翻。世讓對曰：「突厥比數爲寇，比，毗至翻。數，所角翻；下同。良以馬邑爲之中頓故也。中頓者，謂中道有城有糧，可以頓食也。置食之所曰頓。唐人多言置頓。請以勇將戍崞城，崞，音郭。多貯金帛，貯，直呂翻。募有降者厚賞之，數出騎兵掠其城下，蹂其禾稼，敗其生業，不出歲餘，彼無所食，必降矣。」數，所角翻。蹂，人九翻。敗，補邁翻。上然其計，曰：「非公，誰爲勇將！」卽命世讓戍崞城，馬邑病之。是時，馬邑人多不願屬突厥，上復遣人招諭苑君璋。高滿政說苑君璋盡殺突厥戍兵降唐，復，扶又翻。說，輸芮翻。厥，九勿翻。君璋不從。滿政因衆心所欲，夜襲君璋，君璋覺之，亡奔突厥，滿政殺君璋之子及突厥戍兵二百人而降。

26 壬戌，梁師都以突厥寇匡州。武德分綏州延福縣地置北吉州、羅州、匡州。

27丁卯，苑君璋與突厥吐屯設寇馬邑，高滿政與戰，破之。以滿政爲朔州總管，封榮國公。朔州，馬邑郡。

28瓜州總管賀若懷廣按部至沙州，隋以敦煌郡置瓜州，武德五年改沙州，分沙州之常樂縣爲瓜州晉昌郡。宋白曰：瓜州西至沙州二百八十里。若，人者翻。値州人張護、李通反，懷廣以數百人保子城；涼州總管楊恭仁遣兵救之，爲護等所敗。敗，補邁翻。

29癸酉，柴紹與吐谷渾戰，紹救岷州，遂與吐谷渾戰。吐，從暾入聲。谷，音浴。爲其所圍，虜乘高射之，射，而亦翻。矢下如雨。紹遣人彈胡琵琶，二女子對舞。虜怪之，駐弓矢相與聚觀，紹察其無備，潛遣精騎出虜陳後，擊之，虜衆大潰。騎，奇寄翻。陳，讀曰陣。

30秋，七月，丙子，苑君璋以突厥寇馬邑，右武候大將軍李高遷及高滿政禦之，戰于臘河谷，破之。

31張護、李通殺賀拔懷廣，考異曰：實錄，上云「張護」，此云「高護」，今從上。余按「賀拔」意亦當從上作「賀若」。【章：十二行本正作「若」；乙十一行本同；孔本同。】立汝州別駕竇伏明爲主，「汝」，當作「沙」。進逼瓜州；長史趙孝倫擊卻之。長，知兩翻。

32高開道掠赤岸鎮及靈壽、九門、行唐三縣而去。九域志：定州唐縣有赤岸鎮。三縣皆屬恒州，時以靈壽屬幷州。

33 丁丑，岡州刺史馮士翽據新會反，隋以新會郡置岡州，以地有金岡，故名。大業初廢。武德四年，復以廣州新會、義寧二縣置岡州。翽，呼會翻。廣州刺史【章：十二行本作「總管」；乙十一行本同；孔本同。】劉感討降之，使復其位。降，戶江翻。

34 辛巳，高開道所部弘陽、統漢二鎮來降。

35 癸未，突厥寇原州；原州，漢高平縣地，後魏立原州，取「高平曰原」以名州。厥，九勿翻。乙酉，寇朔州。李高遷爲虜所敗，行軍總管尉遲敬德將兵救之。己亥，遣太子將兵屯北邊，備原州之寇。敗，補邁翻。尉，紆勿翻。將，卽亮翻。秦王世民屯幷州，備朔州之寇。以備突厥。八月，丙【章：十二行本「丙」作「甲」；乙十一行本同。】辰，突厥寇眞州，舊志：武德二年，置綏州總管府，管雲、銀、眞等十一州。眞州蓋置於銀州眞鄉縣也。又寇馬邑。

36 壬子，淮南道行臺僕射輔公祏反。考異曰：舊傳云：「沈法興據毗陵，公祏擊破之。」按法興，武德三年已爲李子通所滅。舊傳誤也。初，杜伏威與公祏相友善，公祏年長，長，知兩翻。伏威兄事之，軍中謂之伯父，畏敬與伏威等。伏威浸忌之，乃署其養子闞稜爲左將軍，王雄誕爲右將軍，潛奪其兵權。公祏知之，怏怏不平，怏，於兩翻。與其故人左遊仙陽爲學道、辟穀以自晦。及伏威入朝，入朝見上年。朝，直遙翻。留公祏守丹楊，此南朝之舊丹楊郡。令雄誕典兵爲之副，陰謂雄誕曰：「吾至長安，苟不失職，勿令公祏爲變。」伏威既行，左遊仙說公祏謀反；說，輸芮翻。

而雄誕握兵，公祏不得發。乃詐稱得伏威書，疑雄誕有貳心，雄誕聞之不悅，稱疾不視事；公祏因奪其兵，使其黨西門君儀諭以反計。雄誕始寤而悔之，曰：「今天下方平，吳王又在京師，杜伏威封吳王。大唐兵威，所向無敵，柰何無故自求族滅乎！雄誕有死而已，不敢聞命。今從公爲逆，不過延百日之命耳，大丈夫安能愛斯須之死而自陷於不義乎！」公祏知不可屈，縊殺之。縊，於賜翻，又於計翻。雄誕善撫士卒，得其死力，又約束嚴整，每破城邑，秋毫無犯，死之日，江南軍中及民間皆爲之流涕。爲，于僞翻。公祏又詐稱伏威不得還江南，貽書令其起兵，大修鎧仗，鎧，可亥翻。運糧儲。尋稱帝於丹楊，國號宋，修陳故宮室而居之，署置百官，以左遊仙爲兵部尚書、東南道大使、越州總管，使，疏吏翻；下同。與張善安連兵，以善安爲西南道大行臺。

37 己未，突厥寇原州。厥，九勿翻。

38 乙丑，詔襄州道行臺僕射趙郡王孝恭以舟師趣江州，江州，南朝之尋陽郡，隋改爲九江郡。趣，七喻翻，又逡須翻。考異曰：實錄，八月乙丑已云遣孝恭率兵趣江州，至九月戊子又云。蓋因徐紹宗等侵邊而言之也。嶺南道大使李靖以交、廣、泉、桂之衆趣宣州，宣州，宣城郡。懷州總管黄君漢出譙、亳，齊州總管李世勣出淮、泗，自泗水入淮也。以討輔公祏。孝恭將發，與諸將宴集，命取水，忽變爲血，在坐者皆失色，坐，徂臥翻。孝恭舉止自若，曰：「此乃公祏授首之徵也！」飲而盡之，衆皆悅服。

39 丙寅，吐谷渾內附。吐，從暾入聲。谷，音浴。

40 辛未，突厥陷原州之善和鎮；癸酉，又寇渭州。渭州，隴西郡。

41 高開道以奚侵幽州，州兵擊卻之。

42 九月，【章：十二行本「月」下有「丙子」二字；乙十一行本同；孔本同；張校同。】太子班師。自豳州道班師。

43 戊子，輔公祏遣其將徐紹宗寇海州，陳政通寇壽陽。祏，音石。將，卽亮翻。壽陽，壽州治所。

44 邛州獠反，邛州臨邛郡，武德元年析雅州置。邛，渠容翻。獠，盧皓翻。遣沛公鄭元璹討之。璹，殊玉翻。

45 庚寅，突厥寇幽州。厥，九勿翻。

46 壬辰，詔以秦王世民爲江州道行軍元帥。欲使之討輔公祏也。帥，所類翻。

47 乙未，竇伏明以沙州降。降，戶江翻。考異曰：實錄云：「伏明斬賀拔威，以城來降。」按五年五月實錄，瓜州人王幹殺賀拔威以降。則威死久矣，此誤也。按上文作賀若懷廣死，而立竇伏明爲沙州主，當考。

48 高昌王麴伯雅卒，卒，子恤翻。子文泰立。

49 丙申，渝州人張大智反，渝州，巴郡，漢江州縣地。刺史薛敬仁棄城走。

50 壬寅，高開道引突厥二萬騎寇幽州。騎，奇寄翻。

51 突厥惡弘農公劉世讓爲己患，惡，烏路翻。遣其臣曹般陁來，言世讓與可汗通謀，欲爲亂，般，蒲末翻。可，從刊入聲。汗，音寒。上信之。冬，十月，丙午，殺世讓，籍其家。聽言之道，必以其事觀之。突厥用間，高祖遽信之而殺干城之將，不明甚矣。

52 秦王世民猶在并州，己未，詔世民引兵還。太子與秦王分道備突厥，太子先已班師，故亦詔秦王引還。

53 上幸華陰。華，戶化翻。

54 張大智侵涪州，涪州，涪陵郡，武德元年以渝州之涪陵鎮置。涪，音浮。刺史田世康等討之，大智以衆降。

55 初，上遣右武候大將軍李高遷助朔州總管高滿政守馬邑，宋白曰：朔州，春秋北狄之地，曹魏立爲馬邑縣，西晉末，其地爲猗盧所據，都代郡，此後魏爲畿內之地，亦曾爲懷朔鎮，孝文遷洛之後，於定襄故城置朔州，高齊又於新平郡置朔州，天保八年，乃移於馬邑城。苑君璋引突厥萬餘騎至城下，滿政擊破之。頡利可汗怒，大發兵攻馬邑。高遷懼，帥所部二千人斬關宵遁，虜邀之，失亡者半。頡利自帥衆攻城，帥，讀曰率。滿政出兵禦之，或一日戰十餘合。上命行軍總管劉世讓救之，至松子嶺，不敢進，松子嶺，地闕。還保崞城。會頡利遣使求婚，使，疏吏翻。上曰：「釋馬邑之圍，乃可議婚。」頡利欲解兵，義成公主固請攻之。頡利以高開道善爲攻具，召開道，與之攻馬邑甚急。頡利誘滿政使降，滿政罵之。糧且盡，救兵未至，滿政欲潰圍走朔州，右虞候杜士遠隋文帝於東宮置左右虞候府，掌斥候。是後州鎮各置虞候，以爲衙前之職，以備候不虞名官。以虜兵盛，恐不免，壬戌，殺滿政降於突厥，按通鑑據新唐書高祖本紀自丙午至壬戌，排日書之，但十七日間，先書殺劉世讓，後復書命世讓救馬邑及退保事，蓋通鑑序突厥陷馬邑事，書之不詳，排日之近遠也。苑君璋復殺城中豪傑與滿政同謀者三十餘人。上以滿政子玄積爲上柱國，襲爵。丁卯，突厥復請和親，復，扶又翻；下同。以馬邑歸唐；上以將軍秦武通爲朔州總管。

56 突厥數爲邊患，數，所角翻。并州大總管府長史竇靜表請於太原置屯田以省餽運；議者以爲煩擾，不許。靜切論不已，敕徵靜入朝，長，知兩翻。朝，直遙翻。使與裴寂、蕭瑀、封德彝相論難於上前，瑀，音禹。難，乃旦翻。寂等不能屈，乃從靜議，歲收穀數千斛，上善之，命檢校并州大總管。靜，抗之子也。竇抗，榮定之子。十一月，辛巳，秦王世民復請增置屯田於并州之境，從之。

57 黃州總管周法明將兵擊輔公祏，黃州，漢邾縣地，蕭齊置齊安郡，隋置黃州。祏，音石。張善安據夏口，拒之。將，即亮翻。夏，戶雅翻。法明屯荊口鎮，蓋當荊江之口置鎮，其地在漢陽界。壬午，法明登戰艦飲酒，艦，戶黯翻。善安遣刺客數人詐乘魚艓而至，艓，達協翻，丁度曰：舟名。見者不以爲虞，遂殺法明而去。

58 甲申，舒州總管張鎮周等擊輔公祏將陳當世於猷州之黃沙，大破之。武德三年以宣州之涇縣置南徐州，尋改曰猷州。

59 丁亥，上校獵於華陰。華，戶化翻。己丑，迎勞秦王世民於忠武頓。秦王自幷州還。勞，力到翻。

60 十二月，癸卯，安撫使李大亮誘張善安，執之。使，疏吏翻。誘，音酉。大亮擊善安於洪州，與善安隔水而陳，陳，讀曰陣。遙相與語。大亮諭以禍福，善安曰：「善安初無反心，正爲將士所誤；欲降又恐不免。」將，卽亮翻。大亮曰：「張總管有降心，則與我一家耳。」因單騎渡水入其陳，與善安執手共語，示無猜間。降，下江翻。間，古莧翻。善安大悅，遂許之降。既而善安將數十騎詣大亮營，大亮止其騎於門外，引善安入，與語。久之，善安辭去，大亮命武士執之，從騎皆走。從，才用翻。善安營中聞之，大怒，悉衆而來，將攻大亮。大亮使人諭之曰：「吾不留總管。總管赤心歸國，謂我曰：『若還營，恐將士或有異同，爲其所制。』故自留不去耳，卿輩何怒於我！」其黨復大罵曰：「張總管賣我以自媚於人。」遂皆潰去。大亮追擊，多所虜獲。送善安於長安，善安自稱不與輔公祏交通，祏，音石。上赦其罪，善遇之；及公祏敗，得所與往還書，乃殺之。

61 甲寅，車駕至長安。

62 己巳，突厥寇定州，州兵擊走之。

63 庚申，白簡、白狗羌並遣使入貢。「白簡」，恐當作「白蘭」，隋書附國有白蘭、白狗等種，風俗略同党項，或役屬於吐谷渾，或附附國。新書：白蘭羌，吐蕃謂之丁零，左屬党項，右與多彌接，勝兵萬人，勇戰鬭，善作兵器。武德六年，使者入朝，明年以其地爲維、恭二州。白狗羌與東會州接，勝兵纔千人。使，疏吏翻。

七年（甲申、六二四）

1 春，正月，依周、齊舊制，每州置大中正一人，州置大中正，周、齊又因魏、晉之制。掌知州內人物，品量望第，以本州門望高者領之，無品秩。

2 壬午，趙郡王孝恭擊輔公祏別將於樅陽，破之。樅陽縣，漢屬廬江郡，梁置樅陽郡，隋廢郡改爲同安縣，屬廬州。祏，音石。將，卽亮翻。樅，七容翻。

3 庚寅，鄒州人鄧同穎殺刺史李士衡反。唐初以齊州之鄒平、長山置鄒州。

4 丙申，以白狗等羌地置維、恭二州。維州，維川郡，以白狗羌降戶，姜維故城置。其地乃漢蜀郡徼外冉駹之地，蜀將姜維、馬忠討汶山羌於此，故壘在焉。恭州，卽西恭州，後改曰笮州。又戎州都督府所領羈縻州有曲州，本隋之恭州，隋亂廢，武德元年開南中復置，八年改曲州，故朱提郡地，非此也。劉昫曰：維州，卽古西戎地也。其地南界江陽，岷山連嶺而西，不知其極，北望隴山，積雪如玉，東望成都，若在井底。地接石紐山，夏禹生於石紐是也。其城在岷山之孤峯，三面臨江，距成都四百里許。杜佑曰：維州在當州北二百六十里。

5 二月，【章：十二行本「月」下有「辛丑」二字；乙十一行本同；孔本同。】輔公祏遣兵圍猷州，刺史左難當嬰城自守。宋白曰：宣州涇縣，唐武德二年置南徐州於此，其年改爲猷州。安撫使李大亮引兵擊公祏，破之。使，疏吏翻；下同。趙郡王孝恭攻公祏鵲頭鎭，拔之。新志：宣州南陵縣有鵲頭鎭。

6 丁未，高麗王建武遣使來請班曆。遣使册建武爲遼東郡王、高麗王；以百濟王扶餘璋爲帶方郡王，新羅王金眞平爲樂浪郡王。麗，力知翻。樂浪，音洛郎。

7 始州獠反，始州，普安郡，後改劍州。獠，魯皓翻。遣行臺僕射竇軌討之。

8 己酉，詔：「諸州有明一經以上未仕者，咸以名聞；州縣及鄉皆置學。」

9 壬子，行軍副總管權文誕破輔公祏之黨於猷州，拔其枚洄等四鎮。

10 丁巳，上幸國子監，釋奠；詔諸王公子弟各就學。

11 戊午，改大總管爲大都督府。

12 己未，高開道將張金樹殺開道來降。將，即亮翻。降，戶江翻；下同。開道見天下皆定，欲降，自以數反覆不敢；高開道既降而復叛，自知有反覆之罪。數，所角翻。且恃突厥之衆，遂無降意。其將卒皆山東人，思鄉里，咸有離心。開道選勇敢士數百，謂之假子，常直閤內，使金樹領之。故劉黑闥將張君立亡在開道所，與金樹密謀取開道。金樹遣其黨數人入閤內，與假子遊戲，向夕，潛斷其弓弦，斷，丁管翻。藏刀槊於牀下，合瞑，抱之趨出，人睡則目合而瞑。槊，色角翻。瞑，莫定翻。金樹帥其黨大譟，攻開道閤，帥，讀曰率。譟，蘇到翻。假子將禦之，弓弦皆絕，刀槊已失，爭出降；君立亦舉火於外與相應，內外惶擾。開道知不免，乃擐甲持兵坐堂上，與妻妾奏樂酣飲，擐，音宦。酣，戶甘翻。衆憚其勇，不敢逼。天且明，開道縊縊，於賜翻，又於計翻。妻妾及諸子，乃自殺。金樹陳兵，悉收假子斬之，并殺君立，死者五百餘人。遣使來降，詔以其地置嬀州。以嬀水名州。嬀，俱爲翻。壬戌，以金樹爲北燕州都督。嬀州，嬀川郡，治懷戎縣。北齊置北燕州，本治懷戎，唐既以懷戎之地置嬀州，又以北燕州都督之名寵金樹也。燕，因肩翻。

13戊辰，洋、集二州獠反，陷隆州晉城。洋州，洋川郡，治西鄉縣。西鄉，漢成固縣，蜀立西鄉縣，後魏於此置洋州，以水爲名。洋，音祥。集州，符陽郡，武德元年，析梁州之難江、巴州之符陽·長池·白石置。隆州，巴西郡，漢閬中地。劉昫曰：西魏置隆州於閬中，隋爲巴西郡，唐復爲隆州。宋白曰：取其連岡地勢高隆爲名。後魏典略云：此州古有隆城堅險，因置隆州。晉城縣亦閬中地，梁置木蘭郡，西魏廢郡，改西充國曰晉城。獠，魯皓翻。

14是月，太保吴王杜伏威薨。輔公祏之反也，詐稱伏威之命以紿其衆。紿，蕩亥翻。及公祏平，趙郡王孝恭不知其詐，以狀聞；詔追除伏威名，籍沒其妻子。及太宗卽位，知其冤，赦之，復其官爵。

15三月，初定令，以太尉、司徒、司空爲三公，次尚書、門下、中書、祕書、殿中、内侍爲六省，次御史臺，次太常至太府爲九寺，太常、光禄、衞尉、宗正、太僕、大理、鴻臚、司農、太府，凡九寺。次將作監，次國子學，次天策上將府，將，卽亮翻。次左、右衞至左、右領衞爲十四衞；十二衞及左、右監門衞爲十四衞。東宮置三師、三少、詹事及兩坊、三寺、十率府；兩坊：門下坊，典書坊。三寺：家令寺，率更寺，僕寺。十率府：左、右衞率，左、右宗衞率，左、右虞候率，左、右監門率，左、右內率。少，詩照翻。率，讀如字。王、公置府佐、國官，公主置邑司，並爲京職事官。王府有傅、諮議參軍、友、文學、東·西閤祭酒、長史、司馬、掾、屬、主簿、史、記室、錄事參軍、錄事、功·倉·戶·兵·騎·法·士等七曹參軍、參軍事、行參軍、典籤。王國有國令、大農尉・丞、錄事、典衞、舍人、學官長、食官長、廐牧長、典府長。公主邑司有令、丞、主簿、謁者、舍人、家吏，掌主家財出入、田園、徵封之事。州、縣、鎮、戍爲外職事官。自開府儀同三司至將仕郎，二十八階，爲文散官；開府儀同三司，從一品；特進，正二品；光祿大夫，從二品；金紫光祿大夫，正三品；銀青光祿大夫，從三品；正議大夫，正四品；太中大夫，從四品上；中大夫，從四品下；中散大夫，正五品上；朝議大夫，正五品下；朝請大夫，從五品上；朝散大夫，從五品下；朝議郎，正六品上；承議郎，正六品下；奉議郎，從六品上；通直郎，從六品下；朝請郎，正七品上；宣德郎，正七品下；朝散郎，從七品上；宣義郎，從七品下；給事郎，正八品上；徵事郎，正八品下；承奉郎，從八品上；承務郎，從八品下；儒林郎，正九品上；登仕郎，正九品下；文林郎，從九品上；將仕郎，從九品下。散，悉亶翻；下同。驃騎大將軍至陪戎副尉三十一階，爲武散官；驃騎大將軍，從一品；輔國大將軍，正二品；鎮軍大將軍，從二品；冠軍大將軍、懷化大將軍，正三品上；懷化將軍，正三品下；雲麾將軍、歸德大將軍，從三品上；歸德將軍，從三品下；忠武將軍，正四品上；壯武將軍，懷化中郎將，正四品下；宣威將軍，從四品上；明威將軍，歸德中郎將，從四品下；定遠將軍，正五品上；寧遠將軍，懷化郎將，正五品下；游騎將軍，從五品上；游擊將軍，歸德郎將，從五品下；昭武校尉，正六品上；昭武副尉，懷化司階，正六品下；振威校尉，從六品上；振威副尉，歸德司階，從六品下；致果校尉，正七品上；致果副尉，懷化中候，正七品下；翊麾校尉，從七品上；翊麾副尉，歸德中候，從七品下；宣節校尉，正八品上；宣節副尉，懷化司戈，正八品下；禦侮校尉，從八品上；禦侮副尉，歸德司戈，從八品下；仁勇校尉，正九品上；仁勇副尉，懷化執戟長上，正九品下；陪戎校尉，從九品上；陪戎副尉，歸德執戟長上，從九品下。驃，匹妙翻。騎，奇寄翻；下同。上柱國至武騎尉十二等，爲勳官。勳級：十有二轉爲上柱國，視正二品；十有一轉爲柱國，視從二品；十轉爲上護軍，視正三品；九轉爲護軍，視從三品；八轉爲上輕車都尉，視正四品；七轉爲輕車都尉，視從四品；六轉爲上騎都尉，視正五品；五轉爲騎都尉，視從五品；四轉爲驍騎尉，視正六品；三轉爲飛騎尉，視從六品；二轉爲雲騎尉，視正七品；一轉爲武騎尉，視從七品。

16 丙戌，趙郡王孝恭破輔公祏於蕪湖，拔梁山等三鎮。蕪湖時在宣州當塗縣界。梁山在和州歷陽縣南七十里，臨江。祏，音石。辛卯，安撫使任瓌拔揚子城，廣陵城主龍龕降。揚子城在揚州江都縣界。揚州治江都，古廣陵城也。姓苑：龍姓，古龍伯氏之後。任，音壬。瓌，古回翻。龕，口含翻。

17 丁酉，突厥寇原州。

18 戊戌，趙郡王孝恭克丹楊。

先是，輔公祏遣其將馮慧亮、陳當世將舟師三萬屯博望山，天門山在宣州當塗縣西南三十里，又名蛾眉山，夾江對峙，東曰博望，西曰梁山。先，悉薦翻。將，即亮翻；下同。考異曰：舊趙郡王孝恭傳作「陳當時」。舊李靖傳云：「屯當塗。」今皆從高祖實錄。陳正通、徐紹宗將步騎三萬屯青林山，水經註：湖水出廬江郡之東陵鄉，禹貢所謂「過九江至于東陵」者也。西南流，水積爲湖，湖西有青林山。又今當塗縣東南有青山。仍於梁山連鐵鎖以斷江路，斷，丁管翻。築卻月城，延袤十餘里，袤，音茂。又結壘江西以拒官軍。孝恭與李靖帥舟師次舒州，李世勣帥步卒一萬渡淮，拔壽陽，次硤石。帥，讀曰率。慧亮等堅壁不戰，孝恭遣奇兵絕其糧道，慧亮等軍乏食，夜，遣兵薄孝恭營，孝恭堅臥不動。孝恭集諸將議軍事，皆曰：「慧亮等擁強兵，據水陸之險，攻之不可猝拔，不如直指丹楊，掩其巢穴，丹楊既潰，慧亮等自降矣！」降，戶江翻。孝恭將從其議，李靖曰：「公祏精兵雖在此水陸二軍，然所自將亦不爲少，今博望諸栅尚不能拔，公祏保據石頭，豈易取哉！易，以豉翻。進攻丹楊，旬月不下，慧亮躡吾後，腹背受敵，此危道也。李靖此議與長孫無忌安市之議略同。然李靖決勝而太宗無功，及安市班師，靖咎其不能用道宗之策。此用兵之所以難也。慧亮、正通皆百戰餘賊，其心非不欲戰，正以公祏立計使之持重，欲以老我師耳。我今攻其城以挑之，挑，徒了翻。一舉可破也！」孝恭然之，使羸兵先攻賊營而勒精兵結陳以待之。羸，倫爲翻。陳，讀曰陣。攻壘者不勝而走，賊出兵追之，行數里，遇大軍，與戰，大破之。此左傳楚五大夫破吳師以滅舒鳩之故智也。闞稜免冑謂賊衆曰：「汝曹不識我邪？邪，音耶。何敢來與我戰！」賊多稜故部曲，皆無鬬志，或有拜者，由是遂敗。孝恭、靖乘勝逐北，轉戰百餘里，博山、青林兩戍皆潰，慧亮、正通等遁歸，殺傷及溺死者萬餘人。溺，奴狄翻。李靖兵先至丹楊，公祏大懼，擁兵數萬，棄城東走，欲就左遊仙於會稽，李世勣追之。公祏至句容，句容縣漢屬丹楊郡，時屬蔣州，在建康城東九十里。從兵能屬者纔五百人，從，才用翻。屬，之欲翻。夜，宿常州，其將吳騷等謀執之。公祏覺之，棄妻子，獨將腹心數十人，斬關走。至武康，吳分烏程、餘杭立永安縣，晉改爲永康，又改爲武康，屬湖州，在州西南一百七里。爲野人所攻，西門君儀戰死，執公祏，送丹楊梟首，梟，堅堯翻。分捕餘黨，悉誅之，江南皆平。

己亥，以孝恭爲東南道行臺右僕射，李靖爲兵部尚書。頃之，廢行臺，以孝恭爲揚州大都督，靖爲府長史。上深美靖功，曰：「靖，蕭、輔之膏肓也。」謂蕭銑、輔公祏皆爲靖所殺也。肓，呼光翻。闞稜功多，頗自矜伐。公祏誣稜與己通謀。會趙郡王孝恭籍沒賊黨田宅，籍沒者，舉籍賊黨所有田宅，沒而入官。稜及杜伏威、王雄誕田宅在賊境者，孝恭幷籍沒之；稜自訴理，忤孝恭，忤，五故翻。孝恭怒，以謀反誅之。

19 夏，四月，庚子朔，赦天下。是日，頒新律令，比開皇舊制增新格五十三條。

20 初定均田租、庸、調法：調，徒釣翻。丁、中之民，給田一頃，篤疾減什之六，寡妻妾減七，皆以什之三爲世業，八爲口分。分，扶問翻。每丁歲入租，粟二石。調隨土地所宜，綾、絹、絁、布。歲役二旬；不役則收其傭，日三尺；新志：凡授田，丁歲輸粟二斛，謂之租。丁，隨鄉所出，歲輸絹二匹，綾絁二丈，布加五之一，綿三兩，麻三斤，非蠶鄉則輸銀十四兩，謂之調。用人之力歲二十日，閏加二日；不役，收其庸，日三尺。絁，式支翻。繒，似布。有事而加役者，旬有五日，免其調；三旬，租、調俱免。水旱蟲霜爲災，什損四以上免租，損六以上免調，損七已上課役俱免。凡民貲業分九等。上、中、下各有三等也。百戶爲里，五里爲鄉，四家爲鄰，四鄰爲保。考異曰：唐曆云：「四家爲鄰，五家爲保。」按通典，四鄰爲保。唐曆誤也。在城邑者爲坊，田野者爲村。食祿之家，無得與民爭利；工商雜類，無預士伍。男女始生爲黃，四歲爲小，十六爲中，二十爲丁，六十爲老。歲造計帳，三年造戶籍。

21 丁未，党項寇松州。

22 庚申，通事舍人李鳳起擊萬州反獠，平之。後魏分朐䏰，置魚泉縣，後周改爲萬川，隋改爲南浦，屬信州，武德元年分置萬州南浦郡。獠，魯皓翻；下同。

23 五月，辛未，突厥寇朔州。

24 甲戌，羌與吐谷渾同寇松州，吐，從暾入聲。谷，音浴。遣益州行臺左僕射竇軌自翼州道，扶州刺史蔣善合自芳州道擊之。西魏逐吐谷渾，置鄧州，隋開皇七年，改曰扶州，同昌郡。武德元年，分會州之左封、翼斜，置翼州，臨翼郡。唐制，上州刺史，從三品；中，正四品上；下，正四品下。

25 丙戌，作仁智宮於宜君。宜君縣置於古祋祤城，隋屬京兆郡，時屬宜州。

26 丁亥，竇軌破反獠於方山，俘二萬餘口。

王崇武標點容肇祖聶崇岐覆校

# 資治通鑑卷第一百九十一

端明殿學士兼翰林侍讀學士太中大夫提舉西京嵩山崇福宮上柱國河内郡開國公食邑二千二百户食實封九百户賜紫金魚袋臣　司馬光　奉敕編集
後　學　天　台　胡三省　音　註

## 唐紀七起閼逢涒灘（甲申）六月，盡柔兆閹茂（丙戌）八月，凡二年有奇。

### 高祖神堯大聖光孝皇帝下之上

武德七年（甲申、六二四）

1 六月，辛丑，上幸仁智宮避暑。帝作仁智宮於宜州之宜君縣。

2 辛亥，瀧州、扶州獠作亂，遣南尹州都督李光度等擊平之。瀧州，永熙郡，漢端溪縣地。又瀧州信義縣，武德元年分置懷德縣，仍置南扶州。南尹州，鬱林郡，漢廣鬱縣地。後漢谷永爲鬱林太守，降烏許人十餘萬，開置七縣，卽此地也。瀧，呂江翻。獠，魯皓翻。

3 丙辰，吐谷渾寇扶州，此扶州以生羌之地置，註已見上。吐，從暾入聲。谷，音浴。刺史蔣善合擊走之。

4 壬戌，慶州都督楊文幹反。慶州弘化郡，漢北地馬嶺、方渠縣地。按宋白續通典：慶州弘化郡東南三里有不窋城，後魏大統十一年置朔州，隋文帝改置合川鎮，十六年，置慶州，以慶美取其嘉名。今郡城名尉李城，在白馬兩川交口，亦曰不窋城。附郭安化縣，隋置合水縣，武德改合川縣，貞觀改弘化縣，尋隨郡改縣名。管下華池縣，漢歸德縣地；樂盤縣，漢富平縣地；馬領、方渠，則爲通遠軍地矣。史記正義曰：漢郁郅縣，今慶州弘化縣是。

初，齊王元吉勸太子建成除秦王世民，曰：「當爲兄手刃之！」爲，于僞翻；下迭爲、復爲同。世民從上幸元吉第，元吉伏護軍宇文寶於寢內，欲刺世民；刺，七亦翻。建成性頗仁厚，遽止之。元吉愠曰：「爲兄計耳，於我何有！」

建成擅募長安及四方驍勇二千餘人爲東宮衛士，愠，於問翻。驍，堅堯翻。分屯左、右長林，號長林兵。東宮有左、右長林門。考異曰：舊傳云：「建成私召四方驍勇，并募長安惡少年二千餘人，畜爲宮甲，分屯左、右長林，號長林兵。」實錄云：「元吉見秦王有大功，每懷妬害，言論醜惡，譖害日甚。每謂建成曰：『當爲大哥手刃之。』建成性頗仁厚，初止之；元吉數言不已，建成後亦許之。元吉因令速發，遂與建成各募壯士，多匿罪人，賞賜之，圖行不軌。其記室榮九思爲詩以刺之曰：『丹青飾成慶，玉帛擅專諸。』而弗悟也。典籤裴宣儼因免官改事秦府，謂泄其事，又鴆之。自殺斯人已後，人皆振恐，知其事，莫有敢言。後乃連結宮闈，與建成俱通德妃尹氏，以爲內援。」舊傳又云：「厚賂中書令封德彝以爲黨助。由是高祖頗疏太宗而加愛元吉。」今但擇取其可信者書之。又密使右虞候率可達志從燕王李藝發幽州突騎三百，置宮東諸坊，欲以補東宮長上。可達，虜複姓。騎，奇寄翻。燕，因肩翻。唐六典：凡應宿衛官，各從番第。諸衛將軍、中郎將、郎將及諸衛率、副率、千牛備身、備身左右、太子千牛并上；折衝、果毅應宿衛者，並一日上，兩日下；諸色長上若司階、中候、司戈並五日上，十日下。上，時掌翻；下上變同。爲人所告，上召建成責之，流可達志於巂州。巂，音髓。

楊文幹嘗宿衞東宮，建成與之親厚，私使募壯士送長安。上將幸仁智宮，命建成居守，世民、元吉皆從。守，手又翻；下同。從，才用翻。建成使元吉就圖世民，曰：「安危之計，決在今歲。」又使郎將爾朱煥、校尉橋公山以甲遺文幹。二人至豳州，上變，豳州，漢漆縣地；漢末置新平郡，東北有古豳亭，後魏置豳州。爾朱煥等至豳州，言有急變，豳州以聞，遂得至仁智宮。遺，于季翻。將，卽亮翻。校，戶教翻。告太子使文幹舉兵，使【章：十二行本「使」作「欲」；乙十一行本同；孔本同；張校同。】表裏相應；考異曰：統記云：「建成遣郎將爾朱煥、校尉橋公山齎甲以賜文幹，令起兵；煥等行至豳州，懼罪，告之。」劉餗小說云：「人妄告東宮。」今從實錄。又有寧州人杜鳳舉亦詣宮言狀。上怒，託他事，手詔召建成，令詣行在。建成懼，不敢赴。太子舍人徐師謩勸之據城舉兵；考異曰：統記作「師譽」。今從實錄。詹事主簿趙弘智勸之貶損車服，屏從者，屏，必郢翻，又卑正翻。詣上謝罪，建成乃詣仁智宮。未至六十里，悉留其官屬於毛鴻賓堡，後魏將毛鴻賓所築，因以爲名。宋白曰：三原縣有鴻賓柵，後魏孝昌中，蕭寶寅亂，毛鴻賓立柵捍之，其故城在縣北一十五里。以十餘騎往見上，騎，奇寄翻。叩頭謝罪，奮身自擲，幾至於絕。幾，居依翻。上怒不解，是夜，置之幕下，鄭康成曰：在上曰幕，幕或在地展陳于上。飼以麥飯，飼，祥吏翻。使殿中監陳福防守，遣司農卿宇文穎馳召文幹。漢初置治粟內史，景帝改曰大農，武帝加司字；梁置十二卿曰司農卿，掌邦國倉儲委積之事。穎至慶州，以情告之，文幹遂舉兵反。上遣左武衛將軍錢九隴與靈州都督楊師道擊之。

甲子，上召秦王世民謀之，世民曰：「文幹豎子，敢爲狂逆，計府僚已應擒戮；若不爾，正應遣一將討之耳。」將，卽亮翻。上曰：「不然。文幹事連建成，恐應之者衆。汝宜自行，還，立汝爲太子。吾不能效隋文帝自誅其子，當封建成爲蜀王。蜀兵脆弱，脆，此芮翻。他日苟能事汝，汝宜全之；不能事汝，汝取之易耳！」易，以豉翻。

上以仁智宮在山中，恐盜兵猝發，夜，帥宿衛南出山外，帥，讀曰率。行數十里，東宮官屬【章：十二行本「屬」下有「將卒」二字；乙十一行本同；孔本同。】繼至，皆令三十人爲隊，分兵圍守之。明日，復還仁智宮。考異曰：實錄云：「高祖之出山也，建成憂憒，臥於幕下。天策兵曹杜淹請因亂襲之，建成左右亦有斯請，今上並拒而不納。」唐統紀云：「太宗之從內出，夜經建成幕，度建成侍衛左右唯有十人，並來跪捧太宗足，皆云：『今日之事，一聽王旨，若遣屏除，今其時也。』太宗叱而止之。既而還向府僚說其事，衆僚文武並進曰：『文幹爲儲君作逆，天下共知；假手宮臣，正合天意。』太宗曰：『寡人始奉恩旨，何忍旋踵卽有所違，卿與之言，必無此理。』府僚又請，終拒而不聽。」按是時高祖無誅建成意，左右何敢輒殺之！今不取。

世民既行，元吉與妃嬪更迭爲建成請，封德彝復爲之營解於外，爲，于僞翻。上意遂變，復遣建成還京師居守。惟責以兄弟不睦，歸罪於太子中允王珪、左衛率韋挺、左右衛率掌東宮羽衛兵仗之政令，正四品上。率，所律翻。天策兵曹參軍杜淹，並流於巂州。巂，音髓。挺，沖之子也。韋沖事隋文帝，招撫叛胡，以赴長城之役，又著績於南方。初，洛陽既平，杜淹久不得調，調，徒弔翻。欲求事建成。房玄齡以淹多狡數，恐其教導建成，益爲世民不利，乃言於世民，引入天策府。

5 突厥寇代州之武周城，武周縣，漢屬鴈門郡，魏、晉省，後魏屬代郡，隋廢入朔州雲內縣。杜佑曰：朔州馬邑郡治善陽縣，有秦馬邑城、武周塞。厥，九勿翻。州兵擊破之。

6 秋，七月，己巳，苑君璋以突厥寇朔州，總管秦武通擊卻之。

7 楊文幹襲陷寧州，宋白曰：寧州以安寧取稱。九域志：北至慶州一百二十里。驅掠吏民出據百家堡。百家堡在慶州馬嶺縣。秦王世民軍至寧州，其黨皆潰。癸酉，文幹爲其麾下所殺，傳首京師。獲宇文穎，誅之。

8 丁丑，梁師都行臺白伏願來降。降，戶江翻。

9 戊寅，突厥寇原州；遣寧州刺史鹿大師救之，又遣楊師道趨大木根山。【章：十二行本「山」下有「邀其歸路」四字；乙十一行本同；孔本同；張校同；退齋校同。】大木根山，在雲中河之西，拓跋氏之先所居也。庚辰，突厥寇隴州；遣護軍尉遲敬德擊之。尉，紆勿翻。

10 吐谷渾寇岷州。辛巳，吐谷渾、党項寇松州。吐，從暾入聲。谷，音浴。

11 癸未，突厥寇陰盤。陰盤縣，漢屬安定，晉屬京兆，後魏置平涼郡，隋、唐屬涇州，唐後改陰盤曰潘原。

12 甲申，扶州刺史蔣善合擊吐谷渾於松州赤磨鎮，破之。

13 己丑，突厥吐利設與苑君璋寇并州。

14 甲午，車駕還京師。

15 或說上曰：說，輸芮翻。「突厥所以屢寇關中者，以子女玉帛皆在長安故也。厥，九勿翻。若焚長安而不都，則胡寇自息矣。」上以爲然，遣中書侍郎宇文士及踰南山至樊、鄧，行可居之地，踰長安南山出商州，卽至樊、鄧。行，下孟翻。將徙都之。太子建成、齊王元吉、裴寂皆贊成其策，蕭瑀等雖知其不可而不敢諫。瑀，音禹。秦王世民諫曰：「戎狄爲患，自古有之。陛下以聖武龍興，光宅中夏，夏，戶雅翻。精兵百萬，所征無敵，柰何以胡寇擾邊，遽遷都以避之，貽四海之羞，爲百世之笑乎！彼霍去病漢廷一將，猶志滅匈奴；霍去病曰：「匈奴未滅，無以家爲！」將，卽亮翻。況臣忝備藩維，願假數年之期，請係頡利之頸，致之闕下。頡，奚結翻。若其不效，遷都未晚。」上曰：「善。」建成曰：「昔樊噲欲以十萬衆橫行匈奴中，事見十二卷漢惠帝三年。秦王之言得無似之！」世民曰：「形勢各異，用兵不同，樊噲小豎，何足道乎！不出十年，必定漠北，非【章：十二行本「非」下有「敢」字；乙十一行本同；孔本同。】虛言也！」爲太宗滅突厥張本。上乃止。建成與妃嬪因共譖世民曰：「突厥雖屢爲邊患，得賂卽退。秦王外託禦寇之名，內欲總兵權，成其篡奪之謀耳！」

上校獵城南，太子、秦、齊王皆從，從，才用翻。上命三子馳射角勝。建成有胡馬，肥壯而喜蹶，喜，許記翻。以授世民曰：「此馬甚駿，能超數丈澗，弟善騎，騎，奇寄翻。試乘之。」世民乘以逐鹿，馬蹶，世民躍立於數步之外，馬起，復乘之，復，扶又翻。如是者三，顧謂宇文士及曰：「彼欲以此見殺，死生有命，庸何傷乎！」建成聞之，因令妃嬪譖之於上令，力丁翻。嬪，毗賓翻。曰：「秦王自言，我有天命，方爲天下主，豈有浪死！」上大怒，先召建成、元吉，然後召世民入，責之曰：「天子自有天命，非智力可求；汝求之一何急邪！」邪，音耶。世民免冠頓首，請下法司案驗。下，遐嫁翻。上怒不解，會有司奏突厥入寇，上乃改容勞勉世民，命之冠帶，與謀突厥。厥，九勿翻。勞，力到翻。冠，古玩翻。閏月，己未，詔世民、元吉將兵出豳州以禦突厥，將，卽亮翻。上餞之於蘭池。蘭池，卽秦始皇遇盜之地。史記註曰：地理志，渭城縣有蘭池宮。正義曰：括地志，蘭池陂卽古之蘭池，在咸陽縣界。秦記曰：始皇引渭水爲池，築爲蓬瀛，刻石爲鯨，長二百丈；遇盜之處也。上每有寇盜，輒命世民討之，事平之後，猜嫌益甚。

16 初，隋末京兆韋仁壽爲蜀郡司法書佐，按新書百官志：諸州法曹司法參軍，掌鞫獄麗法，督盜賊，知贓賄沒入。又有參軍事，註云：武德初改行書佐曰行參軍，尋又改曰參軍事。則書佐卽參軍之任也。所論囚至市，猶西向爲仁壽禮佛然後死。史言韋仁壽論刑，人自以爲不冤。爲，于僞翻。唐興，爨弘達帥西南夷內附，朝廷遣使撫之，帥，讀曰率。使，疏吏翻。類皆貪縱，遠民患之，有叛者。仁壽時爲巂州都督長史，上聞其名，命檢校南寧州都督，寄治越巂，巂州，越巂郡。巂，音髓。長，知兩翻。使之歲一至其地慰撫之。仁壽性寬厚，有識度，既受命，將兵五百人至西洱河，將，卽亮翻。洱，仍吏翻。周歷數千里，蠻、夷豪帥皆望風歸附，來見仁壽。仁壽承制置七州、十五縣，各以其豪帥爲刺史、縣令，按舊書地理志，是年置西寧、豫、西平、利、南雲、磨、南寧七州。志又有西平州，亦是年置。帥，所類翻。法令清肅，蠻、夷悅服。將還，還，從宣翻，又音如字。豪帥皆曰：「天子遣公都督南寧，何爲遽去？」仁壽以城池未立爲辭。蠻、夷卽相帥爲仁壽築城，立廨舍，帥，讀曰率。爲，于僞翻。廨，古隘翻。旬日而就。仁壽乃曰：「吾受詔但令巡撫，不敢擅留。」蠻、夷號泣送之，號，戶高翻。因各遣子弟入貢。壬戌，仁壽還朝，朝，直遙翻。上大悅，命仁壽徙鎭南寧，以兵戍之。

17 苑君璋引突厥寇朔州。厥，九勿翻。

18 八月，戊辰，突厥寇原州。

19 己巳，吐谷渾寇鄯州。鄯州西平郡，禿髮氏所都之地。鄯，時戰翻。

20 壬申，突厥寇忻州，丙子，寇并州；京師戒嚴。戊寅，寇綏州，綏州，雕陰郡。雕陰古縣，漢屬上郡，今延州以北橫山之地也。孫愐曰：綏州，春秋時爲白狄所居，秦爲上郡，後魏置上州，又改爲綏州，取綏德縣爲名。刺史劉大俱擊卻之。

是時，頡利、突利二可汗舉國入寇，連營南上，頡，奚結翻。可，從刊入聲。汗，音寒。上，時掌翻。秦王世民引兵拒之。會關中久雨，糧運阻絕，士卒疲於征役，器械頓弊，頓，讀曰鈍。朝廷及軍中咸以爲憂。世民與虜遇於豳州，勒兵將戰。己卯，可汗帥萬餘騎奄至城西，陳於五隴阪，帥，讀曰率。騎，奇寄翻；下同。陳，讀曰陣；下虜陳同。阪，音反。將士震恐。世民謂元吉曰：「今虜騎憑陵，不可示之以怯，當與之一戰，汝能與我俱乎？」元吉懼曰：「虜形勢如此，柰何輕出，萬一失利，悔可及乎！」世民曰：「汝不敢出，吾當獨往，汝留此觀之。」世民獨出，外以威示突厥，内以服元吉之心。世民乃帥騎馳詣虜陳，告之曰：「國家與可汗和親，何爲負約，深入我地！我秦王也，可汗能鬭，獨出與我鬭；若以衆來，我直以此百騎相當耳。」頡利不之測，笑而不應。頡利素服秦王神武，恐其以百騎挑戰，而伏大兵四合以擊之，故不敢應。世民又前，遣騎告突利曰：「爾往與我盟，有急相救；今乃引兵相攻，何無香火之情也！」古者盟誓質諸天地山川鬼神，歃血而已；後世有對神立誓者，有禮佛立誓者，始有香火之事。突利亦不應。秦王以此疑頡利之心，突利恐因此爲頡利所疑，故亦不敢應。世民又前，將渡溝水，頡利見世民輕出，又聞香火之言，疑突利與世民有謀，乃遣止世民曰：「王不須渡，我無他意，更欲與王申固盟約耳。」乃引兵稍卻。是後霖雨益甚，世民謂諸將曰：「虜所恃者弓矢耳，將，卽亮翻。今積雨彌時，筋膠俱解，弓不可用，彼如飛鳥之折翼；折，而設翻。吾屋居火食，刀槊犀利，犀，堅也。以逸制勞，此而不乘，將復何待！」復，扶又翻。乃潛師夜出，冒雨而進，突厥大驚。世民又遣說突利以利害，說，輸芮翻。突利悅，聽命。頡利欲戰，突利不可，乃遣突利與其夾畢特勒阿史那思摩來見世民，請和親，世民許之。思摩，頡利之從叔也。從，才用翻。突利因自託於世民，請結爲兄弟；世民亦以恩意撫之，與盟而去。爲後突利先來降張本。

庚寅，岐州刺史柴紹破突厥於杜陽谷。杜陽山在岐州扶風縣。孔穎達詩譜曰：周原者，岐山陽地，屬杜陽，地形險阻，而原田肥美。杜陽，漢縣，屬扶風，有杜陽山，山北有杜陽谷。

壬申，突厥阿史那思摩入見，見，賢遍翻。上引升御榻，慰勞之。勞，力到翻。思摩貌類胡，不類突厥，故處羅疑其非阿史那種，厥，九勿翻。種，章勇翻。歷處羅、頡利世，常爲夾畢特勒，終不得典兵爲設。既入朝，處，昌呂翻。頡，奚結翻。朝，直遙翻。賜爵和順王。

丁酉，遣左僕射裴寂使於突厥。使，疏吏翻。

21 九月，癸卯，日南人姜子路反，日南郡，德州，後改驩州。交州都督王志遠擊破之。

22 癸卯，突厥寇綏州，都督劉大俱擊破之，獲特勒三人。

冬，十月，己巳，突厥寇甘州。

23 辛未，上校獵於鄠之南山；鄠縣屬京兆，在南山下，北至長安城六十里。鄠，音戶。癸酉，幸終南。酈道元曰：武功縣太一山，古文以爲終南山，在武功縣西南。按鄠、長安之西南山皆曰終南山；「終」，亦作「中」。

24 吐谷渾及羌人寇疊州，陷合川。疊州，合川郡，治疊川，秦、漢以來爲諸羌保據。後周武帝逐吐谷渾，取羣山重疊之義，置疊州。合川縣，後周置西疆郡，隋廢爲縣，治吐谷渾馬牧城，唐武德三年移治交戍城。吐，從暾入聲。谷，音浴。

25丙子，上幸樓觀，謁老子祠；岐州盩厔縣有樓觀、老子祠。觀，古玩翻。癸未，以太牢祭隋文帝陵；十一月，丁卯，上幸龍躍宮；京兆高陵縣西四十里有龍躍宮。庚午，還宮。

26太子詹事裴矩權檢校侍中。太子詹事，正三品，掌東宮三寺、十率府之政令。唐改隋納言爲侍中。

八年（乙酉、六二五）

1春，正月，丙辰，以壽州都督張鎮周爲舒州都督。壽州，淮南郡，南朝曰豫州，北朝曰揚州，隋開皇九年曰壽州。鎮周以舒州本其鄉里，到州，就故宅多市酒肴，召親戚故人，與之酣宴，酣，戶甘翻。散髮箕踞，如爲布衣時，凡十日。既而分贈金帛，泣，與之別，曰：「今日張鎮周猶得與故人歡飲，明日之後，則舒州都督治百姓耳，治，直之翻。君民禮隔，不得復爲交遊。」復，扶又翻；下復置同。自是親戚故人犯法，一無所縱，境内肅然。

2丁巳，遣右武衛將軍段德操徇夏州地。夏，戶雅翻。

3吐谷渾寇疊州。吐，從暾入聲。谷，音浴。

4是月，突厥、吐谷渾各請互市，詔皆許之。厥，九勿翻。先是，中國喪亂，民乏耕牛，至是資於戎狄，雜畜被野。先，悉薦翻。喪，息浪翻。畜，許救翻。被，皮義翻。

5夏，四月，乙亥，党項寇渭州。党，底朗翻。

6甲申，上幸鄠縣，校獵于甘谷，鄠縣有甘亭，夏啓與有扈氏戰之地。甘水出南山甘谷，北流逕秦萯陽宮西，又北逕甘亭西。鄠，音戶。營太和宮於終南山；長安城南五十里有太和谷、太和宮。丙戌，還宮。

7西突厥統葉護可汗遣使請婚，突厥大臣曰葉護，西突厥可汗自葉護爲可汗，因號統葉護可汗。可，從刊入聲。汗，音寒。使，疏吏翻。上謂裴矩曰：「西突厥道遠，緩急不能相助，今求婚，何如？」對曰：「今北狄方強，爲國家今日計，且當遠交而近攻，用秦范雎之言。臣謂宜許其婚以威頡利；頡，奚結翻。俟數年之後，中國完實，足抗北夷，然後徐思其宜。」上從之。考異曰：新、舊傳皆云封德彝之謀。今從實錄。遣高平王道立至其國，統葉護大喜。道立，上之從子也。從，才用翻。

8初，上以天下大定，罷十二軍。見上卷上年。既而突厥爲寇不已，辛亥，復置十二軍，以太常卿竇誕等爲將軍，簡練士馬，議大舉擊突厥。

9甲寅，涼州胡睦伽陀引突厥襲都督府，孫愐曰：睦，姓也。伽，求迦翻。入子城；長史劉君傑擊破之。長，知兩翻。

10六月，甲子，上幸太和宮。

11丙子，遣燕郡王李藝屯華亭縣華亭縣，隋大業初置，屬安定郡，義寧二年，分置隴州，至元和三年，并入汧源縣。燕，因肩翻。及彈箏峽，皆以守隴道。箏，音爭。水部郎中姜行本斷石嶺道以備突厥。唐制：水部郎中掌天下川瀆陂池之政令，以導達溝洫，堰決溝渠，凡舟楫灌溉之利，皆總而舉之。凡諸曹郎中，從五品上；員外郎，從六品上。斷，丁管翻。厥，九勿翻。

丙戌，頡利可汗寇靈州。頡，奚結翻。可，從刊入聲。汗，音寒。丁亥，以右衛大將軍張瑾爲行軍總管以禦之，以中書侍郎溫彥博爲長史。先是，上與突厥書用敵國禮，先，悉薦翻。秋，七月，甲辰，上謂侍臣曰：「突厥貪婪無厭，婪，盧南翻。厭，於鹽翻。朕將征之，自今勿復爲書，復，扶又翻。皆用詔敕。」

12 丙午，車駕還宮。

13 己酉，突厥頡利可汗寇相州。「相州」，疑當作「桓州」；此時突厥兵不能至相州也。

14 睦伽陀攻武興。蜀有武興鎮，後魏置東益州，梁爲武興蕃王國，西魏改曰興州順政郡；此非睦伽陀所攻者也。按晉書地理志，永寧中，張軌爲涼州刺史，鎮武威，上表請合秦、雍流移人於姑臧西北置武興郡；睦伽陀所攻者卽此武興故城。

15 丙辰，代州都督藺謩與突厥戰於新城，不利；新城在馬邑南。復命行軍總管張瑾屯石嶺，李高遷趨大谷以禦之。「大谷」，當作「太谷」，舊曰陽邑，隋開皇十八年更名太谷，屬并州。宋白曰：并州太谷縣，本漢陽邑縣，今縣東十五里陽邑故城是也。後魏太武景明二年，復置陽邑縣，隋開皇十八年，改陽邑爲太谷，因縣西太谷爲名。復，扶又翻。趨，七喻翻。丁巳，命秦王出屯蒲州以備突厥。考異曰：舊本紀，「八月六日，突厥寇定州，命皇太子往幽州，秦王往并州，以備突厥。」唐曆亦同。今據實錄，七月秦王出蒲州，八月無太子往幽州、秦王往并州事。

八月，壬戌，突厥踰石嶺，寇并州；癸亥，寇靈州；丁卯，寇潞、沁、韓三州。沁源，漢穀遠縣地，後魏改名，隋恭帝義寧元年置義寧郡，武德元年置沁州，又以潞州之襄垣、黎城、涉、銅鞮、鄉等縣置韓州。沁，七鴆翻。

16左武候大將軍安修仁擊睦伽陀於且渠川，破之。且，子余翻。且渠川，沮渠氏之墟也。沮渠蒙遜據涼州，川以是得名。

17詔安州大都督李靖出潞州道，行軍總管任瓌屯太行，以禦突厥。行，戶剛翻。厥，九勿翻。頡利可汗將兵十餘萬大掠朔州。頡，奚結翻。可，從刊入聲。汗，音寒。將，卽亮翻。壬申，并州道行軍總管張瑾與突厥戰于太谷，全軍皆沒，瑾脫身奔李靖。行軍長史溫彥博爲虜所執，長，知兩翻。虜以彥博職在機近，中書侍郎，機近之官。問以國家兵糧虛實，彥博不對，虜遷之陰山。庚辰，突厥寇靈武。考異曰：實錄、統紀並云寇廣武。按北邊地名無廣武；下云靈州都督敗之，蓋「靈武」字誤耳。今按舊唐志，代州鴈門，漢廣武縣。或者寇廣武卽太谷乘勝之兵歟？史臣以漢古縣名稱鴈門爲廣武耳。甲申，靈州都督任城王道宗擊破之。道宗所破者，癸亥寇靈州之兵，詳見通鑑舉要。丙戌，突厥寇綏州。丁亥，頡利可汗遣使請和而退。使，疏吏翻。

九月，癸巳，突厥沒賀咄設陷并州一縣，丙申，代州都督藺謩擊破之。

18癸卯，初令太府檢校諸州權量。檢校其輕重小大也。唐制：凡度以北方秬黍中者，一黍之廣爲分，十分爲寸，十寸爲尺，一尺二寸爲大尺，十尺爲丈。凡量以秬黍中者，容一千二百黍爲龠，二龠爲合，十合爲升，十升爲斗，三斗爲大斗，十斗爲斛。凡權衡以秬黍中者，百黍之重爲銖，二十四銖爲兩，三兩爲大兩，十六兩爲斤。其量制，公私又不用龠，合內之分，則有抄撮之細。程大昌曰：杜佑通典敍六朝賦稅而論其總曰：其度量三升當今一升，秤則三兩當今一兩，尺則尺二寸當今一尺。註云：當今，謂卽時。卽時者，當佑之時也。

19 丙午，右領軍將軍王君廓破突厥於幽州，俘斬二千餘人。

突厥寇藺州。藺州，當置於漢西河郡藺縣界，而新、舊志並不載。

20 冬，十月，壬申，吐谷渾寇疊州，遣扶州刺史蔣善合救之。吐，從暾入聲。谷，音浴。

21 戊寅，突厥寇鄯州，遣霍公柴紹救之。厥，九勿翻。突厥既能寇鄯州，則上之藺州爲蘭州，未可知也。鄯，時戰翻。

十一月，辛卯朔，上幸宜州。

22 權檢校侍中裴矩罷判黃門侍郎。

23 戊戌，突厥寇彭州。武德元年，以寧州彭原縣置彭州。

24 庚子，以天策司馬宇文士及權檢校侍中。

25 辛丑，徙蜀王元軌爲吳王，漢王元慶爲陳王。

26 癸卯，加秦王世民中書令，齊王元吉侍中。

27 丙午，吐谷渾寇岷州。

28 戊申，眉州山獠反。眉州，通義郡，本漢犍爲郡南安縣地，西魏置眉州，因峨眉山而名。獠，魯皓翻。

29 十二月，辛酉，上還至京師。

30 庚辰，上校獵於鳴犢泉；辛巳，還宮。

31 以襄邑王神符檢校揚州大都督。始自丹楊徙州府及居民於江北。由此廣陵專揚州之名。

九年（丙戌、六二六）

1 春，正月，己亥，詔太常少卿祖孝孫等更定雅樂。少，始照翻。更，工衡翻。

2 甲寅，以左僕射裴寂爲司空，日遣員外郎一人更直其第。

3 二月，庚申，以齊王元吉爲司徒。

4 丙子，初令州縣祀社稷，又令士民里閈相從立社。閈，侯旰翻，閭也。里門謂之閈。各申祈報，春夏祈而秋冬報。用洽鄉黨之歡。戊寅，上祀社稷。

5 丁亥，突厥寇原州，遣折威將軍楊毛【嚴：「毛」改「屯」。】擊之。折威將軍，十二軍將軍之一也。寧州道爲折威軍。

6 三月，庚寅，上幸昆明池；壬辰，還宮。

7 癸巳，吐谷渾、党項寇岷州。

8戊戌，益州道行臺尚書郭行方擊眉州叛獠，破之。獠，魯皓翻。

9壬寅，梁師都寇邊，陷靜難鎮。難，乃旦翻。

10丙午，上幸周氏陂。

11辛亥，突厥寇靈州。厥，九勿翻。

12乙卯，車駕還宮。

13癸丑，南海公歐陽胤奉使在突厥，帥其徒五十人謀掩襲可汗牙帳；使，疏吏翻。帥，讀曰率。可，從刊入聲。汗，音寒。考異曰：實錄云五千人。按奉使安得五千人，蓋「十」字誤作「千」字耳。事泄，突厥囚之。

14丁巳，突厥寇涼州，都督長樂王幼良擊走之。樂，音洛。

15戊午，郭行方擊叛獠於洪、雅二州，大破之，歷考新、舊志，劍南有雅州，無洪州。或曰：卽眉州洪雅縣，「二州」二字衍。隋開皇十三年，以西魏嘉州洪雅鎮置縣。宋白曰：因洪雅川爲名。俘男女五千口。

16夏，四月，丁卯，突厥寇朔州；庚午，寇原州；癸酉，寇涇州。戊寅，安州大都督李靖與突厥頡利可汗戰於靈州之硤石，自旦至申，突厥乃退。

17太史令傅奕上疏唐太史令從五品下，掌觀察天文，稽定曆數，凡日月星辰之變，風雲氣色之異。上，時掌翻。請除佛法曰：「佛在西域，言妖路遠，妖，於驕翻。漢譯胡書，恣其假託。使不忠不孝削髮而揖君親，遊手遊食易服以逃租賦。僞啓三塗，謬張六道，釋氏以地獄、餓鬼、畜生爲三塗，言人之爲惡者必墮此也。又添阿脩羅、天神、地祇爲六道。恐愒愚夫，愒，今人讀如喝，呼葛翻。詐欺庸品。乃追懺既往之罪，懺，楚鑒翻。釋氏以自陳悔過爲懺。虚規將來之福；布施萬錢，希萬倍之報，施，式豉翻。持齋一日，冀百日之糧。遂使愚迷，妄求功德，不憚科禁，輕犯憲章；有造爲惡逆，身墜刑網，方乃獄中禮佛，規免其罪。且生死壽夭，夭，於矯翻。由於自然，刑德威福，關之人主，貧富貴賤，功業所招，而愚僧矯詐，皆云由佛。竊人主之權，擅造化之力，其爲害政，良可悲矣！降自羲、農，至于有漢，皆無佛法，君明臣忠，祚長年久。漢明帝始立胡神，西域桑門自傳其法。事見四十五卷漢明帝永明八年。西晉以上，國有嚴科，不許中國之人輒行髡髮之事。洎于苻、石，羌、胡亂華，主庸臣佞，政虐祚短，梁武、齊襄，足爲明鏡。謂梁武帝餓死臺城，齊文襄爲膳奴所弒也。今天下僧尼，數盈十萬，翦刻繒綵，裝束泥人，競爲厭魅，尼，女夷翻。繒，慈陵翻。厭，於琰翻。魅，音媚。迷惑萬姓。請令匹配，即成十萬餘戶，產育男女，十年長養，一紀教訓，可以足兵。長，知兩翻。四海免蠶食之殃，百姓知威福所在，則妖惑之風自革，淳朴之化還興。妖，於驕翻。竊見齊朝章仇子佗表言：『僧尼徒衆，糜損國家，寺塔奢侈，虚費金帛。』沙門，或曰桑門，亦聲相近，總謂之僧，皆胡言也。僧，譯爲和命衆，桑門，爲息心，比丘，爲乞；俗人之信憑道法者，男曰優婆塞，女曰優婆夷。其爲沙門者，初脩十誡，曰沙彌，而終於二百五十，則具足成大僧。佛弟子收奉舍利，建宮宇，謂爲塔，亦胡言，猶宗廟也，故世稱塔廟。爲諸僧附會宰相，對朝讒毁，言對朝廷而肆讒毁也。朝，直遥翻。佗，徒何翻。諸尼依託妃、主，潛行謗讟，子佗竟被囚縶，刑於都市。被，皮義翻。周武平齊，制封其墓。臣雖不敏，竊慕其蹤。」

上詔百官議其事，唯太僕卿張道源稱奕言合理。古有太僕正，漢九卿有太僕，梁十二卿有太僕卿。唐太僕卿掌邦國廐牧、車輿之政令。蕭瑀曰：「佛，聖人也，而奕非之；非聖人者無法，引孝經之言。瑀，音禹。當治其罪。」治，直之翻。奕曰：「人之大倫，莫如君父。佛以世嫡而叛其父，以匹夫而抗天子。釋典謂佛以王太子出家，故言以世嫡叛其父。釋氏之法不拜君親，故言以匹夫抗天子。蕭瑀不生於空桑，昔有莘氏女採桑於伊川，得嬰兒於空桑中，言其母孕於伊水之濱，夢神告之曰：「臼水出而東走。」母明而視之，臼水出焉，告其鄰居而走，顧望其邑咸爲水矣。其母化爲空桑，子在其中。莘女取而獻之，長有賢德，教以爲尹，是謂伊尹。乃遵無父之教。非孝者無親，瑀之謂矣！」亦以孝經之言難瑀。瑀不能對，但合手曰：「地獄之設，正爲是人！」釋氏之說，謂爲善者則升天堂，爲惡者墮地獄。爲，于僞翻。

上亦惡沙門、道士苟避征傜，不守戒律，皆如奕言。又寺觀鄰接廛邸，溷雜屠沽，惡，烏路翻。觀，古玩翻；下同。辛巳，下詔命有司沙汰天下僧、尼、道士、女冠，其精勤練行者，遷居大寺觀，給其衣食，毋令闕乏。行，下孟翻。觀，古喚翻。庸猥粗穢者，悉令罷道，【張：「道」作「遣」。】勒還鄉里。京師留寺三所，觀二所，諸州各留一所，餘皆罷之。

傅奕性謹密，既職在占候，杜絕交遊，所奏災異，悉焚其藁，人無知者。

18 癸未，突厥寇西會州。武德二年，以平涼郡之會寧鎮置西會州。厥，九勿翻。

19 五月，戊子，虔州胡成郎等殺長史，叛歸梁師都；「虔州」當作「慶州」。長，知兩翻。都督劉旻追斬之。

20 壬辰，党項寇廓州。廓州，澆河郡，古邯川之地。党，底朗翻。

21 戊戌，突厥寇秦州。

22 壬寅，越州人盧南反，殺刺史甯道明。此嶺南之越州，後改廉州。

23 丙午，吐谷渾、党項寇河州。吐，從暾入聲。谷，音浴。

24 突厥寇蘭州。蘭州，金城郡，漢金城郡之枝陽縣地，以皋蘭山名州。

25 丙辰，遣平道將軍柴紹將兵擊胡。岐州道爲平道軍，柴紹爲將軍。紹將，卽亮翻。

26 六月，丁巳，太白經天。漢天文志曰：太白經天，天下革，民更王。孟康註云：謂出東入西，出西入東也。太白陰星，出東當伏東，出西當伏西，過午則經天。晉灼云：日，陽也，日出則星亡。晝見午上爲經天。劉向五紀論曰：太白少陰，弱不得專行，故以巳、未爲界，不得經天而行，經天則晝見，其占爲兵喪，爲不臣，爲更王，強國弱，小國強。

秦王世民既與太子建成、齊王元吉有隙，以洛陽形勝之地，恐一朝有變，欲出保之，乃以行臺工部尚書溫大雅鎮洛陽，遣秦府車騎將軍滎陽張亮將左右王保等千餘人之洛陽，騎，奇寄翻。亮將，即亮翻。之，往也。陰結納山東豪傑以俟變，多出金帛，恣其所用。元吉告亮謀不軌，下吏考驗；下，遐嫁翻。亮終無言，乃釋之，使還洛陽。

建成夜召世民，飲酒而酖之，世民暴心痛，吐血數升，吐，土故翻。淮安王神通扶之還西宮。西宮，蓋即弘義宮。新書曰：秦王居西宮之承乾殿。上幸西宮，問世民疾，敕建成曰：「秦王素不能飲，自今無得復夜飲。」復，扶又翻；下可復、不復、事復、能復同。因謂世民曰：「首建大謀，削平海內，皆汝之功。吾欲立汝爲嗣，汝固辭；事見前。嗣，祥吏翻。且建成年長，爲嗣日久，吾不忍奪也。觀汝兄弟似不相容，同處京邑，必有紛競，長，知兩翻。處，昌呂翻。當遣汝還行臺，居洛陽，自陝以東皆主之。秦王時領陝東道大行臺。陝，失冉翻。仍命汝建天子旌旗，如漢梁孝王故事。」梁孝王事見漢景帝紀。世民涕泣，辭以不欲遠離膝下，離，力智翻。上曰：「天下一家，東、西兩都，道路甚邇，舊書地理志：東都在西都之東八百五十里。吾思汝即往，毋煩悲也。」將行，建成、元吉相與謀曰：「秦王若至洛陽，有土地甲兵，不可復制；復，扶又翻。不如留之長安，則一匹夫耳，取之易矣。」乃密令數人上封事，言「秦王左右聞往洛陽，無不喜躍，觀其志趣，恐不復來。」又遣近幸之臣以利害說上，易，以豉翻。上，時掌翻。說，輸芮翻。上意遂移，事復中止。

建成、元吉與後宮日夜譖訴世民於上，後宮，即尹德妃、張婕妤等。上信之，將罪世民。陳叔達諫曰：「秦王有大功於天下，不可黜也。且性剛烈，若加挫抑，恐不勝憂憤，或有不測之疾，勝，音升。陛下悔之何及！」上乃止。元吉密請殺秦王，上曰：「彼有定天下之功，罪狀未著，何以爲辭？」元吉曰：「秦王初平東都，顧望不還，散錢帛以樹私恩，又違敕命，非反而何！但應速殺，何患無辭！」上不應。

秦府僚屬皆憂懼不知所出。行臺考功郎中房玄齡謂比部郎中長孫無忌曰：唐制：考功郎中屬吏部，掌文武官吏之考課。考課之法有四善、二十七最。比部屬刑部，掌勾諸司百僚俸料、公廨、贓贖、調斂徒役，課程逋懸數物，周知內外之經費而總勾之。比，音毗。「今嫌隙已成，一旦禍機竊發，豈惟府朝塗地，府朝，猶言府廷也。漢時郡僚謂本郡爲郡朝，亦此類。朝，直遙翻。乃實社稷之憂；莫若勸王行周公之事以安家國。謂周公誅管、蔡也。存亡之機，間不容髮，正在今日！」無忌曰：「吾懷此久矣，不敢發口；今吾子所言，正合吾心，謹當白之。」乃入言世民。世民召玄齡謀之，玄齡曰：「大王功蓋天地，當承大業；今日憂危，乃天贊也，願大王勿疑。」乃與府屬杜如晦共勸世民誅建成、元吉。

建成、元吉以秦府多驍將，欲誘之使爲己用，驍，堅堯翻。將，即亮翻。誘，音酉。密以金銀器一車贈左二副護軍尉遲敬德，時秦、齊府各置左右六府護軍。尉，紆勿翻。并以書招之曰：「願迂長者之眷，以敦布衣之交。」長，知兩翻。敬德辭曰：「敬德，蓬戶甕牖之人，遭隋末亂離，久淪逆地，罪不容誅。秦王賜以更生之恩，事見一百八十八卷三年。今又策名藩邸，左傳：狐突曰：「策名委質，貳乃辟也。」杜預註云：名書於所臣之策。唯當殺身以爲報；於殿下無功，不敢謬當重賜。若私交殿下，乃是貳心，徇利忘忠，殿下亦何所用！」建成怒，遂與之絕。敬德以告世民，世民曰：「公心如山嶽，雖積金至斗，斗，謂北斗。唐人詩曰：「身後堆金柱北斗。」蓋時人常語也。知公不移。相遺但受，何所嫌也！遺，唯季翻。且得以知其陰計，豈非良策！不然，禍將及公。」既而元吉使壯士夜刺敬德，敬德知之，洞開重門，刺，七亦翻。重，直龍翻。安臥不動，刺客屢至其庭，終不敢入。畏其勇也。元吉乃譖敬德於上，下詔獄訊治，下，遐嫁翻。治，直之翻。將殺之，世民固請，得免。又譖左一馬軍總管程知節，出爲康州刺史。武德元年，以成州同谷縣置西康州。知節謂世民曰：「大王股肱羽翼盡矣，身何能久！知節以死不去，願早決計。」又以金帛誘右二護軍段志玄，志玄不從。誘，音酉。建成謂元吉曰：「秦府智略之士，可憚者獨房玄齡、杜如晦耳。」皆譖之於上而逐之。

世民腹心唯長孫無忌尚在府中，與其舅雍州治中高士廉、右候車騎將軍三水侯君集長，知兩翻。右候車騎將軍，以車騎將軍屬右候衞也。三水縣，漢屬安定郡，隋、唐屬邠州。宋白曰：三水縣以縣界有羅川谷，三泉並流爲名。雍，於用翻。騎，奇寄翻。及尉遲敬德等，尉，紆勿翻。日夜勸世民誅建成、元吉。世民猶豫未決，問於靈州大都督李靖，靖辭；問於行軍總管李世勣，世勣辭；世民由是重二人。考異曰：統紀云：「秦王懼，不知所爲。李靖、李勣數言大王以功高被疑，靖等請申犬馬之力。」劉餗小說：「太宗將誅蕭牆之惡以主社稷，謀於衛公靖，靖辭；謀於英公徐勣，勣亦辭。帝由是珍此二人。」二說未知誰得其實。然劉說近厚，有益風化，故從之。舊建成傳又云：「封德彝密勸太宗誅建成，世民不從。德彝更言於上曰：『秦王既有大功，終不爲太子之下，若不立之，願早爲之所。』又說建成作亂，曰：『夫爲四海者不顧其親。漢高乞羹，此之謂矣。』」按許敬宗傳云：「敬宗父善心及虞世南兄世基，皆爲宇文化及所殺，封德彝時爲內史舍人，備見其事，嘗謂人曰：『世基被誅，世南匍匐而請代；善心之死，敬宗舞蹈以求生。』人以爲口實，敬宗銜之。及爲德彝立傳，盛加其惡。」疑此亦近誣，今不取。

會突厥郁射設將數萬騎屯河南，入塞，圍烏城，烏城，蓋在鹽州五原縣烏鹽池；或曰，在朔方烏水上。杜佑曰：武威郡南二里有烏城守捉。將，卽亮翻。騎，奇寄翻。厥，九勿翻。建成薦元吉代世民督諸軍北征，上從之，命元吉督右武衛大將軍李藝、天紀將軍張瑾等救烏城。關內十二軍，涇州道曰天紀軍，置將軍一人。元吉請尉遲敬德、程知節、段志玄及秦府右三統軍秦叔寶等與之偕行，簡閱秦王帳下精銳之士以益元吉軍。率更丞王晊密告世民曰：唐志：太子率更寺，令一人，從四品上；丞二人，從七品上。掌宗族次序、禮樂、刑罰及漏刻之政令。更，工衡翻。晊，之日翻。「太子語齊王：『今汝得秦王驍將精兵，擁數萬之衆，吾與秦王餞汝於昆明池，使壯士拉殺之於幕下，奏云暴卒，主上宜無不信。語，牛倨翻。拉，盧合翻。驍，堅堯翻。將，卽亮翻。考異曰：舊傳以爲建成實有此言而晊告之。按建成前酖秦王，高祖已知之。今若明使壯士拉殺而欺云暴卒，高祖豈有肯信之理！此說殆同兒戲。今但云晊告建成等，則事之虛實皆未可知，所謂疑以傳疑也。吾當使人進說，令授吾國事。敬德等既入汝手，宜悉坑之，孰敢不服！』」世民以晊言告長孫無忌等，無忌等勸世民先事圖之。先，悉薦翻。世民歎曰：「骨肉相殘，古今大惡。吾誠知禍在朝夕，欲俟其發，然後以義討之，不亦可乎！」敬德曰：「人情誰不愛其死！今衆人以死奉王，乃天授也。禍機垂發，而王猶晏然不以爲憂，大王縱自輕，如宗廟社稷何！大王不用敬德之言，敬德將竄身草澤，不能留居大王左右，交手受戮也！」無忌曰：「不從敬德之言，事今敗矣。敬德等必不爲王有，無忌亦當相隨而去，不能復事大王矣！」敬德、無忌詭言逃去以激世民，使之速發。復，扶又翻；下同。世民曰：「吾所言亦未可全棄，公更圖之。」敬德曰：「王今處事有疑，非智也；臨難不決，非勇也。處，昌呂翻。且大王素所畜養勇士八百餘人，畜，吁玉翻。在外者今已入宮，擐甲執兵，擐，音宦。事勢已成，大王安得已乎！」

世民訪之府僚，皆曰：「齊王凶戾，終不肯事其兄。比聞護軍薛實嘗謂齊王曰：比，毗至翻。此齊府護軍也。『大王之名，合之成「唐」字，大王終主唐祀。』合，音閤。齊王喜曰：『但除秦王，取東宮如反掌耳。』彼與太子謀亂未成，已有取太子之心。亂心無厭，厭，於鹽翻。何所不爲！若使二人得志，恐天下非復唐有。復，音扶又翻；下聽復同，又並音如字。以大王之賢，取二人如拾地芥耳，柰何徇匹夫之節，忘社稷之計乎！」世民猶未決，衆曰：「大王以舜爲何如人？」曰：「聖人也。」衆曰：「使舜浚井不出，則爲井中之泥，塗廩不下，則爲廩上之灰，安能澤被天下，法施後世乎！是以小杖則受，大杖則走，蓋所存者大故也。」瞽瞍使舜浚井，既入，從而揜之，舜穿井爲匿空旁出。使塗廩，捐堦，瞽瞍焚廩，舜以兩笠自扞而下。家語：孔子曰：「舜事瞽瞍，小杖則受，大杖則走。」被，皮義翻。世民命卜之，幕僚張公謹自外來，【章：十二行本「來」下有「見之」二字；乙十一行本同；孔本同；張校同；退齋校同。】取龜投地，說苑曰：靈龜五色，似玉似金，背陰向陽，上高象天，下平法地，易號爲龜。曰：「卜以決疑；今事在不疑，尚何卜乎！卜而不吉，庸得已乎！」於是定計。考異曰：唐曆云：「布卦未畢，張公謹適自外至，諫曰：『夫事不可疑而疑者，其禍立至。今假使卜之不吉，其可已乎！』遂折蓍。秦王曰：『善！』」今從舊唐書。

世民令無忌密召房玄齡等，曰：「敕旨不聽復事王；今若私謁，必坐死，不敢奉教！」房玄齡之言，亦以激發世民。世民怒，謂敬德曰：「玄齡、如晦豈叛我邪！」邪，音耶。取所佩刀授敬德曰：「公往觀之，若無來心，可斷其首以來。」斷，丁管翻。敬德往，與無忌共諭之曰：「王已決計，公宜速入共謀之。吾屬四人，不可羣行道中。」乃令玄齡、如晦著道士服，著，陟略翻。與無忌俱入，敬德自他道亦至。

己未，太白復經天。傅奕密奏：「太白見秦分，見，賢遍翻。分，扶問翻。秦王當有天下。」上以其狀授世民。於是世民密奏建成、元吉淫亂後宮，且曰：「臣於兄弟無絲毫負，今欲殺臣，似爲世充、建德報讎。臣今枉死，永違君親，魂歸地下，實恥見諸賊！」上省之，愕然，爲，于僞翻。省，悉景翻。報曰：「明當鞫問，汝宜早參。」明，謂明日也。參，謂朝參。

庚申，世民帥長孫無忌等入，伏兵於玄武門。玄武門，宮城北門。帥，讀曰率。長，知兩翻。張婕妤竊知世民表意，馳語建成。婕妤，音接予。語，牛倨翻。建成召元吉謀之，元吉曰：「宜勒宮府兵，託疾不朝，以觀形勢。」朝，直遙翻。建成曰：「兵備已嚴，當與弟入參，自問消息。」乃俱入，趣玄武門。趣，七喻翻；下同。上時已召裴寂、蕭瑀、陳叔達等，欲按其事。瑀，音禹。

建成、元吉至臨湖殿，覺變，卽跋馬東歸宮府。跋，蒲撥翻。跋馬者，搖鞢馬銜，偏促一轡，又以兩足搖鼓馬腹，使之迴走。世民從而呼之，元吉張弓射世民，再三不彀，控弦不開，所以不至於彀，蓋倉皇失措也。射，而亦翻；下同。世民射建成，殺之。尉遲敬德將七十騎繼至，將，卽亮翻。騎，奇寄翻；下同。左右射元吉墜馬。世民馬逸入林下，爲木枝所絓，絓，胡卦翻。墜不能起。元吉遽至，奪弓將扼之，敬德躍馬叱之。元吉步欲趣武德殿，敬德追射，殺之。翊衛車騎將軍馮翊馮立太子左右衛率府所領，亦有親、勳、翊三衛府。聞建成死，歎曰：「豈有生受其恩而死逃其難乎！」難，乃旦翻。乃與副護軍薛萬徹、屈咥直府左車騎萬年謝叔方屈咥直，卽驅咥直也，屬帳內府。咥，徒結翻，又丑栗翻。萬年，赤縣，本隋大興縣，武德元年更名。帥東宮、齊府精兵二千馳趣玄武門。帥，讀曰率。趣，七喻翻。張公謹多力，獨閉關以拒之，不得入。雲麾將軍敬君弘掌宿衛兵，屯玄武門，雲麾將軍，梁百二十五號將軍之一也，唐爲武散階，從三品上。挺身出戰，所親止之曰：「事未可知，且徐觀變，俟兵集，成列而戰，未晚也。」君弘不從，與中郎將呂世衡大呼而進，皆死之。唐諸衛中郎將皆正四品下。呼，火故翻。君弘，顯雋之曾孫也。敬顯雋仕北齊，官至尚書右僕射。守門兵與萬徹等力戰良久，萬徹鼓譟欲攻秦府，將士大懼；將，卽亮翻。尉遲敬德持建成、元吉首示之，尉，紆勿翻。宮府兵遂潰。萬徹與數十騎亡入終南山。馮立既殺敬君弘，謂其徒曰：「亦足以少報太子矣！」少，詩沼翻。遂解兵，逃於野。

上方泛舟海池，閣本太極宮圖：太極宮中凡有三海池，東海池在玄武門內之東，近凝雲閣；北海池在玄武門內之西；又南有南海池，近咸池殿。世民使尉遲敬德入宿衛，敬德擐甲持矛，直至上所。上大驚，問曰：「今日亂者誰邪？邪，音耶。卿來此何爲？」對曰：「秦王以太子、齊王作亂，舉兵誅之，恐驚動陛下，遣臣宿衛。」上謂裴寂等曰：「不圖今日乃見此事，當如之何？」蕭瑀、陳叔達曰：「建成、元吉本不預義謀，又無功於天下，疾秦王功高望重，共爲姦謀。今秦王已討而誅之，秦王功蓋宇宙，率土歸心，陛下若處以元良，太子謂之元良。瑀，音禹。處，昌呂翻；下處分、處決同。委之國事，無復事矣！」復，扶又翻。上曰：「善！此吾之夙心也。」時宿衛及秦府兵與二宮左右戰猶未已，敬德請降手敕，令諸軍並受秦王處分，分，扶問翻。上從之。天策府司馬宇文士及自東上閤門出宣敕，閣本太極宮圖：太極殿有東上閤門、西上閤門。衆然後定。上又使黄門侍郎裴矩至東宫曉諭諸將卒，皆罷散。將，卽亮翻；下同。上乃召世民，撫之曰：「近日以來，幾有投杼之惑。」投杼，事見三卷周赧王七年。幾，居希翻。世民跪而吮上乳，號慟久之。吮，徂兖翻。號，戶高翻。

建成子安陸王承道、河東王承德、武安王承訓、汝南王承明、鉅鹿王承義，元吉子梁郡王承業、漁陽王承鸞、普安王承獎、江夏王承裕、義陽王承度皆坐誅，仍絶屬籍。

初，建成許元吉以正位之後，立爲太弟，故元吉爲之盡死。爲，于僞翻。諸將欲盡誅建成、元吉左右百餘人，籍没其家，尉遲敬德固爭曰：「罪在二凶，旣伏其誅；若及支黨，非所以求安也！」乃止。是日，下詔赦天下。凶逆之罪，止於建成、元吉，自餘黨與，一無所問。其僧、尼、道士、女冠並宜依舊。是年四月，命有司沙汰僧、尼、道士、女冠。國家庶事，皆取秦王處分。處，昌呂翻；下同。

辛酉，馮立、謝叔方皆自出；薛萬徹亡匿，世民屢使諭之，乃出。世民曰：「此皆忠於所事，義士也。」釋之。

癸亥，立世民爲皇太子。又詔：「自今軍國庶事，無大小悉委太子處決，然後聞奏。」

臣光曰：立嫡以長，長，知兩翻。禮之正也。然高祖所以有天下，皆太宗之功；隱太子以庸劣居其右，地嫌勢逼，必不相容。嚮使高祖有文王之明，隱太子有泰伯之賢，太宗有子臧之節，文王舍伯邑考而立武王；泰伯讓國於弟王季歷；子臧辭曹國而不受。則亂何自而生矣！既不能然，太宗始欲俟其先發，然後應之，如此，則事非獲已，猶爲愈也。既而爲羣下所迫，遂至蹀血禁門，如淳曰：殺人流血滂沱爲蹀血。師古曰：蹀，謂履涉之也。蹀，徒頰翻。推刃同氣，推，吐雷翻。貽譏千古，惜哉！夫創業垂統之君，子孫之所儀刑也，夫，音扶。彼中、明、肅、代之傳繼，得非有所指擬以爲口實乎！明皇不稱廟號而稱帝號者，溫公避本朝諱耳。中宗、肅宗之季，玄宗、代宗並以兵清內難而後繼大統。

27 戊辰，以宇文士及爲太子詹事，長孫無忌、杜如晦爲左庶子，高士廉、房玄齡爲右庶子，尉遲敬德爲左衛率，程知節爲右衛率，虞世南爲中舍人，褚亮爲舍人，尉，紆勿翻。率，所律翻。東宮門下坊，左庶子二人，正四品上。掌侍從贊相，駁正啓奏，皇太子出則版奏外辨中嚴，入則解嚴；凡令書下，則畫諾覆審，留所畫以爲案，更寫印署注令諸送詹事府典書坊。右庶子二人，正四品下。中舍人正五品上，舍人正六品上。舍人掌行令書、令旨及表啓之事。太子通表如人臣之禮。宮臣上太子，大事以牋，小事以啓，其封題皆曰「上右春坊」。通事舍人開封以進，其事可施行者，皆下於坊，舍人開，庶子參詳之，然後進；不可者則否。蓋門下坊猶上臺之門下省，典書坊猶上臺之中書省，唐初仍隋制也。龍朔改門下坊爲左春坊，典書坊爲右春坊。姚思廉爲洗馬。洗，悉薦翻；下同。悉以齊王國司金帛什器賜敬德。唐制：親王國有國司，置國尉、國丞，掌判國司、勾稽、監印事。

初，洗馬魏徵常勸太子建成早除秦王，及建成敗，世民召徵謂曰：「汝何爲離間我兄弟！」衆爲之危懼，間，古莧翻。爲，于僞翻。徵舉止自若，對曰：「先太子早從徵言，必無今日之禍。」世民素重其才，改容禮之，引爲詹事主簿。詹事主簿，從七品上，掌印檢、勾稽府事。亦召王珪、韋挺於巂州，去年六月，王珪等流巂州。巂，音髓。皆以爲諫議大夫。

世民命縱禁苑鷹犬，罷四方貢獻，聽百官各陳治道，治，直吏翻。政令簡肅，中外大悦。

以屈突通爲陝東道行臺左僕射，鎮洛陽。陝，失冉翻。

益州行臺僕射竇軌與行臺尚書韋雲起、郭行方不協。雲起弟慶儉及宗族多事太子建成，建成死，軌誣雲起與建成同反，收斬之。行方懼，逃奔京師，軌追之，不及。

28 吐谷渾寇岷州。吐，從暾入聲。谷，音浴。

29 突厥寇隴州；辛未，寇渭州；遣右衞大將軍柴紹擊之。厥，九勿翻。左右衞大將軍，掌統領宮庭警衞之法。

30 廢益州大行臺，置大都督府。

31 壬申，上以手詔賜裴寂等曰：「朕當加尊號爲太上皇。」

32 辛巳，幽州大都督廬江王瑗反，瑗，于眷翻。右領軍將軍王君廓殺之，傳首。

初，上以瑗懦怯非將帥才，懦，乃臥翻，又奴亂翻。將，卽亮翻。帥，所類翻。使君廓佐之。君廓故羣盜，勇悍險詐，悍，戶旰翻。瑗推心倚仗之，許爲婚姻。太子建成謀害秦王，密與瑗相結。

建成死，詔遣通事舍人崔敦禮馳驛召瑗。通事舍人，秦謁者之官也。晉置舍人、通事各一人，隸中書，東晉曰通事舍人，唐從六品上。掌朝見引納及辭謝者於殿庭。凡近臣入侍，文武就列，引以進退。凡四方通表，蠻夷納貢，皆受而進之。瑗心不自安，謀於君廓。君廓欲取瑗以爲功，乃說曰：說，輸芮翻；下涉說同。「大王若入，必無全理。今擁兵數萬，柰何受單使之召，自投罔罟乎！」使，疏吏翻；下同。因相與泣。瑗曰：「我今以命託公，舉事決矣。」乃劫敦禮，問以京師機事；敦禮不屈，瑗囚之。發驛徵兵，且召燕州刺史王詵赴薊，與之計事。隋於營州之境汝羅故城置遼西郡，武德元年曰燕州。六年，自營州遷於幽州城中，又於懷戎置北燕州。武德六年，李藝自幽州入朝，王詵爲長史，實掌州事，幽州之人素信服之。瑗欲反，故召之與計事。燕，因肩翻。詵，疏臻翻。兵曹參軍王利涉說瑗曰：「王君廓反覆，不可委以機柄，宜早除去，以王詵代之。」去，羌呂翻。瑗不能決。君廓知之，往見詵，詵方沐，握髮而出，君廓手斬之，持其首告衆曰：「李瑗與王詵同反，囚執敕使，擅自徵兵。今詵已誅，獨有李瑗，無能爲也。汝寧隨瑗族滅乎，欲從我以取富貴乎？」衆皆曰：「願從公討賊。」君廓乃帥其麾下千餘人，踰西城而入，瑗不之覺；君廓入獄出敦禮，瑗始知之，遽帥左右數百人被甲而出，帥，讀曰率。被，皮義翻。遇君廓於門外。君廓謂瑗衆曰：「李瑗爲逆，汝何爲隨之入湯火乎！」衆皆棄兵而潰。唯瑗獨存，罵君廓曰：「小人賣我，行自及矣！」遂執瑗，縊之。縊，於賜翻，又於計翻。壬午，以王君廓爲左領軍大將軍兼幽州都督，以瑗家口賜之。敦禮，仲方之孫也。崔仲方仕周，獻平齊之策；及隋，獻平陳之策；孝芬之孫也。

33 乙酉，罷天策府。置天策府，見一百八十九卷四年。

34 秋，七月，己丑，柴紹破突厥於秦州，斬特勒一人，士卒首千餘級。厥，九勿翻。

35 以秦府護軍秦叔寶爲左衞大將軍，又以程知節爲右武衞大將軍，尉遲敬德爲右武候大將軍。尉，紆勿翻。考異曰：唐曆，三人除官皆在癸巳。今從實錄。

36 壬辰，以高士廉爲侍中，房玄齡爲中書令，蕭瑀爲左僕射，長孫無忌爲吏部尚書，杜如晦爲兵部尚書。癸巳，以宇文士及爲中書令，封德彝爲右僕射；又以前天策府兵曹參軍杜淹爲御史大夫，中書舍人顏師古、劉林甫爲中書侍郎，左衞副率侯君集爲左衞將軍，左虞候段志玄爲驍衞將軍，副護軍薛萬徹爲右領軍將軍，右內副率張公謹爲右武候將軍，左虞候，卽東宮左虞候率也。按唐書，「驍衞」之上當有「左」字。隋文帝置左、右內率，領東宮千牛備身侍奉之事，副率爲之貳。瑀，音禹。長，知兩翻。率，所律翻。驍，堅堯翻。右監門率長孫安業爲右監門將軍，漢、魏置城門校尉。唐置左、右監門衞大將軍、將軍，掌宮禁門籍之法，凡京司應入宮殿，門皆有籍，左將軍判入，右將軍判出。監，古銜翻。右內副率李客師爲領左右軍將軍。「領」字當在「左右」之下，「左、右」二字亦當去其一，但未知當去何字耳。唐志：隋置左、右領軍府，大業三年，改左、右屯衞，唐因屯衞名，改爲左、右威衞；又採前代領軍名，別置左、右領軍衞，職掌如左、右衞。又按新志，武德五年，改左、右備身府爲左、右府。或者李客師爲領左、右將軍，「左右」

之下亦當去「軍」字。顯慶五年，改左、右府爲千牛府。安業，無忌之兄；客師，靖之弟也。

37 太子建成、齊王元吉之黨散亡在民間，雖更赦令，更，工衡翻。猶不自安，徼幸者爭告捕以邀賞。徼，堅堯翻。諫議大夫王珪以啓太子。丙子，太子下令：「六月四日已前事連東宮及齊王，十七日前連李瑗者，並不得相告言，違者反坐。」瑗，于眷翻。反坐者，反以所告罪人之罪坐之。考異曰：太宗實錄，「六月丙申」。唐曆脫「七月」而在「壬辰」下。按六月無丙申。丙申，七月十日也。今從唐曆。

丁酉，遣諫議大夫魏徵宣慰山東，聽以便宜從事。徵至磁州，武德元年，以相州之滏陽、臨水、成安置磁州，以其地產磁石名州。舊志：磁州在京師東北一千四百八十五里。磁，疾之翻。遇州縣錮送前太子千牛李志安、齊王護軍李思行詣京師，械鎖而送之，謂之錮送。徵曰：「吾受命之日，前宮、齊府左右皆赦不問；今復送思行等，復，扶又翻。則誰不自疑！雖遣使者，人誰信之！使，疏吏翻。吾不可以顧身嫌，不爲國慮。且既蒙國士之遇，敢不以國士報之乎！」遂皆解縱之。太子聞之，甚喜。

右衛率府鎧曹參軍唐臨出爲萬泉丞，東宮十率府皆有倉、兵、鎧三曹參軍，從八品。武德元年，分蒲州之稷山、安邑、龍門、猗氏、汾陰置萬泉縣，屬泰州，後屬絳州。鎧，可亥翻。率，所律翻。縣有繫囚十許人，會春雨，臨縱之，使歸耕種，皆如期而返。臨，令則之弟子也。唐令則事隋太子勇，勇廢，被誅。

38 八月，丙辰，突厥遣使請和。厥，九勿翻。使，疏吏翻；下同。

39 壬戌，吐谷渾遣使請和。吐，從暾入聲。谷，音浴。

40 癸亥，制傳位於太子；太子固辭，不許。甲子，太宗卽皇帝位於東宮顯德殿，赦天下；關內及蒲、芮、虞、泰、陝、鼎六州免二年租調，自餘給復一年。陝，失冉翻。調，徒弔翻。復，方目翻。

41 詔【章：十二行本「詔」上有「癸未」二字；乙十一行本同。】以「宮女衆多，幽閟可愍，閟，兵媚翻。宜簡出之，各歸親戚，任其適人。」

42 初，稽胡酋長劉㒞成帥衆降梁師都，事見一百八十九卷四年。酋，慈由翻。長，知兩翻。㒞，許延翻。帥，讀曰率。降，戶江翻；下同。師都信讒，殺之，由是所部猜懼，多來降者。降，戶江翻。師都浸衰弱，乃朝于突厥，爲之畫策，朝，直遙翻。爲，于僞翻。勸令入寇。於是頡利、突利二可汗合兵十餘萬寇涇州，頡，奚結翻。可，從刊入聲。汗，音寒。進至武功，京師戒嚴。

43 丙子，立妃長孫氏爲皇后。長，知兩翻。后少好讀書，造次必循禮法，少，詩照翻。好，呼到翻。造，七到翻。上爲秦王，與太子建成、齊王元吉有隙，后奉事高祖，承順妃嬪，嬪，毗賓翻。彌縫其闕，甚有內助。及正位中宮，務存節儉，服御取給而已。上深重之，嘗與之議賞罰，后辭曰：「『牝雞之晨，唯家之索』，書牧誓引古人之言。索，蘇各翻，盡也。妾婦人，安敢豫聞政事！」固問之，終不對。

44 己卯，突厥進寇高陵。厥，九勿翻。高陵縣，漢屬馮翊，唐屬京兆，在長安東北七十里。辛巳，涇州道行軍總管尉遲敬德與突厥戰於涇陽，涇陽縣屬京兆，在長安北七十里。杜佑曰：京兆涇陽縣，乃秦封涇陽君之地，後漢及晉池陽之地。漢涇陽縣在今平涼郡界，涇陽故城是。尉，紆勿翻。大破之。獲其俟斤阿史德烏沒啜，突厥官三十八等，俟斤在吐屯之下。阿史德別是一姓。俟，渠機翻。斬首千餘級。

癸未，頡利可汗進至渭水便橋之北，自長安出咸陽，過渭水便橋。遣其腹心執失思力入見，以觀虛實。見，賢遍翻。思力盛稱「頡利與突利二可汗將兵百萬，今至矣」。頡，奚結翻。可，從刊入聲。汗，音寒。將，即亮翻。上讓之曰：「吾與汝可汗面結和親，贈遺金帛，前後無算。言不可算計其數也。遺，于季翻。汝可汗自負盟約，引兵深入，於我無愧！汝雖戎狄，亦有人心，何得全忘大恩，自誇強盛！我今先斬汝矣！」思力懼而請命。請貸其死命也。蕭瑀、封德彝請禮遣之。上曰：「我今遣還，虜謂我畏之，愈肆憑陵。」瑀，音禹。還，從宣翻，又音如字。乃囚思力於門下省。

上自出玄武門，與高士廉、房玄齡等六騎徑詣渭水上，騎，奇寄翻；下同。與頡利隔水而語，責以負約。突厥大驚，皆下馬羅拜。厥，九勿翻。俄而諸軍繼至，旌甲蔽野，頡利見執失思力不返，而上挺身輕出，軍容甚盛，有懼色。上麾諸軍使卻而布陳，陳，讀曰陣。獨留與頡利語。蕭瑀以上輕敵，叩馬固諫，上曰：「吾籌之已熟，非卿所知。突厥所以敢傾國而來，直抵郊甸者，以我國內有難，謂方有殺建成、元吉之難。難，乃旦翻。朕新即位，謂我不能抗禦故也。我若示之以弱，閉門拒守，虜必放兵大掠，不可復制。復，扶又翻。故朕輕騎獨出，示若輕之；又震曜軍容，使之【嚴：「之」改「知」。】必戰；出虜不意，使之失圖。虜入我地既深，必有懼心，故與戰則克，與和則固矣。制服突厥，在此一舉。卿第觀之！」是日，頡利來請和，詔許之。上卽日還宮。乙酉，又幸城西，斬白馬，與頡利盟于便橋之上。突厥引兵退。頡，奚結翻。厥，九勿翻。考異曰：劉餗小說：「武德末年，突厥至渭水橋，控弦四十萬。太宗初親庶政，驛召衞公問策。時發諸州軍未到，長安居人勝兵不過數萬，胡人精騎騰突挑戰，日數合。帝怒，欲擊之。靖請傾府庫賂以求和，潛軍邀其歸路，帝從其言，胡兵遂退。於是據險邀之，虜棄老弱而遁，獲馬數萬匹，金帛一無遺焉。」今據實錄、紀傳，結盟而退，未嘗掩襲，小說所載爲誤。

蕭瑀請於上曰：「突厥未和之時，諸將爭請戰，陛下不許，瑀，音禹。厥，九勿翻。將，卽亮翻。臣等亦以爲疑，既而虜自退，其策安在？」上曰：「吾觀突厥之衆雖多而不整，君臣之志唯賄是求，當其請和之時，可汗獨在水西，謂渭水之西。可，從刊入聲。汗，音寒。達官皆來謁我，突厥言達官，猶中國言顯官也。我若醉而縛之，因襲擊其衆，勢如拉朽。拉，盧合翻。又命長孫無忌、李靖伏兵於幽州以待之，「幽州」當作「豳州」。自渭北北歸，歸路正經豳州，此史書傳寫誤耳。開元十三年，以「豳」字類「幽」，改曰邠州，則當時亦病此矣。虜若奔歸，伏兵邀其前，大軍躡其後，覆之如反掌耳。所以不戰者，吾卽位日淺，國家未安，百姓未富，且當靜以撫之。一與虜戰，所損甚多；虜結怨既深，懼而脩備，則吾未可以得志矣。故卷甲韜戈，啗以金帛，卷，讀曰捲。啗，徒濫翻。彼既得所欲，理當自退，志意驕惰，不復設備，復，扶又翻。然後養威伺釁，一舉可滅也。釁，許覲翻。將欲取之，必固與之，老子曰：將欲奪之，必固與之。此之謂矣。卿知之乎？」瑀再拜曰：「非所及也。」言非己之智慮所能及也。

王崇武標點容肇祖聶崇岐覆校

# 資治通鑑卷第一百九十二

端明殿學士兼翰林侍讀學士太中大夫提舉西京嵩山崇福宮上柱國河內郡開國公食邑二千二百戶食實封九百戶賜紫金魚袋臣司馬光　奉敕編集
後學天台胡三省　音註

## 唐紀八

起柔兆閹茂（丙戌）九月，盡著雍困敦（戊子）七月，凡二年。

### 高祖神堯大聖光孝皇帝下之下

武德九年（丙戌、六二六）

1 九月，突厥頡利獻馬三千匹，羊萬口；上不受，自是年八月甲子以後，凡稱上者，皆太宗也。厥，九勿翻。但詔歸所掠中國戶口，徵溫彥博還朝。彥博沒於突厥，見上卷八年。朝，直遙翻。

丁未，上引諸衞將卒習射於顯德殿庭，是年八月，上卽位於東宮顯德殿，是後常御之。將，卽亮翻；下同。諭之曰：「戎狄侵盜，自古有之，患在邊境少安，則人主逸遊忘戰，少，詩照翻；下同。是以寇來莫之能禦。今朕不使汝曹穿池築苑，專習弓矢，居閒無事，則爲汝師，突厥入寇，則爲汝將，庶幾中國之民可以少安乎！」將，卽亮翻。幾，居希翻。少，始紹翻。於是日引數百人教射於殿庭，上親臨試，中多者賞以弓、刀、帛，其將帥亦加上考。唐考功之法，上、中、下皆分三等。中多之中，竹仲翻。帥，所類翻。羣臣多諫曰：「於律，以兵刃至御在所者絞。今使卑碎之人張弓挾矢於軒陛之側，陛下親在其間，萬一有狂夫竊發，出於不意，非所以重社稷也。」韓州刺史封同人詐乘驛馬入朝切諫。唐舊志：武德三年，分同州之河西、韓城、郃陽置西韓州；又於陝州界置南韓州。封同人當是自韓城乘驛入朝也。上皆不聽，曰：「王者視四海如一家，封域之內，皆朕赤子，朕一一推心置其腹中，柰何宿衛之士亦加猜忌乎！」由是人思自勵，數年之間，悉爲精銳。

上嘗言：「吾自少經略四方，頗知用兵之要，少，詩照翻。每觀敵陳，則知其強弱，陳，讀曰陣；下其陳同。常以吾弱當其強，強當其弱。彼乘吾弱，逐奔不過數十百步，吾乘其弱，必出其陳後反擊之，無不潰敗，所以取勝，多在此也！」

2 己酉，上面定勳臣長孫無忌等爵邑，長，知兩翻。命陳叔達於殿下唱名示之，且曰：「朕敍卿等勳賞或未當，宜各自言。」當，丁浪翻。於是諸將爭功，紛紜不已。將，卽亮翻。淮安王神通曰：「臣舉兵關西，首應義旗，事見一百八十四卷隋恭帝義寧元年。今房玄齡、杜如晦等專弄刀筆，功居臣上，臣竊不服。」上曰：「義旗初起，叔父雖首唱舉兵，蓋亦自營脫禍。及竇建德吞噬山東，叔父全軍覆沒；事見一百八十八卷武德二年。劉黑闥再合餘燼，叔父望風奔北。事見一百八十九卷四年。玄齡等運籌帷幄，坐安社稷，論功行賞，固宜居叔父之先。叔父，國之至親，朕誠無所愛，但不可以私恩濫與勳臣同賞耳！」諸將乃相謂曰：「陛下至公，雖淮安王尚無所私，吾儕何敢不安其分。」遂皆悅服。儕，士皆翻。分，扶問翻。房玄齡嘗言：「秦府舊人未遷官者，皆嗟怨曰：『吾屬奉事左右，幾何年矣，今除官，返出前宮、齊府人之後。』」上曰：「王者至公無私，故能服天下之心。朕與卿輩日所衣食，皆取諸民者也。故設官分職，以爲民也，爲，于僞翻。當擇賢才而用之，豈以新舊爲先後哉！必也新而賢，舊而不肖，安可捨新而取舊乎！今不論其賢不肖而直言嗟怨，豈爲政之體乎！」

3詔：「民間不得妄立妖祠。妖，於驕翻。自非卜筮正術，其餘雜占，悉從禁絕。」

4上於弘文殿聚四部書二十餘萬卷，歐陽修曰：歷代盛衰，文章與時高下，然其變態百出，不可窮極，何其多也！自漢以來，史官列其名氏篇第，以爲六藝、七略，至唐始分爲四類，曰經、史、子、集，以甲、乙、丙、丁爲次，謂之四庫書，亦曰四部書。置弘文館於殿側，唐會要：武德四年，於門下省置修文館，至九年三月，改爲弘文館。至其年九月，太宗卽位，於弘文殿聚四部書二十餘萬卷，於殿側置弘文館，貞觀三年移於納義門西。按閣本太極宮圖：弘文館在門下省東，而不載弘文殿。納義門在嘉德門之西。卽我朝之崇文館也，避宣祖諱，改「弘」爲「崇」。精選天下文學之士虞世南、褚亮、姚思廉、歐陽詢、蔡允恭、蕭德言等，以本官兼學士，令更日宿直，聽朝之隙，引入內殿，講論前言往行，商榷政事，或至夜分乃罷。唐太宗以武定禍亂，出入行間，與之俱者，皆西北驍武之士。至天下既定，精選弘文館學生，日夕與之議論商榷者，皆東南儒生也。

然則欲守成者，捨儒何以哉！更，工衡翻。朝，直遙翻。行，下孟翻。榷，訖岳翻。又取三品已上子孫充弘文館學士。【章：十二行本「士」作「生」；乙十一行本同；孔本同。】

5 冬，十月，丙辰朔，日有食之。

6 詔追封故太子建成爲息王，謚曰隱；齊王元吉爲剌【章：十二行本「剌」作「海陵」二字，「王」下有「謚曰剌」三字；乙十一行本同；孔本同；退齋校同。】王，息，古國名。謚法：隱拂不成曰隱。不思忘愛曰剌；暴戾無親曰剌。謚，神至翻。剌，盧達翻。以禮改葬。葬日，上哭之於宜秋門，甚哀。太極宮圖：宜秋門在千秋殿之西，百福門之東。魏徵、王珪表請陪送至墓所，考異曰：高祖實錄、建成元吉傳：「太宗踐阼，改葬加謚。」太宗實錄及本紀皆不書葬月日，唯唐曆在此年十月。貞觀政要此表在二年。據此年七月魏徵爲諫議大夫，宣慰山東，王珪亦未爲黃門侍郎，葬建成、元吉恐在後，但別無年月日可附，今且從唐曆。上許之，命宮府舊僚皆送葬。

7 癸亥，立皇子中山王承乾爲太子，生八年矣。生於承乾殿，因以名之。

8 庚辰，初定功臣實封有差。唐爵九等：一曰王，食邑萬戶，正一品；二曰嗣王、郡王，食邑五千戶，從一品；三曰國公，食邑三千戶，從一品；四曰開國郡公，食邑二千戶，正二品；五曰開國縣公，食邑千五百戶，從二品；六曰開國縣侯，食邑千戶，從三品；七曰開國縣伯，食邑七百戶，正四品上；八曰開國縣子，食邑五百戶，正五品上；九曰開國縣男，食邑三百戶，從五品上。凡封戶，三丁以上爲率，歲租三之一入于朝廷；食實封者，得眞戶分食諸州。

9 初，蕭瑀薦封德彝於上皇，上皇以爲中書令。及上卽位，瑀爲左僕射，德彝爲右僕射。

議事已定，德彝數反【章：十二行本「反」下有「之」字；乙十一行本同；孔本同；張校同；退齋校同。】於上前，瑀，音禹。射，寅謝翻。數，所角翻。由是有隙。時房玄齡、杜如晦新用事，皆疏瑀而親德彝，太宗初政之時，以房、杜之賢，蕭瑀之直，而不相親，乃親封德彝者，蓋以瑀之疏直，難與共事於危疑之時，而封德彝之狡數，不與之親密，則不能得其情也。後之爲相者，其心無所權量，但曰親君子，遠小人，未有能濟者也。瑀不能平，遂上封事論之，上，時掌翻。辭指寥落，由是忤旨。忤，五故翻。會瑀與陳叔達忿爭於上前，庚辰，瑀、叔達皆坐不敬，免官。考異曰：舊傳，「太宗以玄齡等功高，由是忤旨，廢于家。俄拜少師，復爲左僕射，坐與叔達忿爭免。」按實錄忿爭在作少師前，今從之。

10 甲申，民部尚書裴矩奏「民遭突厥暴踐者，厥，九勿翻。踐，慈演翻。請戶給絹一匹。」上曰：「朕以誠信御下，不欲虛有存恤之名而無其實，戶有大小，豈得雷同給賜乎！」於是計口爲率。

11 初，上皇欲強宗室以鎮天下，故皇再從、三從弟同曾祖爲再從兄弟，同高祖爲三從兄弟。從，才用翻。及兄弟之子，雖童孺皆爲王，王者數十人。封宗室爲郡王，見一百九十卷五年。上從容問羣臣：「徧封宗子，於天下利乎？」從，千容翻。封德彝對曰：「前世唯皇子及兄弟乃爲王，自餘非有大功，無爲王者。上皇敦睦九族，大封宗室，自兩漢以來未有如今之多者。爵命既崇，多給力役，力役，蓋防閤、庶僕、白直之類。恐非示天下以至公也！」上曰：「然。朕爲天子，所以養百姓也，豈可勞百姓以養己之宗族乎！」十一月，庚寅，降宗室郡王皆爲縣公，惟有功者數人不降。

12丙午，上與羣臣論止盜。或請重法以禁之，上哂之笑不壞顏爲哂。哂，式忍翻。曰：「民之所以爲盜者，由賦繁役重，官吏貪求，飢寒切身，故不暇顧廉恥耳。朕當去奢省費，去，羌呂翻。輕傜薄賦，選用廉吏，使民衣食有餘，則自不爲盜，安用重法邪！」邪，音耶。自是數年之後，海內升平，路不拾遺，外戶不閉，商旅野宿焉。

上又嘗謂侍臣曰：「君依於國，國依於民。刻民以奉君，猶割肉以充腹，腹飽而身斃，君富而國亡。故人君之患，不自外來，常由身出。夫欲盛則費廣，費廣則賦重，賦重則民愁，民愁則國危，國危則君喪矣。夫，音扶。喪，息浪翻。朕常以此思之，故不敢縱欲也。」

13十二月，己巳，益州大都督竇軌奏稱獠反，是年六月，廢大行臺，置大都督府。是後分諸州都督府爲上、中、下三等：大州都督從二品，長史從三品，司馬從四品；中州都督正三品，別駕正四品，長史正五品上，司馬正五品下；下州都督從三品，別駕、長史、司馬亦皆遞降一品。獠，魯皓翻。請發兵討之。上曰：「獠依阻山林，時出鼠竊，乃其常俗；牧守苟能撫以恩信，自然帥服，守，式又翻。帥，與率同。安可輕動干戈，漁獵其民，比之禽獸，豈爲民父母之意邪！」邪，音耶。竟不許。

14上謂裴寂曰：「比多上書言事者，比，毗志翻。朕皆粘之屋壁，粘，女廉翻。得出入省覽，省，悉景翻。每思治道，或深夜方寢。公輩亦當恪勤職業，副朕此意。」

上厲精求治，數引魏徵入臥內，訪以得失；治，直吏翻。數，所角翻；下者數同。徵知無不言，上皆欣然嘉納。上遣使點兵，使，疏吏翻。封德彝奏：「中男雖未十八，其軀幹壯大者，亦可并點。」唐制：民年十六爲中男，十八始成丁，二十一爲丁，充力役。上從之。敕出，魏徵固執以爲不可，不肯署敕，按唐制，中書舍人則署敕。魏徵時爲諫議大夫，抑太宗亦使之連署邪？至于數四。上怒，召而讓之曰：「中男壯大者，乃姦民詐妄以避征役，取之何害，而卿固執至此！」對曰：「夫兵在御之得其道，不在衆多。陛下取其壯健，以道御之，足以無敵於天下，何必多取細弱以增虛數乎！且陛下每云：『吾以誠信御天下，欲使臣民皆無欺詐。』今卽位未幾，失信者數矣！」幾，居豈翻。數，所角翻。上愕然曰：「朕何爲失信？」對曰：「陛下初卽位，下詔云：『逋負官物，悉令蠲免。』蠲，圭淵翻。有司以爲負秦府國司者，非官物，徵督如故。陛下以秦王升爲天子，國司之物，非官物而何！又曰：『關中免二年租調，關外給復一年。』旣而繼有敕云：『已役已輸者，以來年爲始。』散還之後，方復更徵，調，徒弔翻。給復，方目翻。方復，扶又翻；下復點同。言既散還其已輸之物而復徵之。百姓固已不能無怪。今旣徵得物，復點爲兵，何謂以來年爲始乎！又陛下所與共治天下者在於守宰，治，直之翻。守，式又翻。居常簡閱，咸以委之；至於點兵，獨疑其詐，豈所謂以誠信爲治乎！」治，直吏翻；下同。上悅曰：「曏者朕以卿固執，疑卿不達政事，今卿論國家大體，誠盡其精要。夫號令不信，則民不知所從，天下何由而治乎！夫，音扶。治，直吏翻；下同。朕過深矣！」乃不點中男，賜徵金甕一。

上聞景州錄事參軍張玄素名，景州，漢平原郡鬲縣地，隋置弓高縣，屬觀州。唐平河北，分弓高置景州。上州錄事參軍，從七品上，掌勾稽省署抄目；錄事掌受事發辰，兼勾稽失。召見，問以政道，對曰：「隋主好自專庶務，好，呼到翻。不任羣臣；羣臣恐懼，唯知稟受奉行而已，莫之敢違。以一人之智決天下之務，借使得失相半，乖謬已多，下諛上蔽，不亡何待！陛下誠能謹擇羣臣而分任以事，高拱穆清而考其成敗以施刑賞，何憂不治！又，臣觀隋末亂離，其欲爭天下者不過十餘人而已，其餘皆保鄉黨、全妻子，以待有道而歸之耳。乃知百姓好亂者亦鮮，但人主不能安之耳。」好，呼到翻。鮮，息善翻。上善其言，擢爲侍御史。

前幽州記室直中書省張蘊古上大寶箴，唐諸州無記室，唯王國有記室參軍，從六品上。蘊古蓋廬江王瑗督幽州時爲記室也。唐制，資序未至，以他官入省者爲直。上，時掌翻。其略曰：「聖人受命，拯溺亨屯，屯，陟倫翻。故以一人治天下，不以天下奉一人。」又曰：「壯九重於內，所居不過容膝；治，直之翻。重，直龍翻。彼昏不知，瑤其臺而瓊其室。羅八珍於前，所食不過適口；周禮：膳夫，珍用八物。註云：珍，謂淳熬、淳毋、炮豚、炮牂、擣珍、漬、熬、肝膋也。淳，之純翻。毋，莫胡翻，一音武由翻。牂，作郎翻。膋，力彫翻。惟狂罔念，丘其糟而池其酒。」又曰：「勿沒沒而闇，勿察察而明，雖冕旒蔽目而視於未形，雖黈纊塞耳而聽於無聲。」冕而前旒，所以蔽明。黈纊充耳，所以塞聰。師古曰：以黃緜爲圜，用兩組掛之於冕，垂兩耳旁，示不外聽也。黈，他口翻。塞，悉則翻。上嘉之，賜以束帛，唐制：凡賜十段，其率絹三匹，布三端，綿四屯；若雜綵十段，則絲布二匹，紬二匹，綾二匹，縵四匹；若賜蕃客錦綵，率十段，則錦一張，綾二匹，縵四匹，綿四屯；凡時服稱一具者全給之，一副者減給之。正冬之會，稱賜束帛有差者，五品已上五匹，六品已下二匹；命婦視其夫、子。除大理丞。大理丞，正六品，掌分判寺事。

15 上召傅奕，賜之食，謂曰：「汝前所奏，幾爲吾禍。事見上卷是年六月。幾，居依翻。然凡有天變，卿宜盡言皆如此，勿以前事爲懲也。」上嘗謂奕曰：「佛之爲教，玄妙可師，卿何獨不悟其理？」對曰：「佛乃胡中桀黠，黠，戶八翻。誑耀彼土。中國邪僻之人，取莊、老玄談，飾以妖幻之語，用欺愚俗，無益於民，有害於國，臣非不悟，鄙不學也。」上頗然之。

16 上患吏多受賕，枉法受賂曰賕。賕，音求。密使左右試賂之。有司門令史受絹一匹，司門郎，屬刑部，掌天下門關出入往來之籍賦而審其政，有令史六人。唐令，布帛皆闊尺八寸長四丈爲匹。上欲殺之，民部尚書裴矩諫曰：「爲吏受賂，罪誠當死；但陛下使人遺之而受，遺，于季翻。乃陷人於法也，恐非所謂『道之以德，齊之以禮。』」引論語孔子之言。道，讀曰導。上悅，召文武五品已上告之曰：「裴矩能當官力爭，不爲面從，儻每事皆然，何憂不治！」治，直吏翻。

臣光曰：古人有言：君明臣直。裴矩佞於隋而忠於唐，非其性之有變也；君惡聞其過，則忠化爲佞，君樂聞直言，則佞化爲忠。惡，烏路翻。樂，音洛。是知君者表也，臣者景也，表動則景隨矣。

17 **是歲，進皇子長沙郡王恪爲漢王、宜陽郡王祐爲楚王。**

18 **新羅、百濟、高麗三國有宿仇，**北史曰：新羅本辰韓種，在高麗東南，亦曰秦韓，相傳秦世亡人避役，來適馬韓，割東界居之，故名秦韓。始有六國，稍分爲十二，新羅其一也。或稱魏毌丘儉破高麗，奔沃沮，後復國，其留者爲新羅，兼有沃沮、不耐、韓、濊之地。其王本百濟人，自海逃入新羅，遂王其國，附庸百濟；後致強盛，因與百濟爲敵。百濟伐高麗，來請救，悉兵往破之。自是相攻不置，後獲百濟王，殺之，滋結怨。麗，力知翻。**迭相攻擊；上遣國子助教朱子奢往諭指，**晉武帝咸寧四年立國子學，置祭酒、博士各一人，助教十五人，以教生徒。孝武太元十年，損助教爲十人。唐助教五人，從六品上，掌佐博士分經教授。**三國皆上表謝罪。**上，時掌翻。

## 太宗文武大聖大廣孝皇帝上之上

諱世民，高祖次子也。帝初諡文皇帝，廟號太宗；咸亨五年，追諡太宗文武聖皇帝；天寶八載，追尊太宗文武大聖皇帝；十三載，又加尊太宗文武大聖大廣孝皇帝。

**貞觀元年**（丁亥、六二七）觀，古玩翻。

1 **春，正月，乙酉，改元。**

2 **丁亥，上宴羣臣，奏秦王破陳樂，**陳，讀曰陣。新志：太宗爲秦王，破劉武周，軍中相與作秦王破陳樂曲。**上曰：「朕昔受委專征，民間遂有此曲，雖非文德之雍容，然功業由茲而成，不敢忘本。」封德彝曰：「陛下以神武平海內，豈文德之足比。」上曰：「戡亂以武，守成以文，文武**

之用，各隨其時。卿謂文不及武，斯言過矣！」德彝頓首謝。

3己亥，制：「自今中書、門下及三品以上入閤議事，皆命諫官隨之，有失輒諫。」程大昌曰：唐西內太極殿，即朔望受朝之所，蓋正殿也。太極之北有兩儀殿，即常日視朝之所。太極殿兩廡有東西二上閤，則是兩閤皆有門可入，已又可轉北而入兩儀也。此太宗時入閤之制也。至高宗以後，多居東內，御宣政前殿，則謂之衙，衙有仗；御紫宸便殿，則謂之入閤。其不御宣政前殿而御紫宸也，乃自正衙喚仗，由閤門而入，百官俟朝于衙者，因隨而入見，謂之入閤。

4上命吏部尚書長孫無忌等與學士、法官更議定律令，長，知兩翻。寬絞刑五十條爲斷右趾，斷，丁管翻。上猶嫌其慘，曰：「肉刑廢已久，宜有以易之。」蜀王法曹參軍裴弘獻唐制，諸王有功、倉、戶、兵、騎、法、士等七曹參軍，正七品上。請改爲加役流，徙三千里，居作三年；詔從之。考異曰：新、舊刑法志皆云「居作二年」。今從王溥會要。

5上以兵部郎中戴胄忠清公直，兵部郎中，掌判帳及天下武官之階品、衞府之名數。擢爲大理少卿。少，始照翻。上以選人多詐冒資蔭，敕令自首，不首者死。選，息絹翻；下同。首，手又翻。未幾，有詐冒事覺者，幾，居豈翻。上欲殺之。胄奏：「據法應流。」上怒曰：「卿欲守法而使朕失信乎？」對曰：「敕者出於一時之喜怒，法者國家所以布大信於天下也。陛下忿選人之多詐，故欲殺之，而既知其不可，復斷之以法，斷，丁亂翻。此乃忍小忿而存大信也。」上曰：「卿能執法，朕復何憂！」復，扶又翻；下不復、朕復、何復同。胄前後犯顏執法，言如涌泉，上皆從之，天下無冤獄。

6上令封德彝舉賢，久無所舉。上詰之，詰，去吉翻。對曰：「非不盡心，但於今未有奇才耳！」上曰：「君子用人如器，各取所長，古之致治者，豈借才於異代乎？治，直吏翻。正患己不能知，安可誣一世之人！」德彝慚而退。

御史大夫杜淹奏「諸司文案恐有稽失，請令御史就司檢校。」上以問封德彝，對曰：「設官分職，各有所司。果有愆違，御史自應糾舉；若偏歷諸司，搜擿疵纇，擿，他狄翻。纇，盧對翻。太爲煩碎。」淹默然。上問淹：「何故不復論執？」對曰：「天下之務，當盡至公，善則從之，德彝所言，眞得大體，臣誠心服，不敢遂非。」上悅曰：「公等各能如是，朕復何憂！」

7右驍衛大將軍長孫順德受人餽絹，事覺，長，知兩翻。驍，堅堯翻。上曰：「順德果能有益國家，朕與之共有府庫耳，何至貪冒如是乎！」冒，莫北翻。猶惜其有功，不之罪，但於殿庭賜絹數十匹。大理少卿胡演曰：「順德枉法受財，罪不可赦，奈何復賜之絹？」上曰：「彼有人性，得絹之辱，甚於受刑；如不知愧，一禽獸耳，殺之何益！」

8辛丑，天節將軍燕郡王李藝據涇州反。宜州道爲天節軍，置將軍一人。燕，因肩翻。

藝之初入朝也，武德五年，藝引兵與太子建成會討劉黑闥，遂入朝。朝，直遥翻。恃功驕倨，秦王左右至其營，藝無故毆之。毆，烏口翻。上皇怒，收藝繫獄，既而釋之。上卽位，藝內不自安。曹州妖巫李五戒妖，於驕翻。謂藝曰：「王貴色已發！」勸之反。藝乃詐稱奉密敕，勒兵入朝。遂引兵至豳州，豳州治中趙慈皓馳出謁之，諸州治中，卽別駕。藝入據豳州。詔吏部尙書長孫無忌等爲行軍總管以討之。長，知兩翻。趙慈皓聞官軍將至，密與統軍楊岌圖之，岌，魚及翻。事洩，藝囚慈皓。岌在城外覺變，勒兵攻之，藝衆潰，棄妻子，將奔突厥。至烏氏，厥，九勿翻。漢烏氏縣屬安定郡，故城在彈箏峽東。氏，音支。左右斬之，傳首長安。弟壽，爲利州都督，亦坐誅。

9 初，隋末喪亂，喪，息浪翻。豪桀並起，擁衆據地，自相雄長；唐興，相帥來歸，上皇爲之割置州縣以寵祿之，帥，讀曰率。長，知兩翻。爲，于僞翻。由是州縣之數，倍於開皇、大業之間。上以民少吏多，思革其弊；少，詩沼翻。二月，命大加併省，因山川形便，分爲十道：一曰關內，二曰河南，三曰河東，四曰河北，五曰山南，六曰隴右，七曰淮南，八曰江南，九曰劍南，十曰嶺南。京兆、同、華、商、岐、邠、隴、涇、原、寧、慶、鄜、坊、丹、延、靈、會、鹽、夏、綏、銀、豐、勝爲關內道。洛、汝、陝、虢、鄭、滑、許、潁、陳、蔡、汴、宋、亳、徐、濠、宿、鄆、齊、曹、濮、靑、淄、登、萊、棣、兗、海、沂、密爲河南道。蒲、晉、絳、汾、隰、幷、南汾、遼、沁、嵐、石、忻、代、朔、蔚、澤、潞爲河東道。懷、孟、魏、博、相、衞、澶、貝、邢、洺、磁、恆、冀、深、趙、滄、景、德、易、定、幽、涿、瀛、莫、燕、檀、營、平爲河北道。荆、峽、歸、夔、澧、朗、忠、涪、萬、襄、唐、隨、鄧、均、房、郢、復、金、梁、洋、利、鳳、興、成、扶、文、壁、巴、蓬、通、開、隆、果、渠爲山南道。秦、渭、河、鄯、蘭、階、洮、岷、廓、疊、宕、涼、瓜、沙、甘、肅爲隴右道。楊、楚、滁、和、壽、廬、舒、光、蘄、黃、安、申爲淮南道。潤、常、蘇、湖、杭、睦、越、衢、婺、括、台、福、建、泉、宣、歙、池、洪、江、鄂、岳、饒、信、虔、吉、袁、撫、潭、衡、永、道、郴、邵、黔、辰、夷、思、棘爲江南道。益、嘉、眉、邛、簡、資、巂、雅、南會、翼、維、松、姚、恭、戎、梓、遂、綿、劍、合、龍、普、渝、陵、榮、瀘爲劍南道。廣、番、循、潮、南康、瀧、端、新、封、南宕、春、羅、南石、高、南合、崖、振、邕、南方、南簡、淳、欽、南尹、象、藤、桂、梧、賀、連、南昆、靜、樂、南恭、融、容、牢、南林、南扶、南越、南義、交、陸、峯、愛、南德爲嶺南道。

10 三月，癸巳，皇后帥內外命婦親蠶。內命婦，宮內女官，自貴妃至侍巾，亦分九品。外命婦有六：王、嗣王、郡王之母、妻爲妃，一品之國公母、妻爲國夫人，三品以上母、妻爲郡夫人，四品母、妻爲郡君，五品母、妻爲縣君，勳官四品有封者，母、妻爲鄉君。凡外命婦朝參，視夫、子之品。唐制，皇后以季春吉巳享先蠶，遂以親桑。輿服志：皇后親蠶，服鞠衣，黃羅爲之。帥，讀曰率。

11 閏月，癸丑朔，日有食之。

12 壬申，上謂太子少師蕭瑀曰：「朕少好弓矢，少，詩照翻。瑀，音禹。好，呼到翻。得良弓十數，自謂無以加，近以示弓工，乃曰『皆非良材』。朕問其故，工曰：『木心不直，則脈理皆邪，弓雖勁而發矢不直。』朕始寤曏者辨之未精也。朕以弓矢定四方，識之猶未能盡，況天下之務，其能徧知乎！」乃令京官五品以上京官，卽在京職事官也。更宿中書內省，更，工衡翻。數延見，問以民間疾苦，政事得失。數，所角翻；下數與同。

13 涼州都督長樂王幼良，性粗暴，樂，音洛。左右百餘人，皆無賴子弟，侵暴百姓；又與羌、胡互市。或告幼良有異志，上遣中書令宇文士及馳驛代之，并按其事。左右懼，謀劫幼良入北虜，又欲殺士及據有河西。復有告其謀者，復，扶又翻；下汗復、復與同。夏，四月，癸巳，賜幼良死。

14 五月，苑君璋帥衆來降。帥，讀曰率。降，戶江翻；下同。初，君璋引突厥陷馬邑，殺高滿政，事見一百九十卷高祖武德六年。厥，九勿翻。退保恆安。隋朔州雲內縣之恆安鎮，卽後魏所都之平城也，唐後置雲州及雲中縣。恆，戶登翻。其衆皆中國人，多棄君璋來降。君璋懼，亦降，請捍北邊以贖罪，上皇許之。君璋請約契，上皇使鴈門人元普賜之金券。鴈門縣帶代州，漢廣武縣地。頡利可汗復遣人招之，頡，奚結翻。可，從刊入聲。汗，音寒。君璋猶豫未決，恆安人郭子威說君璋以「恆安地險城堅，說，輸芮翻。突厥方強，且當倚之以觀變，未可束手於人。」君璋乃執元普送突厥，復與之合，數與突厥入寇。數，所角翻。至是，見頡利政亂，知其不足恃，遂帥衆來降。苑君璋與劉武周同起，至是始降。上以君璋爲隰州都督、芮國公。芮，古國名。

15 有上書請去佞臣者，上，時掌翻。去，羌呂翻。上問：「佞臣爲誰？」對曰：「臣居草澤，不能的知其人，願陛下與羣臣言，或陽怒以試之，彼執理不屈者，直臣也，畏威順旨者，佞臣也。」上曰：「君，源也；臣，流也；濁其源而求其流之清，不可得矣。君自爲詐，何以責臣下之直乎！朕方以至誠治天下，見前世帝王好以權譎小數接其臣下者，常竊恥之。治，直之翻。好，呼到翻。譎，古穴翻。卿策雖善，朕不取也。」

16 六月，辛巳，右僕射密明公封德彝薨。諡法，思慮果遠曰明。註云：自任近乎專。

17 壬辰，復以太子少師蕭瑀爲左僕射。蕭瑀去年免官。復，扶又翻；下弟復同。少，始照翻。瑀，音禹。

18 戊申，上與侍臣論周、秦脩短，蕭瑀對曰：「紂爲不道，武王征之。周及六國無罪，始皇滅之。得天下雖同，人心則異。」上曰：「公知其一，未知其二。周得天下，增脩仁義；秦得天下，益尚詐力：此脩短之所以殊也。蓋取之或可以逆得，守之不可以不順故也。」瑀謝不及。

19 山東大旱，詔所在賑恤，無出今年租賦。賑，忍津翻。

20 秋，七月，壬子，以吏部尚書長孫無忌爲右僕射。無忌與上爲布衣交，加以外戚，有佐命功，無忌，皇后之兄，以佐誅建成、元吉爲功。長，知兩翻。上委以腹心，其禮遇羣臣莫及，欲用爲宰相者數矣。歐陽修曰：唐因隋制，以三省之長，尚書令、侍中、中書令共議國政，此宰相職也。後以太宗爲尚書令，臣下避不敢居其職，由是僕射爲尚書省長官，與侍中、中書令號爲宰相。其品位既崇，不欲輕以授人，故常以他官居宰相職而假以他名，如杜淹以吏部尚書參議朝政，魏徵以祕書監參預朝政，或曰參議得失、參知政事之類，其名非一，皆宰相職也。數，所角翻。文德皇后固請曰：「妾備位椒房，家之貴寵極矣，誠不願兄弟復執國政。呂、霍、上官，可爲切骨之戒，幸陛下矜察！」上不聽，卒用之。卒，子恤翻。

21 初，突厥性淳厚，政令質略。頡利可汗得華人趙德言，委用之。厥，九勿翻。頡，奚結翻。可，從刊入聲。汗，音寒。華人，謂中國人也。華，讀如字。德言專其威福，多變更舊俗，政令煩苛，國人始不悅。頡利又好信任諸胡而疏突厥，胡人貪冒，多反覆，兵革歲動；數興兵討其反覆者，故無寧歲。更，工衡翻。好，呼到翻。冒，莫北翻。會大雪，深數尺，深，式鴆翻。雜畜多死，連年饑饉，民皆凍餒。頡利用度不給，重斂諸部，畜，許救翻。斂，力贍翻。由是內外離怨，諸部多叛，兵浸弱。言事者多請擊之，上以問蕭瑀、長孫無忌瑀，音禹。長，知兩翻。曰：「頡利君臣昏虐，危亡可必。今擊之，則新與之盟；不擊，恐失機會；如何而可？」瑀請擊之。無忌對曰：「虜不犯塞而棄信勞民，非王者之師也。」上乃止。

22上問公卿以享國久長之策，蕭瑀言：「三代封建而久長，秦孤立而速亡。」上以爲然，於是始有封建之議。

23黃門侍郎王珪有密奏，附侍中高士廉，寢而不言。上聞之，八月，戊戌，出士廉爲安州大都督。

24九月，庚戌朔，日有食之。

25辛酉，中書令宇文士及罷爲殿中監，御史大夫杜淹參豫朝政。朝，直遙翻。考異曰：實錄云「杜淹署位」，不知所謂署位何也，今從新書宰相表。是時宰相無定名，或云參預朝政，或云參知機務之類甚衆，不知其入銜否也。如李靖「三兩日一至門下、中書平章政事」，魏徵「朝章國典，參議得失」之類，則決不入銜矣。他官參豫政事自此始。

淹薦刑部員外郎邸懷道，刑部郎，掌貳尚書、侍郎，舉其典憲，而辯其輕重。邸，丁禮翻，姓也；後魏有邸珍。【嚴：「邸」改「邳」。】上問其行能，行，下孟翻。對曰：「煬帝將幸江都，召百官問行留之計，懷道爲吏部主事，唐承隋制，尚書諸司皆有主事，從九品上。獨言不可。臣親見之。」上曰：「卿稱懷道爲是，何爲自不正諫？」對曰：「臣爾時不居重任，又知諫不從，徒死無益。」上曰：「卿知煬帝不可諫，何爲立其朝？既立其朝，何得不諫？卿仕隋，容可云位卑；後仕王世充，尊顯矣，何得亦不諫？」對曰：「臣於世充非不諫，但不從耳。」上曰：「世充若賢而納諫，不應亡國；若暴而拒諫，卿何得免禍？」淹不能對。上曰：「今日可謂尊任矣，可以諫未？」對曰：「願盡死。」上笑。

26 辛未，幽州都督王君廓謀叛，道死。

君廓在州，驕縱多不法，徵入朝。朝，直遙翻；下同。長史李玄道，房玄齡從甥也，從，才用翻。憑君廓附書。君廓私發之，不識草書，疑其告己罪；行至渭南，後魏於新豐、鄭縣之間置渭南郡，隋廢郡爲縣，屬京兆尹，在長安東一百一十五里。殺驛吏而逃，將奔突厥，厥，九勿翻。爲野人所殺。

27 嶺南酋長馮盎、談殿等迭相攻擊，談，姓；殿，名。姓譜：蜀錄云：晉有征東將軍談巴。酋，慈由翻。長，知兩翻。久未入朝，朝，直遙翻。諸州奏稱盎反，前後以十數；上命將軍藺謩等發江、嶺數十州兵討之。魏徵諫曰：「中國初定，嶺南瘴癘險遠，不可以宿大兵。且盎反狀未成，未宜動衆。」上曰：「告者道路不絕，何云反狀未成？」對曰：「盎若反，必分兵據險，攻掠州縣。今告者已數年，而兵不出境，此不反明矣。諸州既疑其反，陛下又不遣使鎮撫，使，疏吏翻；

下同。彼畏死，故不敢入朝。若遣信臣示以至誠，彼喜於免禍，可不煩兵而服。」上乃罷兵。冬，十月，乙酉，遣員外散騎侍郎李公掩持節慰諭之，散，悉亶翻。騎，奇寄翻。考異曰：魏文貞公故事作「李公淹」，又有前蒲州刺史韋叔諧偕行。今從實錄。盎遣其子智戴隨使者入朝。上曰：「魏徵令我發一介之使，而嶺表遂安，使，疏吏翻。朝，直遙翻。勝十萬之師，不可不賞。」賜徵絹五百匹。

28 十二月，壬午，左僕射蕭瑀坐事免。瑀，音禹。

29 戊申，利州都督【章：十二行本「督」下有「義安王」三字；乙十一行本同；孔本同；張校同。】李孝常等謀反，伏誅。

孝常因入朝，留京師，與右武衛將軍劉德裕及其甥統軍元弘善、監門將軍長孫安業互說符命，謀以宿衛兵作亂。監，工銜翻。長，知兩翻。安業，皇后之異母兄也，嗜酒無賴；父晟卒，卒，子恤翻。弟無忌及后並幼，安業斥還舅氏。高士廉，無忌及后之舅也。及上即位，后不以舊怨爲意，恩禮甚厚。及反事覺，后涕泣爲之固請曰：泣爲，于僞翻。「安業罪誠當萬死。然不慈於妾，天下知之；今寘以極刑，人必謂妾所爲，恐亦爲聖朝之累。」累，力瑞翻。由是得減死，流嶲州。嶲，音髓。

30 或告右丞魏徵私其親戚，上使御史大夫溫彥博按之，無狀。言無其事狀。彥博言於上曰：「徵不存形迹，遠避嫌疑，遠，于願翻。心雖無私，亦有可責。」上令彥博讓徵，且曰：「自今宜存形迹。」他日，徵入見，見，賢遍翻；下進見同。言於上曰：「臣聞君臣同體，宜相與盡誠；若上下俱存形迹，則國之興喪尚未可知，喪，息浪翻。臣不敢奉詔。」上瞿然曰：「吾已悔之。」瞿，九遇翻。徵再拜曰：「臣幸得奉事陛下，願使臣爲良臣，勿爲忠臣。」上曰：「忠、良有以異乎？」對曰：「稷、契、皋陶，君臣協心，俱享尊榮，所謂良臣。契，息列翻。陶，音遙。龍逄、比干，面折廷爭，身誅國亡，所謂忠臣。」逄，皮江翻。折，之舌翻。爭，讀曰諍。上悅，賜絹五百匹。

上神采英毅，羣臣進見者，皆失舉措；上知之，每見人奏事，必假以辭色，冀聞規諫。嘗謂公卿曰：「人欲自見其形，必資明鏡；君欲自知其過，必待忠臣。苟其君愎諫自賢，愎，符逼翻。其臣阿諛順旨，君既失國，臣豈能獨全！如虞世基等諂事煬帝以保富貴，煬帝既弒，世基等亦誅。事見一百八十五卷高祖武德元年。公輩宜用此爲戒，事有得失，毋惜盡言！」

31 或上言秦府舊兵，宜盡除武職，追入宿衛。上，時掌翻。上謂之曰：「朕以天下爲家，惟賢是與，豈舊兵之外皆無可信者乎！汝之此意，非所以廣朕德於天下也。」

32 上謂公卿曰：「昔禹鑿山治水而民無謗讟者，與人同利故也。治，直之翻。秦始皇營宮室而人怨叛者，病人以利己故也。夫靡麗珍奇，固人之所欲，夫，音扶。若縱之不已，則危亡立至。朕欲營一殿，材用已具，鑒秦而止。王公已下，宜體朕此意。」由是二十年間，風俗素朴，衣無錦繡，公私富給。

33 上謂黃門侍郎王珪曰：「國家本置中書、門下以相檢察，中書詔敕或有差失，則門下當行駁正。中書出命，門下審駁。按唐制，凡詔旨制敕，璽書冊命，皆中書舍人起草進畫，既下，則署行而過門下省，有不便者，塗竄而奏還，謂之塗歸。駁，北角翻。人心所見，互有不同，苟論難往來，務求至當，難，乃旦翻。當，丁恨翻。捨己從人，亦復何傷！比來或護己之短，遂成怨隙，復，扶又翻。比，毗至翻。或苟避私怨，知非不正，言知其非而不加駁正也。順一人之顏情，爲兆民之深患，此乃亡國之政也。煬帝之世，內外庶官，務相順從，當是之時，皆自謂有智，禍不及身。及天下大亂，家國兩亡，雖其間萬一有得免者，亦爲時論所貶，終古不磨。卿曹各當徇公忘私，勿雷同也！」

34 上謂侍臣曰：「吾聞西域賈胡得美珠，剖身以藏之，賈，音古。有諸？」侍臣曰：「有之。」上曰：「人皆知【章：十二行本「知」下有「笑」字；乙十一行本同；張校同，云無註本亦無。】彼之愛珠而不愛其身也；吏受賕抵法，與帝王徇奢欲而亡國者，何以異於彼胡之可笑邪！」賕，音求。邪，音耶。魏徵曰：「昔魯哀公謂孔子曰：『人有好忘者，徙宅而忘其妻。』孔子曰：『又有甚者，桀、紂乃忘其身。』亦猶是也。」好，呼到翻。忘，巫放翻。上曰：「然。朕與公輩宜戮力相輔，庶免爲人所笑也！」

35 青州有謀反者，州縣逮捕支黨，收繫滿獄，詔殿中侍御史安喜崔仁師覆按之。曹魏時，蘭臺遣御史二人居殿中，伺察姦非，遂稱殿中侍御史；唐從七品下，掌朝廷供奉之儀式。安喜縣，屬定州，漢爲盧奴、安險二縣地，章帝改爲安喜，慕容垂改安喜爲不連，後魏復曰安喜；後齊廢盧奴縣入安喜，隋改曰鮮虞，唐復曰安喜。仁師至，悉脫去杻械，去，羌呂翻。杻，女九翻。與飲食湯沐，寬慰之，止坐其魁首十餘人，餘皆釋之。還報，敕使將往決之。此時敕使非官，官凡奉敕出使者則謂之敕使。使，疏吏翻。大理少卿孫伏伽謂仁師曰：「足下平反者多，少，始照翻。反，音翻。人情誰不貪生，恐見徒侶得免，未肯甘心，深爲足下憂之。」爲，于僞翻；下不爲、竊爲同。仁師曰：「凡治獄當以平恕爲本，豈可自規免罪，規，圖也。治，直之翻。知其冤而不爲伸邪！邪，音耶。萬一闇短，誤有所縱，以一身易十囚之死，亦所願也。」伏伽慚而退。及敕使至，更訊諸囚，皆曰：「崔公平恕，事無枉濫，請速就死。」無一人異辭者。

36 上好騎射，好，呼到翻；下同。騎，奇寄翻。孫伏伽諫，以爲：「天子居則九門，天門九重，人主之門亦曰九重。所謂禁衞九重，虎豹九關，皆言九門也。行則警蹕，非欲苟自尊嚴，乃爲社稷生民之計也。陛下好自走馬射的以娛悅近臣，此乃少年爲諸王時所爲，少，詩照翻。非今日天子事業也。既非所以安養聖躬，又非所以儀刑後世，臣竊爲陛下不取。」上悅。未幾，以伏伽爲諫議大夫。幾，居豈翻。考異曰：韓琬御史臺記：「伏伽，武德中自萬年主簿上疏極諫，太宗怒，命引出斬之。伏伽曰：『臣寧與關龍逄遊於地下，不願事陛下。』太宗曰：『朕試卿耳。卿能若是，朕何憂社稷！』命授之三品。宰臣曰：『伏伽匡陛下之過，自主簿授之三品，彰陛下之過深矣，請授之五品。』遂拜爲諫議大夫。」按高祖實錄，「武德元年，伏伽自萬年縣法曹上書，高祖詔授治書侍御史。」御史臺記誤也。今據魏徵故事。

37 隋世選人，十一月集，至春而罷，人患其期促。至是，吏部侍郎觀城劉林甫觀縣，古之觀國。國語註曰：夏啓子太康之弟所封也。觀縣，漢屬東郡，光武改曰衞縣，晉、魏屬頓丘郡，曰衞國縣，隋開皇六年改曰觀城縣，屬魏州，唐屬澶州。選，須絹翻；下同。觀，古玩翻。奏四時聽選，隨闕注擬，人以爲便。唐初，士大夫以亂離之後，不樂仕進，官員不充。省符下諸州差人赴選，州府及詔使樂，音洛。下，遐稼翻。使，疏吏翻。詔使，卽前所謂敕使。多以赤牒補官。至是盡省之，勒赴省選，集者七千餘人，林甫隨才銓敍，各得其所，時人稱之。詔以關中米貴，始分人於洛州選。

上謂房玄齡曰：「官在得人，不在員多。」命玄齡併省，留文武總六百四十三員。

38 隋祕書監晉陵劉子翼，晉陵縣帶常州。有學行，性剛直，朋友有過，常面責之。李百藥常稱：「劉四雖復罵人，劉子翼第四，唐人多以第行相呼。學行，下孟翻。復，扶又翻。人終不恨。」是歲，有詔徵之，辭以母老，不至。

39 鄃令裴仁軌鄃縣，漢、晉屬清河郡，中廢，隋開皇十六年置，屬貝州。鄃，音輸。私役門夫，上怒，欲斬之。殿中侍御史長安李乾祐諫曰：「法者，陛下所與天下共也，非陛下所獨有也。今仁軌坐輕罪而抵極刑，臣恐人無所措手足。」上悅，免仁軌死，以乾祐爲侍御史。唐制，殿中侍御史，從七品下；侍御史，從六品下。

40上嘗語及關中、山東人，意有同異。殿中侍御史義豐張行成跪奏曰：義豐，漢中山安國縣，隋開皇六年改曰義豐，屬定州。「天子以四海爲家，不當有東西之異；恐示人以隘。」上善其言，厚賜之。自是每有大政，常使預議。

41初，突厥既強，敕勒諸部分散，有薛延陀、迴紇、都播、骨利幹、多濫葛、同羅、僕固、拔野古、思結、渾、斛薛、結、阿跌、契苾、白霫等十五部，皆居磧北，風俗大抵與突厥同；厥，九勿翻。敕勒，卽鐵勒也。薛延陀先與薛種雜居，後滅延陀部有之，號薛延陀，姓一利咥氏。回紇先曰袁紇，亦曰烏護，曰烏紇，至隋曰韋紇，後稱回紇，姓藥葛羅氏，居薛延陀北娑陵水上，距長安七千里。都播亦曰都波，其地北瀕小海，西堅昆，南回紇。骨利幹居瀚海北。多濫葛亦曰多覽葛，在薛延陀東，瀕同羅水。同羅在薛延陀北，多濫葛之東，距長安七千里而贏。僕固亦曰僕骨，在多濫葛之東，地最北。拔野古一曰拔野固，或爲拔曳固，漫散磧北，地千里，直僕固，鄰于靺鞨。思結在延陀故牙。渾在諸部最南。斛薛居多濫葛北。奚結在同羅北。阿跌一曰訶跌，或爲𧿹跌。契苾一曰契苾羽，在焉耆西北鷹娑川，多濫葛之南。白霫居鮮卑故地，直京師東北五千里，與同羅、僕固接，避薛延陀，保奧支水冷陘山。「斛薛」之下「結」之上當有「奚」字。紇，音鶻。跌，徒結翻。契，欺訖翻。苾，毗必翻，又蒲結翻。霫，似入翻。磧，七迹翻。考異曰：舊書「敕勒」作「鐵勒」。新書云：卽元魏時高車。或曰：「敕勒」訛爲「鐵勒」。今從新書。舊書「多濫葛」作「多覽葛」，又作「多臘葛」。今從實錄、唐統紀。又舊書「僕固」或作「僕骨」。按胡語難明，以中國字寫之，故訛謬不壹。今從陳子昂集及僕固懷恩傳。薛延陀於諸部爲最強。

西突厥曷薩那可汗方強，敕勒諸部皆臣之。曷薩那徵稅無度，諸部皆怨。曷薩那誅其渠帥百餘人，敕勒相帥叛之，薩，桑葛翻。可，從刊入聲。汗，音寒。渠帥，所類翻。相帥，讀曰率。共推契苾哥楞爲易勿眞莫賀可汗，居貪于山北。楞，盧登翻。「貪于山」，新書作「貪汗山」。又以薛延陀乙失鉢爲也咥小可汗，咥，徒結翻。居燕末山北。燕，因肩翻。及射匱可汗兵復振，復，扶又翻。薛延陀、契苾二部並去可汗之號以臣之。此上皆序隋時事。去，羌呂翻。

回紇等六部在鬱督軍山者，東屬始畢可汗。鬱督軍山在大漠外，直長安西北六千里。統葉護可汗勢衰，乙失鉢之孫夷男帥部落七萬餘家，附于頡利可汗。帥，讀曰率；下同。頡，奚結翻。考異曰：舊鐵勒傳云：「貞觀二年，葉護可汗死，其國大亂，夷男始附于頡利。」按突厥傳，元年，薛延陀已叛頡利，擊走其欲谷設。安得二年始附頡利乎！頡利政亂，薛延陀與回紇、拔野古等相帥叛之。頡利遣其兄子欲谷設將十萬騎討之，新書阿史那社爾傳，以欲谷設爲頡利子。考異曰：舊阿史那社爾傳，薛延陀、回紇等叛，在武德九年。今從突厥傳。回紇酋長菩薩將五千騎，與戰於馬鬣山，大破之。將，即亮翻。騎，奇寄翻。酋，慈由翻。長，知兩翻。菩，薄乎翻。薩，桑葛翻。欲谷設走，菩薩追至天山，部衆多爲所虜，回紇由是大振。薛延陀又破其四設，突厥號典兵者爲設；四設，四部帥之典兵者也。頡利不能制。

頡利益衰，國人離散。會大雪，平地數尺，羊馬多死，民大饑，頡利恐唐乘其弊，引兵入朔州境上，揚言會獵，實設備焉。鴻臚卿鄭元璹使突厥還，周有大行人之官，秦爲典客，漢景帝曰大行，武帝曰大鴻臚。梁置十二卿，鴻臚爲冬卿，去「大」字；唐因之，掌賓客及凶儀之事。璹，殊玉翻。臚，陵如翻。

言於上曰：「戎狄興衰，專以羊馬爲候。今突厥民飢畜瘦，畜，許救翻；下同。此將亡之兆也，不過三年。」上然之。羣臣多勸上乘間擊突厥，上曰：「新與人盟而背之，不信；間，古莧翻。背，蒲妹翻。利人之災，不仁；乘人之危以取勝，不武。縱使其種落盡叛，六畜無餘，朕終不擊，必待有罪，然後討之。」種，章勇翻。畜，許救翻。

西突厥統葉護可汗厥，九勿翻。可，從刊入聲。汗，音寒。考異曰：高祖實錄止云「葉護」，舊傳作「統葉護」，今從之。遣眞珠統俟斤與高平王道立來，高平王道立使西突厥，見上卷高祖武德八年。俟，渠之翻。獻萬釘寶鈿金帶，馬五千匹，以迎公主。頡利不欲中國與之和親，數遣兵入寇，數，所角翻。又遣人謂統葉護曰：「汝迎唐公主，要須經我國中過。」統葉護患之，未成婚。

二年（戊子、六二八）

1春，正月，辛亥，右僕射長孫無忌罷。從無忌之請也。考下文可見。長，知兩翻。時有密表稱無忌權寵過盛者，上以表示之，曰：「朕於卿洞然無疑，若各懷所聞而不言，則君臣之意有不通。」又召百官謂之曰：「朕諸子皆幼，視無忌如子，非他人所能間也。」無忌自懼滿盈，固求遜位，皇后又力爲之請，間，古莧翻。爲，于僞翻。上乃許之，以爲開府儀同三司。

2置六司侍郎，副六尚書；六司侍郎，吏部正四品上，餘皆正四品下。幷置左右司郎中各一人。左、右司郎中，從五品上。尚書左丞勾吏、戶、禮十二司，右丞管兵、刑、工十二司；左、右司郎中各掌副十二司之事，以舉正稽違，省署符目。

3 癸丑，吐谷渾寇岷州，都督李道彥擊走之。吐，從暾入聲。谷，音浴。

4 丁巳，徙漢王恪爲蜀王，衞王泰爲越王，楚王祐爲燕王。燕，因肩翻。

5 上問魏徵曰：「人主何爲而明，何爲而暗？」對曰：「兼聽則明，偏信則暗。昔堯清問下民，故有苗之惡得以上聞；書呂刑曰：皇帝清問下民，鰥寡有辭于苗。上，時掌翻。舜明四目，達四聰，故共、鯀、驩兜不能蔽也。舜明目達聰，而難任人，故四凶不能逃其罪也。共，音恭。秦二世偏信趙高，以成望夷之禍；事見秦紀。梁武帝偏信朱异，以取臺城之辱；事見梁紀。隋煬帝偏信虞世基，以致彭城閣之變。事見隋煬帝紀及高祖武德元年。是故人君兼聽廣納，則貴臣不得擁蔽，而下情得以上通也。」上曰：「善！」

上謂黄門侍郎王珪曰：「開皇十四年大旱，隋文帝不許賑給，而令百姓就食山東，比至末年，賑，津忍翻。比，必利翻，及也。天下儲積可供五十年。煬帝恃其富饒，侈心無厭，厭，於鹽翻。卒亡天下。卒，子恤翻；下同。但使倉廩之積足以備凶年，其餘何用哉！」

6 二月，上謂侍臣曰：「人言天子至尊，無所畏憚。朕則不然，上畏皇天之監臨，下憚羣臣之瞻仰，兢兢業業，猶恐不合天意，未副人望。」魏徵曰：「此誠致治之要，治，直吏翻；下同。願陛下慎終如始，則善矣。」

7上謂房玄齡等曰：「爲政莫若至公。昔諸葛亮竄廖立、李嚴於南夷，亮卒而立、嚴皆悲泣，有死者，事見七十二卷魏明帝青龍二年。廖，力救翻，又力弔翻。卒，子恤翻。非至公能如是乎！又高熲爲隋相，公平識治體，隋之興亡，繫熲之存沒。事見隋紀。朕既慕前世之明君，卿等不可不法前世之賢相也！」相，息亮翻。

8三月，戊寅【嚴：「寅」改「申」。】朔，日有食之。

9壬子，大理少卿胡演進每月囚帳；少，始照翻。囚帳，具每月禁繫罪囚之姓名，猶今之禁曆也。上命自今大辟辟，毗亦翻。皆令中書、門下四品已上自二省長貳而下至諫議大夫也。及尚書議之，庶無冤濫。既而引囚，至岐州刺史鄭善果，上謂胡演曰：「善果雖復有罪，復，扶又翻。官品不卑，豈可使與諸囚爲伍。自今三品已上犯罪，不須引過，聽於朝堂俟進止。」太極宮承天門左右有東西朝堂。朝，直遙翻；下同。

10關内旱饑，民多賣子以接衣食；己巳，詔出御府金帛爲贖之，歸其父母。爲，于僞翻。庚午，詔以去歲霖雨，今茲旱、蝗，赦天下。詔書略曰：「若使年穀豐稔，天下乂安，移災朕身，以存萬國，是所願也，甘心無吝。」會所在有雨，民大悅。

11夏，四月，己卯，詔以「隋末亂離，因之饑饉，暴骸滿野，傷人心目，宜令所在官司收瘞。」瘞，於計翻。

12 初，突厥突利可汗建牙直幽州之北，主東偏，奚、霫等數十部多叛突厥來降，厥，九勿翻。可，從刊入聲。汗，音寒。霫，先立翻。降，戶江翻。頡利可汗以其失衆責之。及薛延陀、回紇等敗欲谷設，頡，奚結翻。紇，下沒翻。敗，補邁翻。頡利遣突利討之，突利兵又敗，輕騎奔還。騎，奇寄翻。還，從宣翻。頡利怒，拘之十餘日而撻之，突利由是怨，陰欲叛頡利。頡利數徵兵於突利，數，所角翻。突利不與，表請入朝。上謂侍臣曰：「曏者突厥之強，控弦百萬，憑陵中夏，夏，戶雅翻。用是驕恣以失其民。今自請入朝，非困窮，肯如是乎！朕聞之，且喜且懼。何則？突厥衰則邊境安矣，故喜。然朕或失道，他日亦將如突厥，能無懼乎！卿曹宜不惜苦諫，以輔朕之不逮也。」

頡利發兵攻突利，丁亥，突利遣使來求救，頡，奚結翻。使，疏吏翻；下同。上謀於大臣曰：「朕與突利爲兄弟，有急不可不救。結兄弟，事見上卷高祖武德七年。然頡利亦與之有盟，謂渭橋之盟也，見上卷武德九年。柰何？」兵部尚書杜如晦曰：「戎狄無信，終當負約，今不因其亂而取之，後悔無及。夫取亂侮亡，書仲虺之誥之辭。夫，音扶。古之道也。」

丙申，契丹酋長帥其部落來降。契，欺訖翻，又音喫。酋，慈由翻。長，知兩翻。降，戶江翻；下同。頡利遣使請以梁師都易契丹，上謂使者曰：「契丹與突厥異類，今來歸附，何故索之！索，山客翻。師都中國之人，盜我土地，暴我百姓，突厥受而庇之，我興兵致討，輒來救之，彼如魚游釜中，何患不爲我有！借使不得，亦終不以降附之民易之也。」

先是，上知突厥政亂，不能庇梁師都，先，悉薦翻。以書諭之，師都不從。上遣夏州都督長史劉旻、司馬劉蘭成圖之，夏，戶雅翻。長，知兩翻。旻等數遣輕騎踐其禾稼，多縱反間，離其君臣，其國漸虛，降者相屬。數，所角翻。騎，奇寄翻。踐，慈演翻。間，古莧翻。屬，之欲翻。其名將李正寶等謀執師都，事洩，來奔，將，卽亮翻。洩，息列翻。由是上下益相疑。旻等知可取，上表請兵。上，時掌翻。上遣右衛大將軍柴紹、殿中少監薛萬均擊之，少，始照翻。又遣旻等據朔方東城以逼之。克東城見一百九十卷武德五年。師都引突厥兵至城下，劉蘭成偃旗臥鼓不出。師都宵遁，蘭成追擊，破之。突厥大發兵救師都，柴紹等未至朔方數十里，與突厥遇，奮擊，大破之，遂圍朔方。突厥不敢救，城中食盡。壬寅，師都從父弟洛仁殺師都，以城降，梁師都，隋大業末起兵，至是而滅。從，才用翻。以其地爲夏州。夏，戶雅翻。

13 太常少卿祖孝孫，以梁、陳之音多吳、楚，周、齊之音多胡、夷，於是斟酌南北，考以古聲，少，始照翻。作唐雅樂，凡八十四調、三十一曲、十二和。律有七聲，十二律凡八十四調。隋有皇夏十四曲，孝孫制十二和，以法天之成數，凡三十一曲。十二和者，一曰豫和，二曰順和，三曰永和，四曰肅和，五曰雍和，六曰壽和，七曰舒和，八曰太和，九曰昭和，十曰休和，十一曰正和，十二曰承和。調，徒弔翻。和如字。詔協律郎張文收與孝孫同脩定。漢協律都尉，佩二千石印綬。唐協律郎，正八品上，屬太常寺。六月，乙酉，孝孫等奏新樂。上曰：「禮樂者，蓋聖人緣情以設教耳，治之隆替，豈由於此？」治，直吏翻。御史大夫杜淹曰：「齊之將亡，作伴侶曲，北齊之時，陽俊之多作六言歌辭，淫蕩而拙，世俗流傳，名爲陽五伴侶。陳之將亡，作玉樹後庭花，杜佑曰：玉樹後庭花，堂堂黄鸝留，金釵兩鬢垂，並陳後主所造，恆與宮中女學士及朝臣唱和爲詩，太樂令何胥採其尤輕豔者爲此曲。其聲哀思，思，相吏翻。行路聞之皆悲泣，何得言治之隆替不在樂也！」上曰：「不然。夫樂能感人，故樂者聞之則喜，夫，音扶。故樂，音洛。憂者聞之則悲，悲喜在人心，非由樂也。將亡之政，民必愁苦，故聞樂而悲耳。今二曲具存，朕爲公奏之，爲，于僞翻。公豈悲乎？」右丞魏徵曰：「古人稱『禮云禮云，玉帛云乎哉！樂云樂云，鍾鼓云乎哉！』論語載孔子之言。樂誠在人和，不在聲音也。」

臣光曰：臣聞垂能目制方圓，心度曲直，垂，古之巧人。度，徒洛翻。然不能以教人，其所以教人者，必規矩而已矣。聖人不勉而中，中，竹仲翻。不思而得，然不能以授人，其所以授人者，必禮樂而已矣。禮者，聖人之所履也；樂者，聖人之所樂也。聖人履中正而樂和平，所樂，音洛；下所樂、哀樂同。又思與四海共之，百世傳之，於是乎作禮樂焉。故工人執垂之規矩而施之器，是亦垂之功已；王者執五帝、三王之禮樂而施之世，是亦五帝、三王之治已。治，直吏翻；下同。五帝、三王，其違世已久，後之人見其禮知其所履，聞其樂知其所樂，炳然若猶存於世焉，此非禮樂之功邪！所樂，音洛。邪，音耶。

夫禮樂有本、有文：夫，音扶。中和者，本也；容聲者，末也；二者不可偏廢。先王守禮樂之本，未嘗須臾去於心，行禮樂之文，未嘗須臾遠於身。興於閨門，著於朝廷，被於鄉遂比鄰，遠，于願翻。被，皮義翻。朝，直遙翻。比，毗至翻，又音毗。達於諸侯，流於四海，自祭祀軍旅至於飲食起居，未嘗不在禮樂之中；如此數十百年，然後治化周浹，鳳凰來儀也。浹，即協翻。苟無其本而徒有其末，一日行之而百日捨之，求以移風易俗，誠亦難矣。是以漢武帝置協律，歌天瑞，非不美也，不能免哀痛之詔。見本紀。王莽建羲和，考律呂，非不精也，不能救漸臺之禍。王莽令劉歆考定律呂，羲和掌之。班固取以志律曆。漸臺事見漢淮陽王紀。漸，子廉翻。晉武制笛尺，調金石，非不詳也，不能弭平陽之災。晉武帝使荀勗定鍾律。平陽之災，謂懷、愍二帝蒙塵也。梁武帝立四器，調八音，非不察也，不能免臺城之辱。四器，謂制四通也。事見一百四十五卷天監元年。臺城之辱見一百六十二卷太清三年。然則韶、夏、濩、武之音，具存於世，舜樂曰韶，禹樂曰夏，湯樂曰濩，周武王樂曰武。夏，戶雅翻。濩，戶故翻。苟其餘【張：「餘」作「德」。】不足以稱之，稱，尺證翻。曾不能化一夫，況四海乎！是猶執垂之規矩而無工與材，坐而待器之成，終不可得也。況齊、陳淫昏之主，亡國之音，蹔奏於庭，烏能變一世之哀樂乎！蹔，與暫同。樂，音洛。而太宗遽云治之隆替不由於樂，何發言之易易，以豉翻。而果於非聖人也如此！

夫禮非威儀之謂也，夫，音扶。然無威儀則禮不可得而行矣。樂非聲音之謂也，然無聲音則樂不可得而見矣。譬諸山，取其一土一石而謂之山則不可，然土石皆去，山於何在哉！故曰：「無本不立，無文不行。」記禮器之言。柰何以齊、陳之音不驗於今世而謂樂無益於治亂，何異睹拳石而輕泰山乎！必若所言，則是五帝、三王之作樂皆妄也。「君子於其所不知，蓋闕如也，」論語載孔子之言。惜哉！

14 戊子，上謂侍臣曰：「朕觀隋煬帝集，文辭奥博，亦知是堯、舜而非桀、紂，然行事何其反也！」魏徵對曰：「人君雖聖哲，猶當虛己以受人，故智者獻其謀，勇者竭其力。煬帝恃其俊才，驕矜自用，故口誦堯、舜之言而身爲桀、紂之行，行，下孟翻。曾不自知以至覆亡也。」上曰：「前事不遠，吾屬之師也！」

15 畿內有蝗。辛卯，上入苑中，出玄武門北入禁苑。見蝗，掇數枚，掇，丁活翻，又陟劣翻，拾取也。祝之曰：「民以穀爲命，而汝食之，寧食吾之肺腸。」舉手欲吞之，左右諫曰：「惡物或成疾。」上曰：「朕爲民受災，爲，于僞翻。何疾之避！」遂吞之。是歲，蝗不爲災。

16 上曰：「朕每臨朝，欲發一言，未嘗不三思，朝，直遥翻。三，息暫翻，又如字。恐爲民害，是以不多言。」給事中知起居事杜正倫曰：「臣職在記言，古者有左、右史，天子言則左史書之，動則右史書之。隋始置起居舍人。貞觀二年，省起居舍人，移其職於門下省，置起居郎二員，其以他官兼者，謂之知起居注，知起居事。陛下之失，臣必書之，豈徒有害於今，亦恐貽譏於後。」上悅，賜帛二百段。

17 上曰：「梁武帝君臣惟談苦空，言所談者惟苦行空寂也。侯景之亂，百官不能乘馬。元帝爲周師所圍，猶講老子，百官戎服以聽。事見一百六十五卷梁元帝承聖三年。此深足爲戒。朕所好者，好，呼到翻。唯堯、舜、周、孔之道，以爲如鳥有翼，如魚有水，失之則死，不可暫無耳。」

18 以辰州刺史裴虔通，隋煬帝故人，特蒙寵任，而身爲弑逆，事見一百八十五卷高祖武德元年。按通鑑紀事各爲段，凡改段處，率空一字，別爲一節，此段頭既空字，「以」字之上，合有「上」字，文乃明。雖時移事變，屢更赦令，更，工衡翻。幸免族夷，不可猶使牧民，乃下詔除名，流驩州。貞觀元年，改德州日南郡曰驩州。虔通常言「身除隋室以啓大唐」，自以爲功，頗有觖望之色。觖，窺瑞翻，又於決翻，怨望也。及得罪，怨憤而死。

19 秋，七月，詔宇文化及之黨萊州刺史牛方裕、絳州刺史薛世良、廣州都督長史唐奉義、隋武牙郎將元禮並除名徙邊。長，知兩翻。武牙郎將卽虎牙郎將，唐避諱，改「虎」曰「武」。將，卽亮翻。

20 上謂侍臣曰：「古語有之：『赦者小人之幸，君子之不幸。』『一歲再赦，善人喑啞。』喑，於今翻。啞，烏下翻。夫養稂莠者害嘉穀，夫，音扶。稂，魯當翻。莠，與久翻。稂莠皆惡草害稼。赦有罪者賊良民，故朕卽位以來，不欲數赦，數，所角翻。恐小人恃之輕犯憲章故也！」

王崇武標點容肇祖聶崇岐覆校

# 資治通鑑卷第一百九十三

端明殿學士兼翰林侍讀學士太中大夫提舉西京嵩山崇福宮上柱國河內郡開國公食邑二千二百戶食實封九百戶賜紫金魚袋臣　司馬光　奉敕編集

後　學　天　台　胡三省　音　註

## 唐紀九

起著雍困敦（戊子）九月，盡重光單閼（辛卯），凡三年有奇。

### 太宗文武大聖大廣孝皇帝上之中

貞觀二年（戊子、六二八）

1 九月，丙午，初令致仕官【章：十二行本「官」下有「位」字；乙十一行本同；孔本同；張校同。】在本品之上。按唐會要，是時詔內外文武官年老致仕者，參朝之班，宜在本品見任之上。觀，古玩翻。

2 上曰：「比見羣臣屢上表賀祥瑞，比，毗至翻。上，時掌翻。夫家給人足而無瑞，不害爲堯、舜；百姓愁怨而多瑞，不害爲桀、紂。夫，音扶。後魏之世，吏焚連理木，煮白雉而食之，豈足爲至治乎！」治，直吏翻。丁未，詔：「自今大瑞聽表聞，按儀制令，凡景星、慶雲爲大瑞，其名物六十有四；白狼、赤兔爲上瑞，其名物三十有八；蒼烏、朱鴈爲中瑞，其名物三十有二；嘉禾、芝草、木連理爲下瑞，其名物十四。自外諸瑞，申所司而已。」唐六典：禮部郎中，凡祥瑞應見，皆辯其物名。嘗有白鵲構巢於寢殿槐上，合歡如腰鼓，合，音閤。左右稱賀。上曰：「我常笑隋煬帝好祥瑞。好，呼到翻。瑞在得賢，此何足賀！」命毀其巢，縱鵲於野外。

3 天少雨，少，詩沼翻。中書舍人李百藥上言：上，時掌翻。「往年雖出宮人，竊聞太上皇宮及掖庭宮人，無用者尚多，豈惟虛費衣食，且陰氣鬱積，亦足致旱。」上曰：「婦人幽閉深宮，誠爲可愍。灑掃之餘，亦何所用，灑，所賣翻；掃，素報翻；又並如字。宜皆出之，任求伉儷。」伉，苦浪翻。儷，郎計翻。於是遣尚書左丞戴胄、給事中洹水杜正倫洹水縣，周建德六年分臨漳東北界置，屬魏州。洹，于元翻。於掖庭西門簡出之，掖，音亦。前後所出三千餘人。

4 己未，突厥寇邊。厥，九勿翻。朝臣或請脩古長城，古長城，秦蒙恬所築者也。自漢至隋，沿邊所築城障非一處，而長城之延袤未有如秦者也。朝，直遙翻。發民乘堡障，上曰：「突厥災異相仍，頡利不懼而脩德，暴虐滋甚，骨肉相攻，亡在朝夕。朕方爲公掃清沙漠，爲，于僞翻。安用勞民遠脩障塞乎！」

5 壬申，以前司農卿竇靜爲夏州都督。夏，戶雅翻。靜在司農，少卿趙元楷善聚斂，少，始照翻。斂，力贍翻；下重斂同。靜鄙之，對官屬大言曰：司農官屬，有丞、主簿，上林、太倉、鉤盾、導官四署令、丞，太倉、永豐、龍門等倉。司竹、慶善、石門、溫泉湯等監，京都諸宮苑總監，諸園、苑監，苑四面監，九成宮監，諸鹽池監，諸屯監，各有監副、監丞，苑總監又有主簿，諸鹽池、諸屯監無副監。「隋煬帝奢侈重斂，司農非公不可；今天子節儉愛民，公何所用哉！」元楷大慚。

6 上問王珪曰：「近世爲國者益不及前古，何也？」對曰：「漢世尚儒術，宰相多用經術士，故風俗淳厚；近世重文輕儒，參以法律，此治化之所以益衰也。」治，直吏翻。上然之。

7 冬，十月，御史大夫參預朝政安吉襄公杜淹薨。朝，直遙翻；下同。

8 交州都督遂安公壽以貪得罪，遂安公壽，宗室也。上以瀛州刺史盧祖尚才兼文武，廉平公直，徵入朝，諭以「交趾久不得人，須卿鎮撫。」祖尚拜謝而出，既而悔之，辭以舊疾。上遣杜如晦等諭旨曰：「匹夫猶敦然諾，敦然諾，猶重然諾也。言既許人，則必踐言。奈何既許朕而復悔之！」祖尚固辭。戊子，上復引見，諭之，復，扶又翻。見，賢遍翻。祖尚固執不可。上大怒曰：「我使人不行，何以爲政！」命斬於朝堂，閣本太極宮圖：東西朝堂在承天門左右。承天門，外朝也。東朝堂之前有肺石，西朝堂之前有登聞鼓。尋悔之。他日，與侍臣論「齊文宣帝何如人？」魏徵對曰：「文宣狂暴，然人與之爭，事理屈則從之。有前青州長史魏愷使於梁還，除光州長史，不肯行，長，知兩翻。使，疏吏翻；下同。楊遵彥奏之。文宣怒，召而責之。愷曰：『臣先任大州，【章：十二行本「州」下有「長史」二字；乙十一行本同；孔本同；張校同。】使還，有勞無過，更得小州，此臣所以不行也。』文宣顧謂遵彥曰：『其言有理，卿赦之。』此其所長也。」楊愔，字遵彥，相齊文宣帝，大見親任。上曰：「然。曏者盧祖尚雖失人臣之義，朕殺之亦爲太暴，由此言之，不如文宣矣！」命復其官蔭。復其官，則得蔭其子若孫。唐制，凡用蔭：一品，子正七品上；二品，子正七品下；三品，子從七品上；從三品，子從七品下；正四品，子正八品上；從四品，子正八品下；正五品，子從八品上；從五品及國公子，從八品下。三品以上，蔭曾孫；五品以上，蔭孫；孫降子一等，曾孫降孫一等，贈官降正官一等，死事者與正官同。郡、縣公子視從五品孫，縣男以上子降一等，勳官二品子又降一等，二王後孫視正三品。

徵狀貌不逾中人，而有膽略，善回人主意，每犯顏苦諫；或逢上怒甚，徵神色不移，上亦爲霽威。人主之威，重於雷霆。霽威，言猶雨霽則雷霆亦收威。爲，于僞翻。嘗謁告上冢，上，時掌翻。還，言於上曰：「人言陛下欲幸南山，外皆嚴裝已畢，而竟不行，何也？」上笑曰：「初實有此心，畏卿嗔，故中輟耳。」嗔，昌眞翻。上嘗得佳鷂，自臂之，望見徵來，匿懷中；徵奏事固久不已，鷂竟死懷中。

9 十一月，辛酉，上祀圜丘。武德元年，制每歲冬至，祀昊天上帝於圜丘，以景皇帝配。

10 十二月，壬午，以黃門侍郎王珪爲守侍中。上嘗閒居，閒，讀曰閑。與珪語，有美人侍側，上指示珪曰：「此廬江王瑗之姬也，廬江王瑗反死，見一百九十一卷武德九年。瑗，于眷翻。瑗殺其夫而納之。」珪避席曰：「陛下以廬江納之爲是邪，非邪？」邪，音耶。上曰：「殺人而取其妻，卿何問是非！」對曰：「昔齊桓公知郭公之所以亡，由善善而不能用，然棄其所言之人，管仲以爲無異於郭公。齊桓公過郭氏之墟，問父老曰：「郭何故亡？」對曰：「善善惡惡。」公曰：「若子之言，何至於亡？」對曰：「善善而不能用，惡惡而不能去，此其所以亡也。」今此美人尚在左右，臣以爲聖心是之也。」上悅，即出之，還其親族。考異曰：實錄、新舊書皆云「帝雖不出此美人而甚重其言」。按太宗賢主，既重珪言，何得反棄而不用乎！且是人汎侍左右，又非嬖寵著名之人，太宗何愛而留之！今從貞觀政要。

上使太常少卿祖孝孫教宮人音樂，不稱旨，少，始照翻。稱，尺證翻。上責之。溫彥博、王珪諫曰：「孝孫雅士，今乃使之教宮人，又從而譴之，臣竊以爲不可。」上怒曰：「朕置卿等於腹心，當竭忠直以事我，乃附下罔上，爲孝孫遊說邪！」爲，于僞翻。說，輸芮翻。彥博拜謝。珪不拜，曰：「陛下責臣以忠直，今臣所言豈私曲邪！邪，音耶。此乃陛下負臣，非臣負陛下！」上默然而罷。明日，上謂房玄齡曰：「自古帝王納諫誠難，朕昨責溫彥博、王珪，至今悔之。考異曰：魏文貞公故事：「太宗曰：『人皆以祖孝孫爲知音，今教聲曲，多不諧韻，此其未至精妙，爲不存意乎？』乃敕所司令舉其罪。公進諫曰：『陛下生平不愛音聲，今忽爲教女樂責孝孫，臣恐天下怪愕。』太宗曰：『汝等並是我心腹，應須中正，何乃附下罔上爲孝孫辭！』溫彥博等拜謝。公及王珪進曰：『陛下不以臣等不肖，置之樞近，今臣所言，豈是爲私。不意陛下責臣至此！常奉明旨，「勿以臨時嗔怒，即便曲從，成我大過，」臣等不敢失墜，所以每觸龍鱗。今以爲責，只是陛下負臣，臣終不負陛下。』太宗怒未已，懍然作色。公又曰：『祖孝孫學問立身，何如白明達？陛下平生禮遇孝孫，復何如白明達？今過聽一言，便謂孝孫可疑，明達可信，臣恐羣臣衆庶有以窺陛下。』太宗怒乃解。」今從舊傳。公等勿爲此不盡言也。」爲，于僞翻；下爲朕同。

11上曰：「爲朕養民者，唯在都督、刺史，朕常疏其名於屏風，坐臥觀之，得其在官善惡之跡，皆注於名下，以備黜陟。縣令尤爲親民，不可不擇。」乃命內外五品已上，各舉堪爲縣令者，以名聞。

12上曰：「比有奴告其主反者，比，毗至翻。此弊事。夫謀反不能獨爲，必與人共之，何患不發，何必使奴告邪！邪，音耶。自今有奴告主者，皆勿受，仍斬之。」

13西突厥統葉護可汗爲其伯父所殺；伯父自立，是爲莫賀咄侯屈利俟毗可汗。厥，九勿翻。可，從刊入聲。汗，音寒。咄，當沒翻。俟，渠之翻。國人不服，弩矢畢部推泥孰莫賀設爲可汗，西突厥有五弩矢畢部，泥孰亦一啜之部帥。泥孰不可。統葉護之子咥力特勒咥，徒結翻，又丑栗翻。避莫賀咄之禍，亡在康居，泥孰迎而立之，是爲乙毗鉢羅肆葉護可汗，與莫賀咄相攻，連兵不息，俱遣使來請婚。使，疏吏翻。上不許，曰：「汝國方亂，君臣未定，何得言婚！」且諭以各守部分，勿復相攻。分，扶問翻。復，扶又翻。於是西域諸國及敕勒先役屬西突厥者皆叛之。史言天方福華，東西突厥皆亂。厥，九勿翻。

14突厥北邊諸姓多叛頡利可汗歸薛延陀，共推其俟斤夷男爲可汗，頡，奚結翻。俟，渠之翻。夷男不敢當。上方圖頡利，遣遊擊將軍喬師望間道齎册書拜夷男爲眞珠毗伽可汗，間，古莧翻。伽，求迦翻。賜以鼓纛。纛，徒到翻。夷男大喜，遣使入貢，使，疏吏翻。建牙於大漠之鬱督軍山下，東至靺鞨，西至西突厥，南接沙磧，靺，音末。鞨，音曷。磧，七迹翻。北至俱倫水；迴紇、拔野古、阿跌、同羅、僕骨、霫諸部皆屬焉。史言突厥衰而薛延陀強於漠北。霫，而立翻。

三年（己丑、六二九）

1 春，正月，戊午，上祀太廟；癸亥，耕藉於東郊。初議藉田方面所在，給事中孔穎達曰：「禮，天子藉田於南郊，諸侯於東郊。晉武帝猶於東南。今於城東，不合古禮。」帝曰：「禮緣人情，亦何常之有。且虞書云：『平秩東作。』則是堯、舜敬授人時，已在東矣。又乘青輅、載黛耜者，所以順於春氣，故知合於東方。且朕見居少陽之地，田於東郊，蓋其宜也。」於是遂定。按帝自謂居少陽之地，蓋以即位以來居東宮也。藉，秦昔翻。

2 沙門法雅坐妖言誅。妖，一遙翻。司空裴寂嘗聞其言，辛未，寂坐免官，遣還鄉里。寂請留京師，上數之曰：數，所具翻，又所主翻。「計公勳庸，安得至此！直以恩澤爲羣臣第一。武德之際，貨賂公行，紀綱紊亂，皆公之由也，上皇聞帝此言，其心爲如何？紊，音問。但以故舊不忍盡法。得歸守墳墓，幸已多矣！」寂遂歸蒲州。裴寂本蒲州桑泉人。未幾，又坐狂人信行言寂有天命，寂不以聞，當死；流靜州。武德四年，以始安郡之龍平、豪靜，蒼梧郡之蒼梧置靜州靜平郡。幾，居豈翻。會山羌作亂，以爲山羌，則當是劍南之靜州。然劍南之靜州，武后時方置。若以爲嶺南之靜州，則「羌」當作「蠻」。或言劫寂爲主。上曰：「寂當死，我生之，必不然也。」俄聞寂率家僮破賊。上思其佐命之功，徵入朝，會卒。帥，讀曰率。朝，直遙翻；下同。卒，子恤翻。

3 二月，戊寅，以房玄齡爲左僕射，杜如晦爲右僕射，以尚書右丞魏徵守祕書監，參預朝政。

4 三月，己酉，上錄繫囚。有劉恭者，頸有「勝」文，自云「當勝天下」，坐是繫獄。上曰：「若天將興之，非朕所能除；若無天命，『勝』文何爲！」乃釋之。

5 丁巳，上謂房玄齡、杜如晦曰：「公爲僕射，當廣求賢人，隨才授任，此宰相之職也。唐六典：左、右僕射，左、右丞相之職也，掌總領六官，紀綱百揆。比聞聽受辭訟，比，毗至翻；下比見、比來同。日不暇給，安能助朕求賢乎！」因敕「尚書細務屬左右丞，屬，之欲翻，付也。唯大事應奏者，乃關僕射。」

玄齡明達政事，輔以文學，夙夜盡心，惟恐一物失所；用法寬平，聞人有善，若己有之，不以求備取人，不以己長格物。與杜如晦引拔士類，常如不及。至於臺閣規模，皆二人所定。上每與玄齡謀事，必曰：「非如晦不能決。」及如晦至，卒用玄齡之策。蓋玄齡善謀，如晦能斷故也。卒，子恤翻。斷，丁亂翻。二人深相得，同心徇國，故唐世稱賢相，推房、杜焉。玄齡雖蒙寵待，或以事被譴，輒累日詣朝堂，稽顙請罪，恐懼若無所容。史言房玄齡忠謹。被，皮義翻。朝，直遙翻。稽，音啓。

玄齡監修國史，上語之曰：唐以宰相監修國史，至今因之。監，工銜翻。語，牛倨翻。「比見漢書載子虛、上林賦，浮華無用。其上書論事，詞理切直者，朕從與不從，皆當載之。」太宗之存心如此，安有有獻而不納者乎！上，時掌翻。

6 夏，四月，乙亥，上皇徙居弘義宮，更名大安宮。唐會要：武德五年，營弘義宮，以帝有剋定天下之功，別建此宮以居之。既禪位，高祖以弘義宮有山林勝景，雅好之，遂徙居焉，改名大安宮。馬周所謂「大安宮在城之西」者也。更，工衡翻。上【章：十二行本「上」上有「甲午」二字；乙十一行本同；張校同，云無註本亦無。】始御太極殿，高祖之傳位也，帝即位於東宮之顯德殿，高祖徙居大安宮，帝始御太極殿。謂羣臣曰：「中書、門下，機要之司，詔敕有不便者，皆應論執。比來唯睹順從，不聞違異。若但行文書，則誰不可爲，何必擇才也！」房玄齡等皆頓首謝。故事：凡軍國大事，則中書舍人各執所見，雜署其名，謂之五花判事。中書侍郎、中書令省審之，給事中、黃門侍郎駁正之。上始申明舊制，由是鮮有敗事。省，悉景翻。駁，北角翻。鮮，息善翻。

7 茌平人馬周，茌平縣，漢屬東郡。應劭曰：在茌山之平地者也。後魏屬東平原郡，後齊廢，隋開皇初復置，屬貝州，唐屬博州。賢曰：漢茌平故城在博州之聊城縣東北。茌，仕疑翻。客遊長安，舍於中郎將常何之家。唐諸衛中郎將，正四品下。將，即亮翻。六月，壬午，以旱，詔文武官極言得失。何武人不學，不知所言，周代之陳便宜二十餘條。考異曰：舊傳云貞觀五年。據實錄，詔在此年，五年不見有詔令百官上封事。今從唐曆附此。上怪其能，以問何，對曰：「此非臣所能，家客馬周爲臣具草耳。」爲，于僞翻。上卽召之；未至，遣使督促者數輩。及謁見，與語，甚悅，令直門下省，尋除監察御史，奉使稱旨。鄭樵曰：秦以御史監郡，謂之監御史，漢罷其名。晉孝武太元中，始置檢校御史，掌行馬外事；隋改檢校御史爲監察御史。使，疏吏翻。見，賢遍翻。監，工銜翻。使，疏吏翻；下同。稱，尺證翻。上以常何爲知人，賜絹三百匹。

8 秋，八月，己巳朔，日有食之。

9 丙子，薛延陀毗伽可汗伽，求迦翻。可，從刊入聲。汗，音寒。遣其弟統特勒入貢，上賜以寶刀及寶鞭，謂曰：「卿所部有大罪者斬之，小罪者鞭之。」夷男甚喜。突厥頡利可汗大懼，始遣使稱臣，請尚公主，脩壻禮。

代州都督張公謹上言突厥可取之狀，以爲「頡利縱欲逞暴，誅忠良，暱姦佞，一也。頡，奚結翻。上，時掌翻。暱，尼質翻。薛延陀等諸部皆叛，二也。薛延陀諸部叛突厥，事始上卷二年。突利、拓設、欲谷設皆得罪，無所自容，三也。突利得罪，見上卷二年。拓設，卽阿史那社爾，與欲谷設分統敕勒諸部。欲谷設，卽爲回紇所破者也。按舊書李大亮傳：頡利既亡之後，拓設諸種散在伊吾。塞北霜早，糇糧乏絕，四也。糇，音侯。頡利疏其族類，親委諸胡，胡人反覆，大軍一臨，必生內變，五也。華人入北，其衆甚多，華人因隋末之亂，避而入北。比聞所在嘯聚，保據山險，大軍出塞，自然響應，六也。」比，毗至翻。上以頡利可汗既請和親，復援梁師都，事見上卷上年。復，扶又翻。丁亥，命兵部尚書李靖爲行軍總管討之，以張公謹爲副。

九月，丙午，突厥俟斤九人帥三千騎來降。戊午，拔野古、僕骨、同羅、奚酋長並帥衆來降。厥，九勿翻。俟，渠之翻。帥，讀曰率。騎，奇寄翻。降，戶江翻。酋，慈由翻。長，知兩翻。

10冬，十一月，辛丑，突厥寇河西，肅州刺史公孫武達、武德二年分甘州之福祿、瓜州之玉門，置肅州酒泉郡。甘州刺史成仁重與戰，破之，甘、肅二州相去四百二十里。捕虜千餘口。

11上遣使至涼州，都督李大亮有佳鷹，使者諷大亮使獻之，大亮密表曰：「陛下久絕畋遊而使者求鷹。使，疏吏翻；下同。若陛下之意，深乖昔旨；昔旨，謂絕畋遊之旨。如其自擅，乃是使非其人。」癸卯，上謂侍臣曰：「李大亮可謂忠直。」手詔褒美，賜以胡缾及荀悅漢紀。按舊書李大亮傳：帝詔曰：「今賜卿胡缾一枚，雖無千鎰之重，乃朕自用之物。荀悅漢紀，敍致既明，論議深博，極爲治之體，盡君臣之義，今以賜卿，宜加尋閱。」

12庚申，以行并州都督李世勣爲通漢道行軍總管，舊書李勣傳作「通漠道」，當從之。後高宗朝裴行儉遣兵由通漠道掩取阿史那伏念輜重。兵部尚書李靖爲定襄道行軍總管，華州刺史柴紹爲金河道行軍總管，華，戶化翻。靈州大都督薛萬徹爲暢武道行軍總管，暢武，非地名也。營州邊於東胡，故命萬徹爲總管，使之宣暢威武，以美名寵之耳。新書帝紀作營州都督薛萬淑。衆合十餘萬，皆受李勣【章：十二行本「勣」作「靖」；乙十一行本同。】節度，分道出擊突厥。

乙丑，任城王道宗擊突厥於靈州，破之。任，音壬。

十二月，戊辰，突利可汗入朝，朝，直遙翻。上謂侍臣曰：「往者太上皇以百姓之故，稱臣於突厥，事見一百八十四卷隋恭帝義寧元年六月。一本此下有考異。朕常痛心。今單于稽顙，庶幾可雪前恥。」稽，音啓。幾，居希翻。

壬午，靺鞨遣使入貢，靺，音末。鞨，音曷。使，疏吏翻。上曰：「靺鞨遠來，蓋突厥已服之故也。昔人謂禦戎無上策，嚴尤諫王莽曰：「匈奴爲害，所從來久，周、秦、漢征之，皆未有得上策者也；周得中策，漢得下策，秦無策焉。」朕今治安中國，而四夷自服，豈非上策乎！」

13 癸未，右僕射杜如晦以疾遜位，上許之。

14 乙酉，上問給事中孔穎達曰：「論語：『以能問於不能，以多問於寡，有若無，實若虛。』曾子之言。何謂也？」穎達具釋其義以對；且曰：「非獨匹夫如是，帝王亦然。帝王內蘊神明，外當玄默，故易稱『以蒙養正，以明夷莅衆。』易曰：蒙以養正，聖功也。明夷，君子以莅衆，用晦而明。若位居尊極，炫耀聰明，炫，熒絹翻。以才陵人，飾非拒諫，則下情不通，取亡之道也。」上深善其言。

15 庚寅，突厥郁射設帥所部來降。厥，九勿翻。降，戶江翻。

16 閏月，丁未，東謝酋長謝元深、南謝酋長謝強來朝。諸謝皆南蠻別種，在黔州之西。東謝蠻在西爨之南，居黔州之西三百里；南謝蠻在隋牂柯郡地南百里，有桂嶺關。酋，慈由翻。長，知兩翻。朝，直遙翻；下同。種，章勇翻。黔，音琴。詔以東謝爲應州、南謝爲莊州，隸黔州都督。宋白曰：黔州，黔中郡，秦置，漢通謂五溪之地，又爲武陵郡之酉陽縣地，武帝於此置涪陵縣，蜀先主立黔安郡，後周建德三年置黔州，貞觀四年，移州治於涪陵江東彭水之東。

是時遠方諸國來朝貢者甚衆，服裝詭異，中書侍郎顏師古請圖寫以示後，作王會圖，從之。考異曰：實錄、新舊傳皆云「正會圖」。按汲冢周書有王會篇，柳宗元鐃鼓歌、呂述黠戛斯朝貢圖皆作「王會」，今從之。

乙丑，牂柯酋長謝能羽【嚴：「能」改「龍」。】及充州蠻入貢，牂，音臧。柯，音哥。詔以牂柯爲牂州；昆明東九百里，卽牂柯蠻國，其王號鬼主，其別帥曰羅殿王，東距辰州二千四百里；其南一千五百里，卽交州也。牂州之北一百五十里，有別部曰充州蠻。牂、柯，音臧、哥。党項酋長細封步賴來降，以其地爲軌州；各以其酋長爲刺史。党項地亙三千里，姓別爲部，不相統壹，細封氏、費聽氏、往利氏、頗超氏、野辭氏、旁【章：十二行本「旁」作「房」；乙十一行本同；張校同；退齋校同。】當氏、米擒氏、拓跋氏，皆大姓也。步賴旣爲唐所禮，餘部相繼來降，以其地爲崌、奉、巖、遠四州。党項，漢西羌別種，魏、晉後微甚，周滅宕昌，鄧至而党項始強。其地古析支也，東距松州，西葉護，南春桑、迷桑等羌，北吐谷渾。山谷崎嶇，大抵三千里。拓跋氏之後，爲西夏李繼遷。党，底朗翻。酋，慈由翻。長，知兩翻。降，戶江翻。

17 是歲，戶部奏：中國人自塞外歸及四夷前後降附者，男女一百二十餘萬口。

18房玄齡、王珪掌內外官考，唐考法：凡百司之長，歲校其屬功過，差以九等。流內之官，敍以四善：一曰德義有聞，二曰清愼明著，三曰公平可稱，四曰恪勤匪懈。善狀之外，有二十七最：一曰獻可替否，拾遺補闕，爲近侍之最；二曰銓衡人物，擢盡才良，爲選司之最；三曰揚清激濁，褒貶必當，爲考校之最；四曰禮制儀式，動合經典，爲禮官之最；五曰音律克諧，不失節奏，爲樂官之最；六曰決斷不滯，與奪合理，爲判事之最；七曰都統有方，警守無失，爲宿衛之最；八曰兵士調習，戎裝充備，爲督領之最；九曰推鞫得情，處斷平允，爲法官之最；十曰讎校精審，明於刊定，爲校正之最；十一曰承旨敷奏，吐納明敏，爲宣納之最；十二曰訓導有方，生徒充業，爲學官之最；十三曰賞罰嚴明，攻戰必勝，爲軍將之最；十四曰禮義興行，肅清所部，爲政教之最；十五曰詳錄典正，詞理兼舉，爲文史之最；十六曰訪察精審，彈舉必當，爲糾正之最；十七曰明於勘覆，稽失無隱，爲司檢之最；十八曰職事修理，供承強濟，爲監掌之最；十九曰功課皆充，丁匠無怨，爲役使之最；二十曰耕耨以時，收穫成課，爲屯官之最；二十一曰謹於蓋藏，明於出納，爲倉庫之最；二十二曰推步盈虛，究理精密，爲曆官之最；二十三曰占候醫卜，效驗多著，爲方術之最；二十四曰檢察有方，行旅無壅，爲關津之最；二十五曰市廛弗擾，姦濫不行，爲市司之最；二十六曰牧養肥殖，蕃息滋多，爲牧官之最；二十七曰邊境清肅，城隍修理，爲鎭防之最。一最四善，爲上上；一最三善，爲上中；一最二善，爲上下；無最而有二善，爲中上；無最而有一善，爲中中；職事粗理，善最不聞，爲中下；愛憎任情，處斷乖理，爲下上；背公向私，職事廢闕，爲下中；居官諂詐，貪濁有狀，爲下下。凡定考皆集於尚書省，唱第然後奏。治書侍御史萬年權萬紀奏其不平，治，直之翻。上命侯君集推之。魏徵諫曰：「玄齡、珪皆朝廷舊臣，素以忠直爲陛下所委，所考既多，其間能無一二人不當！當，丁浪翻。察其情，終非阿私。若推得其事，則皆不可信，豈得復當重任！且萬紀比來恆在考堂，曾無駮正；復，扶又翻。比，毗至翻。恆，戶登翻。及身不得考，乃始陳論。此正欲激陛下之怒，非竭誠徇國也。使推之得實，未足裨益朝廷；若其本虛，徒失陛下委任大臣之意。臣所愛者治體，治，直吏翻。非敢苟私二臣。」上乃釋不問。

19 濮州刺史龐相壽坐貪汚解任，濮，博木翻。龐，薄江翻。自陳嘗在秦王幕府；上憐之，欲聽還舊任。魏徵諫曰：「秦王左右，中外甚多，恐人人皆恃恩私，足使爲善者懼。」上欣然納之，謂相壽曰：「我昔爲秦王，乃一府之主；今居大位，乃四海之主，不得獨私故人。大臣所執如是，朕何敢違！」賜帛遣之。相壽流涕而去。

四年（庚寅、六三〇）

1 春，正月，李靖帥驍騎三千自馬邑進屯惡陽嶺，惡陽嶺，在定襄古城南。善陽嶺，在白道川南。帥，讀曰率。驍，堅堯翻。騎，奇寄翻。夜襲定襄，破之。舊志：朔州馬邑郡治善陽縣，漢定襄縣地，有秦時馬邑城、武周塞，後魏置桑乾郡，隋置善陽縣。又隋志，雲州定襄郡治大利城，卽文帝所築以處突厥啓民可汗者也。李靖所襲破者，當是此城。唐謂之北定襄城。又舊志曰：雲州，隋馬邑郡之雲內縣恆安鎭也。貞觀十四年，自朔州北定襄城移雲州及定襄縣置於此，卽後魏所都平城也。開元二十年，改定襄爲雲中縣，而武德四年已分忻州之秀容爲定襄縣。今見於九域志者，忻州之定襄，而北定襄自石晉割地入于北國，其名晦矣。宋祁曰：古定襄城其地南大河，北白道，畜牧廣衍，龍荒之最壤。宋白曰：朔州北三百餘里，定襄故城，後魏初之雲中也。突厥頡利可汗不意靖猝至，厥，九勿翻。頡，奚結翻。可，從刊入聲。汗，音寒。大驚曰：「唐不傾國而來，靖何敢孤軍至此！」其衆一日數驚，乃徙牙於磧口。大磧之口也。磧，七迹翻。靖復遣諜離其心腹，復，扶又翻。諜，達協翻。頡利所親康蘇密以隋蕭后及煬帝之孫政道來降。蕭后入突厥，見一百八十八卷高祖武德二年。降，戶江翻；下同。乙亥，至京師。先是，有降胡言「中國人或潛通書啓於蕭后者」。先，悉薦翻。至是，中書舍人楊文瓘請鞫之，上曰：「天下未定，突厥方強，愚民無知，或有斯事。今天下已安，既往之罪，何須問也！」

李世勣出雲中，與突厥戰於白道，大破之。漢地理志：雲中郡，治雲中縣。酈道元曰：雲中城東八十里，有成樂城。今雲中郡治，一名石盧城。又有後魏雲中宮，在雲中故城東四十里。虞氏記云：趙武侯自五原河曲築長城，東至陰山。又於河西造一大城，其一箱崩不就，乃改卜陰山河曲而禱焉，晝見羣鵠遊於雲中，徘徊經日，見火光在其下。武侯曰：「此爲我乎！」乃即其處築城，今雲中故城是也。又有芒于水出塞外，南逕陰山，東西千餘里。芒于水又西南逕白道南谷口，有城在右，策帶長城，背山面澤，謂之白道；自北出有高阪，謂之白道嶺。芒于水又南西逕雲中城北。新志，雲州雲中縣有陰山道、靑坡道，皆出兵路。宋白曰：漢雲中郡在唐勝州東北四十里榆林縣界，雲中故城是也。趙武侯所築漢五原故城，亦在今勝州榆林縣界。

2 二月，己亥，上幸驪山溫湯。驪，力知翻。

3 甲辰，李靖破突厥頡利可汗於陰山。厥，九勿翻。頡，奚結翻。可，從刊入聲。汗，音寒。

先是，頡利既敗，竄于鐵山，鐵山，蓋在陰山北。先，悉薦翻。餘衆尚數萬；遣執失思力入見，謝罪，請舉國內附，身自入朝。見，賢遍翻。朝，直遙翻。上遣鴻臚卿唐儉等慰撫之，又詔李靖將兵迎頡利。臚，陵如翻。將，卽亮翻。頡利外爲卑辭，內實猶豫，欲俟草青馬肥，亡入漠北。靖引兵與李世勣會白道，相與謀曰：考異曰：舊書靖傳以爲謀出於靖，勣傳以爲謀出於勣，蓋二人相與謀耳。「頡利雖敗，其衆猶盛，若走度磧北，保依九姓，新書回鶻傳有九姓：曰藥羅葛，曰胡咄葛，曰啒羅勿，曰貊歌息訖，曰阿勿嘀，曰葛薩，曰斛嗢素，曰藥勿葛，曰奚邪勿。此回紇後來强盛所服九姓。是時所謂九姓，卽謂拔野古、延陀、回紇之屬。道阻且遠，追之難及。今詔使至彼，使，疏吏翻。虜必自寬，若選精騎一萬，齎二十日糧往襲之，不戰可擒矣。」騎，奇寄翻。以其謀告張公謹，公謹曰：「詔書已許其降，降，戶江翻。使者在彼，柰何擊之！」靖曰：「此韓信所以破齊也。謂漢遣酈食其說下齊，韓信乘其無備襲破之。使，疏吏翻。唐儉輩何足惜！」遂勒兵夜發，世勣繼之，軍至陰山，遇突厥千餘帳，俘以隨軍。頡利見使者大喜，意自安。靖使武邑蘇定方帥二百騎爲前鋒，武邑縣，前漢屬信都，後漢屬安平，晉屬武邑郡，後齊廢，隋開皇六年復置，屬冀州。帥，讀曰率；下同。乘霧而行，去牙帳七里，虜乃覺之。頡利乘千里馬先走，靖軍至，虜衆遂潰。考異曰：舊書靖傳曰：「靖軍逼其牙帳十五里，虜始覺。」定方傳曰：「靖使定方爲前鋒，乘霧而行。去賊一里許，忽然霧歇，望見其牙帳，掩擊，殺數十百人，頡利畏威先走。」今從唐曆。唐儉脫身得歸。靖斬首萬餘級，俘男女十餘萬，獲雜畜數十萬，畜，許救翻。殺隋義成公主，擒其子疊羅施。頡利帥萬餘人欲度磧，李世勣軍於磧口，頡利至，不得度，其大酋長皆帥衆降，頡，奚結翻。帥，讀曰率。磧，七迹翻。世勣虜五萬餘口而還。還，從宣翻，又如字。斥地自陰山北至大漠，此後方盡有隋恆安、定襄之地。露布以聞。

4 丙午，上還宮。

5 甲寅，以克突厥赦天下。厥，九勿翻。

6 以御史大夫溫彥博爲中書令，守侍中王珪爲侍中；守戶部尚書戴胄爲戶部尚書，參預朝政；太常少卿蕭瑀爲御史大夫，與宰臣參議朝政。朝，直遙翻。少，始照翻。瑀，音禹。

7 三月，戊辰，以突厥夾畢特勒阿史那思摩爲右武候大將軍。

四夷君長詣闕請上爲天可汗，長，知兩翻；下同。可，從刊入聲。汗，音寒。上曰：「我爲大唐天子，又下行可汗事乎！」羣臣及四夷皆稱萬歲。是後以璽書賜西北君長，皆稱天可汗。璽，斯氏翻。

庚午，突厥思結俟斤帥衆四萬來降。俟，渠之翻。

丙子，以突利可汗爲右衞大將軍、北平郡王。

初，始畢可汗以啓民母弟蘇尼失爲沙鉢羅設，督部落五萬家，牙直靈州西北。及頡利政亂，蘇尼失所部獨不攜貳。尼，女夷翻。突利之來奔也，見去年十二月。頡利立之爲小可汗。及頡利敗走，往依之，將奔吐谷渾。吐，從暾入聲。谷，音浴。大同道行軍總管任城王道宗引兵逼之，新志曰：黄河東壖有古大同城，今大同城永濟柵也。北逕大泊，十七里至金河。任，音壬。使蘇尼失執送頡利。頡利以數騎夜走，匿于荒谷。頡，奚結翻。騎，奇寄翻。蘇尼失懼，馳追獲之。庚辰，行軍副總管張寶相帥衆奄至沙鉢羅營，俘頡利送京師，蘇尼失舉衆來降，帥，讀曰率。考異曰：太宗實録云：「蘇尼失舉衆歸國，因以頡利屬于軍吏。」舊傳云：「蘇尼失令子忠禽頡利以獻。」蓋寶相逼之，而蘇尼失使忠獻之也。漠南之地遂空。

8 蔡成公杜如晦疾篤，杜如晦先封蔡國公，薨後徙封萊國公。賀琛謚法：佐相克終曰成；民和臣福曰成。上遣太子問疾，又自臨視之。甲申，薨。上每得佳物，輒思如晦，遣使賜其家。使，疏吏翻。久之，語及如晦，必流涕，謂房玄齡曰：「公與如晦同佐朕，今獨見公，不見如晦矣！」

9 突厥頡利可汗至長安。厥，九勿翻。夏，四月，戊戌，上御順天樓，舊書帝紀曰，御順天門。唐六典：皇城南門，中曰承天門，隋開皇二年作，初曰廣陽門，仁壽元年，改曰昭陽門，武德元年，改曰順天門，神龍元年，改曰承天門。若元正、冬至，大陳設燕會，赦過宥罪，除舊布新，受萬國之朝貢，四夷之賓客，則御承天門以聽政，蓋古之外朝也。順天樓，卽順天門樓。盛陳文物，引見頡利，數之曰：「汝藉父兄之業，縱淫虐以取亡，罪一也。數與我盟而背之，二也。恃強好戰，暴骨如莽，三也。蹂我稼穡，掠我子女，四也。我宥汝罪，存汝社稷，而遷延不來，五也。然自便橋以來，不復大入爲寇，便橋，事見一百九十一卷高祖武德九年。見，賢遍翻。數，所具翻，又所主翻。數與，所角翻。背，蒲妹翻。好，呼報翻。暴，步卜翻。復，扶又翻；下復何同。蹂，人九翻。以是得不死耳。」頡利哭謝而退。詔館於太僕，厚廩食之。館，古換翻。食，讀曰飤。

上皇聞擒頡利，歎曰：「漢高祖困白登，不能報；今我子能滅突厥，吾託付得人，復何憂哉！」復，扶又翻。上皇召上與貴臣十餘人及諸王、妃、主置酒凌煙閣，閣本太極宮圖：兩儀殿之北爲延嘉殿，延嘉殿之東爲功臣閣，功臣閣之東爲凌煙閣。酒酣，上皇自彈琵琶，上起舞，公卿迭起爲壽，逮夜而罷。

突厥既亡，厥，九勿翻。其部落或北附薛延陀，或西奔西域，其降唐者尚十萬口，詔羣臣議區處之宜。降，戶江翻；下同。處，昌呂翻。朝士多言：「北狄自古爲中國患，今幸而破亡，宜悉徙之河南兗、豫之間，此兗、豫，言禹迹九州大界也。朝，直遙翻。分其種落，種，章勇翻；下種類同。散居州縣，教之耕織，可以化胡虜爲農民，永空塞北之地。」中書侍郎顏師古以爲：「突厥、鐵勒皆上古所不能臣，陛下既得而臣之，請皆置之河北。河北，謂北河之北。分立酋長，領其部落，則永永無患矣。」酋，慈由翻。長，知兩翻；下同。禮部侍郎李百藥以爲：「突厥雖云一國，然其種類區分，各有酋帥。帥，所類翻。今宜因其離散，各卽本部署爲君長，長，知兩翻。不相臣屬；縱欲存立阿史那氏，唯可使存其本族而已。國分則弱而易制，勢敵則難相吞滅，各自保全，必不能抗衡中國。仍請於定襄置都護府，爲其節度，此安邊之長策也。」酋，慈秋翻。

長，知兩翻。易，以豉翻；下未易、易爲同。夏州都督竇靜夏，戶雅翻。以爲：「戎狄之性，有如禽獸，不可以刑法威，不可以仁義教，況彼首丘之情，未易忘也。首，式又翻。記曰：狐死正丘首。置之中國，有損無益，恐一旦變生，犯我王略。莫若因其破亡之餘，施以望外之恩，假之王侯之號，妻以宗室之女，妻，七細翻。分其土地，析其部落，使其權弱勢分，易爲羈制，可使常爲藩臣，永保邊塞。」易，以豉翻。溫彥博以爲：「徙於兗、豫之間，則乖違物性，非所以存養之也。請準漢建武故事，置降匈奴於塞下，全其部落，順其土俗，以實空虛之地，使爲中國扞蔽，策之善者也。」魏徵以爲：「突厥世爲寇盜，百姓之讎也；厥，九勿翻。今幸而破亡，陛下以其降附，不忍盡殺，宜縱之使還故土，不可留之中國。夫戎狄人面獸心，弱則請服，強則叛亂，固其常性。降，戶江翻。今降者衆近十萬，數年之後，蕃息倍多，近，其靳翻。蕃，扶元翻。必爲腹心之疾，不可悔也。晉初諸胡與民雜居中國，郭欽、江統，皆勸武帝驅出塞外以絕亂階，郭欽論見八十一卷晉武帝太康元年。江統論見八十三卷惠帝永熙九年。武帝不從。後二十餘年，伊、洛之間，遂爲氈裘之域，此前事之明鑑也！」彥博曰：「王者之於萬物，天覆地載，靡有所遺。覆，敷救翻。今突厥窮來歸我，柰何棄之而不受乎！孔子曰：『有教無類。』若救其死亡，授以生業，教之禮義，數年之後，悉爲吾民。選其酋長，使入宿衞，酋，慈由翻。長，知兩翻。畏威懷德，何後患之有！」上卒用彥博策，處突厥降衆，卒，子恤翻。處，昌呂翻。東自幽州，西至靈州；分突利故所統之地，置順、祐、化、長四州都督府；又分頡利之地爲六州，左置定襄都督府，右置雲中都督府，以統其衆。定襄都督府僑治寧朔，雲中都督府僑治朔方之境。按寧朔縣亦屬朔方郡。舊書溫彦博傳曰：帝從彦博議，處降人於朔方之地。則二都督府僑治朔方明矣。

五月，辛未，以突利爲順州都督，使帥部落之官。順州，僑治營州南之五柳戍。帥，讀曰率。上戒之曰：「爾祖啓民挺身奔隋，隋立以爲大可汗，奄有北荒，事見一百七十八卷隋文帝開皇十九年。可，從刊入聲。汗，音寒。爾父始畢反爲隋患。事見一百八十二卷煬帝大業十一年。天道不容，故使爾今日亂亡如此。我所以不立爾爲可汗者，懲啓民前事故也。今命爾爲都督，爾宜善守中國法，勿相侵掠，非徒欲中國久安，亦使爾宗族永全也！」

壬申，以阿史那蘇尼失爲懷德郡王，阿史那思摩爲懷化郡王。頡利之亡也，頡，奚結翻。諸部落酋長皆棄頡利來降，酋，慈由翻。長，知兩翻。降，戶江翻。獨思摩隨之，竟與頡利俱擒，上嘉其忠，拜右武候大將軍，尋以爲北開州都督，使統頡利舊衆。考異曰：舊傳云爲化州都督。按化州乃突利故地，安得云統頡利部落也。

丁丑，以右武衛大將軍史大奈爲豐州都督，隋以五原郡置豐州，大業初廢，唐初，張長遜降，復置豐州，尋廢。是年，復以突厥降戶，置豐州九原郡。其餘酋長至者，皆拜將軍中郎將，布列朝廷，將，即亮翻。朝，直遙翻。五品已上百餘人，殆與朝士相半，因而入居長安者近萬家。近，其靳翻。

10辛巳，詔：「自今訟者，有經尚書省判不服，聽於東宮上啓，委太子裁決。上，時掌翻。若仍不伏，然後聞奏。」

11丁亥，御史大夫蕭瑀劾奏李靖破頡利牙帳，御軍無法，突厥珍物，虜掠俱盡，請付法司推科。瑀，音禹。劾，戶概翻，又戶得翻；下同。頡，奚結翻。厥，九勿翻。考異曰：舊傳：「御史大夫溫彥博害其功，譖靖軍無綱紀，致令虜中奇寶散於亂兵之手。」據實錄，彥博二月已爲中書令，三月始禽頡利。今從實錄。上特敕勿劾。及靖入見，見，賢遍翻。上大加責讓，靖頓首謝。久之，上乃曰：「隋史萬歲破達頭可汗，有功不賞，以罪致戮。可，從刊入聲。汗，音寒。事見一百七十九卷隋文帝開皇二十年。朕則不然，錄公之功，赦公之罪。」加靖左光祿大夫，賜絹千匹，加眞食邑通前五百戶。未幾，上謂靖曰：「前有人讒公，今朕意已寤，公勿以爲懷。」復賜絹二千匹。幾，居豈翻。復，扶又翻。

12林邑獻火珠，唐書：婆利東有羅剎國，其人極陋，朱髮黑身，獸牙鷹爪，與林邑人作市，以夜而來，自掩其面。其國出火珠，狀如水精，日午時，以珠承日影，以艾承之，則火出。有司以其表辭不順，請討之，上曰：「好戰者亡，好，呼到翻。隋煬帝、頡利可汗，皆耳目所親見也。小國勝之不武，況未可必乎！語言之間，何足介意！」

13六月，丁酉，以阿史那蘇尼失爲北寧州都督，以中郎將史善應爲北撫州都督。尼，女夷翻。將，卽亮翻。壬寅，以右驍衞將軍康蘇密爲北安州都督。此三州與祐、化、長、北開四州後皆省。史善應亦阿史那種，史單書其姓耳。驍，堅堯翻。

14 乙卯，發卒脩洛陽宮以備巡幸，給事中張玄素上書諫，上，時掌翻。以爲：「洛陽未有巡幸之期而預脩宮室，非今日之急務。昔漢高祖納婁敬之說，自洛陽遷長安，事見十一卷漢高帝五年。豈非洛陽之地不及關中之形勝邪！邪，音耶。景帝用鼂錯之言而七國搆禍，事見十六卷漢景帝三年。鼂，直遙翻。錯，七故翻。陛下今處突厥於中國，處，昌呂翻。厥，九勿翻。突厥之親，何如七國？豈得不先爲憂，而宮室可遽興，乘輿可輕動哉！乘，繩證翻。臣見隋氏初營宮室，近山無大木，皆致之遠方，二千人曳一柱，以木爲輪，則戛摩火出，乃鑄鐵爲轂，行一二里，鐵轂輒破，別使數百人齎鐵轂隨而易之，轂，古祿翻。盡日不過行二三十里，計一柱之費，已用數十萬功，則其餘可知矣。陛下初平洛陽，凡隋氏宮室之宏侈者皆令毁之，見一百八十九卷高祖武德四年。令，力丁翻。曾未十年，復加營繕，何前日惡之而今日效之也！復，扶又翻。惡，烏路翻。且以今日財力，何如隋世？陛下役瘡痍之人，襲亡隋之弊，恐又甚於煬帝矣！」上謂玄素曰：「卿謂我不如煬帝，何如桀、紂？」對曰：「若此役不息，亦同歸于亂耳！」上歎曰：「吾思之不熟，乃至於是！」顧謂房玄齡曰：「朕以洛陽土中，朝貢道均，意欲便民，故使營之。今玄素所言誠有理，宜卽爲之罷役。爲，于僞翻。後日或以事至洛陽，雖露居亦無傷也。」仍賜玄素綵二百匹。

15 秋，七月，甲子朔，日有食之。

16 乙丑，上問房玄齡、蕭瑀曰：「隋文帝何如主也？」對曰：「文帝勤於爲治，每臨朝，或至日昃，五品已上，引坐論事，衛士傳餐而食；侍衛未得下牙，不皇坐食，故立駐傳餐而食也。治，直吏翻；下同。朝，直遙翻。餐，千安翻。雖性非仁厚，亦勵精之主也。」上曰：「公得其一，未知其二。文帝不明而喜察；不明則照有不通，喜察則多疑於物，事皆自決，不任羣臣。天下至廣，一日萬機，雖復勞神苦形，豈能一一中理！羣臣既知主意，唯取決受成，雖有愆違，莫敢諫爭，此所以二世而亡也。喜，許記翻。復，扶又翻。中，竹仲翻。爭，讀曰諍。朕則不然。擇天下賢才，寘之百官，使思天下之事，關由宰相，審熟便安，然後奏聞。有功則賞，有罪則刑，誰敢不竭心力以脩職業，何憂天下之不治乎！」因敕百司：「自今詔敕行下有未便者，皆應執奏，毋得阿從，不盡己意。」

17 癸酉，以前太子少保李綱爲太子少師，以兼御史大夫蕭瑀爲太子少傅。唐東宮三少，並正二品，掌教諭太子。少，始照翻。瑀，音禹。

李綱有足疾，上賜以步輿，步輿，卽步挽輿也。使之乘至閤下，數引入禁中，問以政事。數，所角翻。每至東宮，太子親拜之。太子每視事，上令綱與房玄齡侍【章：十二行本「侍」上有「王珪」二字；乙十一行本同；張校同。】坐。坐，徂臥翻。

先是，【章：十二行本「是」下有「上命」二字；乙十一行本同。】蕭瑀與宰相參議朝政，先，悉薦翻。朝，直遙翻。瑀氣剛而辭辯，房玄齡等皆不能抗，上多不用其言。考異曰：舊傳云：「玄齡等心知其是，不用其言。」按玄齡若用心如此，安得爲賢相！且事之用捨在太宗，非由玄齡。今不取。玄齡、魏徵、溫彥博嘗有微過，瑀劾奏之，劾，戶槪翻，又戶得翻。上竟不問。瑀由此怏怏自失，瑀，音禹。怏，於兩翻。遂罷御史大夫，爲太子少傅，不復預聞朝政。復，扶又翻。朝，直遙翻。

18 西突厥種落散在伊吾，伊吾，卽漢伊吾盧之地，在大磧外，東至陽關二千七百三十里。是年置伊吾縣及伊州，伊吾郡於其地。厥，九勿翻。種，章勇翻。詔以涼州都督李大亮爲西北道安撫大使，於磧口貯糧，此磧，卽伊吾東之磧。使，疏吏翻。磧，七迹翻。貯，丁呂翻。來者賑給，使者招慰，相望於道。賑，津忍翻。使，疏吏翻。大亮上言：上，時掌翻。「欲懷遠者必先安近，中國如本根，四夷如枝葉，疲中國以奉四夷，猶拔本根以益枝葉也。臣遠考秦、漢，近觀隋室，外事戎狄，皆致疲弊。今招致西突厥，但見勞費，未見其益。況河西州縣蕭條，甘、涼、瓜、沙、肅等州，皆河西也。突厥微弱以來，始得耕穫；今又供億此役，民將不堪，不若且罷招慰爲便。伊吾之地，率皆沙磧，其人或自立君長，求稱臣內屬者，羈縻受之，使居塞外，爲中國藩蔽，此乃施虛惠而收實利也。」上從之。

19 八月，丙午，詔以「常服未有差等，自今三品以上服紫，四品、五品服緋，六品、七品服綠，八品服青；婦人從其夫色」。自四品以下，緋、綠、青有深淺之異，九品則服淺青。

20 甲寅，詔以兵部尚書李靖爲右僕射。靖性沈厚，沈，持林翻。每與時宰參議，恂恂如不能言。

21 突厥既亡，營州都督薛萬淑遣契丹酋長貪沒折說諭東北諸夷，奚、霫、室韋等十餘部皆內附。說，輸芮翻；下同。霫，先立翻。萬淑，萬均之兄也。

22 戊午，突厥欲谷設來降。厥，九勿翻。降，戶江翻。欲谷設，突利之弟也。頡利敗，欲谷設奔高昌，聞突利爲唐所禮，遂來降。

23 九月，戊辰，伊吾城主入朝。朝，直遙翻。隋末，伊吾內屬，置伊吾郡；隋亂，臣於突厥。頡利既滅，舉其屬七城來降，頡，奚結翻。降，戶江翻。因以其地置西伊州。西伊州，六年改曰伊州。

24 思結部落飢貧，朔州刺史新豐張儉招集之，其不來者，仍居磧北，磧，七迹翻。親屬私相往還，儉亦不禁。及儉徙勝州都督，州司奏思結將叛，詔儉往察之。儉單騎入其部落說諭，徙之代州，卽以儉檢校代州都督，思結卒無叛者。騎，奇寄翻。說，式芮翻。卒，子恤翻。儉因勸之營田，歲大稔。儉恐虜蓄積多，有異志，奏請和糴以充邊儲。部落喜，營田轉力，而邊備實焉。

25 丙子，開南蠻地置費州、夷州。二州皆漢牂柯郡之地，武德四年，以思州寧夷縣置夷州，貞觀元年廢。是年復以思州之都上縣開南蠻，置夷州義泉郡，隋之明陽郡地也。費州涪川郡，隋黔安郡之涪川縣地，是年分思州之涪川、扶陽幷開南蠻置。宋白曰：費州因州界費水爲名。

26 己卯，上幸隴州。後魏分涇、岐二州之地置東秦州，大統十七年，改隴州治汧源縣，在長安西四百九十六里。

27 冬，十一月，壬辰，以右衛大將軍侯君集爲兵部尚書，參議朝政。

28 甲子，車駕還京師。

29 上讀明堂鍼灸書，云「人五藏之系，咸附於背」。唐藝文志有黃帝明堂經、明堂偃側人圖、明堂人形圖、明堂孔穴圖，皆鍼灸之書也。藏，徂浪翻。鍼，諸深翻。灸，居又翻。戊寅，詔自今毋得笞囚背。

30 十二月，甲辰，上獵於鹿苑；武德元年，分京兆之高陵，置鹿苑縣。乙巳，還宮。

31 甲寅，高昌王麴文泰入朝。西域諸國咸欲因文泰遣使入貢，朝，直遙翻。使，疏吏翻。上遣文泰之臣厭怛紇干往迎之。厭，於葉翻。怛，當割翻。紇，下沒翻。魏徵諫曰：「昔光武不聽西域送侍子，置都護，以爲不以蠻夷勞中國。事見四十三卷漢光武建武二十三年。今天下初定，前者文泰之來，【章：十二行本「來」下有「所過」二字；乙十一行本同；孔本同；張校同，云無註本亦無。】勞費已甚，此即謂文泰入唐境之時。今借使十國入貢，其徒旅不減千人。邊民荒耗，將不勝其弊。若聽其商賈往來，與邊民交市，則可矣，勝，音升。賈，音古。儻以賓客遇之，非中國之利也。」時厭怛紇干已行，上遽令止之。

32 諸宰相侍宴，上謂王珪曰：「卿識鑒精通，復善談論，復，扶又翻。玄齡以下，卿宜悉加品藻，且自謂與數子何如？」對曰：「孜孜奉國，知無不爲，臣不如玄齡。才兼文武，出將入相，臣不如李靖。敷奏詳明，出納惟允，臣不如溫彥博。處繁治劇，衆務畢舉，臣不如戴胄。處，昌呂翻。治，直之翻。恥君不及堯、舜，以諫爭爲己任，臣不如魏徵。至於激濁揚清，嫉惡好善，好，呼到翻。臣於數子，亦有微長。」上深以爲然，衆亦服其確論。確，克角翻。

33上之初卽位也，嘗與羣臣語及教化，上曰：「今承大亂之後，恐斯民未易化也。」魏徵對曰：「不然。久安之民驕佚，驕佚則難教；經亂之民愁苦，愁苦則易化。譬猶飢者易爲食，渴者易爲飲也。」孟子之言。易，以豉翻。上深然之。封德彝非之曰：「三代以還，人漸澆訛，故秦任法律，漢雜霸道，蓋欲化而不能，豈能之而不欲邪！魏徵書生，未識時務，若信其虛論，必敗國家。」敗，補邁翻。徵曰：「五帝、三王不易民而化，昔黃帝征蚩尤，顓頊誅九黎，湯放桀，武王伐紂，皆能身致太平，神農氏世衰，蚩尤爲暴虐，黃帝征之，禽殺蚩尤。少皞氏衰，九黎亂德，顓頊誅之。成湯放桀于南巢。武王殺紂于牧野。豈非承大亂之後邪！若謂古人淳朴，漸至澆訛，則至于今日，當悉化爲鬼魅矣，邪，音耶。澆，堅堯翻。魅，音媚。人主安得而治之！」上卒從徵言。治，直之翻。卒，子恤翻。

元年，關中饑，米斗直絹一匹；二年，天下蝗；三年，大水。上勤而撫之，民雖東西就食，未嘗嗟怨。是歲，天下大稔，流散者咸歸鄉里，米斗不過三、四錢，終歲斷死刑纔二十九人。東至于海，南極五嶺，皆外戶不閉，斷，丁亂翻。孔穎達曰：外戶而不閉者，扉從外闔也；不閉者，不用關閉之也。重門擊柝，本禦暴客，既無盜竊亂賊，則戶無俟於閉也；但爲風塵入寢，故設扉耳，無所捍拒，故從外而掩也。行旅不齎糧，取給於道路焉。上謂長孫無忌曰：「貞觀之初，上書者皆云：『人主當獨運威權，不可委之臣下。』又云：『宜震耀威武，征討四夷。』唯魏徵勸朕『偃武修文，中國既安，四夷自服』。朕用其言。今頡利成擒，其酋長並帶刀宿衛，部落皆襲衣冠，徵之力也，但恨不使封德彝見之耳！」封德彝薨於元年。徵再拜謝曰：「突厥破滅，海內康寧，皆陛下威德，臣何力焉！」上曰：「朕能任公，公能稱所任，稱，尺證翻。則其功豈獨在朕乎！」

34 房玄齡奏：「閱府庫甲兵，遠勝隋世。」上曰：「甲兵武備，誠不可闕；然煬帝甲兵豈不足邪！卒亡天下。卒，子恤翻。若公等盡力，使百姓乂安，此乃朕之甲兵也。」

35 上謂祕書監蕭璟曰：「卿在隋世數見皇后乎？」隋煬帝蕭后，璟同產也，故帝問及之。數，所角翻。對曰：「彼兒女且不得見，臣何人，得見之！」魏徵曰：「臣聞煬帝不信齊王，恆有中使察之，煬帝猜防齊王暕事略見隋紀。恆，戶登翻。使，疏吏翻。聞其宴飲，則曰『彼營何事得遂而喜！』聞其憂悴，悴，秦醉翻。則曰『彼有他念故爾』。父子之間且猶如是，況他人乎！」上笑曰：「朕今視楊政道，勝煬帝之於齊王遠矣。」璟，瑀之兄也。瑀，音禹。

36 西突厥肆葉護可汗既先可汗之子，爲衆所附，莫賀咄可汗所部酋長多歸之。厥，九勿翻。可，從刊入聲。汗，音寒。咄，當沒翻。酋，慈由翻。長，知兩翻。肆葉護引兵擊莫賀咄，莫賀咄兵敗，逃於金山，爲泥熟設所殺，諸部共推肆葉護爲大可汗。肆葉護與莫賀咄相攻，事始上二年。

五年（辛卯、六三一）

1春，正月，詔僧、尼、道士致拜父母。尼，女夷翻。

2癸酉，上大獵於昆明池，四夷君長咸從。長，知兩翻。從，才用翻。甲戌，宴高昌王文泰及羣臣。丙子，還宮，親獻禽于大安宮。

3癸未，朝集使趙郡王孝恭等上表，以四夷咸服，請封禪；朝，直遙翻。上，時掌翻。上手詔不許。此元正朝集既畢將歸者。唐制：凡天下朝集使，皆以十月二十五日至京師，十一月一日，戶部引見訖，於尚書省與羣官禮見，然後集於考堂，應考績之事。元日，陳其貢篚於殿庭。朝，直遙翻。使，疏吏翻。

4有司上言皇太子當冠，用二月吉，請追兵備儀仗。上，時掌翻。冠，古玩翻。唐皇太子冠禮，詳見新書禮樂志。上曰：「東作方興，宜改用十月。」少傅蕭瑀奏：「據陰陽【章：十二行本「陽」下有「書」字；乙十一行本同；孔本同。】不若二月。」少，始照翻。上曰：「吉凶在人。若動依陰陽，不顧禮義，吉可得乎！循正而行，自與吉會。農時最急，不可失也。」

5二月，甲辰，詔：「諸州有京觀處，觀，古玩翻。無問新舊，宜悉剗削，加土爲墳，掩蔽枯朽，勿令暴露。」

6己酉，封皇弟元裕爲鄶王，鄶，古外翻。元名爲譙王，靈夔爲魏王，元祥爲許王，元曉爲密王。庚戌，封皇子愔爲梁王，惲爲郯王，愔，於今翻。惲，於粉翻。郯，音談。貞爲漢王，治爲晉王，慎爲申王，囂爲江王，簡爲代王。

7 夏，四月，壬辰，代王簡薨。

8 壬寅，靈州斛薛叛，斛薛部內附，處之靈州，今叛。任城王道宗追擊，破之。任，音壬。

9 隋末，中國人多沒於突厥，厥，九勿翻。及突厥降，上遣使以金帛贖之。降，戶江翻。使，疏吏翻；下同。五月，乙丑，有司奏，凡得男女八萬口。

10 六月，甲寅，太子少師新昌貞公李綱薨。初，周齊王憲女，孀居無子，綱贍恤甚厚。綱薨，其女以父禮喪之。李綱先爲齊王憲參軍，事見一百七十三卷陳宣帝太建十年。

11 秋，八月，甲辰，遣使詣高麗，麗，力知翻。收隋氏戰亡骸骨，葬而祭之。

12 河內人李好德得心疾，妄爲妖言，好，呼到翻。妖，於驕翻。詔按其事。大理丞張蘊古奏：「好德被疾有徵，徵，明也，證也，驗也。被，皮義翻；下同。法不當坐。」治書侍御史權萬紀劾奏：「蘊古貫在相州，貫，鄉籍也。治，直之翻。劾，戶槪翻，又戶得翻。相，息亮翻。好德之兄厚德爲其刺史，情在阿縱，按事不實。」上怒，命斬之於市，既而悔之，因詔：「自今有死罪，雖令卽決，仍三覆奏乃行刑。」

權萬紀與侍御史李仁發，俱以告訐有寵於上，訐，居謁翻。由是諸大臣數被譴怒。數，所角翻。魏徵諫曰：「萬紀等小人，不識大體，以訐爲直，以讒爲忠。陛下非不知其無堪，蓋取其無所避忌，欲以警策羣臣耳。而萬紀等挾恩依勢，逞其姦謀，凡所彈射，射，而亦翻。皆非有罪。陛下縱未能舉善以厲俗，柰何昵姦以自損乎！」昵，尼質翻。上默然，賜絹五百匹。久之，萬紀等姦狀自露，皆得罪。爲帝疏權萬紀張本。

13 九月，上修仁壽宮，更命曰九成宮。又將修洛陽宮，民部尚書戴胄表諫，以「亂離甫爾，百姓彫弊，帑藏空虛，若營造不已，公私勞費，殆不能堪！」更，工衡翻。藏，徂浪翻。上嘉之曰：「戴胄於我非親，但以忠直體國，知無不言，故以官爵酬之耳。」久之，竟命將作大匠竇璡修洛陽宮，璡鑿池築山，彫飾華靡。上【章：十二行本「上」下有「怒」字；乙十一行本同；孔本同；張校同。】遽命毀之，免璡官。璡，將鄰翻，又則刃翻。

14 冬，十月，丙午，上逐兔於後苑，唐長安苑城袤遠，包漢長安故城在其中。程大昌曰：唐太極宮之北有內苑，有禁苑；太極宮居都城之北，內苑又居宮北，禁苑又居內苑之北。禁苑廣矣，西面全包漢之都城，東抵霸水，其西南兩面，攙出太極宮前，與承天門相齊；承天門之西，排立三門，皆禁苑之門也，曰光化，曰芳林，曰景耀。六典曰：禁苑在大內宮城之北，北臨渭水，東距滻川，西盡都城，其周一百二十里。左領軍將軍執失思力諫曰：「天命陛下爲華、夷父母，柰何自輕！」上又將逐鹿，思力脫巾解帶，跪而固諫，上爲之止。爲，于僞翻。

15初，上令羣臣議封建，魏徵議以爲：「若封建諸侯，則卿大夫咸資俸祿，必致厚斂。斂，力贍翻。又，京畿賦稅不多，所資畿外，若盡以封國邑，經費頓闕。又，燕、秦、趙、代俱帶外夷，燕，因肩翻。若有警急，追兵內地，難以奔赴。」禮部侍郎李百藥以爲：「運祚脩短，定命自天，堯、舜大聖，守之而不能固；漢、魏微賤，拒之而不能卻。今使勳戚子孫皆有民有社，易世之後，將驕淫自恣，攻戰相殘，害民尤深，不若守令之迭居也。」守，式又翻。中書侍郎顏師古以爲：「不若分王諸【章：十二行本「諸」作「宗」；乙十一行本同；張校同，云無註本亦作「諸」。】子，勿令過大，間以州縣，王，于況翻。間，古莧翻。雜錯而居，互相維持，使各守其境，協力同心，足扶京室；爲置官寮，皆省司選用，爲，于僞翻。省司，謂尚書省主者。法令之外，不得擅作威刑，朝貢禮儀，具爲條式。一定此制，萬世無虞。」朝，直遙翻。十一月，【章：十二行本「月」下有「丙辰」二字；乙十一行本同；孔本同；張校同；退齋校同。】詔：「皇家宗室及勳賢之臣，宜令作鎮藩部，貽厥子孫，非有大故，毋或黜免，所司明爲條例，定等級以聞。」

16丁巳，林邑獻五色鸚鵡，鸚鵡，能言鳥也。萬震南州志曰：鸚鵡有三種：一種白，一種青，一種五色。交州以南，諸國盡有之。白及五色者，性尤慧解。陸佃埤雅：鸚鵡人舌能言，青羽赤喙，蓋青者又凡種也。舊說，衆鳥足趾，前三後一，其目下瞼眨上；惟鸚鵡四趾齊分，兩瞼俱動，如人目。瞼，力儉翻，眼瞼也。眨，側洽翻，目動也。丁卯，新羅獻美女二人；魏徵以爲不宜受。上喜曰：「林邑鸚鵡猶能自言苦寒，思歸其國，況二女遠別親戚乎！」并鸚鵡，各付使者而歸之。使，疏吏翻。

17 倭國遣使入貢，倭，烏禾翻。上遣新州刺史高表仁持節往撫之；表仁與其王爭禮，不宣命而還。還，從宣翻，又如字。

18 丙子，上祀圜丘。

19 十二月，太僕寺丞李世南開党項之地十六州、四十七縣。党，底朗翻。

20 上謂侍臣曰：「朕以死刑至重，故令三覆奏，蓋欲思之詳熟故也。而有司須臾之間，三覆已訖。又，古刑人，君爲之徹樂減膳。朕庭無常設之樂，然常爲之不啖酒肉，但未有著令。又，百司斷獄，唯據律文，雖情在可矜，而不敢違法，其間豈能盡無冤乎！」丁亥，制：「決死囚者，二日中五覆奏，下諸州者三覆奏；行刑之日，尚食勿進酒肉，爲，于僞翻。斷，丁亂翻。唐尚食局，屬殿中監，有奉御直長，掌御膳。內教坊及太常不舉樂。武德中，置內教坊于禁中，有內教博士。太常寺有太樂署、鼓吹署。皆令門下覆視。有據法當死而情可矜者，錄狀以聞。」由是全活甚衆。其五覆奏者，以決前一二日，至決日又三覆奏；唯犯惡逆者一覆奏而已。隋立十惡之科，四曰惡逆，謂毆及謀殺祖父母、父母，殺伯叔父母、姑、兄、子、外祖父母、夫、夫之祖父母、父母者；唐遵用之。

21 己亥，朝集使利州都督武士彠等復上表請封禪，朝，直遙翻。彠，一虢翻。復，扶又翻。不許。

22 壬寅，上幸驪山溫湯；戊申，還宮。

23 上謂執政曰：「朕常恐因喜怒妄行賞罰，故欲公等極諫。公等亦宜受人諫，不可以己之所欲，惡人違之。惡，烏路翻。苟自不能受諫，安能諫人。」

24 康國求內附。康國，卽漢康居國，一曰薩末鞬，亦曰颯末鞬，元魏謂之悉萬斤。其王姓溫，本月氏人，始居祁連北昭武城，爲突厥所破，稍南依葱嶺，卽有其地，以昭武爲姓，示不忘本也。上曰：「前代帝王，好招來絕域，以求服遠之名，無益於用而糜弊百姓。今康國內附，儻有急難，於義不得不救。師行萬里，豈不疲勞！勞百姓以取虛名，朕不爲也。」遂不受。

謂侍臣曰：「治國如治病，病雖愈，猶宜將護，儻遽自放縱，病復作，則不可救矣。今中國幸安，四夷俱服，誠自古所希，然朕日愼一日，唯懼不終，故欲數聞卿輩諫爭也。」好，呼到翻。難，乃旦翻。治，直之翻。復，扶又翻。數，所角翻。爭，讀曰諍。魏徵曰：「內外治安，臣不以爲喜，唯喜陛下居安思危耳。」治，直吏翻。

25 上嘗與侍臣論獄，魏徵曰：「煬帝時嘗有盜發，帝令於士澄捕之，於，如字，姓也，出何承天姓苑。少涉疑似，皆拷訊取服，少，始沼翻。拷，音考。凡二千餘人，帝悉令斬之。令，力丁翻。大理丞張元濟怪其多，試尋其狀，內五人嘗爲盜，餘皆平民；竟不敢執奏，盡殺之。」上曰：「此豈唯煬帝無道，其臣亦不盡忠。君臣如此，何得不亡！公等宜戒之！」

26 是歲，高州總管馮盎入朝。未幾，羅竇諸洞獠反，竇州，漢端溪縣地。隋爲瀧州懷德縣，武德四年置南扶州，貞觀六年更名竇州，取州界有羅竇洞爲名。朝，直遥翻。幾，居豈翻。獠，魯皓翻。敕盎帥部落二萬，爲諸軍前鋒。帥，讀曰率。獠數萬人，屯據險要，諸軍不得進。盎持弩謂左右曰：「盡吾此矢，足知勝負矣。」連發七矢，中七人。中，竹仲翻。獠皆走，因縱兵乘之，斬首千餘級。上美其功，前後賞賜，不可勝數。勝，音升。盎所居地方二千里，奴婢萬餘人，珍貨充積；然爲治勤明，所部愛之。治，直吏翻。

27 新羅王眞平卒，卒，子恤翻。無嗣，國人立其女善德爲王。

王崇武標點　容肇祖　聶崇岐覆校

# 資治通鑑卷第一百九十四

端明殿學士兼翰林侍讀學士太中大夫提舉西京嵩山崇福宮上柱國河内郡開國公食邑二千二百戶食實封九百戶賜紫金魚袋臣司馬光　奉敕編集

後　學　天　台　胡三省　音　註

## 唐紀十

起玄黓執徐（壬辰），盡強圉作噩（丁酉）四月，凡五年有奇。

### 太宗文武大聖大廣孝皇帝上之下

貞觀六年（壬辰、六三二）觀，古玩翻。

1 春，正月，乙卯朔，日有食之。

2 癸酉，靜州獠反，將軍李子和討平之。獠，魯皓翻。

3 文武官復請封禪，復，扶又翻。去年諸州朝集使請封禪。上曰：「卿輩皆以封禪爲帝王盛事，朕意不然。若天下乂安，家給人足，雖不封禪，庸何傷乎！昔秦始皇封禪，見七卷始皇二十八年。而漢文帝不封禪，後世豈以文帝之賢不及始皇邪！邪，音耶。且事天掃地而祭，禮記郊特牲曰：郊之祭也，大報天也。兆於南郊，就陽位也。掃地而祭，於其質也。何必登泰山之巔，封數尺之土，然後可以展其誠敬乎！」羣臣猶請之不已，上亦欲從之，魏徵獨以爲不可。考異曰：實錄、唐書志及唐統紀皆以爲太宗自不欲封禪，而魏文貞公故事及王方慶文貞公傳錄以爲太宗欲封太山，徵諫而止。意頗不同，今兩存之。上曰：「公不欲朕封禪者，以功未高邪？」曰：「高矣！」「德未厚邪？」曰：「厚矣！」「中國未安邪？」曰：「安矣！」「四夷未服邪？」曰：「服矣！」「年穀未豐邪？」曰：「豐矣！」「符瑞未至邪？」曰：「至矣！」「然則何爲不可封禪？」對曰：「陛下雖有此六者，然承隋末大亂之後，戶口未復，倉廩尚虛，而車駕東巡，千乘萬騎，乘，繩證翻。騎，奇寄翻。其供頓勞費，未易任也。易，以豉翻。任，音壬。且陛下封禪，則萬國咸集，遠夷君長，皆當扈從；長，知兩翻。從，才用翻。今自伊、洛以東至于海、岱，煙火尚希，灌莽極目，灌，木叢生也。莽，草深茂也。此乃引戎狄入腹中，示之以虛弱也。況賞賚不貲，未厭遠人之望；給復連年，不償百姓之勞；厭，於協翻。復，方目翻。崇虛名而受實害，陛下將焉用之！」焉，於虔翻。會河南、北數州大水，事遂寢。

4 上將幸九成宮，通直散騎常侍姚思廉諫。散，悉亶翻。騎，奇寄翻。上曰：「朕有氣疾，暑輒頓劇，往避之耳。」賜思廉絹五十匹。

監察御史馬周上疏，監，古銜翻。上，時掌翻。以爲：「東宮在宮城之中，而大安宮乃在宮城之西，此因大安宮在西，遂謂帝所居爲東宮耳。制度比於宸居，尚爲卑小，於四方觀聽，有所不足。宜增修高大，以稱中外之望。稱，尺證翻。又，太上皇春秋已高，陛下宜朝夕視膳。今九成宮去京師三百餘里，太上皇或時思念陛下，陛下何以赴之？又，車駕此行，欲以避暑；太上皇尚留暑中，而陛下獨居涼處，溫清之禮，竊所未安。記曲禮：凡爲人子之禮，冬溫而夏清。清，音七正翻。今行計已成，不可復止，復，扶又翻。願速示返期，以解衆惑。又，王長通、白明達皆樂工，韋槃提、斛斯正止能調馬，縱使技能出衆，正可賚之金帛，豈得超授官爵，鳴玉曳履，與士君子比肩而立，同坐而食，使，渠綺翻。坐，徂臥翻。臣竊恥之！」上深納之。

5 上以新令無三師官，二月，丙戌，詔特置之。唐以太師、太傅、太保爲三師，正一品，天子所師法，無所總職。

6 三月，戊辰，上幸九成宮。

7 庚午，吐谷渾寇蘭州，吐，從暾入聲。谷，音浴。州兵擊走之。

8 長樂公主將出降，唐會要：長樂公主下嫁長孫沖。樂，音洛。上以公主，皇后所生，特愛之，敕有司資送倍於永嘉長公主。永嘉長公主，高祖女，下嫁竇奉節，又嫁賀蘭僧伽。唐制：皇姑爲大長公主，正一品；姊爲長公主，女爲公主，皆視一品。長，知兩翻；下同。魏徵諫曰：「昔漢明帝欲封皇子，曰：『我子豈得與先帝子比！』皆令半楚、淮陽。事見四十五卷漢明帝永平十五年。今資送公主，倍於長主，得無異於明帝之意乎！」上然其言，入告皇后。后歎曰：「妾亟聞陛下稱重魏徵，亟，去吏翻。不知其故，今觀其引禮義以抑人主之情，乃知眞社稷之臣也！妾與陛下結髮爲夫婦，曲承恩禮，每言必先候顏色，不敢輕犯威嚴；況以人臣之疏遠，乃能抗言如是，陛下不可不從。」因請遣中使齎錢四百緡、絹四百匹以賜徵，使，疏吏翻。考異曰：舊文德皇后傳云：「使齎帛五百匹，詣徵第賜之。」魏文貞公故事云：「遣中使齎錢二十萬、絹百匹詣公宅宣命。」今從舊魏徵傳。且語之曰：語，牛倨翻。「聞公正直，乃今見之，故以相賞。公宜常秉此心，勿轉移也。」上嘗罷朝，怒曰：「會須殺此田舍翁。」朝，直遙翻。后問爲誰，上曰：「魏徵每廷辱我。」后退，具朝服立于庭，唐制：皇后之服，褘衣者，受冊、助祭、朝會大事之服也。深青織成，爲之畫翬，赤質、五色、十二等，素紗中單，黼領，朱羅縠褾襈，蔽膝隨裳色，以緅領爲緣，用翟爲章三等，青衣革帶，大帶隨衣色，裨紐約佩，綬如天子，青襪，舃加金飾，首飾大小華十二樹，以象袞冕之旒，又有兩博鬢。朝，直遙翻。褾，彼小翻，袖耑。襈，皺戀翻，緣也。緅，仄鳩翻。上驚問其故。后曰：「妾聞主明臣直；今魏徵直，由陛下之明故也，妾敢不賀！」上乃悅。

9 夏，四月，辛卯，襄州都督鄒襄公張公謹卒。卒，子恤翻。明日，上出次發哀。有司奏，辰日忌哭。彭祖百忌，辰不哭泣。上曰：「君之於臣，猶父子也，情發於衷，安避辰日！」遂哭之。

10 六月，己亥，金州刺史酆悼王元亨薨。金州，西城郡，梁置南梁州，西魏置東梁州，尋改曰金州。辛亥，江王囂薨。

11 秋，七月，丙辰，焉耆王突騎支遣使入貢。初，焉耆入中國由磧路，隋末閉塞，道由高昌。突騎支請復開磧路以便往來，騎，奇寄翻。使，疏吏翻。磧，七迹翻。塞，悉則翻。復，扶又翻，又音如字。上許之。由是高昌恨之，遣兵襲焉耆，大掠而去。焉耆國東鄰高昌。爲討高昌張本。

12 辛未，宴三品已上於丹霄殿。上從容言曰：從，千容翻。「中外乂安，皆公卿之力。然隋煬帝威加夷、夏，夏，戶雅翻。頡利跨有北荒，頡，奚結翻。統葉護雄據西域，今皆覆亡，此乃朕與公等所親見，勿矜強盛以自滿也！」

13 西突厥肆葉護可汗發兵擊薛延陀，爲薛延陀所敗。厥，九勿翻。可，從刊入聲。汗，音寒。敗，補邁翻。

肆葉護性猜狠信讒，有乙利可汗，功最多，乙利，西突厥小可汗也。狠，戶墾翻。肆葉護以非其族類，誅滅之，由是諸部皆不自保。肆葉護又忌莫賀設之子泥孰，陰欲圖之，泥孰奔焉耆。設卑達官與弩失畢二部攻之，舊傳作「設卑達官」，考異曰：新傳作「沒卑達干」。今從舊傳。肆葉護輕騎奔康居，尋卒。肆葉護立見上卷三年。騎，奇寄翻。卒，子恤翻。國人迎泥孰於焉耆而立之，是爲咄陸可汗，遣使內附。咄，常沒翻。可，從刊入聲。汗，音寒。使，疏吏翻。丁酉，遣鴻臚少卿劉善因立咄陸爲奚利邲咄陸可汗。臚，陵如翻。少，始照翻。邲，毗必翻。咄陸卽阿史那彌射。此當參觀高宗顯慶二年考異而詳辨之。考異曰：舊傳「冊爲呑阿婁拔奚利邲咄陸可汗」，新傳「冊號呑阿婁拔利邲咄陸可汗」。今從實錄。

14閏月，乙卯，上宴近臣於丹霄殿，長孫無忌曰：「王珪、魏徵，昔爲仇讎，謂其事隱太子，勸之圖帝也。不謂今日得此同宴。」上曰：「徵、珪盡心所事，故我用之。然徵每諫，我不從，我與之言輒不應，何也？」魏徵對曰：「臣以事爲不可，故諫；陛【章：十二行本「陛」上有「若」字；乙十一行本同。】下不從而臣應之，則事遂施行，故不敢應。」上曰：「且應而復諫，庸何傷！」復，扶又翻。對曰：「昔舜戒羣臣：『爾無面從，退有後言。』書益稷之言。臣心知其非而口應陛下，乃面從也，豈稷、契事舜之意邪！」契，息列翻。上大笑曰：「人言魏徵舉止疏慢，我視之更覺嫵媚，嫵，罔甫翻；嫵，亦媚也。正爲此耳！」爲，于僞翻。徵起，拜謝曰：「陛下開臣使言，故臣得盡其愚；若陛下拒而不受，臣何敢數犯顏色乎！」數，所角翻。

15戊辰，祕書少監虞世南上聖德論，上，時掌翻。上賜手詔，稱：「卿論太高。朕何敢擬上古，但比近世差勝耳。然卿適覩其始，未知其終。若朕能慎終如始，則此論可傳；如或不然，恐徒使後世笑卿也！」

16九月，己酉，幸慶善宮，上生時故宅也，以高祖武功舊第爲慶善宮。因與貴人宴，賦詩。起居郎清平呂才清平縣，屬博州。劉昫曰：本漢貝丘縣，隋曰清平。被之管絃，被，皮義翻。命曰功成慶善樂，使童子八佾爲九功之舞，大宴會，與破陳舞偕奏於庭。才有巧思，故命以所賦詩被之管絃以爲樂章，以童子六十四人冠進德冠，紫袴褶，長袖，漆髻，屣履而舞，號九功舞，進蹈安徐，以象文德。破陳樂，號七德舞，擊刺往來，發揚蹈厲，以象武功。陳，讀曰陣。同州刺史尉遲敬德預宴，同州，馮翊郡。尉，紆勿翻。有班在其上者，敬德怒曰：「汝何功，坐我上！」任城王道宗次其下，諭解之。敬德拳毆道宗，目幾眇。任，音壬。毆，烏口翻。幾，居希翻。考異曰：唐曆云：「嘗因內宴，於御前毆宇文士及曰：『汝有何功，合居吾上！』太宗慰諭之，方止。」今從舊傳。上不懌而罷，謂敬德曰：「朕見漢高祖誅滅功臣，意常尤之，故欲與卿等共保富貴，令子孫不絕。令，力丁翻。然卿居官數犯法，乃知韓、彭葅醢，非高祖之罪也。國家綱紀，唯賞與罰，非分之恩，不可數得，分，扶問翻。數，所角翻。勉自修飭，無貽後悔！」敬德由是始懼而自戢。戢，阻立翻。

17 冬，十月，乙卯，車駕還京師。帝侍上皇宴於大安宮，帝與皇后更獻飲膳及服御之物，更，工衡翻。夜久乃罷。帝親爲上皇捧輿至殿門，爲，于僞翻。上皇不許，命太子代之。

18 突厥頡利可汗鬱鬱不得意，數與家人相對悲泣，容貌羸憊。厥，九勿翻。頡，奚結翻。可，從刊入聲。汗，音寒。數，所角翻。羸，倫爲翻。憊，蒲拜翻。上見而憐之，以虢州地多麋鹿，義寧元年，分弘農二縣置虢州、虢郡。宋白曰：帝王世紀云，虢有三：周封虢仲於西虢，虢州之地也；封虢叔於東虢，今成皋也；陝郡平陸是北虢。可以游獵，乃以頡利爲虢州刺史；頡利辭，不願往。癸未，復以爲右衞大將軍。復，扶又翻；下勿復、不復同，又音如字。

19 十一月，辛巳，契苾酋長何力帥部落六千餘家詣沙州降，詔處之於甘、涼之間，契，欺結翻。苾，毗必翻。酉，慈由翻。長，知兩翻。帥，讀曰率。降，戶江翻。處，昌呂翻。甘、涼相去五百里。以何力爲左領軍將軍。

20 庚寅，以左光祿大夫陳叔達爲禮部尚書。帝謂叔達曰：「卿武德中有讜言，見一百九十一卷高祖武德九年。讜，音黨，善言直言也。故以此官相報。」對曰：「臣見隋室父子相殘，以取亂亡，當日之言，非爲陛下，爲，于僞翻。乃社稷之計耳！」

21 十二月，癸丑，帝與侍臣論安危之本。中書令溫彥博曰：「伏願陛下常如貞觀初，則善矣。」帝曰：「朕比來怠於爲政乎？」觀，古玩翻。比，毗至翻。魏徵曰：「貞觀之初，陛下志在節儉，求諫不倦。比來營繕微多，諫者頗有忤旨，此其所以異耳！」比，毗至翻。忤，五故翻。帝拊掌大笑曰：「誠有是事。」

22 辛未，帝親錄繫囚，見應死者，閔之，縱使歸家，期以來秋來就死。仍敕天下死囚，皆縱遣，使至期來詣京師。

23 是歲，党項羌前後內屬者三十萬口。党，底朗翻。

24 公卿以下請封禪者前後相屬，屬，之欲翻。上諭以「舊有氣疾，恐登高增劇，公等勿復言」。復，扶又翻。

25 上謂侍臣曰：「朕比來決事或不能皆如律令，公輩以爲事小，不復執奏。夫事無不由小而致大，此乃危亡之端也。比，毗至翻。夫，音扶。昔關龍逢忠諫而死，逢，皮江翻。朕每痛之。煬帝驕暴而亡，公輩所親見也。公輩常宜爲朕思煬帝之亡，朕常爲公輩念關龍逢之死，爲，于僞翻。何患君臣不相保乎！」

26 上謂魏徵曰：「爲官擇人，不可造次。朱元晦曰：造次，急遽苟且之時。造，七到翻。用一君子，則君子皆至；用一小人，則小人競進矣。」對曰：「然。天下未定，則專取其才，不考其行；喪亂既平，行，下孟翻；下同。喪，息浪翻。則非才行兼備不可用也。」觀此，則天下已定之後，可不爲官擇人乎！

## 七年（癸巳、六三三）

1 春，正月，更名破陳樂曰七德舞。更，工衡翻。左傳：楚莊王曰：武有七德，禁暴、戢兵、保大、定功、安民、和衆、豐財，故以爲樂舞之名。新志：七德舞圖，左圓右方，先偏後伍，交錯屈伸，以象魚麗鵝鸛。命呂才以圖教樂工，百二十八人，被銀甲執戟而舞。凡三變，每變爲四陣，象擊刺往來，歌者和，曰秦王破陳樂。杜佑曰：破陳樂舞圖，左圓右方，先偏後伍，魚麗鵝鸛，箕張翼舒，交錯屈伸，首尾回互，以象戰陳之形。凡爲三變，每變有四陣，有來往疾徐擊刺之象，以應歌節，發揚蹈厲，聲韻慷慨。陳，讀曰陣。癸巳，宴三品已上及州牧、蠻夷酋長於玄武門，奏七德、九功之舞。酋，慈由翻。長，知兩翻。太常卿蕭瑀上言：「七德舞形容聖功，有所未盡，瑀，音禹。上，時掌翻。請寫劉武周、薛仁果、竇建德、王世充等擒獲之狀。」上曰：「彼皆一時英雄，今朝廷之臣往往嘗北面事之，若覩其故主屈辱之狀，能不傷其心乎！」瑀謝曰：「此非臣愚慮所及。」魏徵欲上偃武修文，每侍宴，見七德舞輒俛首不視，見九功舞則諦觀之。俛，音免。諦，都計翻，審也。

2 三月，戊子，侍中王珪坐漏泄禁中語，左遷同州刺史。庚寅，以祕書監魏徵爲侍中。

3 直太史雍人李淳風雍縣，屬岐州。雍，於用翻。奏靈臺候儀制度疏略，但有赤道，請更造渾天黃道儀，更，工衡翻。渾，戶本翻。許之。癸巳，成而奏之。時李淳風上言：舜在璿璣玉衡以齊七政，則渾天儀也。周禮：土圭正日景以求地中，有以見日行黃道之驗也。暨于周末，此器乃亡。漢洛下閎作渾〔天〕儀，其後賈逵、張衡亦有之，而推驗七曜，並循赤道。按冬至極南，夏至極北，而赤道常定於中，國〔全〕無南北之異，蓋渾儀無黃道久矣。上異其說，因詔爲之。儀，表裏三重，下據準基，上如十字，末樹鼇足，以張四表。一曰六合儀，有天經雙規，金渾緯規，金常規，相結於四極之內，列二十八宿、十日〔干〕、十二辰，經緯三百六十五度。二曰三辰儀，圓徑八尺，有璿璣規，日〔月〕游〔天宿〕規〔矩〕，列宿所行，轉於六合之內。三曰四游儀，圓〔玄〕樞爲軸，以連結玉衡游筩而貫約規矩，又玄極〔樞〕北樹北辰，南矩地軸，傍轉於內，玉衡在玄樞之間，而南北游，仰以觀天之辰宿，下以識器之晷度。皆用銅爲之。

4 夏，五月，癸未，上幸九成宮。

5 雅州道行軍總管張士貴擊反獠，破之。雅州，漢嚴道縣地；隋廢州，置臨邛郡；唐復爲雅州。獠，魯皓翻。

6 秋，八月，乙丑，左屯衛大將軍譙敬公周範卒。上行幸，常令範與房玄齡居守。卒，子恤翻。守，式又翻。範爲人忠篤嚴正，疾甚，不肯出外，竟終於內省，與玄齡相抱而訣曰：「所恨不獲再奉聖顏！」

7 辛未，以張士貴爲龔州道行軍總管，使擊反獠。龔州，臨江郡，漢猛陵縣地，隋爲永平郡武林縣；貞觀三年，置鷰州於今州東，仍於鷰州之故所置龔州。

8 九月，山東、河南四十餘州水，遣使賑之。使，疏吏翻。賑，津忍翻。

9 去歲所縱天下死囚凡三百九十人，無人督帥，皆如期自詣朝堂，帥，讀曰率。朝，直遥翻。考異曰：四年實錄云：天下斷死罪，止二十九人，今年實錄乃有二百九十九人，何頓多如此！事已可疑。又白居易樂府云：「死囚四百來歸獄。」舊本紀、統紀、年代記皆云「二百九十人」。今從新書刑法志。無一人亡匿者；上皆赦之。

10 冬，十月，庚申，上還京師。

11 十一月，壬辰，以開府儀同三司長孫無忌爲司空，長，知兩翻。無忌固辭，曰：「臣忝預外戚，恐天下謂陛下爲私。」上不許，曰：「吾爲官擇人，惟才是與。爲，于僞翻。苟或不才，雖親不用，襄邑王神符是也；神符少威嚴，不爲下所畏，又足不良于行，由是歸第。如其有才，雖讎不棄，魏徵等是也。今日所舉，非私親也。」

12 十二月，甲寅，上幸芙蓉園；景龍文館記：芙蓉園在京師羅城東南隅，本隋世之離宮也；青林重複，綠水瀰漫，帝城勝景也。丙辰，校獵少陵原。少陵原，在長安城南，屬萬年縣界。少，始照翻。戊午，還宮，從上皇置酒故漢未央宮。漢故未央宮在長安宮城北禁苑之西偏。考異曰：舊高祖紀：「八年，閱武於城西，高祖親自臨視，還，置酒於未央宮。」高祖實錄不記年月，據太宗實錄，八年正月，頡利可汗死。今從唐曆。上皇命突厥頡利可汗起舞，又命南蠻酋長馮智戴詠詩，厥，九勿翻。頡，奚結翻。可，從刊入聲。汗，音寒。酋，慈由翻。長，知兩翻。既而笑曰：「胡、越一家，自古未有也！」帝奉觴上壽上，時掌翻。曰：「今四夷入臣，皆陛下教誨，非臣智力所及。昔漢高祖亦從太上皇置酒此宮，妄自矜大，漢高祖十年，置酒未央宮，奉玉卮爲太上皇壽，曰：「始大人常以臣亡賴，不能治產業，不如仲力。今某之業所就，孰與仲多？」臣所不取也。」上皇大悅。殿上皆呼萬歲。

13 帝謂左庶子于志寧、右庶子杜正倫曰：「朕年十八，猶在民間，民之疾苦情僞，無不知之。及居大位，區處世務，猶有差失。況太子生長深宮，處，昌呂翻。長，知兩翻。百姓艱難，耳目所未涉，能無驕逸乎！卿等不可不極諫！」太子好嬉戲，頗虧禮法，志寧與右庶子孔穎達數直諫，好，呼到翻。數，所角翻。上聞而嘉之，各賜金一斤，帛五百匹。

14 工部尚書段綸奏徵巧工楊思齊，上令試之。綸使先造傀儡。傀儡，木偶戲也。杜佑曰：窟礧子，亦曰傀磊子，作偶人以戲，善歌舞。本喪樂也，漢末始用之於嘉會。北齊高緯尤所好，閭市盛行焉。余按列子，偃師以此伎奉周穆王，其來久矣。傀，口猥翻。儡，落猥翻。上曰：「得巧工庶供國事，卿令先造戲具，豈百工相戒無作淫巧之意邪！」月令：孟春之月，百工咸理，監工日號，毋或作爲淫巧以蕩上心。邪，音耶。乃削綸階。唐制：工部尚書，正三品。削其階則不得立於三品班中。

15 嘉、陵州獠反，嘉州，眉山郡，漢犍爲南安縣地。陵州，陵山郡，漢蜀郡廣都、犍爲郡武陽二縣東界之地。獠，魯皓翻。命邗江府統軍牛進達擊破之。唐揚州有邗江府兵。邗，胡安翻。

16 上問魏徵曰：「羣臣上書可采，及召對多失次，何也？」臣上，時掌翻。對曰：「臣觀百司奏事，常數日思之，及至上前，三分不能道一。況諫者拂意觸忌，拂，與咈同。非陛下借之辭色，豈敢盡其情哉！」上由是接羣臣辭色愈溫，嘗曰：「煬帝多猜忌，臨朝對羣臣多不語。朝，直遙翻。朕則不然，與羣臣相親如一體耳。」

八年（甲午、六三四）

1 春，正月，癸未，突厥頡利可汗卒。厥，九勿翻。頡，奚結翻。可，從刊入聲。汗，音寒。卒，子恤翻。命國人從其俗，焚尸葬之。

2 辛丑，行軍總管張士貴討東、西王洞反獠，平之。東、西王洞獠蓋在龔州界。

3 上欲分遣大臣爲諸道黜陟大使，使，疏吏翻。考異曰：實錄、舊本紀但云「遣蕭瑀等巡省天下。」按時止有十道，而會要、統紀皆云「發十六道黜陟大使」，據姓名止十三人，皆所未詳，故但云諸道。未得其人；李靖薦魏徵。上曰：「徵箴規朕失，不可一日離左右。」離，力智翻。乃命靖與太常卿蕭瑀等凡十三人分行天下，「察長吏賢不肖，行，下孟翻。長，知兩翻。問民間疾苦，禮高年，賑窮乏，【章：十二行本「乏」下有「褒善良」三字；乙十一行本同；退齋校同。】賑，津忍翻。起久淹，【章：十二行本「久」作「滯」；乙十一行本同；孔本作「淹滯」；退齋校同；熊校同。】俾使者所至，如朕親覩」。

4 三月，庚辰，上幸九成宮。

5 夏，五月，辛未朔，日有食之。

6 初，吐谷渾可汗伏允吐，從暾入聲。谷，音浴。可，從刊入聲。汗，音寒。考異曰：實錄，十年，立諸曷鉢，詔稱伏允爲「順步薩鉢」。今從舊傳。遣使入貢，未返，大掠鄯州而去。使，疏吏翻。宋白曰：鄯州西南至廓州廣城縣故承風嶺，吐谷渾界，一百九十五里。上遣使讓之，徵伏允入朝，稱疾不至，鄯，時戰翻。朝，直遙翻。仍爲其子尊王求婚；上許之，令其親迎，爲，于僞翻。迎，魚敬翻。尊王又不至，乃絕婚，伏允又遣兵寇蘭、廓二州。蘭州，金城郡，以皋蘭山名州。伏允年老，信其臣天柱王之謀，數犯邊；數，所角翻。又執唐使者趙德楷，上遣使諭之，十返；又引其使者，臨軒親諭以禍福，伏允終無悛心。悛，丑緣翻。六月，遣左驍衛大將軍段志玄爲西海道行軍總管，左驍衛將軍樊興爲赤水道行軍總管，將邊兵及契苾、党項之衆以擊之。吐谷渾中有赤水城，近河源。驍，堅堯翻。將邊，卽亮翻。契，欺訖翻。苾，毗必翻。党，底朗翻。考異曰：實錄，六年三月，吐谷渾寇蘭州，不云遣志玄擊之，吐谷渾寇蘭、廓二州，無年月。新本紀，此夏遣志玄。實錄，十月，志玄破吐谷渾。故參酌置此。又新書本紀，是夏，吐谷渾寇涼州，遣志玄等伐之。實錄，十月辛丑，志玄破吐谷渾，而不書遣將日月，新紀亦無破吐谷渾月日。實錄寇涼州在十一月。今參用之。

7 秋，七月，山東、河南、淮、海之間大水。

8 上屢請上皇避暑九成宮，上皇以隋文帝終於彼，惡之。九成宮，卽隋之仁壽宮。隋文帝仁壽四年，崩於仁壽宮。惡，烏路翻。冬，十月，營大明宮，大明宮在禁苑東南，西接宮城之東北隅，曰東內。程大昌曰：大明宮地，本太極宮之後苑東南面射殿也，地在龍首山上。龍朔二年，高宗染風痹，惡太極宮卑下，就修大明宮，改曰蓬萊宮。以爲上皇淸暑之所。未成而上皇寢疾，不果居。

9 辛丑，段志玄擊吐谷渾，破之，追奔八百餘里，去靑海三十餘里，吐谷渾中有靑海。闞駰曰：漢金城郡臨羌縣西有卑禾羌海，世謂之靑海，東去西平二百五十里。西平，唐鄯州也。吐，從暾入聲。谷，音浴。吐谷渾驅牧馬而遁。

10 甲子，上還京師。

11 右僕射李靖以疾遜位，許之。十一月，辛未，以靖爲特進，封爵如故，祿賜、吏卒並依舊給，俟疾小瘳，瘳，丑留翻。每三兩日至門下、中書平章政事。唐初政事堂在門下省。歐陽修曰：平章事之名始此。

12 甲申，吐蕃贊普棄宗弄讚考異曰：太宗實錄「贊普」作「贊府」。高宗實錄「棄宗」作「器宗」。今從舊傳。遣使入貢，仍請婚。使，疏吏翻。吐蕃在吐谷渾西南，近世浸強，蠶食他國，土宇廣大，勝兵數十萬，勝，音升。然未嘗通中國。其王稱贊普，俗不言姓，王族皆曰論，宦族皆曰尚。吐蕃本西羌屬，蓋百有五十種，散處河、湟、江、岷間。有發羌唐旄等，未始與中國通，居析支水西。祖曰鶻提勃悉野，健武多智，稍并諸羌，據其地。蕃、發聲近，故其子孫曰吐蕃而姓勃窣野。或曰：南涼禿髮烏孤之後，二子，曰樊尼，曰傉檀，爲乞伏熾盤所滅，樊尼挈殘部降沮渠蒙遜，沮渠滅，樊尼率兵西濟河，踰積石，遂撫有羣羌云。其俗謂強雄曰贊，丈夫曰普，故號君長爲贊普。其地直長安八千里，距鄯善五百里。劉昫曰：吐蕃，禿髮氏之後，語訛曰吐蕃。宋白曰：樊尼奔沮渠蒙遜，署臨松郡丞。沮渠滅，建國西土，改姓勃窣野。時人謂丞爲贊府，語訛爲贊普。吐，從暾入聲。棄宗弄讚有勇略，四鄰畏之。上遣使者馮德遐往慰撫之。

13 丁亥，吐谷渾寇涼州。己丑，下詔大舉討吐谷渾。考異曰：舊傳云：「吐谷渾拘趙德楷，太宗遣使宣諭十餘返，竟無悛心。九年，詔李靖等討伐。」太宗實錄，己丑，吐谷渾拘我行人趙德楷，卽下此詔。十二月，遣李靖等。今從實錄。據舊傳，拘德楷在前；據實錄，先遣使宣諭，後拘德楷，卽下詔伐之。今兩存之。上欲得李靖爲將，爲其老，重勞之。重，難也。以其年老，難勞之以征伐之事也。將，卽亮翻。爲，于僞翻。靖聞之，請行；上大悅。十二月，辛丑，以靖爲西海道行軍大總管，節度諸軍。兵部尚書侯君集爲積石道、刑部尚書任城王道宗爲鄯善道、涼州都督李大亮爲且末道、岷州都督李道彥爲赤水道、利州刺史高甑生爲鹽澤道行軍總管，西海、鄯善、且末皆隋破吐谷渾所置郡名。積石山在隋河源郡。赤水城亦在河源郡。鹽池在西海郡。任，音壬。鄯，時戰翻。且，子餘翻。并突厥、契苾之衆擊吐谷渾。

14帝聘隋通事舍人鄭仁基女爲充華，充華，舊有之。唐六宮之職無此官。詔已行，册使將發，使，疏吏翻。魏徵聞其嘗許嫁士人陸爽，遽上表諫。上，時掌翻。帝聞之，大驚，手詔深自克責，命停册使。房玄齡等奏稱：「許嫁陸氏，無顯狀，大禮既行，不可中止。」爽亦表言初無婚姻之議。帝謂徵曰：「羣臣或容希合；爽亦自陳，何也？」對曰：「彼以爲陛下外雖捨之，或陰加罪譴，故不得不然。」帝笑曰：「外人意或當如是。朕之言未能使人必信如此邪！」

15中牟丞皇甫德參中牟縣，漢屬河南郡，晉屬滎陽郡，後魏屬廣武郡，爲治所；隋開皇十年，改曰郲城縣，大業改曰圃田縣，唐武德三年，更名中牟。丞，貳令治縣事。上縣丞從八品下，中、下縣各以差降一品。上言：「脩洛陽宮，勞人；收地租，厚斂；俗好高髻，蓋宮中所化。」上，時掌翻；下上書同。斂，力贍翻。好，呼到翻；下不好同。上怒，謂房玄齡等曰：「德參欲國家不役一人，不收斗租，宮人皆無髮，乃可其意邪！」欲治其謗訕之罪。治，直之翻。魏徵諫曰：「賈誼當漢文帝時上書，云『可爲痛哭者一，可爲流涕者二』。見十四卷漢文帝六年。自古上書不激切，不能動人主之心，所謂狂夫之言，聖人擇焉，漢書李左車有是言。唯陛下裁察！」上曰：「朕罪斯人，則誰敢復言！」復，扶又翻。乃賜絹二十匹。他日，徵奏言：「陛下近日不好直言，雖勉強含容，非曩時之豁如。」強，其兩翻。上乃更加優賜，拜監察御史。監，古銜翻。

16 中書舍人高季輔上言：考異曰：貞觀政要，季輔疏在三年；會要在八年。按舊傳：季輔貞觀初拜御史，累轉中書舍人。故從會要置此。「外官卑品，猶未得祿，飢寒切身，難保清白。今倉廩浸實，宜量加優給，然後可責以不貪，嚴設科禁。又，密王元曉等皆陛下之弟，比見帝子拜諸叔，量，音良。比，毗至翻。叔皆答拜，紊亂昭穆，紊，音問。昭，時招翻。宜訓之以禮。」書奏，上善之。

17 西突厥咄陸可汗卒，其弟同娥設立，是爲沙鉢羅咥利失可汗。咥，徒結翻，又丑栗翻。

九年（乙未、六三五）

1 春，正月，党項先內屬者皆叛歸吐谷渾。三月，庚辰，洮州羌叛入吐谷渾，殺刺史孔長秀。洮，土刀翻。

2 壬辰，【嚴：「辰」改「午」。】赦天下。

3 乙酉，鹽澤道行軍總管高甑生擊叛羌，破之。

4 庚寅，詔民貲分三等，未盡其詳，宜分九等。唐會要：武德六年，三月，令天下戶量其資產，定爲三等。今分九等，蓋於三等各分上、中、下也。

5 上謂魏徵曰：「齊後主、周天元皆重斂百姓，厚自奉養，力竭而亡。譬如饞人自噉其肉，肉盡而斃，何其愚也！斂，力贍翻。饞，七咸翻。貪食而多取之爲饞。噉，徒覽翻，又徒濫翻。然二主孰爲優劣？」對曰：「齊後主懦弱，政出多門；懦，乃臥翻，又奴亂翻。周天元驕暴，威福在己；

雖同爲亡國，齊主尤劣也。」

6夏，閏四月，癸酉，任城王道宗敗吐谷渾於庫山。敗，補邁翻；下兒敗、等敗之敗同。考異曰：舊道宗傳云：「賊聞軍至，走入嶂山，已行數千里。諸將議欲息兵，道宗固請追討，李靖然之，而君集不從。道宗遂帥偏師并行倍道，去大軍十日，追及之。賊據險苦戰，道宗潛遣千餘騎踰山襲其後。賊表裏受敵，一時奔潰。」庫山、嶂山不知其所以爲同異。據嶂山已行數千里，今不取，今卽以爲庫山之戰也。吐谷渾可汗伏允悉燒野草，輕兵走入磧。磧，七迹翻。諸將以爲「馬無草，疲瘦，未可深入」。侯君集曰：「不然。曏者段志玄軍還，纔及鄯州，虜已至其城下。蓋虜猶完實，衆爲之用故也。今一敗之後，鼠逃鳥散，斥候亦絕，君臣攜離，父子相失，取之易於拾芥，易，以豉翻。此而不乘，後必悔之。」李靖從之。考異曰：舊道宗傳云：「道宗固請追討，李靖然之，而君集不從。」靖傳云：「軍次伏俟城，吐谷渾燒去野草以餒我師，退保大非川。諸將咸言：『春草未生，馬已羸瘦，不可赴敵。』唯靖決計而進，深入敵境，遂踰積石山。」按實錄：「庫山之捷，可汗謀將入磧以避官軍，道宗復曰：『柏海近河源，古來罕有至者。賊旣西走，未知的處，今段之行，實資馬力。今馬疲糧少，遠入爲難，未若且向鄯州，待馬肥之後，更圖進取。』君集曰：『不然。段志玄曩者纔至鄯州，賊衆便到城下，良由彼國尚完，兇徒阻命。今者一敗以後，斥候亦絕，君臣相失，父子攜離，乘其迫懼，取同俯拾，柏海雖遙，便可鼓行而至也。』靖又然之。」道宗傳與實錄相違。今從實錄。中分其軍爲兩道：靖與薛萬均、李大亮由北道，君集與任城王道宗由南道。戊子，靖部將薛孤兒敗吐谷渾於曼頭山，斬其名王，大獲雜畜，以充軍食。畜，許救翻。癸巳，靖等敗吐谷渾於牛心堆，水經註：湟水自臨羌縣東流，合龍駒川水，又東合晉昌川水，又東合長寧川水，又東合牛心川水；水出西南遠山，東北流逕牛心堆，又東逕西平亭西，東北入于湟水。又敗諸赤水源。考異曰：實錄：「癸巳，李靖、侯君集、任城王道宗等破吐谷渾於赤水源。」按上文自庫山中分士馬爲兩道，靖趣北路出曼頭山，踰赤水，君集、道宗趣南路，歷破邏眞谷。然則赤水之戰，君集、道宗不在彼也，今刪去其名。又吐谷渾傳，獲其高昌王慕容孝儁，不知在何戰，今亦刪去。侯君集、任城王道宗引兵行無人之境二千餘里，盛夏降霜，經破邏眞谷，其地無水，人齕冰，馬噉雪。邏，郎佐翻。齕，下沒翻，又戶結翻。五月，追及伏允於烏海，隋志：河源郡有烏海，在漢哭山西。與戰，大破之，獲其名王。薛萬均、薛萬徹又敗天柱王於赤海。赤海蓋卽赤水深廣處。考異曰：舊萬徹傳作赤水源，契苾何力傳作赤水川。今從實錄。

7太上皇自去秋得風疾，庚子，崩於垂拱殿。舊書帝紀：崩於大安宮之垂拱前殿，年七十。甲辰，羣臣請上準遺誥視軍國大事，上不許。乙巳，詔太子承乾於東宮平決庶政。

8赤水之戰，薛萬均、薛萬徹輕騎先進，爲吐谷渾所圍，兄弟皆中槍，騎，奇寄翻；下同。中，竹仲翻。失馬步鬬，從騎死者什六七，左領軍將軍契苾何力將數百騎救之，竭力奮擊，所向披靡，萬均、萬徹由是得免。從，才用翻。披，丕彼翻。李大亮敗吐谷渾於蜀渾山，山在赤海西。獲其名王二十人。將軍執失思力敗吐谷渾於居茹川。李靖督諸軍經積石山河源，至且末，窮其西境。聞伏允在突倫川，考異曰：吐谷渾傳云：「伏允西走圖倫磧。」蓋卽突倫川，虜語轉耳。今從契苾何力傳。將奔于闐，契苾何力欲追襲之，薛萬均懲其前敗，固言不可。何力曰：「虜非有城郭，隨水草遷徙，若不因其聚居襲取之，一朝雲散，豈得復傾其巢穴邪！」復，扶又翻。自選驍騎千餘，直趣突倫川，萬均乃引兵從之。驍，堅堯翻。趣，七喻翻。考異曰：吐谷渾傳云：「萬均率輕銳追奔，入磧數百里，及其餘黨，破之。」蓋何力先進，而萬均從之也。磧中乏水，將士刺馬血飲之。刺，七亦翻。襲破伏允牙帳，斬首數千級，獲雜畜二十餘萬，伏允脱身走，俘其妻子。侯君集等進逾星宿川，至柏海，還與李靖軍合。畜，許救翻。宿，音秀。考異曰：吐谷渾傳，「柏海」作「柏梁」。今從實録。實録及吐谷渾傳，皆云「君集與李靖會於大非川。」按十道圖：大非川在青海南，烏海、星宿海、柏海並在其西；且末又在其西極遠。據靖已至且末，君集又過烏海、星宿川至柏海，豈得復會於大非川，於事可疑，故不敢著其地。吐谷渾傳又云：「兩軍會於大非川，至破邏真谷，大寧王順乃降。」按實録歷破邏真谷，又行月餘日，乃至星宿川。然則破邏真谷在星宿川東甚遠矣，豈得返至其處邪！今從實録。

大寧王順，隋氏之甥、伏允之嫡子也，爲侍中【章：十二行本「中」作「子」；乙十一行本同；退齋校同；張校同，云無註本亦誤「中」。】於隋，久不得歸，伏允立侍【章：十二行本「侍」作「他」；乙十一行本同；退齋校同；張校同，云無註本亦誤「侍」。】子爲太子，及歸，意常怏怏。順歸見一百八十七卷高祖武德二年。怏，於兩翻。會李靖破其國，國人窮蹙，怨天柱王；順因衆心，斬天柱王，舉國請降。伏允帥千餘騎逃磧中，十餘日，衆散稍盡，爲左右所殺。降，户江翻。帥，讀曰率。考異曰：吐谷渾傳云「自縊而死」。今從實録。國人立順爲可汗。壬子，李靖奏平吐谷渾。乙卯，詔復其國，以慕容順爲西平郡王、趉故吕【嚴：「故吕」改「胡吕」。】烏甘豆可汗。趉，渠詘翻，又九勿翻；杜佑巨屈翻。上慮順未能服其衆，仍命李大亮將精兵數千爲其聲援。

9 六月，己丑，羣臣復請聽政，上許之，其細務仍委太子，太子頗能聽斷。是後上每出行幸，常令居守監國。復，扶又翻。斷，丁亂翻。守，手又翻。監，工銜翻。

10 秋，七月，庚子，鹽澤道行軍副總管劉德敏擊叛羌，破之。

11 丁巳，詔：「山陵依漢長陵故事，長陵，漢高祖陵也。皇甫謐曰：長陵東西廣百二十步，高十三丈。房玄齡云，高九丈。蓋尺度之長短有古今之異也。務存隆厚。」期限既促，功不能及。祕書監虞世南上疏，以爲：「聖人薄葬其親，非不孝也，深思遠慮，以厚葬適足爲親之累，上，時掌翻。累，力瑞翻。故不爲耳。昔張釋之有言：『使其中有可欲，雖錮南山猶有隙。』見十四卷漢文帝三年。劉向言：『死者無終極而國家有廢興，釋之之言，爲無窮計也。』見三十一卷漢成帝永始元年。其言深切，誠合至理。伏惟陛下聖德度越唐、虞，而厚葬其親乃以秦、漢爲法，臣竊爲陛下不取。雖復不藏金玉，爲，于僞翻。復，扶又翻；下同。後世但見丘壟如此其大，安知【章：十二行本「知」下有「其中」二字；乙十一行本同。】無金玉邪！且今釋服已依霸陵，用漢文帝遺詔三十七日釋服也。而丘壟之制獨依長陵，恐非所宜。伏願依白虎通班固等述白虎通義六卷。爲三仞之墳，器物制度，率皆節損，仍刻石立之陵旁，別書一通，藏之宗廟，用爲子孫永久之法。」疏奏，不報。世南復上疏，以爲：「漢天子卽位卽營山陵，遠者五十餘年；今以數月之間爲數十年之功，恐於人力有所不逮。」上乃以世南疏授有司，令詳處其宜。復，扶又翻。處，昌呂翻。房玄齡等議，以爲：「漢長陵高九丈，原陵高六丈，原陵，漢光武陵也。高，去聲。今九丈則太崇，三仞則太卑，請依原陵之制。」從之。

12 辛亥，詔：「國初草創，宗廟之制未備，今將遷祔，宜令禮官詳議。」諫議大夫朱子奢請立三昭三穆而虛太祖之位。昭，時招翻。於是增脩太廟，祔弘農府君及高祖幷舊神主四爲六室。弘農府君諱重耳。房玄齡等議以涼武昭王爲始祖。涼王李暠謚武昭。左庶子于志寧議以爲武昭王非王業所因，不可爲始祖；上從之。

13 党項寇疊州。

14 李靖之擊吐谷渾也，厚賂党項，使爲鄉導。鄉，讀曰嚮。党項酋長拓跋赤辭來，謂諸將曰：「隋人無信，喜暴掠我。喜，許記翻。今諸軍苟無異心，我請供其資糧；如或不然，我將據險以塞諸軍之道。」塞，悉則翻。諸將與之盟而遣之。赤水道行軍總管李道彥行至闊水，闊水在党項羈縻闊州界。見赤辭無備，襲之，獲牛羊數千頭。於是羣羌怨怒，屯野狐峽，道彥不得進；赤辭擊之，道彥大敗，死者數萬，退保松州。左驍衛將軍樊興逗遛失軍期，遛，音留。士卒失亡多。乙卯，道彥、興皆坐減死徙邊。

上遣使勞諸將於大斗拔谷，勞，力到翻。薛萬均排毀契苾何力，自稱己功。何力不勝忿，勝，音升。拔刀起，欲殺萬均，諸將救止之。上聞之，以讓何力，何力具言其狀，具言赤水之戰拔萬均兄弟於圍中及見排毀之狀也。上怒，欲解萬均官以授何力，何力固辭，曰：「陛下以臣之故解萬均官，羣胡無知，以陛下爲重胡輕漢，轉相誣告，馳競必多。且使胡人謂諸將皆如萬均，將有輕漢之心。」上善之而止。尋令宿衞北門，檢校屯營事，北門，玄武門也。按會要，貞觀十二年於玄武門置左右屯營，以諸衞將軍領之，其兵名曰飛騎。何力檢校屯營，蓋十二年以後事，史究言之。尚宗女臨洮縣主。洮，土刀翻。

15 岷州都督、鹽澤道行軍總管高甑生後軍期，李靖按之。甑生恨靖，誣告靖謀反，按驗無狀。八月，庚辰，甑生坐減死徙邊。或言：「甑生，秦府功臣，寬其罪。」上曰：「甑生違李靖節度，又誣其反，此而可寬，法將安施！且國家自起晉陽，功臣多矣，若甑生獲免，則人人犯法，安可復禁乎！復，扶又翻。我於舊勳，未嘗忘也，爲此不敢赦耳。」爲，于僞翻。李靖自是闔門杜絕賓客，雖親戚不得妄見也。以李靖事太宗，然猶如此，豈非功名之際難居哉！

16 上欲自詣園陵，園陵，謂獻陵。羣臣以上哀毀羸瘠，固諫而止。羸，倫爲翻。瘠，而尺翻。

17 冬，十月，乙亥，處月初遣使入貢。處月、處密，皆西突厥之別部也。

18 庚寅，葬太武皇帝於獻陵，獻陵在京兆三原縣東之十八里。 廟號高祖；以穆皇后祔葬，太穆皇后竇氏，初葬壽安陵，今祔獻陵。 加號太穆皇后。

19 十一月，庚戌，詔議於太原立高祖廟。 祕書監顏師古議，以爲：「寢廟應在京師，漢世郡國立廟，非禮。」乃止。

20 戊午，以光祿大夫蕭瑀爲特進，復令參預政事。 蕭瑀罷預聞朝政，見上卷貞觀四年。 復，扶又翻。 上曰：「武德六年以後，高祖有廢立之心而未定，我不爲兄弟所容，實有功高不賞之懼。 斯人也，不可以利誘，不可以死脅，眞社稷臣也！」誘，音酉。 因賜瑀詩曰：「疾風知勁草，板蕩識誠臣。」又謂瑀曰：「卿之忠直，古人不過；然善惡太明，亦有時而失。」瑀再拜謝。 魏徵曰：「瑀違衆孤立，唯陛下知其忠勁，鄉不遇聖明，求免難矣！」

21 特進李靖唐六典：正二品曰特進。 註曰：二漢及魏以爲加官，從本官服，無吏卒，品第二，位次諸公，在開府驃騎上。 江左皆兼官，梁班第十七。 北齊，特進第二品；隋特進爲正二品散官，唐因之。 上書，請依遺誥，御常服，臨正殿；弗許。 上，時掌翻。

22 吐谷渾甘豆可汗久質中國，質，音致。 國人不附，竟爲其下所殺。 子燕王諸曷鉢立。 諸曷鉢幼，大臣爭權，國中大亂。 十二月，詔兵部尚書侯君集等將兵援之；先遣使者諭解，將，卽亮翻。 使，疏吏翻。 有不奉詔者，隨宜討之。

十年（丙申、六三六）

1 春，正月，甲午，上始親聽政。

2 辛丑，以突厥拓設阿史那社爾爲左驍衛大將軍。驍，堅堯翻。社爾，處羅可汗之子也，年十一，以智略聞。可汗以爲拓設，建牙於磧北，與欲谷設分統敕勒諸部，居官十年，未嘗有所賦斂。斂，力贍翻。諸設或鄙其不能爲富貴，社爾曰：「部落苟豐，於我足矣。」諸設慙服。突厥謂子弟典兵者爲設。與社爾同時典兵者非一人，故曰諸設。及薛延陀叛，攻破欲谷設，事見一百九十二卷元年。社爾兵亦敗，將其餘衆走保西陲。將，卽亮翻。頡利可汗既亡，見上卷四年。西突厥亦亂，咄陸可汗兄弟爭國。事見同上。社爾詐往降之，引兵襲破西突厥，取其地幾半，降，戶江翻。幾，居希翻。有衆十餘萬，自稱答【嚴：「答」改「都」。】布可汗。社爾乃謂諸部曰：「首爲亂破我國者，薛延陀也，我當爲先可汗報仇擊滅之。」爲，于僞翻。諸部皆諫曰：「新得西方，宜且留鎭撫。今遽捨之遠去，西突厥必來取其故地。」社爾不從，擊薛延陀於磧北，連兵百餘日。會咥利失可汗立，見上八年。社爾之衆苦於久役，多棄社爾逃歸。逃歸咥利失。薛延陀縱兵擊之，社爾大敗，走保高昌，其舊兵在者纔萬餘家，又畏西突厥之逼，遂帥衆來降。帥，讀曰率。敕處其部落於靈州之北，處，昌呂翻。降，戶江翻。留社爾於長安，尚皇妹南陽長公主，新、舊書皆作「衡陽長公主」。陽長，知兩翻。典屯兵於苑內。

3癸丑，徙趙王元景爲荆王，魯王元昌爲漢王，鄭王元禮爲徐王，徐王元嘉爲韓王，荆王元則爲彭王，滕王元懿爲鄭王，吴王元軌爲霍王，豳王元鳳爲虢王，陳王元慶爲道王，魏王靈夔爲燕王，自此以上皆皇弟也。蜀王恪爲吴王，越王泰爲魏王，燕王祐爲齊王，梁王愔爲蜀王，郯王惲爲蔣王，漢王貞爲越王，申王慎爲紀王。自恪以下皇子也。燕，因肩翻。愔，於今翻。郯，音談。惲，於粉翻。

二月，乙丑，以元景爲荆州都督，元昌爲梁州都督，元禮爲徐州都督，元嘉爲潞州都督，元則爲遂州都督，靈夔爲幽州都督，恪爲潭州都督，泰爲相州都督，祐爲齊州都督，愔爲益州都督，惲爲安州都督，貞爲揚州都督。泰不之官，以金紫光禄大夫張亮【章：十二行本「亮」下有「爲長史」三字；乙十一行本同。】行都督事。唐制，凡注官，階卑而擬高者則曰守，階高而擬卑則曰行。今張亮行都督事，乃用宋、齊諸王典方面置行事之例，與注官之行不同。上以泰好文學，好，呼到翻。禮接士大夫，特命於其府别置文學館，聽自引召學士。爲泰圖東宫張本。

4三月，丁酉，吐谷渾王諾曷鉢遣使請頒曆，行年號，遣子弟入侍，並從之。使，疏吏翻。丁未，以諾曷鉢爲河源郡王、烏地也拔勤豆可汗。

5癸丑，諸王之藩，上與之别曰：「兄弟之情，豈不欲常共處邪！但以天下之重，不得不爾。諸子尚可復有，兄弟不可復得。」處，昌吕翻。復，扶又翻。因流涕嗚咽不能止。上之流涕嗚咽者，抑思建成、元吉之事乎？

6夏，六月，壬申，以温彦博爲右僕射，太常卿楊師道爲侍中。

7侍中魏徵屢以目疾求爲散官，散，悉亶翻。上不得已，以徵爲特進，仍知門下事，雖不居侍中之職，猶令知門下事。朝章國典，參議得失，朝，直遥翻。徒流以上罪，詳事聞奏；其祿賜、吏卒並同職事。特進，散官也。祿賜、吏卒同職事官，所以優賢也。

8長孫皇后性仁孝儉素，好讀書，常與上從容商略古事，好，呼到翻。從，千容翻。因而獻替，裨益弘多。上或以非罪譴怒宮人，后亦陽怒，請自推鞫，因命囚繫，俟上怒息，徐爲申理，由是宮壼之中，刑無枉濫。豫章公主早喪其母，后收養之，慈愛逾於所生。豫章公主，上女也，後下嫁唐義識。爲，于僞翻。壼，苦本翻。喪，息浪翻。妃嬪以下有疾，后親撫視，輟己之藥膳以資之，宮中無不愛戴。訓諸子，常以謙儉爲先，太子乳母遂安夫人唐制，太子乳母封郡夫人。睦州，遂安郡。嘗白后，以東宮器用少，請奏益之。少，詩沼翻。后不許，曰：「爲太子，患在德不立，名不揚，何患無器用邪！」

上得疾，累年不愈，后侍奉，晝夜不離側。離，力智翻。常繫毒藥於衣帶，曰：「若有不諱，義不獨生。」后素有氣疾，前年從上幸九成宮，柴紹等中夕告變，上擐甲出閤問狀，后扶疾以從，擐，音宦；從，才用翻。左右止之，后曰：「上既震驚，吾何心自安！」由是疾遂甚。太子言於后曰：「醫藥備盡而疾不瘳，瘳，丑留翻。請奏赦罪人及度人入道，庶獲冥福。」后曰：「死生有命，非智力所移。若爲善有福，則吾不爲惡；如其不然，妄求何益！赦者國之大事，不可數下。數，所角翻。道、釋異端之教，蠹國病民，皆上素所不爲，柰何以吾一婦人使上爲所不爲乎！必行汝言，吾不如速死！」太子不敢奏，私以語房玄齡，語，牛倨翻。玄齡白上，上哀之，欲爲之赦，爲，于僞翻。后固止之。

及疾篤，與上訣。時房玄齡以譴歸第，后言於帝曰：「玄齡事陛下久，小心愼密，奇謀祕計，未嘗宣泄，苟無大故，願勿棄之。妾之本宗，因緣葭莩以致祿位，漢書曰：非有葭莩之親。張晏曰：葭，蘆葉也。莩，葉裏白皮也。晉灼曰：莩，葭裏之白皮也。皆取喻於輕薄也。師古曰：葭，蘆也。莩者，其筩中白皮至薄者也。葭莩喻著。莩，音孚。張言葉裏白皮，非也。既非德舉，易致顛危，欲使其子孫保全，愼勿處之權要，但以外戚奉朝請足矣。以無忌之賢不能自保，則后之所慮爲深遠矣。易，以豉翻。處，昌呂翻。朝，直遙翻。妾生無益於人，不可以死害人，用記檀弓成子高語意。願勿以丘壟勞費天下，但因山爲墳，器用瓦木而已。仍願陛下親君子，遠小人，納忠諫，屛讒慝，省作役，止遊畋，遠，于願翻。屛，必郢翻。妾雖沒於九泉，誠無所恨。兒女輩不必令來，見其悲哀，徒亂人意。」因取衣中毒藥以示上曰：「妾於陛下不豫之日，誓以死從乘輿，不能當呂后之地耳。」呂后事見漢紀。乘，繩證翻。己卯，崩于立政殿。閣本太極宮圖：東上閤門之東有萬春殿，萬春殿之東有立政殿。唐六典：太極殿之北有兩儀殿，兩儀殿之東曰萬春殿。兩儀之左曰獻春門，獻春門之左曰立政門，其内曰立政殿。后嘗采自古婦人得失事爲女則三十卷，又嘗著論駁漢明德馬后以不能抑退外親，使當朝貴盛，徒戒其車如流水馬如龍，見四十六卷漢章帝建初二年。駁，北角翻。朝，直遥翻。是開其禍敗之源而防其末流也。及崩，宮司幷女則奏之，唐内職，有宮正，糾愆失。彤史，記功書過。六典，尚儀局有司籍二人，掌經史教學。奏女則者，蓋司籍也。上覽之悲慟，以示近臣曰：「皇后此書，足以垂範百世。朕非不知天命而爲無益之悲，但入宮不復聞規諫之言，復，扶又翻；下今復同。失一良佐，故不能忘懷耳！」乃召房玄齡，使復其位。

9 秋，八月，丙子，上謂羣臣曰：「朕開直言之路，以利國也，而比來上封事者多訐人細事，比，毗至翻。上，時掌翻。訐，居謁翻。自今復有爲是者，朕當以讒人罪之。」

10 冬，十一月，庚午，葬文德皇后於昭陵。昭陵，在京兆醴泉縣西北六十里。將軍段志玄、宇文士及分統士衆出肅章門。唐六典曰：西内太極殿，次北曰朱明門，門之左曰虔化門，右曰肅章門，肅章之西曰暉政門，又曰兩儀殿，蓋古之内朝也。承天門之東曰長樂門，北入恭禮門，又北入虔化門，則宮内也。承天門之西曰永安門，北入安仁門，又北入肅章門，則宮内也。帝夜使宮官至二人所，士及開營内之；志玄閉門不納，曰：「軍門不可夜開。」使者曰：「此有手敕。」志玄曰：「夜中不辯眞僞。」竟留使者至明。帝聞而歎曰：「眞將軍也！」

帝復爲文刻之石，使，疏吏翻。復，扶又翻；下復何、亦復同。稱「皇后節儉，遺言薄葬，以爲『盜賊之心，止求珍貨，既無珍貨，復何所求。』朕之本志，亦復如此。王者以天下爲家，何必物在陵中，乃爲己有。今因九嵕山爲陵，嵕，祖紅翻。鑿石之工纔百餘人，數十日而畢。不藏金玉、人馬、器皿，皆用土木，形具而已，庶幾姦盜息心，存沒無累，幾，居希翻。累，力瑞翻。當使百世子孫奉以爲法」。

上念后不已，於苑中作層觀，觀，古玩翻。以望昭陵，嘗引魏徵同登，使視之。徵熟視之曰：「臣昏眊，不能見。」眊，莫報翻。上指示之，徵曰：「臣以爲陛下望獻陵，若昭陵，則臣固見之矣。」上泣，爲之毀觀。爲，于僞翻。

11 十二月，戊寅，朱俱波、甘棠遣使入貢。朱俱波在葱嶺之北，去瓜州二【章：十二行本「二」作「三」；乙十一行本同。】千八百里。甘棠在大海南。朱俱波，亦曰朱俱槃；漢子合國也。甘棠在西海之南，崑崙人也。二國皆在西域。使，疏吏翻。上曰：「中國既安，四夷自服。然朕不能無懼，昔秦始皇威振胡、越，二世而亡，唯諸公匡其不逮耳。」

12 魏王泰有寵於上，或言三品以上多輕魏王。上怒，引三品以上，作色讓之曰：「隋文帝時，一品以下皆爲諸王所顛躓，躓，音致。彼豈非天子兒邪！邪，音耶。朕但不聽諸子縱橫耳，縱，如字，又子容翻。橫，戶孟翻，又如字。聞三品以上皆輕之，我若縱之，豈不能折辱公輩乎！」折，之舌翻。房玄齡等皆惶懼流汗拜謝。魏徵獨正色曰：「臣竊計當今羣臣，必無敢輕魏王者。在禮，臣、子一也。春秋，王人雖微，序於諸侯之上。春秋：僖七年，公會王人、齊侯、宋公、衞侯、許男、曹伯、陳世子款、鄭世子華盟于洮。公羊傳曰：王人者何？微者也。曷爲序乎諸侯之上？先王命也。三品以上皆公卿，陛下所尊禮。若紀綱大壞，固所不論；聖明在上，魏王必無頓辱羣臣之理。隋文帝驕其諸子，使多行無禮，卒皆夷滅，又足法乎！」卒，子恤翻。上悅曰：「理到之語，不得不服。朕以私愛忘公義，嚮者之忿，自謂不疑，及聞徵言，方知理屈。人主發言何得容易乎！」易，以豉翻。

13 上曰：「法令不可數變，數變則煩，官長不能盡記；數，所角翻。長，知兩翻。又前後差違，吏得以爲姦。自今變法，皆宜詳慎而行之。」

14 治書侍御史權萬紀上言：「宣、饒二州銀大發采之，歲可得數百萬緡。」治，直之翻。宋白曰：饒州，漢爲鄱陽縣，吳置鄱陽郡，梁置吳州，陳廢州，復爲郡，隋平陳，罷郡爲饒州。徐湛鄱陽記云：北有堯山，又以地饒衍，遂加「食」爲「饒」。今郡圖又云：以山川蘊物珍奇，故名饒。上曰：「朕貴爲天子，所乏者非財也，但恨無嘉言可以利民耳。與其多得數百萬緡，何如得一賢才！卿未嘗進一賢、退一不肖，而專言稅銀之利。昔堯、舜抵璧於山，投珠於谷，陸賈新語曰：聖人不用珠玉而寶其身，故舜棄黃金於巉巖之山，捐珠玉於五湖之川，以杜淫邪之欲也。漢之桓、靈乃聚錢爲私藏，事見五十七卷漢靈帝光和元年。藏，徂浪翻。卿欲以桓、靈俟我邪！」邪，音耶。是日，黜萬紀，使還家。

15 是歲，更命統軍爲折衝都尉，別將爲果毅都尉。唐制：上府折衝都尉正四品上，中府正四品下，下府正五品下。上府果毅都尉從五品下，中府正六品上，下府從六品下。更，工衡翻。將，卽亮翻。凡十道，置府六百三十四，而關內二百六十一，皆隸諸衛及東宮六率。東宮六率者：左、右衛率，擬上臺左、右衛將軍；左、右宗衛率，擬左、右領軍將軍；左、右監門率，擬左、右監門將軍。後又置左、右虞候率，擬左、右金吾將軍；左、右內率，擬左、右千牛將軍。通謂之十率。凡上府兵千二百人，中府千人，下府八百人。三百人爲團，團有校尉；校，戶教翻。五十人爲隊，隊有正；十人爲火，火有長。長，知兩翻。每人兵甲糧裝各有數，皆自備，輸之庫，有征行則給之。年二十爲兵，六十而免。其能騎射者爲越騎，越騎者，言其勁勇能超越也。騎，奇寄翻。其餘爲步兵。每歲季冬，折衝都尉帥其屬教戰，帥，讀曰率。當給馬者官予其直市之。予，讀曰與。凡當宿衛者番上，兵部以遠近給番，遠疏、近數，皆一月而更。時制，五百里爲五番，千里七番，一千五百里八番，二千里十番，外爲十二番。若簡留宿衛者，五百里爲七番，千里八番，二千里十番，外爲十二番。上，時掌翻。數，所角翻。更，工衡翻。

十一年（丁酉、六三七）

1 春，正月，徙鄶王元裕爲鄧王，鄶，工外翻。譙王元名爲舒王。

2 辛卯，以吳王恪爲安州都督，晉王治爲并州都督，紀王慎爲秦州都督。將之官，上賜書戒敕曰：「吾欲遺汝珍玩，恐益驕奢，遺，于季翻。不如得此一言耳。」

3 上作飛山宮。觀明年廢明德宮及飛山宮之玄圃院以給洛人之遭水壞廬舍者，則知飛山宮亦在洛陽。庚子，特進魏徵上疏，上，時掌翻。以爲：「煬帝恃其富強，不虞後患，窮奢極欲，使百姓困窮，以至身死人手，社稷爲墟。陛下撥亂返正，宜思隋之所以失，我之所以得，撤其峻宇，安於卑宮；若因基而增廣，襲舊而加飾，此則以亂易亂，殃咎必至，難得易失，可不念哉！」易，以豉翻。

4 房玄齡等先受詔定律令，先，悉薦翻。以爲：「舊法，兄弟異居，蔭不相及，而謀反連坐皆死；祖孫有蔭，而止應配流。據禮論情，深爲未愜。今定律，祖孫與兄弟緣坐者俱配役。」從之。自是比古死刑，除其太半，天下稱賴焉。玄齡等定律五百條，立刑名二十等，笞刑五，自十至于五十。杖刑五，自六十至于百。徒刑五，自一年至于三年。流刑三，自千里至于三千里。死刑二，絞、斬。比隋律減大辟九十二條，辟，毗亦翻。減流入徒者七十一條，凡削煩去蠹，變重爲輕者，不可勝紀。去，羌呂翻。勝，音升。又定令一千五百九十餘條。武德舊制，釋奠於太學，以周公爲先聖，孔子配饗；玄齡等建議停祭周公，以孔子爲先聖，顏回配饗。又刪武德以來敕格，定留七百條，至是頒行之。又定枷、杻、鉗、鏁、杖、笞，皆有長短廣狹之制。械其頸曰枷，械其手曰杻。鉗，以鐵劫束之也。鏁，以鐵琅當之也。杖，長三尺五寸，削去節目。訊杖，大頭徑三分二釐，小頭二分二釐。常行杖，大頭二分七釐，小頭一分七釐。笞杖，大頭二分，小頭一分有半。杻，女九翻。

自張蘊古之死，見上卷五年。法官以出罪爲戒；時有失入者，又不加罪。上嘗問大理卿劉德威曰：「近日刑網稍密，何也？」對曰：「此在主上，不在羣臣，人主好寬則寬，好急則急。律文：失入減三等，失出減五等。今失入無辜，失出更獲大罪，是以吏各自免，競就深文，非有教使之然，畏罪故耳。陛下儻一斷以律，則此風立變矣。」上悅，從之。由是斷獄平允。好，呼到翻。斷，丁亂翻。

5 上以漢世豫作山陵，免子孫蒼猝勞費，又志在儉葬，恐子孫從俗奢靡。二月，丁巳，自爲終制，因山爲陵，容棺而已。

6 甲子，上行幸洛陽宮。

7 上至顯仁宮，隋志：河南壽安縣有顯仁宮，煬帝大業元年所起。官吏以缺儲偫，有被譴者。偫，直里翻。被，皮義翻。魏徵諫曰：「陛下以儲偫譴官吏，臣恐承風相扇，異日民不聊生，殆非行幸之本意也。昔煬帝諷郡縣獻食，視其豐儉以爲賞罰，見一百八十三卷大業十二年。故海內叛之。此陛下所親見，柰何欲效之乎！」上驚曰：「非公不聞此言。」因謂長孫無忌等曰：「朕昔過此，買飯而食，僦舍而宿；僦，子就翻。今供頓如此，豈得嫌不足乎！」

8 三月，丙戌朔，日有食之。

9 庚子，上宴洛陽宮西苑，泛積翠池，洛陽西苑，北距北邙，西至孝水，南帶洛水支渠，穀、洛二水會于其間，慮其泛溢，爲三陂以禦之：一曰積翠，二曰月陂，三曰上陽。苑牆周迴一百二十六里。顧謂侍臣曰：「煬帝作此宮苑，結怨於民，築西苑見一百八十卷大業元年。今悉爲我有，正由宇文述、虞世基、裴蘊之徒內爲諂諛，外蔽聰明故也，可不戒哉！」按隋煬帝大業二年，令宇文愷作洛陽西苑。「述」恐當作「愷」。

10 房玄齡、魏徵上所定新禮一百三十八篇；上，時掌翻。丙午，詔行之。

11 以禮部尚書王珪爲魏王泰師，唐初因魏、晉之制，諸王置師一人，開元改曰傅。上謂泰曰：「汝事珪當如事我。」泰見珪，輒先拜，珪亦以師道自居。珪子敬直尚南平公主。公主，上女也。先是，公主下嫁，先，悉薦翻。皆不以婦禮事舅姑，珪曰：「今主上欽明，動循禮法，吾受公主謁見，豈爲身榮，所以成國家之美耳。」乃與其妻就席坐，令公主執笲行盥饋之禮。笲，音煩，竹器也，以盛棗栗腶脩。盥，音管，以盤水沃洗手也。婦以特豚饋。士昏禮曰：舅坐于阼階西面，姑坐于房外南面。婦執笲棗栗，東面，拜奠于舅席訖，婦又執腶脩升進，北面，拜奠于姑席。舅姑入于室，婦盥饋特豚，明婦順也。右胖載之舅俎，左胖載之姑俎，各以南爲上。是後公主始行婦禮，自珪始。

12 羣臣復請封禪，五年，諸州朝集使請封禪，六年，文武官請，今羣臣復請。復，扶又翻。上使祕書監顏師古等議其禮，房玄齡裁定之。

13 夏，四月，己卯，魏徵上疏，以爲：「人主善始者多，克終者寡，豈取之易而守之難乎？上，時掌翻。易，以豉翻。蓋以殷憂則竭誠以盡下，殷，音隱。安逸則驕恣而輕物；盡下則胡、越同心，輕物則六親離德，雖震之以威怒，亦皆貌從而心不服故也。人主誠能見可欲則思知足，將興繕則思知止，處高危則思謙降，臨滿盈則思挹損，遇逸樂則思撙節，處，昌呂翻。樂，音洛。撙，慈損翻。在宴安則思後患，防壅蔽則思延納，疾讒邪則思正己，行爵賞則思因喜而僭，施刑罰則思因怒而濫，僭，僭差；濫，濫益也。兼是十思，而選賢任能，固可以無爲而治，治，直吏翻。又何必勞神苦體以代百司之任哉！」



王崇武標點容肇祖聶崇岐覆校

# 資治通鑑卷第一百九十五

端明殿學士兼翰林侍讀學士太中大夫提舉西京嵩山崇福宮上柱國河内郡開國公食邑二千二百戶食實封九百戶賜紫金魚袋臣司馬光奉敕編集

後學天台胡三省音註

## 唐紀十一 起強圉作噩（丁酉）五月，盡上章困敦（庚子），凡三年有奇。

### 太宗文武大聖大廣孝皇帝中之上

貞觀十一年（丁酉、六三七）觀，古玩翻。

1 五月，壬申，魏徵上疏，以爲：「陛下欲善之志不及於昔時，聞過必改少虧於曩日，上，時掌翻。少，詩沼翻。譴罰積多，威怒微厲。乃知貴不期驕，富不期侈，非虛言也。書周官曰：位不期驕，祿不期侈。孔安國註曰：貴不與驕期而驕自至，富不與侈期而侈自至。魏徵引之。且以隋之府庫、倉廩、戶口、甲兵之盛，考之今日，安得擬倫！然隋以富強動之而危，我以寡弱靜之而安；安危之理，皎然在目。昔隋之未亂也，自謂必無亂；其未亡也，自謂必無亡。故賦役無窮，征伐不息，以至禍將及身而尚未之寤也。夫鑒形莫如止水，鑒敗莫如亡國。夫，音扶。伏願取鑒於隋，去奢從約，親忠遠佞，去，羌呂翻。遠，于願翻。以當今之無事，行疇昔之恭儉，則盡善盡美，固無得而稱焉。夫取之實難，守之甚易，陛下能得其所難，豈不能保其所易乎！」去，羌呂翻。遠，于願翻。易，以豉翻。

2 六月，右僕射虞恭公溫彥博薨。射，寅謝翻。謚法：尊賢敬讓曰恭；執事堅固曰恭；執禮御賓曰恭。彥博久掌機務，知無不爲。上謂侍臣曰：「彥博以憂國之故，精神耗竭，我見其不逮，已二年矣，恨不縱其安逸，竟夭天年！」夭，於紹翻。

3 丁巳，上幸明德宮。顯慶二年，改明德宮監爲東都苑南面監。

4 己未，詔荆州都督荆王元景等二十一王所任刺史，咸令子孫世襲。令，力丁翻。戊辰，又以功臣長孫無忌等十四人爲刺史，長，知兩翻。亦令世襲；非有大故，無得黜免。

5 己巳，徙許王元祥爲江王。

6 秋，七月，癸未，大雨，穀、洛溢入洛陽宮，按唐六典，洛陽都城，隋大業二年詔楊素、宇文愷移故都創造，南直伊闕之口，北倚邙山之塞，東出瀍水之東，西踰澗水之西，洛水貫都，有河漢之象焉。東去故都十八里。都城西連禁苑，穀、洛二水會于禁苑之間。至玄宗開元二十四年，以穀、洛二水或泛溢，疲費人功，遂出內庫和雇，脩三陂以禦之，一曰積翠，二曰月陂，三曰上陽；爾後二水無勞役之患。壞官寺、民居，壞，音怪。溺死者六千餘人。溺，奴狄翻。

7魏徵上疏，以爲：「文子曰：『同言而信，信在言前；同令而行，誠在令外。』漢書藝文志曰：文子，老子弟子，與孔子並時。上，時掌翻。自王道休明，十有餘年，然而德化未洽者，由待下之情未盡誠信故也。今立政致治，必委之君子；治，直吏翻。事有得失，或訪之小人。其待君子也敬而疏，遇小人也輕而狎；狎則言無不盡，疏則情不上通。夫中智之人，豈無小慧！夫，音扶。然才非經國，慮不及遠，雖竭力盡誠，猶未免有敗，況內懷姦宄，其禍豈不深乎！宄，音軌。夫雖君子不能無小過，苟不害於正道，斯可略矣。既謂之君子而復疑其不信，復，扶又翻。何異立直木而疑其影之曲乎！陛下誠能慎選君子，以禮信用之，何憂不治！治，直吏翻。不然，危亡之期，未可保也。」上賜手詔褒美曰：「昔晉武帝平吳之後，志意驕怠，何曾位極台司，不能直諫，乃私語子孫，自矜明智，事見八十七卷晉懷帝永嘉三年。語，牛倨翻。此不忠之大者也。得公之諫，朕知過矣。當置之几案以比弦、韋。」用董安于、西門豹事。

8乙未，車駕還洛陽，自明德宮還洛陽宮。還，從宣翻，又音如字。詔：「洛陽宮爲水所毀者，少加脩繕，纔令可居。少，詩沼翻；下同。令，力丁翻。自外衆材，給城中壞廬舍者。令百官各上封事，極言朕過。」上，時掌翻。壬寅，廢明德宮及飛山宮之玄圃院，給遭水者。

9八月，甲子，上謂侍臣曰：「上封事者皆言朕遊獵太頻。今天下無事，武備不可忘，朕時與左右獵於後苑，無一事煩民，夫亦何傷！」夫，音扶。魏徵曰：「先王惟恐不聞其過。陛下既使之上封事，止得恣其陳述。苟其言可取，固有益於國；若其無取，亦無所損。」上曰：「公言是也。」皆勞而遣之。勞，力到翻。

10 侍御史馬周上疏，上，時掌翻。以爲：「三代及漢，歷年多者八百，少者不減四百，良以恩結人心，人不能忘故也。自是以降，多者六十年，少者纔二十餘年，皆無恩於人，本根不固故也。陛下當隆禹、湯、文、武之業，爲子孫立萬代之基，豈得但持當年而已！今之戶口不及隋之什一，而給役者兄去弟還，道路相繼。陛下雖加恩詔，使之裁損，然營繕不休，民安得息！故有司徒行文書，曾無事實。昔漢之文、景，恭儉養民，武帝承其豐富之資，故能窮奢極欲而不至於亂。曏使高祖之後卽傳武帝，漢室安得久存乎！斯確論也。又，京師及四方所造乘輿器用及諸王、妃、主服飾，議者皆不以爲儉。乘，繩證翻。夫昧爽丕顯，後世猶怠，左傳晉叔向引讒鼎之銘以爲言。杜預註曰：昧旦，早起也。丕，大也。言夙興以務大顯，後世猶懈怠。夫，音扶。陛下少居民間，知民疾苦，尚復如此，況皇太子生長深宮，不更外事，少，詩照翻。復，扶又翻。長，竹兩翻。更，工衡翻。萬歲之後，固聖慮所當憂也。臣觀自古以來，百姓愁怨，聚爲盜賊，其國未有不亡者，人主雖欲追改，不能復全。復，扶又翻；下不復同，又音如字。故當脩於可脩之時，不可悔之於已失之後也。蓋幽、厲嘗笑桀、紂矣，煬帝亦笑周、齊矣，不可使後之笑今如今之笑煬帝也！貞觀之初，天下饑歉，觀，古玩翻。歉，苦簟翻。穀梁傳曰：一穀不升曰歉。斗米直匹絹，而百姓不怨者，知陛下憂念不忘故也。今比年豐穰，比，毗至翻。匹絹得粟十餘斛，而百姓怨咨者，知陛下不復念之，多營不急之務故也。復，扶又翻。自古以來，國之興亡，不以畜積多少，在於百姓苦樂。少，詩沼翻。樂，音洛。且以近事驗之，隋貯洛口倉而李密因之，貯，丁呂翻。東都積布帛而世充資之，西京府庫亦爲國家之用，至今未盡。夫畜積固不可無，要當人有餘力，然後收之，不可強斂以資寇敵也。夫，音扶。強，其兩翻。斂，力贍翻。夫儉以息人，陛下已於貞觀之初親所履行，在於今日爲之，固不難也。陛下必欲爲久長之謀，不必遠求上古，但如貞觀之初，則天下幸甚。觀，古玩翻。陛下寵遇諸王，頗有過厚者，時魏王泰有寵於帝，故周言及之。萬代之後，不可不深思也。且【嚴：「且」改「昔」。】魏武帝愛陳思王，及文帝卽世，囚禁諸王，但無縲紲耳。事見漢獻帝紀及魏文帝紀。縲，力追翻。紲，息列翻。朱元晦曰：縲，黑索也。紲，攣也。古者獄以黑索拘攣罪人。然則武帝愛之，適所以苦之也。又，百姓所以治安，治，直吏翻。唯在刺史、縣令，苟選用得人，則陛下可以端拱無爲。今朝廷唯重內官而輕州縣之選，刺史多用武人，或京官不稱職始補外任，朝，直遙翻。稱，尺證翻。邊遠之處，用人更輕。所以百姓未安，殆由於此。」疏奏，上稱善久之，謂侍臣曰：「刺史朕當自選；縣令，宜詔京官【章：十二行本「官」下有「五品」二字；乙十一行本同；張校同，云無註本亦無。】已上各舉一人。」

11冬，十月，癸丑，詔勳戚亡者皆陪葬山陵。唐制：凡功臣密戚請陪陵葬者聽之，以文武分爲左右而列。若宮人陪葬，則陵戶爲之成墳。唐會要載昭陵陪葬者，宮嬪、公主、主壻、勳貴及祖父陪陵而子孫從葬者，及四夷君長入宿衞而陪葬者，名氏最多，用此詔也。

12 上獵於洛陽苑，唐六典：洛陽苑在都城之西，北距北邙，西至孝水，南帶洛水支渠，穀、洛二水會於其間，東面十七里，南面三十九里，西面五十里，北面二十里，周迴一百二十六里。有羣豕突出林中，上引弓四發，殪四豕。有豕突前，及馬鐙；殪，壹計翻。鐙，都鄧翻，鞍鐙。民部尚書唐儉投馬搏之，上拔劍斬豕，顧笑曰：「天策長史不見上將擊賊邪，武德中，帝開天策上將府，以唐儉爲長史。長，知兩翻。將，卽亮翻。邪，音耶。何懼之甚！」對曰：「漢高祖以馬上得之，不以馬上治之；漢陸賈諫高祖之言。治，直之翻。陛下以神武定四方，豈復逞雄心於一獸！」上悅，爲之罷獵，復，扶又翻。爲，于僞翻。尋加光祿大夫。

13 安州都督吳王恪數出畋獵，數，所角翻。頗損居人；侍御史柳範奏彈之。丁丑，恪坐免官，削戶三百。上曰：「長史權萬紀事吾兒，不能匡正，罪當死。」柳範曰：「房玄齡事陛下，猶不能止畋獵，豈得獨罪萬紀！」上大怒，拂衣而入。久之，獨引範謂曰：「何面折我！」折，之舌翻。對曰：「陛下仁明，臣不敢不盡愚直。」古語有之：君仁則臣直。又曰：君明則臣直。故柳範云然。上悅。

14 十一月，辛卯，上幸懷州；丙午，還洛陽宮。

15故荆州都督武士彠女，年十四，上聞其美，召入後宮，爲才人。爲武氏亂唐張本。彠，一虢翻。考異曰：舊則天本紀，崩時年八十三。唐曆、焦璐唐朝年代記、統紀、馬總唐年小錄、聖運圖、會要皆云八十一。唐錄、政要，貞觀十三年入宮。據武氏入宮年十四。今從吳兢則天實錄爲八十二，故置此年。

十二年（戊戌，六三八）

1春，正月，乙未，禮部尚書王珪奏：「三品已上遇親王於路皆降乘，非禮。」乘，繩證翻。上曰：「卿輩苟自崇貴，輕我諸子。」特進魏徵曰：「諸王位次三公，今三品皆九卿、八座，爲王降乘，誠非所宜當。」爲，于僞翻。上曰：「人生壽夭難期，萬一太子不幸，安知諸王他日不爲公輩之主！何得輕之！」時太子承乾有足疾，魏王泰有寵；太宗此言，固有以泰代承乾之心矣。夭，於紹翻。對曰：「自周以來，皆子孫相繼，不立兄弟，所以絕庶孽之窺窬，塞禍亂之源本，孽，魚列翻。塞，悉則翻。此爲國者所深戒也。」上乃從珪奏。

2吏部尚書高士廉、黄門侍郎韋挺、禮部侍郎令狐德棻、中書侍郎岑文本撰氏族志成，上之。令，音鈴。棻，符分翻。撰，士免翻。上，時掌翻。先是，山東人士崔、盧、李、鄭諸族，好自矜地望，先，悉薦翻。好，呼到翻。雖累葉陵夷，苟他族欲與爲昏姻，白虎通曰：昏者，昏時行禮，故曰昏。姻者，婦人因夫，故曰姻。賢曰：妻父曰婚，壻父曰姻。必多責財幣，或捨其鄉里而妄稱名族，或兄弟齊列而更以妻族相陵。上惡之，惡，烏路翻。命士廉等徧責天下譜諜，質諸史籍，考其眞僞，辯其昭穆，譜，博古翻。諜，達協翻。昭，時招翻。第其甲乙，褒進忠賢，貶退姦逆，分爲九等。士廉等以黄門侍郎崔民幹爲第一。上曰：「漢高祖與蕭、曹、樊、灌皆起閭閻布衣，卿輩至今推仰，以爲英賢，豈在世禄乎！高氏偏據山東，梁、陳僻在江南，雖有人物，蓋何足言！況其子孫才行衰薄，行，下孟翻；下德行同。官爵陵替，而猶卬然以門地自負，販鬻松檟，依託富貴，棄廉忘恥，不知世人何爲貴之！今三品以上，或以德行，或以勳勞，或以文學，致位貴顯。行，下孟翻。彼衰世舊門，誠何足慕！而求與爲昏，雖多輸金帛，猶爲彼所偃蹇，我不知其解何也！解，猶說也。今欲釐正訛謬，捨名取實，而卿曹猶以崔民幹爲第一，是輕我官爵而徇流俗之情也。」乃更命刊定，專以今朝品秩爲高下，更，工衡翻。朝，直遥翻。於是以皇族爲首，外戚次之，降崔民幹爲第三。九等之次，皇族爲上之上，外戚爲上之中，崔民幹爲上之下。凡二百九十三姓，千六百五十一家，頒於天下。

3 二月，乙卯，車駕西還；自洛陽西還長安。還，從宣翻，又音如字。癸亥，幸河北，觀砥柱。自西還，便道幸河北縣。河北縣，漢、晉屬河東郡，後魏置河北郡，隋廢郡，復爲縣，屬蒲州。縣南河中有砥柱山。貞觀元年，以河北縣度屬陝州。括地志曰：陝州河北縣，本漢大陽縣。

4 甲子，巫州獠反，貞觀元年，分辰州之龍標縣置巫州。獠，魯皓翻。夔州都督齊善行敗之，敗，補邁翻。俘男女三千餘口。

5 乙丑，上祀禹廟；丁卯，至柳谷，觀鹽池。禹都安邑，後人立廟於其地。安邑有鹽池，則柳谷亦當在安邑。庚午，至蒲州，刺史趙元楷課父老服黄紗單衣迎車駕，盛飾廨舍樓觀，廨，古隘翻。觀，古玩翻。又飼羊百餘頭、魚數百頭以饋貴戚。飼，祥吏翻。上數之曰：「朕巡省河、洛，數，所具翻，又所主翻。省，悉景翻。凡有所須，皆資庫物。卿所爲乃亡隋之弊俗也。」甲戌，幸長春宫。

6 戊寅，詔曰：「隋故鷹擊郎將堯君素，雖桀犬吠堯，有乖倒戈之志，而疾風勁草，實表歲寒之心；可贈蒲州刺史，仍訪其子孫以聞。」將，卽亮翻。堯君素事始一百八十四卷隋恭帝義寧元年，終一百八十六卷高祖武德二年。漢鄒陽曰：桀之犬可使吠堯。武王伐紂，前徒倒戈，攻其後，以北。吠，扶廢翻。

7 閏月，庚辰朔，日有食之。

8 丁未，車駕至京師。

9 三月，辛亥，著作佐郎鄧世隆表請集上文章。上曰：「朕之辭令，有益於民者，史皆書之，足爲不朽。若爲【章：十二行本「爲」作「其」；乙十一行本同；退齋校同。】無益，集之何用！梁武帝父子、陳後主、隋煬帝皆有文集行於世，何救於亡！爲人主患無德政，文章何爲！」遂不許。

10 丙子，以皇孫生，宴五品以上於東宫。上曰：「貞觀之前，從朕經營天下，玄齡之功也。貞觀以來，繩愆糾繆，魏徵之功也。」觀，古玩翻。皆賜之佩刀。上謂徵曰：「朕政事何如往年？」對曰：「威德所加，比貞觀之初則遠矣；人悅服則不逮也。」上曰：「遠方畏威慕德，故來服；若其不逮，何以致之？」對曰：「陛下往以未治爲憂，故德義日新；今以既治爲安，故不逮。」治，直吏翻。上曰：「今所爲，猶往年也，何以異？」對曰：「陛下貞觀之初，恐人不諫，常導之使言，中間悅而從之。今則不然，雖勉從之，猶有難色。所以異也。」上曰：「其事可聞歟？」對曰：「陛下昔欲殺元律師，孫伏伽以爲法不當死，陛下賜以蘭陵公主園，直百萬。或云：『賞太厚。』蘭陵公主，上女也，下嫁竇懷悊，上以其園賞孫伏伽。陛下云：『朕卽位以來，未有諫者，故賞之。』此導之使言也。司戶柳雄妄訴隋資，隋資，隋朝所授官資也。陛下欲誅之，納戴胄之諫而止。是悅而從之也。近皇甫德參上書諫修洛陽宮，陛下恚之，雖以臣言而罷，勉從之也。」皇甫德參事見上卷八年。上，時掌翻。恚，於避翻。上曰：「非公不能及此。人苦不自知耳！」

11 夏，五月，壬申，弘文館學士永興文懿公虞世南卒，唐六典：弘文館學士無員數。後漢有東觀，魏有崇文館，宋元嘉有玄、史兩館，宋泰始至齊永明有總文館，梁有士林館，北齊有文林館，後周有崇文館；或典校理，或司撰著，或兼訓生徒，若今弘文館之任也。武德初，置修文館，武德末，改爲弘文館。永興縣屬鄂州。謚法：溫柔賢善曰懿。卒，子恤翻。上哭之慟。世南外和柔而內忠直，上嘗稱世南有五絕：一德行，行，下孟翻。二忠直，三博學，四文辭，五書翰。

12秋，七月，癸酉，以吏部尚書高士廉爲右僕射。

13乙亥，吐蕃寇弘州。「弘」，恐當作「松」。吐，從暾入聲。

14八月，霸州山獠反。按天寶元年招附生羌置靜戎郡，乾元元年，方置霸州。又松州都督府所管党項羈縻州有霸州，然當以其酋豪爲刺史，而此霸州又是儀鳳二年松州加督三十八州之數。獠，魯皓翻。燒殺刺史向邵陵及吏民百餘家。

15初，上遣使者馮德遐撫慰吐蕃，吐，從暾入聲。吐蕃聞突厥、吐谷渾皆尚公主，厥，九勿翻。谷，音浴。遣使隨德遐入朝，使，疏吏翻。朝，直遙翻。多齎金寶，奉表求婚；上未之許。使者還，言於贊普棄宗弄讚曰：「臣初至唐，唐待我甚厚，許尚公主。會吐谷渾王入朝，相離間，間，古莧翻。唐禮遂衰，亦不許婚。」弄讚遂發兵擊吐谷渾。吐谷渾不能支，遁於青海之北，民畜多爲吐蕃所掠。

吐蕃進破党項、白蘭諸羌，帥衆二十餘萬屯松州西境，党，底朗翻。帥，讀曰率。遣使貢金帛，云來迎公主。尋進攻松州，敗都督韓威；敗，補邁翻；下敗吐同。羌酋閻州刺史別叢臥施、諸州刺史把利步利並以州叛歸之。貞觀五年，以党項降羌，置羈縻州，有闊州、諸州，皆屬松州都督府，無閻州。酋，慈由翻。連兵不息，其大臣諫不聽而自縊者凡八輩。縊，於計翻，又於賜翻。壬寅，以吏部尚書侯君集爲當彌道行軍大總管，甲辰，以右領軍大將軍執失思力爲白蘭道、左武衞將軍牛進達爲闊水道、左領軍將軍劉簡【嚴：「簡」改「藺」。】爲洮河道行軍總管，督步騎五萬擊之。洮，土刀翻。騎，奇寄翻。

吐蕃攻城十餘日，進達爲先鋒，九月，辛亥，掩其不備，敗吐蕃於松州城下，宋白曰：松州之地，漢、魏諸羌居之，及晉內附，以其地屬汶山郡。後魏時，鄧至王像舒據之，遣使朝貢，始置甘松縣，後周置龍涸防，唐置松州；去長安二千二百五十里。斬首千餘級。弄讚懼，引兵退，遣使謝罪，因復請婚。使，疏吏翻。復，扶又翻。上許之。

16 甲寅，上問侍臣：「創業與守成孰難？」房玄齡曰：「草昧之初，易曰：天造草昧。王弼註云：造物之始，始於冥昧，故曰草昧也。廣雅：草，造也。董云：草昧，微物。與羣雄並起角力而後臣之，創業難矣！」魏徵曰：「自古帝王，莫不得之於艱難，失之於安逸，守成難矣！」上曰：「玄齡與吾共取天下，出百死，得一生，故知創業之難。徵與吾共安天下，常恐驕奢生於富貴，禍亂生於所忽，故知守成之難。然創業之難，既已往矣；守成之難，方當與諸公慎之。」玄齡等拜曰：「陛下及此言，四海之福也。」

17 初，突厥頡利既亡，北方空虛，厥，九勿翻。頡，奚頡翻。薛延陀眞珠可汗帥其部落建庭於都尉犍山北、獨邏水南，按薛延陀建庭之地在鬱督軍山，東南距京師纔三千里而贏。新書曰：烏德犍山左右，嗢昆河、獨邏河皆屈曲東北流，嗢昆在南，獨邏在北，過回紇牙帳東北五百里而合流。可，從刊入聲。汗，音寒。帥，讀曰率。犍，居言翻。邏，郎佐翻。勝兵二十萬，勝，音升。立其二子拔酌、頡利苾主南、北部。苾，毗必翻。上以其強盛，恐後難制，癸亥，拜其二子皆爲小可汗，各賜鼓纛，纛，徒到翻。外示優崇，實分其勢。

18 冬，十月，乙亥，巴州獠反。後漢於宕渠北界置漢昌縣，後魏於縣置大谷郡，又於郡北置巴州，隋改爲清化郡，唐復爲巴州。獠，魯皓翻；下同。

19 己卯，畋于始平；曹魏置始平縣，屬扶風，晉分立始平郡，後魏復爲縣，屬扶風，隋屬京兆。九域志，在府西八十里。乙未，還京師。

20 鈞州獠反；遣桂州都督張寶德討平之。

21 十一月，丁未，初置左、右屯營飛騎於玄武門，以諸將軍領之。又簡飛騎才力驍健、善騎射者，號百騎，衣五色袍，乘駿馬，以虎皮爲韉，騎，奇寄翻。驍，堅堯翻。衣，於既翻。韉，則前翻。凡遊幸則從焉。

22 己巳，明州獠反；吳置越裳縣，屬九德郡，以古越裳之地也；隋屬驩州日南郡。武德五年，以越裳地置明州。遣交州都督李道彥討平之。

23 十二月，辛巳，左武候將軍上官懷仁擊反獠於壁州，後漢和帝，分宕渠之東置宣漢縣，梁分宣漢置始寧縣，元魏分始寧縣置諸水縣，武德八年，分巴州之始寧縣置壁州始寧郡。大破之，虜男女萬餘口。

24 是歲，以給事中馬周爲中書舍人。周有機辯，中書侍郎岑文本常稱：「馬君論事，援引事類，揚榷古今，毛晃曰：揚榷，大舉，又掎也，舉而引之也。榷，訖岳翻。舉要删煩，會文切理，一字不可增，亦不可減，聽之靡靡，令人忘倦。」

25 霍王元軌好讀書，恭謹自守，舉措不妄。爲徐州刺史，與處士劉玄平爲布衣交。好，呼到翻。處，昌呂翻。人問玄平王所長，玄平曰：「無長。」問者怪之。玄平曰：「夫人有所短乃見所長，夫，音扶。至於霍王，無所短，吾何以稱其長哉！」

26 初，西突厥咥利失可汗分其國爲十部，每部有酋長一人，酋，慈由翻。長，知兩翻。可，從刊入聲。汗，音寒。仍各賜一箭，謂之十箭。又分左、右廂，左廂號五咄陸，置五大啜，居碎葉以東；右廂號五弩失畢，置五大俟斤，居碎葉以西；通謂之十姓。咄陸五啜號：處木昆律啜，胡祿屋闕啜，攝舍提敦啜，突騎施賀邏施啜，鼠尼施處半啜。弩失畢五俟斤號：阿悉結闕俟斤，哥舒闕俟斤，拔塞幹暾沙鉢俟斤，阿悉結泥孰俟斤，阿舒虛半俟斤。碎葉城，在焉耆碎葉川。出安西西北千里至碎葉。杜佑曰：碎葉川，長千餘里，東頭有熱海，西頭有怛邏斯城。咄，當沒翻。啜，陟劣翻。康曰：俟，渠之切。咥利失失衆心，爲其臣統吐屯所襲。咥利失兵敗，與其弟步利設走保焉耆。新書曰：焉耆國直京師西七千里而贏，橫六百里，縱四百里；其國東高昌，西龜茲，南尉黎，北烏孫，漢舊國也。統吐屯等將立欲谷設爲大可汗，會統吐屯爲人所殺，欲谷設兵亦敗，咥利失復得故地。復，扶又翻，又音如字。至是，西部竟立欲谷設爲乙毗咄陸可汗。乙毗咄陸既立，與咥利失大戰，殺傷甚衆。因中分其地，自伊列水以西屬乙咄陸，以東屬咥利失。伊列水亦名伊麗水，註詳見後。

27處月、處密與高昌共攻拔焉耆五城，掠男女一千五百人，焚其廬舍而去。爲伐高昌張本。

十三年（己亥、六三九）

1春，正月，乙巳，車駕謁獻陵；唐謁陵之制：設行宮，距陵十里，設坐於齋室，設小次於陵所道西南，大次於寢西南。侍臣次於大次西南，陪位者次又於西南，皆東向。文官於北，武官於南，朝集使又於其南，皆相地之宜。皇帝至行宮，卽齋室，陵令以玉册進署，設御位於陵東南隅，西向；有岡麓之閡，則隨地之宜。又設位於寢宮之殿東陛之東南，西向，尊坫陳於堂戶東南。百官、行從宗室、客使位神道左右。寢宮則分方序立大次前。其日未明五刻，陳黃麾仗於陵寢，三刻，行事官及宗室親五等、諸親三等以上及客使之當陪者就位。皇帝素服、乘馬、華蓋、繖扇，侍臣騎從，詣小次。出次至位，再拜，又再拜，在位者皆再拜，又再拜。少選，太常卿請辭，皇帝再拜，又再拜。奉禮曰：「奉辭。」在位者再拜。皇帝還小次，乘馬詣大次，仗衞列立以俟行，百官、宗室諸親、客使序立次前。皇帝步至寢宮南門，仗衞止，乃入，由東序，進殿陛東南位，再拜，升自東階，北向再拜，又再拜，入省服玩，抆拭帳簀，進太牢之饌，加珍羞。皇帝出尊所酌酒，入三奠爵，北向立。太祝二人持玉册立於戶外，東向跪讀，皇帝再拜，又再拜，乃出戶，當前北向立。太常卿請辭，皇帝再拜，出東門，還大次，宿行宮。丁未，還宮。

2戊午，加左僕射房玄齡太子少師。玄齡自以居端揆十五年，左右僕射，尚書省長官，故曰端揆。按武德九年，房玄齡爲中書令，貞觀三年，爲左僕射，至是財十一年，未及十五年也。少，始照翻。男遺愛尚上女高陽公主，女爲韓王妃，韓王元嘉，高祖之子。深畏滿盈，上表請解機務；上，時掌翻。上不許。玄齡固請不已，詔斷表，乃就職。斷，音短，丁管翻。今之讓官者，奉表三讓，不許，敕斷來章，則閤門不復受其表，卽唐制之斷表也。太子欲拜玄齡，設儀衛待之，玄齡不敢謁見而歸，時人美其有讓。玄齡以度支繫天下利害，嘗有闕，求其人未得，乃自領之。唐制：度支郎中，掌天下租賦，物產豐約之宜，水陸道塗之利，歲計所出而支調之，以近及遠，與中書、門下議定乃奏，國之大計所關也。玄齡審官求賢，未得其人，故自領之。唐中世以後，宰相多判度支，蓋昉於此。度，徒洛翻。

3 禮部尚書永寧懿公王珪薨。永寧縣，屬洛州。珪性寬裕，自奉養甚薄。於令，三品已上皆立家廟，唐制：三品已上得立廟，祭三代。珪通貴已久，獨祭於寢。爲法司所劾，劾，戶概翻，又戶得翻。上不問，命有司爲之立廟以愧之。司爲，于僞翻；下上爲同。

4 二月，庚辰，以光祿大夫尉遲敬德爲鄜州都督。尉，紆勿翻。鄜，芳無翻。

上嘗謂敬德曰：「人或言卿反，何也？」對曰：「臣反是實！臣從陛下征伐四方，身經百戰，今之存者，皆鋒鏑之餘也。天下已定，乃更疑臣反乎！」因解衣投地，出其瘢痍。瘢，薄官翻。痍，音夷。上爲之流涕，曰：「卿復服，朕不疑卿，故語卿，何更恨邪！」邪，音耶。語，牛倨翻。

上又嘗謂敬德曰：「朕欲以女妻卿，何如？」妻，七細翻。敬德叩頭謝曰：「臣妻雖鄙陋，相與共貧賤久矣。臣雖不學，聞古人富不易妻，此非臣所願也。」上乃止。

5 戊戌，尚書奏：「近世掖庭之選，掖，音亦。或微賤之族，禮訓蔑聞；謂由侍兒及歌舞得進者。或刑戮之家，憂怨所積。謂緣坐沒入掖庭者。請自今，後宮及東宮內職有闕，皆選良家有才行者充，行，下孟翻。以禮聘納；其沒官口及素微賤之人，皆不得補用。」上從之。

6 上既詔宗室羣臣襲封刺史，左庶子于志寧以爲古今事殊，恐非久安之道，上疏爭之。上，時掌翻；下同。侍御史馬周亦上疏，以爲：「堯、舜之父，猶有朱、均之子。朱、均，謂丹朱、商均也。儻有孩童嗣職，萬一驕愚，兆庶被其殃而國家受其敗。孩，何開翻。被，皮義翻。正欲絕之也，則子文之治猶在；左傳：楚鬭椒作亂，莊王滅若敖氏。既而思子文之治楚國也，曰：「子文無後，何以勸善！」使其孩箴尹克黃復其所。治，直吏翻。正欲留之也，而欒黶之惡已彰。左傳：秦伯問於士鞅曰：「晉大夫其誰先亡？」對曰：「其欒氏乎！欒黶汰虐已甚，猶可以免；其在盈乎！」秦伯曰：「何故？」對曰：「武子之德在民，如周人之思召公焉，愛其甘棠，況其子乎！欒黶死，盈之善未及民，武子所施沒矣，而黶之怨實彰，將於是乎在。」與其毒害於見存之百姓，見，賢遍翻。則寧使割恩於已亡之一臣，明矣。然則向所謂愛之者，乃適所以傷之也。臣謂宜賦以茅土，疇其戶邑，必有材行，隨器授官，行，下孟翻。使其人得奉大恩而子孫終其福祿。」

會司空、趙州刺史長孫無忌等皆不願之國，上表固讓，長，知兩翻。稱：「承恩以來，形影相弔，若履春冰；春來冰薄，履之則有陷溺之懼。宗族憂虞，如置湯火。緬惟三代封建，蓋由力不能制，因而利之，禮樂節文，多非己出。兩漢罷侯置守，蠲除曩弊，深協事宜。守，式又翻。今因臣等，復有變更，復，扶又翻。更，工衡翻。恐紊聖朝綱紀；紊，音問。朝，直遙翻。且後世愚幼不肖之嗣，或抵冒邦憲，自取誅夷，冒，莫北翻。更因延世之賞，致成勦絕之禍，良可哀愍。勦，子小翻。願停渙汗之旨，賜其性命之恩。」無忌又因子婦長樂公主固請於上，主嫁無忌子沖。樂，音洛。且言「臣披荆棘事陛下，今海內寧一，柰何棄之外州，與遷徙何異！」上曰：「割地以封功臣，古今通義，意欲公之後嗣，輔朕子孫，共傳永久；而公等乃復發言怨望，朕豈強公等以茅土邪！」復，扶又翻。強，其兩翻。邪，音耶。庚子，詔停世封刺史。

7 高昌王麴文泰多遏絕西域朝貢，朝，直遙翻；下同。伊吾先臣西突厥，既而內屬，事見一百九十三卷四年。厥，九勿翻。文泰與西突厥共擊之。上下書切責，下，遐嫁翻。徵其大臣阿史那矩，欲與議事，文泰不遣，遣其長史麴雍來謝罪。長，知兩翻。頡利之亡也，見一百九十三卷四年。中國人在突厥者或奔高昌，詔文泰歸之，文泰蔽匿不遣。又與西突厥共擊破焉耆，焉耆訴之。掠焉耆見上卷六年，又見上年。上遣虞部郎中李道裕往問狀，虞部郎，掌京城街巷種植、山澤苑囿、草木薪炭、供頓田獵之事，屬工部。且謂其使者曰：「高昌數年以來，朝貢脫略，無藩臣禮，所置官號，皆準天朝，築城掘溝，預備攻討。我使者至彼，文泰語之云：『鷹飛于天，雉伏于蒿，貓遊于堂，鼠噍于穴，使，疏吏翻。語，牛倨翻。噍，在笑翻。各得其所，豈不能自生邪！』又遣使謂薛延陀曰：『既爲可汗，則與天子匹敵，何爲拜其使者！』使，疏吏翻；下同。事人無禮，又間鄰國，間，古莧翻。爲惡不誅，善何以勸！明年當發兵擊汝。」三月，薛延陀可汗遣使上言：「奴受恩思報，請發所部爲軍導以擊高昌。」可，從刊入聲。汗，音寒。上，時掌翻。上遣民部尚書唐儉、右領軍大將軍執失思力齎繒帛賜薛延陀，與謀進取。繒，慈陵翻。

8 夏，四月，戊寅，上幸九成宮。

初，突厥突利可汗之弟結社率從突利入朝，厥，九勿翻。可，從刊入聲。汗，音寒。朝，直遙翻。歷位中郎將。將，卽亮翻。居家無賴，怨突利斥之，乃誣告其謀反，上由是薄之，久不進秩。結社率陰結故部落，得四十餘人，謀因晉王治四鼓出宮，開門辟仗，辟，毗亦翻。馳入宮門，直指御帳，可有大功。甲申，擁突利之子賀邏鶻夜伏於宮外，邏，郎佐翻。鶻，戶骨翻。會大風，晉王未出，結社率恐曉，遂犯行宮，踰四重幕，弓矢亂發，衞士死者數十人。折衝孫武開等帥衆奮擊，重，直龍翻。折，之舌翻。折衝，折衝都尉也。帥，讀曰率。久之，乃退，馳入御廄，盜馬二十餘匹，北走，渡渭，欲奔其部落，追獲，斬之。原賀邏鶻，投于嶺表。

9 庚寅，遣武候將軍上官懷仁擊巴、壁、洋、集四州反獠，平之。洋，音祥。獠，魯皓翻。虜男女六千餘口。

10 五月，旱。甲寅，詔五品以上上封事。上封，時掌翻；下同。魏徵上疏，以爲：「陛下志業，比貞觀之初，漸不克終者凡十條。」觀，古玩翻。其間一條，以爲：「頃年以來，輕用民力。乃云：『百姓無事則驕逸，勞役則易使。』易，以豉翻。自古未有因百姓逸而敗、勞而安者也。此恐非興邦之至言。」上深加獎歎，云：「已列諸屏障，朝夕瞻仰，并錄付史官。」仍賜徵黃金十斤，廐馬二匹。

11 六月，渝州人侯弘仁自牂柯開道，經西趙，出邕州，以通交、桂，東謝蠻西接牂柯蠻，南接西趙蠻。牂柯之別帥曰羅殿。今廣西買馬路，自桂州至邕州橫山寨二十餘程，自橫山至杞國二十二程，又至羅殿十程，此卽侯弘仁所通者也。邕州，漢鬱林郡領方縣地，晉分鬱林，置晉興郡，隋廢晉興爲宣化縣，屬鬱林郡，唐武德四年，置南晉州，貞觀六年改邕州朗寧郡。牂柯，音臧哥。蠻、俚降者二萬八千餘戶。俚，音里。降，戶江翻。

12 丙申，立皇弟元嬰爲滕王。

13 自結社率之反，言事者多云突厥留河南不便，河南，謂北河之南，漢衛青擊匈奴所收河南地是也。厥，九勿翻。秋，七月，庚戌，詔右武侯大將軍、化州都督、懷化郡王李思摩爲乙彌泥孰俟利苾可汗，賜之鼓纛；俟，渠之翻。苾，毗必翻。纛，徒到翻。突厥及胡在諸州安置者，並令渡河，還其舊部，俾世作藩屏，屏，必郢翻。長保邊塞。突厥咸憚薛延陀，不肯出塞。上遣司農卿郭嗣本賜薛延陀璽書，璽，斯氏翻。言「頡利既敗，頡，奚結翻。其部落咸來歸化，我略其舊過，嘉其後善，待其達官皆如吾百寮、部落皆如吾百姓。中國貴尚禮義，不滅人國，前破突厥，止爲頡利一人爲百姓害，止爲，于僞翻。實不貪其土地，利其人畜，恆欲更立可汗，恆，戶登翻；下同。故置所降部落於河南，任其畜牧。今戶口蕃滋，蕃，扶元翻。吾心甚喜。既許立之，不可失信。秋中將遣突厥渡河，復其故國。爾薛延陀受册在前，延陀受册見一百九十三卷二年。突厥受册在後，後者爲小，前者爲大。爾在磧北，突厥在磧南，各守土疆，鎭撫部落。其踰分故相抄掠，磧，七迹翻。分，扶問翻。抄，楚交翻。我則發兵，各問其罪」。薛延陀奉詔。於是遣思摩帥所部建牙於河北，河北，則大磧之南。帥，讀曰率。上御齊政殿餞之，思摩涕泣，奉觴上壽曰：「奴等破亡之餘，分爲灰壤，上壽，時掌翻。分，扶問翻。陛下存其骸骨，復立爲可汗，復，扶又翻；下復下同。可，從刊入聲。汗，音寒。願萬世子孫恆事陛下。」恆，戶登翻。又遣禮部尚書趙郡王孝恭等齎册書，就其種落，築壇於河上而立之。種，章勇翻。上謂侍臣曰：「中國，根榦也；四夷，枝葉也；割根榦以奉枝葉，木安得滋榮！朕不用魏徵言，幾致狼狽。」謂結社率之變也。魏徵言見上卷四年。幾，居希翻。又以左屯衞將軍阿史那忠爲左賢王，左武衞將軍阿史那泥熟爲右賢王。忠，蘇尼失之子也，蘇尼失見一百九十三卷四年。上遇之甚厚，妻以宗女；妻，七細翻。及出塞，懷慕中國，見使者必泣涕請入侍；詔許之。

14 八月，辛未朔，日有食之。

15 詔以「身體髮膚，不敢毀傷。引孝經孔子之言。比來訴訟者或自毀耳目，比，毗至翻。自今有犯，先笞四十，然後依法。」依法處斷其所訴之事也。

16 冬，十月，甲申，車駕還京師。自九成宮還也。

17 十一月，辛亥，以侍中楊師道爲中書令。

18 戊辰，尚書左丞劉洎爲黃門侍郎、參知政事。洎，其冀翻。

19 上猶冀高昌王文泰悔過，復下璽書，示以禍福，徵之入朝；下，遐嫁翻。璽，斯氏翻。朝，直遙翻；下同。文泰竟稱疾不至。十二月，壬申，遣交河行軍大總管、吏部尚書侯君集，副總管兼左屯衞大將軍薛萬均等將兵擊之。將，卽亮翻。

20 乙亥，立皇子福爲趙王。

21 己丑，吐谷渾王諾曷鉢來朝，以宗女爲弘化公主，妻之。妻，七細翻。

22 壬辰，上畋於咸陽，咸陽，秦都，漢爲渭城縣，屬右扶風，晉廢縣，後魏置咸陽郡，隋廢，武德元年，分涇陽、始平置咸陽縣，屬京兆。九域志：在府西四十里。癸巳，還宮。

23 太子承乾頗以遊畋廢學，右庶子張玄素諫，不聽。

24 是歲，天下州府凡三百五十八，縣一千五百一〔五〕十一。

25 太史令傅奕精究術數之書，而終不之信，遇病，不呼醫餌藥。有僧自西域來，善呪術，能令人立死，復呪之使蘇。上擇飛騎中壯者試之，皆如其言；呪，職救翻。復，扶又翻。騎，奇寄翻。以告奕，奕曰：「此邪術也。臣聞邪不干正，請使呪臣，必不能行。」上命僧呪奕，奕初無所覺，須臾，僧忽僵仆，若爲物所擊，遂不復蘇。僵，居良翻。復，扶又翻。又有婆羅門僧，天竺，漢身毒國也，或曰摩伽佗，曰婆羅門。言得佛齒，所擊前無堅物。長安士女輻湊如市。奕時臥疾，謂其子曰：「吾聞有金剛石，性至堅，物莫能傷，唯羚羊角能破之，杜佑曰：扶南國出金剛石，可以刻玉，狀如紫石英。其所生乃在百丈水底盤石上，始如鍾乳，人取之，竟日乃出，以鐵鎚之而不傷，鐵乃自損，以羚羊角扣之，漼然冰泮。陶弘景曰：羚羊今出建平宜都蠻中及西域，多兩角，一角者爲勝；角甚多節，蹙蹙圓繞。陳藏器餘（？）曰：羚羊有神，夜宿，以角掛樹，不著地。羚，音零。汝往試焉。」其子往見佛齒，出角叩之，應手而碎，觀者乃止。奕臨終，戒其子無得學佛書，時年八十五。又集魏、晉以來駁佛教者爲高識傳十卷，行於世。駁，北角翻。傳，直戀翻。

26 西突厥咥利失可汗之臣俟利發與乙毗咄陸可汗通謀作亂，咥利失窮蹙，逃奔鏺汗而死。新書曰：寧遠者，本拔汗那，或曰鏺汗，元魏所謂破洛那，居西鞬城，在眞珠河之北，去京師八千里。厥，九勿翻。咥，徒結翻，又丑栗翻。可，從刊入聲。汗，音寒。俟，渠之翻。咄，當沒翻。鏺，普活翻。弩失畢部落迎其弟子薄布特勒立之，是爲乙毗沙鉢羅葉護可汗。沙鉢羅葉護既立，建庭於雖合水北，謂之南庭，自龜茲、鄯善、且末、吐火羅、焉耆、石、史、何、穆、康等國皆附之。龜茲，一曰丘茲，一曰屈茲，東距京師七千里而贏。自于闐東行，入大流沙，行千里，至故折摩馱那，古且末也。又千里至故納縛波，古樓蘭也。吐火羅，或曰吐豁羅，曰覩貨羅，元魏謂之吐呼羅，居葱嶺烏滸河之南，古大夏也。石國，或曰柘支，曰柘折，曰赭時，漢大宛北鄙也，去京師九千里，東北距西突厥，王姓石，治柘折城，故康居小王窳匿城也。史，或曰佉沙，曰羯霜那，居獨莫水南康居小王蘇薤城故地，南四百里，抵吐火羅。何，或曰屈霜彌伽，曰貴霜匿，即康居小王附墨城故地。新書，康，漢康居也，枝庶分王，曰安，曰曹，曰米，曰何，曰火尋，曰戊地，曰史，世謂九姓，意者穆亦康國枝庶歟！龜茲，音丘慈。鄯，時戰翻。且，子余翻。**咄陸建牙於鏃曷山西，謂之北庭，**舊書：自焉耆西北，七日行至其南庭，又正北，八日行至其北庭。鏃，作木翻。**自厥越失、拔悉彌、駁馬、結骨、火燖、觸水〔木〕昆等國皆附之，**拔悉彌，蓋卽拔悉蜜，在葛邏祿之西。駁馬，或曰弊剌，曰遏羅支，直突厥之北，距京師萬四千里，北極于海，以馬耕田，雖畜馬而不乘，資湩酪以食，馬色皆駁，故以名國。結骨，古堅昆國也，當伊吾西，焉耆北，白山之旁。堅昆，後語訛爲結骨，稍號紇骨，亦曰紇扢斯，又曰黠戛斯。火燖，或爲貨利習彌，曰過利，居烏滸水之陽，西南與波斯接，西北抵突厥。駁，北角翻。燖，徐鹽翻。**以伊列水爲境。**伊列，漢時西域故國，在康居北，陳湯與甘延壽謀郅支曰：「北擊伊列，西取安息。」此其證也。考異曰：沙鉢羅葉護傳云：「東以伊列河爲界。」按乙毗咄陸傳云：「自伊列河以西屬咄陸，以東屬咥利失。」沙鉢羅葉護既因咥利失之地，應云西以伊列河爲界。今未知二傳孰誤，故但云伊列水爲境。

## 十四年（庚子、六四〇）

1 **春，正月，甲寅，上幸魏王泰第，赦雍州長安繫囚大辟以下，免延康里今年租賦，賜泰府**

僚屬及同里老人有差。魏王泰第在長安城中延康里。按雍州二赤縣，長安、萬年皆治長安城中。今止敕長安囚，蓋延康里屬長安縣管。雍，於用翻。辟，毗亦翻。

2 二月，丁丑，上幸國子監，觀釋奠，按唐國子監在安上門西。唐制：仲春仲秋釋奠于文宣王，皆以上丁、上戊，以祭酒、司業、博士三獻。命祭酒孔穎達講孝經，賜祭酒以下至諸生高第帛有差。周官有師氏、保氏。漢始置祭酒博士，晉始立國子學。唐國子祭酒，從三品，掌邦國儒學訓導之政令。是時上大徵天下名儒爲學官，數幸國子監，使之講論，學生能明一大經已上皆得補官。唐取士，以禮記、春秋左氏傳爲大經，詩、儀禮、周禮爲中經，易、尚書、春秋公羊傳、穀梁傳爲小經。數，所角翻。已上，時掌翻。增築學舍千二百間，增學生滿二千二百六十員，自屯營飛騎，亦給博士，使授以經，有能通經者，聽得貢舉。於是四方學者雲集京師，乃至高麗、百濟、新羅、高昌、吐蕃諸酋長亦遣子弟請入國學，升講筵者至八千餘人。騎，奇寄翻。麗，力知翻。酋，慈由翻。長，知兩翻。吐，從暾入聲。考異曰：舊傳云：「八十餘人，」今從新書。上以師說多門，章句繁雜，命孔穎達與諸儒撰定五經疏，謂之正義，令學者習之。五經正義今行於世。撰，士免翻。疏，所去翻。令，力丁翻。

3 壬午，上行幸驪山溫湯；驪，力知翻。辛卯，還宮。

4 乙未，詔求近世名儒梁皇甫侃、褚仲都，周熊安生、沈重，陳沈文阿、周弘正、張譏，隋何妥、劉炫等子孫以聞，當加引擢。妥，吐火翻。炫，熒絹翻。

5 三月，竇州道行軍總管党仁弘擊羅竇反獠，破之，俘七千餘口。獠，魯皓翻。

6 辛丑，流鬼國遣使入貢。去京師萬五千里，濱於北海，南鄰靺鞨，流鬼國，直黑水靺鞨東北，少海之北，三面阻海，南與莫曳靺鞨鄰，東南航海十五日，行乃至。人依島嶼散居，多沮澤，初附百濟，後附新羅，東夷也。杜佑曰：流鬼國在北海之北。使，疏吏翻。靺，音末。鞨，音曷。未嘗通中國，重三譯而來。重，直龍翻。上以其使者佘志爲騎都尉。孫愐曰：佘，視遮翻，姓也。

7 丙辰，置寧朔大使以護突厥。厥，九勿翻。

8 夏，五月，壬寅，徙燕王靈夔爲魯王。燕，因肩翻。

9 上將幸洛陽，命將作大匠閻立德行清暑之地。行，下孟翻。秋，八月，庚午，作襄城宮於汝州西山。秦置將作，掌營繕宮室，歷代不改。漢景帝置將作大匠。唐從三品，掌供邦國脩造、土木工匠之政令。新志：貞觀中，置清暑宮於汝州臨汝縣鳴皋山南。按汝水睨廣成澤。立德，立本之兄也。閻立本，高宗朝爲相。

10 高昌王文泰聞唐兵起，謂其國人曰：「唐去我七千里，沙磧居其二千里，地無水草，寒風如刀，熱風如燒，安能致大軍乎！往吾入朝，入朝見一百九十三卷四年。磧，七迹翻。朝，直遙翻。見秦、隴之北，城邑蕭條，非復有隋之比。復，扶又翻。今來伐我，發兵多則糧運不給；三萬已下，吾力能制之。當以逸待勞，坐收其弊。若頓兵城下，不過二十日，食盡必走，然後從而虜之。何足憂也！」及聞唐兵臨磧口，憂懼不知所爲，發疾卒，卒，子恤翻。子智盛立。

軍至柳谷，新志：西州交河縣北行二百一十里至柳谷渡。詗者言文泰刻日將葬，詗，休正翻，又古迥翻。國人咸集於彼，諸將請襲之，將，卽亮翻；下同。侯君集曰：「不可，天子以高昌無禮，故使吾討之，今襲人於墟墓之間，非問罪之師也。」於是鼓行而進，至田城，考異曰：實錄作「田地城」，今從舊傳。按田城卽田地城也。麴嘉之王高昌也，置田地太守，封其二子，一爲交河公，一爲田地公。新書曰：田地城，卽漢戊己校尉所治地。宋白曰：西州高昌縣，本晉田地縣之地。輿地志云：晉咸和二年，置高昌郡，立田地縣，唐改高昌縣。諭之，不下，詰朝攻之，詰，去吉翻。及午而克，虜男女七千餘口。以中郎將辛獠兒爲前鋒，夜，趨其都城，將，卽亮翻。獠，魯皓翻。趨，七喻翻。高昌逆戰而敗；大軍繼至，抵其城下。

智盛致書於君集曰：「得罪於天子者，先王也，天罰所加，身已物故。智盛襲位未幾，惟尚書憐察！」幾，居豈翻。君集報曰：「苟能悔過，當束手軍門。」智盛猶不出。君集命塡塹攻之，飛石雨下，城中人皆室處。塹，七豔翻。處，昌呂翻。又爲巢車，高十丈，俯瞰城中。左傳：楚子登巢車以望晉軍。釋文云：兵車高如巢，以望敵也。杜預曰：車上施櫓。杜佑說見前。高，居傲翻。瞰，苦濫翻。有行人及飛石所中，皆唱言之。先是，文泰與西突厥可汗相結，中，竹仲翻。先，悉薦翻。厥，九勿翻。可，從刊入聲。汗，音寒。考異曰：舊傳云：「與欲谷設約。」按欲谷設去歲已敗死。今不取。約有急相助；可汗遣其葉護屯可汗浮圖城，葉護，突厥達官也，爲大臣之首。自交河城至浮圖城三百七十里。爲文泰聲援。及君集至，可汗懼而西走千餘里，葉護以城降。智盛窮蹙，癸酉，開門出降。高昌自麴嘉有國，傳九世，一百三十四年而亡。降，戶江翻。君集分兵略地，下其二十二城，戶八千四十六，口一萬七千七百，考異曰：舊傳，「戶八千，口三萬七千七百。」今從實錄。地東西八百里，南北五百里。

上欲以高昌爲州縣，魏徵諫曰：「陛下初卽位，文泰夫婦首來朝，文泰入朝見四年。其後稍驕倨，故王誅加之。罪止文泰可矣，宜撫其百姓，存其社稷，復立其子，則威德被於遐荒，四夷皆悦服矣。復，扶又翻。被，皮義翻。今若利其土地以爲州縣，則常須千餘人鎮守，數年一易，往來死者什有三四，供辦衣資，違離親戚，離，力智翻。十年之後，隴右虛耗矣。陛下終不得高昌撮粟尺帛以佐中國，所謂散有用以事無用，臣未見其可。」上不從，九月，以其地爲西州，以可汗浮圖城爲庭州，西州治高昌縣，漢車師前王庭也。庭州治金滿縣，漢車師後王庭也。宋白曰：二州相去四百五十里。各置屬縣。乙卯，置安西都護府於交河城，留兵鎮之。

君集虜高昌王智盛及其羣臣豪傑而還。還，從宣翻，又如字。於是唐地東極于海，西至焉耆，南盡林邑，北抵大漠，皆爲州縣，凡東西九千五百一十里，南北一萬九百一十八里。

侯君集之討高昌也，遣使約焉耆與之合勢，使，疏吏翻。焉耆喜，聽命。及高昌破，焉耆王詣軍門謁見君集，且言焉耆三城先爲高昌所奪，君集奏并高昌所掠焉耆民悉歸之。高昌掠焉耆見六年。

11 冬，十月，甲戌，荆王元景等復表請封禪，復，扶又翻。上不許。

12 初，陳倉折衝都尉魯寧坐事繫獄，自恃高班，慢罵陳倉尉尉氏劉仁軌，陳倉縣，屬岐州。唐制：畿縣尉，正九品下；上縣尉，從九品上；中下縣，從九品下。仁軌杖殺之。州司以聞。上怒，命斬之，猶不解，曰：「何物縣尉，敢殺吾折衝！」命追至長安面詰之。仁軌曰：「魯寧對臣百姓辱臣如此，臣實忿而殺之。」辭色自若。魏徵侍側，曰：「陛下知隋之所以亡乎？」上曰：「何也？」徵曰：「隋末，百姓強而陵官吏，如魯寧之比是也。」魯寧官爲折衝，本陳倉百姓。上悅，擢仁軌爲櫟陽丞。漢高皇帝葬太上皇于櫟陽北原，號萬年陵，改櫟陽爲萬年縣，至隋猶因之。唐都長安，改隋大興縣曰萬年，而舊萬年縣復曰櫟陽，屬京兆。唐畿縣丞，正八品下。

上將幸同州校獵，仁軌上言：上，時掌翻。「今秋大稔，民收穫者什纔一二，使之供承獵事，治道葺橋，動費一二萬功，實妨農事。願少留鑾輿旬日，俟其畢務，則公私俱濟。」上賜璽書嘉納之，治，直之翻。少，詩沼翻。璽，斯氏翻。尋遷新安令。唐初置新安郡，貞觀元年，廢郡爲縣，屬洛州。唐制：畿縣令，正六品下；上縣，從六品上；中縣，正七品上；下縣，從七品下。閏月，乙未，行幸同州；庚戌，還宮。

13 丙辰，吐蕃贊普遣其相祿東贊獻金五千兩及珍玩數百，以請婚。相，息亮翻。上許以文成公主妻之。文成公主，宗女也。妻，七細翻。

14十一月，甲子朔，冬至，上祀南郊。時戊寅曆以癸亥爲朔，行戊寅曆見一百八十七卷武德三年。宣義郎李淳風表稱：「古曆分日起於子半，今歲甲子朔旦冬至，而故太史令傅仁均減餘稍多，子初爲朔，遂差三刻，用乖天正，請更加考定。」衆議以仁均定朔微差，淳風推校精密，請如淳風議，從之。

15丁卯，禮官奏請加高祖父母服齊衰五月，嫡子婦服期，嫂、叔、弟妻、夫兄、舅皆服小功；從之。按新志：「高祖」作「曾祖」，舊服齊衰三月。嫡子婦舊服大功，衆子婦舊服小功，今加衆子婦服大功，而嫂叔、弟妻、夫兄、舅舊服緦者，皆加服小功。齊，音咨。衰，士回翻。

16丙子，百官復表請封禪，復，扶又翻。詔許之。更命諸儒詳定儀注；以太常卿韋挺等爲封禪使。使，疏吏翻。

17司門員外郎韋元方給給使過所稽緩，唐司門郎掌天下諸門、諸關出入往來之籍。凡天下之關二十有六，所以限內外，隔華夷，設險作固，閑邪正禁者也。凡度關者，先經刑部司門請過所。給使，禁中給使令者，宦官也。唐內給使無常員，凡無官品者，號內給使，屬宮闈署令。給使奏之；上怒，出元方爲華陰令。華陰縣屬華州。華，戶化翻。魏徵諫曰：「帝王震怒，不可妄發。前爲給使，遂夜出敕書，爲，于僞翻。事如軍機，誰不驚駭！況宦者之徒，古來難養，輕爲言語，易生患害，獨行遠使，深非事宜，漸不可長，易，以豉翻。使，疏吏翻。長，知兩翻。所宜深慎。」上納其言。

18 尚書左丞韋悰句司農木橦價貴於民間，悰，藏宗翻。句，古侯翻。橦，諸容翻，木一截也。唐式，柴方三尺五寸爲一橦。按通典，韋悰句司農木橦七十價，百姓四十價，奏其乾沒。奏其隱沒。上召大理卿孫伏伽書司農罪。伽，求迦翻。伏伽曰：「司農無罪。」上怪，問其故，對曰：「只爲官橦貴，所以私橦賤。爲，于僞翻。向使官橦賤，私橦無由賤矣。但見司農識大體，不知其過也。」上悟，屢稱其善，顧謂韋悰曰：「卿識用不逮伏伽遠矣。」

19 十二月，丁酉，侯君集獻俘于觀德殿。觀德殿，射殿也。閣本太極宮圖，射殿在宜春門北。行飲至禮，大酺三日。酺，薄乎翻。尋以智盛爲左武衛將軍、金城郡公。上得高昌樂工，以付太常，增九部樂爲十部。唐六典曰：凡大宴會，則設十部之伎於庭，以備華、夷。一曰宴樂伎，有景雲樂之舞，慶善樂之舞，破陳樂之舞，承天樂之舞；二曰清樂伎，三曰西涼伎，四曰天竺伎，五曰高麗伎，六曰龜茲伎，七曰安國伎，八曰疏勒伎，九曰高昌伎，十曰康國伎。

君集之破高昌也，私取其珍寶；將士知之，將，卽亮翻。競爲盜竊，君集不能禁，爲有司所劾，詔下君集等獄。劾，戶概翻，又戶得翻。下，遐嫁翻。中書侍郎岑文本上疏，上，時掌翻。以爲：「高昌昏迷，陛下命君集等討而克之，不踰旬日，並付大理。雖君集等自掛網羅，恐海內之人疑陛下唯錄其過而遺其功也。臣聞命將出師，主於克敵，將，卽亮翻。苟能克敵，雖貪可賞；若其敗績，雖廉可誅。是以漢之李廣利、陳湯，晉之王濬，隋之韓擒虎，皆負罪譴，人主以其有功，咸受封賞。李廣利事見二十卷漢武帝太初四年。陳湯事見二十九卷漢元帝竟寧元年。王濬事見八十一卷晉武帝太康元年。韓擒虎事見一百七十七卷隋文帝開皇九年。由是觀之，將帥之臣，廉慎者寡，貪求者衆。帥，所類翻。是以黃石公軍勢曰：『使智，使勇，使貪，使愚，故智者樂立其功，勇者好行其志，貪者急趨其利，愚者不計其死。』伏願錄其微勞，忘其大過，使君集重升朝列，樂，音洛。好，呼到翻。趨，七喻翻。重，直龍翻。朝，直遙翻。復備驅馳，復，扶又翻，又音如字。雖非清貞之臣，猶得貪愚之將，將，即亮翻。斯則陛下雖屈法而德彌顯，君集等雖蒙宥而過更彰矣。」上乃釋之。

又有告薛萬均私通高昌婦女者，萬均不服，內出高昌婦女付大理，與萬均對辯。魏徵諫曰：「臣聞『君使臣以禮，臣事君以忠』。論語載孔子答魯定公之言。今遣大將軍與亡國婦女對辯帷箔之私，實則所得者輕，虛則所失者重。昔秦穆飲盜馬之士，秦穆公亡馬，岐下野人得而共食之者三百人。吏逐得，欲法之。公曰：「君子不以畜害人。吾聞食馬肉不飲酒者，傷人。」乃飲之酒。其後穆公伐晉，三百人者聞穆公爲晉所圍，椎鋒爭死，以報食馬之德，於是穆公獲晉侯以歸。飲，於禁翻。楚莊赦絕纓之罪，說苑：楚莊王賜羣臣酒，日暮，酒酣，燭滅，有引美人之衣者，美人援絕其冠纓，告王趣火來上，視絕纓者。王曰：「賜人酒，使醉失禮，柰何欲顯婦人之節而辱士乎！」乃命左右曰：「今日與寡人飲，不絕冠纓者不歡。」羣臣皆絕去其纓而上火，盡歡而罷。後晉與楚戰，有一臣常在前，五合五獲首卻敵，卒勝之。莊王怪問，乃夜絕纓者報王也。況陛下道高堯、舜，而曾二君之不逮乎！」上遽釋之。

侯君集馬病蚛顙，行軍總管趙元楷親以指霑其膿而齅之，蚛，直衆翻；蟲食曰蚛。齅，許救翻。御史劾奏其諂，左遷栝州刺史。永嘉郡，隋開皇九年置處州，十三年改曰栝州。劾，戶概翻，又戶得翻。

高昌之平也，諸將皆卽受賞，行軍總管阿史那社爾以無敕旨，獨不受，及別敕既下，下，遐嫁翻。乃受之，所取唯老弱故弊而已。上嘉其廉愼，以高昌所得寶刀及雜綵千段賜之。

20 癸卯，上獵於樊川；酈道元曰：樊川在漢杜縣，亦曰樊鄉。漢高祖至櫟陽，以樊噲灌廢丘功最，賜食邑於此鄉，因名樊川。程大昌曰：樊川，一名御宿川，在萬年縣南三十五里。乙巳，還宮。

21 魏徵上疏，以爲：「在朝羣臣，當樞機之寄者，任之雖重，信之未篤，上，時掌翻。朝，直遙翻。是以人或自疑，心懷苟且。陛下寬於大事，急於小罪，臨時責怒，未免愛憎。夫委大臣以大體，責小臣以小事，夫，音扶。爲治之道也。今委之以職，則重大臣而輕小臣；至於有事，則信小臣而疑大臣。信其所輕，疑其所重，將求致治，其可得乎！治，直吏翻。若任以大官，求其細過，刀筆之吏，順旨成風，舞文弄法，曲成其罪。自陳也，則以爲心不伏辜；不言也，則以爲所犯皆實；進退惟谷，莫能自明，詩桑柔曰：進退維谷。註：谷，窮也。則苟求免禍，矯僞成俗矣！」上納之。

22 上謂侍臣曰：「朕雖平定天下，其守之甚難。」魏徵對曰：「臣聞戰勝易，守勝難，易，以豉翻。陛下之及此言，宗廟社稷之福也！」

23 上聞右庶子張玄素在東宮數諫爭，數，所角翻。爭，讀曰諍。擢爲銀青光祿大夫，行左庶子。太子嘗於宮中擊鼓，玄素叩閤切諫；太子出其鼓，對玄素毁之。太子久不出見官屬，玄素諫曰：「朝廷選俊賢以輔至德，今動經時月，不見宮臣，將何以裨益萬一！且宮中唯有婦人，不知有能如樊姬者乎。」樊姬，楚莊王姬也。莊王好田，樊姬爲不食禽獸之肉。鄙笑虞丘子，虞丘子愧之，進孫叔敖爲相，莊王以霸。太子不聽。

玄素少爲刑部令史，少，詩照翻。上嘗對朝臣問之曰：朝，直遥翻。「卿在隋何官？」對曰：「縣尉。」又問：「未爲尉時何官？」對曰：「流外。」按隋之視品，卽唐之流外銓也。宋白曰：唐制，吏部郎中一人，掌考天下之文吏班秩階品。一人掌小銓，亦分九品，通謂之行署。以其在九流之外，故謂之流外銓，亦謂之小選。杜佑曰：宋、齊流外，自諸衞錄事及五省令史始。又問：「何曹？」玄素恥之，出閤殆不能步，色如死灰。諫議大夫褚遂良上疏，上，時掌翻。以爲：「君能禮其臣，乃能盡其力。玄素雖出寒微，陛下重其才，擢至三品，翼贊皇儲，豈可復對羣臣窮其門戶！復，扶又翻。棄宿昔之恩，成一朝之恥，使之鬱結于懷，何以責其伏節死義乎！」上曰：「朕亦悔此問，卿疏深會我心。」遂良，亮之子也。褚亮，始事薛舉，武德中，爲文學館學士。孫伏伽與玄素在隋皆爲令史，伏伽或於廣坐自陳往事，一無所隱。史言孫伏伽識度過於張玄素。伽，求迦翻。坐，徂臥翻。

24 戴州刺史賈崇以所部有犯十惡者，十惡之條：一曰謀反，二曰謀大逆，三曰謀叛，四曰謀惡逆，五曰不道，六曰大不敬，七曰不孝，八曰不睦，九曰不義，十曰內亂。御史劾之。劾，戶概翻，又戶得翻；下同。上曰：「昔唐、虞大聖，貴爲天子，不能化其子；況崇爲刺史，獨能使其民比屋爲善乎！比，毗必翻，又毗至翻。若坐是貶黜，則州縣互相掩蔽，縱捨罪人。自今諸州有犯十惡者，勿劾刺史，但令明加糾察，如法施罪，庶以肅清姦惡耳。」

25 上自臨治兵，治，直之翻。以部陳不整，命大將軍張士貴杖中郎將等；怒其杖輕，下士貴吏。陳，讀曰陣。下，遐嫁翻；下同。郎將，卽亮翻。魏徵諫曰：「將軍之職，爲國爪牙；使之執杖，已非後法，況以杖輕下吏乎！」上亟釋之。

26 言事者多請上親覽表奏，以防壅蔽。上以問魏徵，對曰：「斯人不知大體，必使陛下一一親之，豈惟朝堂，朝，直遙翻。州縣之事亦當親之矣。」

# 資治通鑑卷第一百九十六

端明殿學士兼翰林侍讀學士太中大夫提舉西京嵩山崇福宮上柱國河内郡開國公食邑二千二百户食實封九百户賜紫金魚袋臣 司馬光 奉敕編集

後 學 天 台 胡三省 音 註

## 唐紀十二 起重光赤奮若（辛丑），盡昭陽單閼（癸卯）三月，凡二年有奇。

### 太宗文武大聖大廣孝皇帝中之中

貞觀十五年（辛丑、六四一）

1 春，正月，甲戌，以吐蕃祿東贊爲右衞大將軍。觀，古玩翻。吐，從暾入聲。上嘉祿東贊善應對，以琅邪公主外孫段氏妻之；妻，七細翻。辭曰：「臣國中自有婦，父母所聘，不可棄也。且贊普未得謁公主，陪臣何敢先娶！」上益賢之，然欲撫以厚恩，竟不從其志。史言夷狄之人猶能以禮自處，而中國乃不能以禮處之。

丁丑，命禮部尚書江夏王道宗持節送文成公主于吐蕃。尚，辰羊翻。夏，戶雅翻。吐，從暾入聲。贊普大喜，見道宗，盡子壻禮，慕中國衣服、儀衞之美，爲公主別築城郭宮室而處之，自服紈綺以見公主。其國人皆以赭塗面，公主惡之，爲，于僞翻。處，昌呂翻。惡，烏路翻。贊普下令禁之；亦漸革其猜暴之性，遣子弟入國學，受詩、書。

2 乙亥，突厥俟【張：「俟」作「侯」。】利苾可汗始帥部落濟河，前年受詔，今始濟河。厥，九勿翻。苾，毗必翻。可，從刊入聲。汗，音寒。帥，讀曰率。建牙於故定襄城，杜佑曰：故定襄城，在朔州馬邑郡北三百許里。有戶三萬，勝兵四萬，勝，音升。馬九萬匹，仍奏言：「臣非分蒙恩，爲部落之長，分，扶問翻。長，知兩翻。願子子孫孫爲國家一犬，守吠北門。若薛延陀侵逼，請從【章：十二行本「從」作「徙」；乙十一行本同。】家屬入長城。」詔許之。

3 上將幸洛陽，命皇太子監國，監，古銜翻。留右僕射高士廉輔之。射，寅謝翻。辛巳，行及溫湯。新豐有驪山溫湯，華州有溫湯府。衞士崔卿、刁文懿憚於行役，冀上驚而止，乃夜射行宮，射，而亦翻。矢及寢庭者五；皆以大逆論。十惡，二曰謀大逆。註云：爲謀毁宗廟、山陵及宮闕。刑統議曰：此條之人，干紀犯順，違道悖德，逆莫大焉，故曰大逆。以大逆論者，未是犯大逆正條，以其干紀犯順，以大逆論罪。

三月，戊辰，幸襄城宮，地既煩熱，復多毒蛇；復，扶又翻。庚午，罷襄城宮，分賜百姓，免閻立德官。營襄城宮見上卷上年。

4 夏，四月，辛卯朔，詔以來年二月有事于泰山。

5 上以近世陰陽雜書，訛僞尤多，命太常博士呂才漢叔孫通爲博士，屬太常，隋、唐最爲清選。太常博士，從七品上，掌五禮之儀式，本先王之法制，適變隨時而損益焉。與諸術士刊定可行者，凡四十七卷。己酉，書成，上之；上，時掌翻。才皆爲之敍，質以經史。其敍宅經，以爲：「近世巫覡覡，刑狄翻。妄分五姓，如張、王爲商，武、庚爲羽，似取諧韻；至於以柳爲宮，以趙爲角，又復不類。或同出一姓，分屬宮商；或複姓數字，莫辨徵羽。此則事不稽古，義理乖僻者也。」近世相傳，以字學分五音，只在脣舌齒調之，舌居中者爲宮，口開張者爲商，舌縮卻者爲角，舌拄齒者爲徵，脣撮聚者爲羽。陰陽家以五姓分屬五音，說正如此。徵，陟里翻。敍祿命，以爲：「祿命之書，多言或中，中，竹仲翻。人乃信之。然長平阬卒，未聞共犯三刑；長平之戰，死者四十五萬人。三刑：寅刑巳，巳刑申，申刑寅；丑刑戌，戌刑未，未刑丑；子刑卯，卯刑子。又辰辰、午午、酉酉、亥亥，謂之自刑。南陽貴士，何必俱當六合！子與丑合，寅與亥合，卯與戌合，辰與酉合，巳與申合，午與未合。漢光武中興，南陽人士多貴。今亦有同年同祿而貴賤懸殊，共命共胎而壽夭更異。夭，於紹翻。按魯莊公法應貧賤，又尫弱短陋，尫，烏黃翻。惟得長壽；秦始皇法無官爵，縱得祿，少奴婢，爲人無始有終；少，詩沼翻。漢武帝、後魏孝文帝皆法無官爵；宋武帝祿與命並當空亡，甲己申酉，乙庚午未，丙辛辰巳，丁壬寅卯，戊癸子丑戌亥，謂之截路空亡。甲子旬戌亥，甲戌旬申酉，甲申旬午未，甲午旬辰巳，甲辰旬寅卯，甲寅旬子丑，謂之旬中空亡。唯宜長子，雖有次子，法當早夭；長，知兩翻。夭，於紹翻；下壽夭同。此皆祿命不驗之著明者也。」其敍葬，以爲：「孝經云：『卜其宅兆而安厝之。』蓋以窀穸既終，杜預曰：窀，厚也。穸，夜也。厚夜，猶言長夜。窀，株倫翻。永安體魄而朝市遷變，泉石交侵，不可前知，故謀之龜筮。近歲或選年月，或相墓田，朝，直遙翻。相，息亮翻。以爲一事失所，禍及死生。按禮：天子、諸侯、大夫葬皆有月數，是古人不擇年月也。古者天子七月而葬，同軌畢至；諸侯五月，同盟至；大夫三月，同位至。春秋：『九月丁巳，葬定公，雨，不克葬，戊午，日下昃，乃克葬。』是不擇日也。鄭葬簡公，司墓之室當路，毀之則朝而窆，窆，必驗翻。不毀則日中而窆，子產不毀，是不擇時也。古之葬者皆於國都之北，兆域有常處，是不擇地也。今葬書以爲子孫富貴、貧賤、壽夭，皆因卜葬所致。夫子文爲令尹而三已，柳下惠爲士師而三黜，計其丘隴，未嘗改移。而野俗無識，妖巫妄言，遂於擗踊之際，擇葬地以希官爵；夫，音扶。妖，於驕翻。擗，頻亦翻。荼毒之秋，選葬時以規財利。或云辰日不可哭泣，遂莞爾而對弔客；或云同屬忌於臨壙，遂吉服不送其親。傷教敗禮，莫斯爲甚！」術士皆惡其言，敗，補邁翻。惡，烏路翻。而識者皆以爲確論。

6 丁巳，果毅都尉席君買帥精騎百二十襲擊吐谷渾丞相宣王，破之，斬其兄弟三人。帥，讀曰率。騎，奇寄翻。吐，從暾入聲。谷，音浴。相，息亮翻。考異曰：舊傳云：「鄯州刺史杜鳳舉與威信王合兵擊丞相王，破之，殺其兄弟三人。」今從實錄。初，丞相宣王專國政，陰謀襲弘化公主，帝以宗室女爲弘化公主，下嫁吐谷渾。劫其王諾曷鉢奔吐蕃。諾曷鉢聞之，輕騎奔鄯善城，隋煬帝破吐谷渾，置四郡。鄯善郡治鄯善城，即古之樓蘭城。騎，奇寄翻。鄯，時戰翻。其臣威信王以兵迎之，故君買爲之討誅宣王。爲，于僞翻。國人猶驚擾，遣戶部尚書唐儉等慰撫之。尙，辰羊翻。

7 五月，壬申，并州父老詣闕請上封泰山畢，還幸晉陽，上許之。幷，卑名翻。

8 丙子，百濟來告其王扶餘璋之喪，遣使册命其嗣子義慈。使，疏吏翻。嗣，祥吏翻。

9 己酉，有星孛于太微，太史令薛頤上言，未可東封。孛，蒲内翻。上，時掌翻。辛亥，起居郎褚遂良亦言之；丙辰，詔罷封禪。

10 太子詹事于志寧遭母喪，尋起復就職。按會要，武德年制，文官遭父母喪，聽去職。起復者，起之於苫塊之中而復其官職也，亦謂之奪情。太子治宮室，妨農功；又好鄭、衛之樂；治，直之翻。好，呼到翻。志寧諫，不聽。又寵昵宦官，常在左右，昵，尼質翻。志寧上書，以爲：「自易牙以來，宦官覆亡國家者非一。今殿下親寵此屬，使陵易衣冠，不可長也。」上，時掌翻；下同。易，以豉翻。長，竹兩翻。太子役使司馭等，半歲不許分番，太僕寺典廄署，有執馭一百人，舊番上二宮。六典，太子僕寺有廄牧署，有翼馭十五人，駕士三十人。又私引突厥達哥友入宮，新書作「達哥支」。志寧上書切諫，太子大怒，遣刺客張思政、紇干承基殺之。紇，下沒翻。二人入其第，見志寧寢處苫塊，孔穎達曰：寢苫枕塊，謂孝子居於廬中，寢臥於苫，頭枕於塊。處，昌呂翻。竟不忍殺而止。

11 西突厥沙鉢羅葉護可汗數遣使入貢。數，所角翻；下勿數同。使，疏吏翻；下同。秋，七月，甲戌，命左領軍將軍張大師持節卽其所號立爲可汗，賜以鼓纛。纛，徒到翻。上又命使者多齎金帛，歷諸國市良馬，魏徵諫曰：「可汗位未定而先市馬，彼必以爲陛下志在市馬，以立可汗爲名耳。使可汗得立，荷德必淺；荷，下可翻。若不得立，爲怨實深。諸國聞之，亦輕中國。市或不得，得亦非美。苟能使彼安寧，則諸國之馬，不求自至矣。」上欣然止之。

乙毗咄陸可汗與沙鉢羅葉護互相攻，乙毗咄陸浸強大，西域諸國多附之。未幾，乙毗咄陸使石國吐屯擊沙鉢羅葉護，擒之以歸，殺之。吐屯，突厥官名，使分主諸國。沙鉢羅葉護立見上卷十三年。幾，居豈翻。

12 丙子，上指殿屋謂侍臣曰：「治天下如建此屋，治，直之翻。營構既成，勿數改移；苟易一榱，榱，所追翻。屋橑，秦名爲屋椽，周謂之榱，魯謂之桷。正一瓦，踐履動搖，必有所損。若慕奇功，變法度，不恆其德，勞擾實多。」恆，戶登翻。

13 上遣職方郎中陳大德使高麗；職方，掌天下地圖及城隍鎮戍烽候之數，辨其邦國之遠近及四夷之歸化，凡五方之區域，都邑之廢置，疆場之爭訟，舉而正之。使，疏吏翻。麗，力知翻。八月，己亥，自高麗還。大德初入其境，欲知山川風俗，所至城邑，以綾綺遺其守者，曰：「吾雅好山水，遺，于季翻。好，呼到翻。此有勝處，吾欲觀之。」守者喜，導之遊歷，無所不至，往往見中國人，自云：「家在某郡，隋末從軍，沒於高麗，高麗妻以遊女，妻，七細翻。與高麗錯居，殆將半矣。」因問親戚存沒，大德紿之曰：「皆無恙。」紿，蕩亥翻。恙，余亮翻。咸涕泣相告。數日後，隋人望之而哭者，偏於郊野。大德言於上曰：「其國聞高昌亡，大懼，館候之勤，加於常數。」上曰：「高麗本四郡地耳，漢武帝置臨屯、眞番、樂浪、玄菟四郡，高麗有其地。吾發卒數萬攻遼東，彼必傾國救之，別遣舟師出東萊，自海道趨平壤，趨，七喻翻。水陸合勢，取之不難。但山東州縣彫瘵未復，吾不欲勞之耳！」觀帝此言，已有取高麗之心。瘵，則界翻。

14 乙巳，上謂侍臣曰：「朕有二喜一懼。比年豐稔，比，毗至翻。長安斗粟直三、四錢，一喜也；北虜久服，邊鄙無虞，二喜也。治安則驕侈易生，治，直吏翻。易，以豉翻。驕侈則危亡立至，此一懼也。」

15 冬，十月，辛卯，上校獵伊闕；壬辰，幸嵩陽；伊闕縣，舊曰新城，隋開皇十八年更名；有伊闕。嵩陽縣，舊曰潁陽，隋開皇六年，改曰武林，十八年，改曰輪氏，大業元年，改曰嵩陽；有嵩高山。並屬洛州。辛丑，還宮。

16 并州大都督長史李世勣在州十六年，令行禁止，民夷懷服。上曰：「隋煬帝勞百姓，築長城以備突厥，卒無所益。卒，子恤翻。朕唯置李世勣於晉陽而邊塵不驚，其爲長城，豈不壯哉！」十一月，庚申，以世勣爲兵部尚書。

17 壬申，車駕西歸長安。

18 薛延陀眞珠可汗聞上將東封，謂其下曰：「天子封泰山，士馬皆從，從，才用翻。邊境必虛，我以此時取思摩，如拉朽耳。」拉，盧合翻。乃命其子大度設發同羅、僕骨、廻紇、靺鞨、霫等兵紇，下沒翻。靺鞨，音末曷。霫，而立翻。合二十萬，度漠南，屯白道川，據善陽嶺以擊突厥。善陽嶺，在朔州善陽縣北。俟利苾可汗不能禦，帥部落入長城，保朔州，遣使告急。苾，毗必翻。帥，讀曰率；下同。使，疏吏翻；下同。

癸酉，上命營州都督張儉帥所部騎兵及奚、霫、契丹壓其東境；以兵部尚書李世勣爲朔州道行軍總管，將兵六萬，騎千二百，屯羽方；騎，奇寄翻；下同。「羽方」，新書作「朔州」。右衛大將軍李大亮爲靈州道行軍總管，將兵四萬，騎五千，屯靈武；靈武縣屬靈州靈武郡。將兵，即亮翻。右屯衛大將軍張士貴將兵一萬七千，爲慶州道行軍總管，出雲中；涼州都督李襲譽爲涼州道行軍總管，出其西。

諸將辭行，上戒之曰：「薛延陀負其強盛，踰漠而南，行數千里，馬已疲瘦。凡用兵之道，見利速進，不利速退。薛延陀不能掩思摩不備，急擊之，思摩入長城，又不速退。吾已敕思摩燒薙秋草，薙，他計翻，耘除也。彼糧糗日盡，野無所獲。頃偵者來，云其馬齧林木枝皮略盡。卿等當與思摩共爲掎角，糗，去久翻。偵，丑鄭翻。掎，居蟻翻。不須速戰，俟其將退，一時奮擊，破之必矣。」

19 十二月，戊子，車駕至京師。

20 己亥，薛延陀遣使入見，請與突厥和親。甲辰，李世勣敗薛延陀於諸眞水。出雲中古城，西北行四百許里，至諸眞水。見，賢遍翻。敗，補邁翻。初，薛延陀擊西突厥沙鉢羅及阿史那社爾，皆以步戰取勝；及將入寇，乃大敎步戰，使五人爲伍，一人執馬，四人前戰，戰勝則授以馬追奔。於是大度設將三萬騎逼長城，欲擊突厥，而思摩已走，知不可得，遣人登城罵之。會李世勣引唐兵至，塵埃漲天，大度設懼，將其衆自赤柯濼北走，將，卽亮翻。騎，奇寄翻；下同。濼，匹各翻。自淮以北，率以積水處爲濼。世勣選麾下及突厥精騎六千自直道邀之，踰白道川，追及於青山。大度設走累日，至諸眞水，勒兵還戰，陳亙十里。陳，讀曰陣。突厥先與之戰，不勝，還走，大度設乘勝追之，遇唐兵，薛延陀萬矢俱發，唐馬多死。世勣命士卒皆下馬，執長矟，直前衝之。矟，色角翻。薛延陀衆潰，副總管薛萬徹以數千騎收其執馬者。薛延陀失馬，不知所爲，唐兵縱擊，斬首三千餘級，捕虜五萬餘人。大度設脫身走，萬徹追之不及。其衆至漠北，値大雪，人畜凍死者什八九。

李世勣還軍定襄，突厥思結部居五臺者叛走，五臺，本漢太原慮虒縣，久廢，後魏改曰驢夷，大業初，改曰五臺，有五臺山；屬代州。州兵追之，會世勣軍還，夾擊，悉誅之。

丙子，【嚴：「子」改「午」。】薛延陀使者辭還，上謂之曰：「吾約汝與突厥以大漠爲界，有相侵者，我則討之。汝自恃其強，踰漠攻突厥。李世勣所將纔數千騎耳，汝已狼狽如此！歸語可汗：將，卽亮翻。語，牛倨翻。厥，九勿翻。凡舉措利害，可善擇其宜。」

21 上問魏徵：「比來朝臣何殊不論事？」朝，直遙翻。比，毗至翻。對曰：「陛下虛心采納，必有言者。凡臣徇國者寡，愛身者多，彼畏罪，故不言耳。」上曰：「然。人臣關說忤旨，動及刑誅，與夫蹈湯火冒白刃者亦何異哉！忤，五故翻。冒，莫北翻。是以禹拜昌言，見書三謨。良爲此也。」爲，于僞翻。

房玄齡、高士廉遇少府少監竇德素於路，秦置少府，掌山澤之稅，漢掌內府珍貨。梁始爲卿，隋改爲監；唐從三品，少監從四品，掌供百工伎巧之事，凡天子之服御，百官之儀制，展采備物，皆率其屬以供之。問：「北門近何營繕？」德素奏之。上怒，讓玄齡等曰：「君但知南牙政事，北門小營繕，何預君事！」唐正牙在南，故曰南牙；玄武門在北，曰北門。劉馮事始：兵書曰：牙旗者，將軍之精。凡始建牙，必以制日。制日者，其辰之在五行，以上剋下之日也。又尚書（緯）曰：門旗二口八幅，色紅，大將牙門之旗，出引將軍前列。又黃帝出軍訣曰：牙旗者，將軍之精；金鼓者，將軍之氣。周禮司常職云：軍旅會同置旌門。夫以旌爲門，卽旗門也。後世軍中遂置牙門將，又有牙兵；典總此兵，以押衙爲名。至於官府，早晚軍吏兩謁，亦名爲衙。呼謂旣熟，雖天子正殿受朝謁，亦名正衙。玄齡等拜謝。魏徵進曰：「臣不知陛下何以責玄齡等，而玄齡等亦何所謝！玄齡等爲陛下股肱耳目，於中外事豈有不應知者！使所營爲是，當助陛下成之；爲非，當請陛下罷之。問於有司，理則宜然。不知何罪而責，亦何罪而謝也！」上甚愧之。

22 上嘗臨朝謂侍臣曰：「朕爲人主，常兼將相之事。」給事中張行成退而上書，以爲：「禹不矜伐而天下莫與之爭。書：舜謂禹曰：汝惟不矜，天下莫與汝爭能；汝惟不伐，天下莫與汝爭功。朝，直遙翻；下同。將，卽亮翻。相，息亮翻。而上，時掌翻。陛下撥亂反正，羣臣誠不足望清光；然不必臨朝言之。以萬乘之尊，乃與羣臣校功爭能，臣竊爲陛下不取。」乘，繩證翻。爲，于僞翻。上甚善之。

## 十六年（壬寅、六四二）

1 春，正月，乙丑，魏王泰上括地志。上，時掌翻；下同。泰好學，司馬蘇勗說泰，以古之賢王皆招士著書，故泰奏請脩之。時泰奏引蕭德言、顏胤、蔣亞卿、許偃等就府脩撰。好，呼到翻。說，輸芮翻。於是大開館舍，廣延時俊，人物輻湊，門庭如市。泰月給踰於太子，諫議大夫褚遂良上疏，以爲：「聖人制禮，尊嫡卑庶，世子用物不會，與王者共之。周禮：王及世子惟膳不會，其他服物，世子猶皆會。會，古外翻。庶子雖愛，不得踰嫡，所以塞嫌疑之漸，除禍亂之源也。若當親者疏，當尊者卑，則佞巧之姦，乘機而動矣。昔漢竇太后寵梁孝王，卒以憂死；見漢景帝紀。塞，悉則翻。卒，子恤翻。宣帝寵淮陽憲王，亦幾至於敗。見宣帝、元帝紀。幾，居希翻；下同。今魏王新出閤，宜示以禮則，訓以謙儉，乃爲良器，此所謂『聖人之教不肅而成』者也。」孝經載孔子之言。上從之。

上又令泰徙居武德殿；魏徵上書，以爲：「陛下愛魏王，常欲使之安全，宜每抑其驕奢，不處嫌疑之地。處，昌呂翻。今移居此殿，乃在東宮之西，海陵昔嘗居之，元吉追封海陵剌王。時人不以爲可；雖時異事異，然亦恐魏王之心不敢安息也。」上曰：「幾致此誤。」遽遣泰歸第。

2 辛未，徙死罪者實西州，其犯流徙則充戍，各以罪輕重爲年限。

3 敕天下括浮遊無籍者，限來年末附畢。附者，附籍也。

4 以兼中書侍郎岑文本爲中書侍郎，專知機密。中書侍郎二員。時獨用文本，故專典機密。

5 夏，四月，壬子，上謂諫議大夫褚遂良曰：「卿猶知起居注，唐六典曰：漢獻帝及西晉以後，諸帝皆有起居注，皆史官所錄。隋置起居舍人，始爲職員，列爲侍臣，專掌其事。每季爲卷，送付史官。其以他官兼者，則謂之知起居注。所書可得觀乎？」對曰：「史官書人君言動，備記善惡，庶幾人君不敢爲非，未聞自取而觀之也！」幾，居希翻。上曰：「朕有不善，卿亦記之邪？」邪，音耶。對曰：「臣職當載筆，記曲禮曰：史載筆。不敢不記。」黃門侍郎劉洎曰：「借使遂良不記，天下亦皆記之。」洎，其冀翻。上曰：「誠然。」

6 六月，庚寅，詔息隱王可追復皇太子，海陵剌王元吉追封巢王，息王、海陵王，皆帝踐阼追封。剌，來達翻。諡並依舊。諡，神至翻。

7 甲辰，詔自今皇太子出用庫物，所司勿爲限制。於是太子發取無度，左庶子張玄素上書，以爲：「周武帝平定山東，隋文帝混一江南，勤儉愛民，皆爲令主；有子不肖，卒亡宗祀。謂天元及煬帝也。卒，子恤翻。聖上以殿下親則父子，事兼家國，所應用物不爲節限，恩旨未踰六旬，用物已過七萬，驕奢之極，孰云過此！況宮臣正士，未嘗在側；羣邪淫巧，昵近深宮。在外瞻仰，已有此失；居中隱密，寧可勝計！昵，尼質翻。近，其靳翻。勝，音升。苦藥利病，苦言利行，因張良之言而品節之。伏惟居安思危，日愼一日。」太子惡其書，惡，烏路翻。令戶奴伺玄素早朝，戶奴，官奴，掌守門戶。伺，相吏翻。朝，直遙翻。密以大馬箠擊之，幾斃。箠，止蘂翻。幾，居希翻，又音祁。

8 秋，七月，戊子，【章：十二行本「子」作「午」；乙十一行本同。】以長孫無忌爲司徒，房玄齡爲司空。

9 庚申，制：「自今有自傷殘者，據法加罪，仍從賦役。」隋末賦役重數，人往往自折支體，謂之「福手」、「福足」；數，所角翻。折，而設翻。至是遺風猶存，故禁之。

10 特進魏徵有疾，上手詔問之，且言：「不見數日，朕過多矣。今欲自往，恐益爲勞。若有聞見，可封狀進來。」徵上言：上，時掌翻；下上表同。「比者弟子陵師，奴婢忽主，下多輕上，皆有爲而然，漸不可長。」又言：「陛下臨朝，常以至公爲言，退而行之，未免私僻。或畏人知，横加威怒，比，毗至翻。爲，于僞翻。長，知兩翻。朝，直遙翻。横，戶孟翻。欲蓋彌彰，竟有何益！」徵宅無堂，上命輟小殿之材以構之，程大昌曰：魏徵宅在丹鳳門直出南面永興坊內。五日而成，仍賜以素屏風、素褥、几、杖等以遂其所尚。徵上表謝，上手詔稱：「處卿至此，蓋爲黎元與國家，豈爲一人，處，昌呂翻。爲，于僞翻。何事過謝！」

11 八月，丁酉，上曰：「當今國家何事最急？」諫議大夫褚遂良曰：「今四方無虞，唯太子、諸王宜有定分最急。」分，扶問翻。上曰：「此言是也。」時太子承乾失德，魏王泰有寵，羣臣日有疑議，上聞而惡之，惡，烏路翻。謂侍臣曰：「方今羣臣，忠直無踰魏徵，我遣傅太子，用絕天下之疑。」九月，丁巳，以魏徵爲太子太師。徵疾少愈，詣朝堂表辭，少，詩沼翻。朝，直遙翻。上手詔諭以：「周幽、晉獻，廢嫡立庶，危國亡家。周幽王廢太子而立褒姒之子，爲犬戎所殺，周室遂微。晉獻公廢世子，立驪姬之子，晉國大亂。漢高祖幾廢太子，賴四皓然後安。見漢高紀及考異。幾，居希翻。我今賴公，卽其義也。知公疾病，說文：病，疾加也。可臥護之。」徵乃受詔。

12 癸亥，薛延陀眞珠可汗遣其叔父沙鉢羅泥熟俟斤來請婚，俟，渠之翻。獻馬三千，貂皮三萬八千，馬腦鏡一。

13 癸酉，以涼州都督郭孝恪行安西都護、西州刺史。高昌舊民與鎭兵及謫徙者雜居西州，鎭兵，謂鎭守之兵。謫徙，謂死罪流徙謫徙者。孝恪推誠撫御，咸得其歡心。

14 西突厥乙毗咄陸可汗既殺沙鉢羅葉護，幷其衆，又擊吐火羅，滅之。杜佑曰：吐火羅一名土壑宜，後魏時吐呼羅都葱嶺西五百里，在烏滸河南，卽嬀水也。自恃強大，遂驕倨，拘留唐使者，侵暴西域，遣兵寇伊州，郭孝恪將輕騎二千自烏骨邀擊，敗之。將，卽亮翻。騎，奇寄翻。敗，補邁翻。乙毗咄陸又遣處月、處密二部圍天山，西州西南有南平、安昌兩城，又百二十里至天山軍。孝恪擊走之，乘勝進拔處月俟斤所居城，追奔至遏索山，降處密之衆而歸。俟，渠之翻。索，昔各翻。降，戶江翻。

初，高昌既平，歲發兵千餘人戍守其地，褚遂良上疏，以爲：「聖王爲治，先華夏而後夷狄。上，時掌翻。治，直吏翻。先，悉薦翻。夏，戶雅翻後，戶遘翻。陛下興兵取高昌，數郡蕭然，累年不復；不復，不能復承平之舊也。歲調千餘人屯戍，調，徒弔翻。遠去鄉里，破產辨裝。又謫徙罪人，皆無賴子弟，適足騷擾邊鄙，豈能有益行陳！行，戶剛翻。陳，讀曰陣。所遣多復逃亡，徒煩追捕。復，扶又翻。加以道塗所經，沙磧千里，冬風如割，夏風如焚，行人往來，遇之多死。設使張掖、酒泉有烽燧之警，磧，七迹翻。掖，音亦。陛下豈得高昌一夫斗粟之用，終當發隴右諸州兵食以赴之耳。然則河西者，中國之心腹；高昌者，他人之手足；柰何糜弊本根以事無用之土乎！且陛下得突厥、吐谷渾，皆不有其地，爲之立君長以撫之，高昌獨不得與爲比乎！叛而執之，服而封之，刑莫威焉，德莫厚焉。願更擇高昌子弟可立者，使君其國，子子孫孫，負荷大恩，永爲唐室藩輔，內安外寧，不亦善乎！」爲，于僞翻。長，知兩翻。荷，下可翻。考異曰：貞觀政要載遂良疏云：「數郡蕭然，五年不復。」下言「十六年，西突厥遣兵，寇西州。」按實錄，此年唯有西突厥寇伊州，不云寇西州，蓋以伊州隸西州屬部，故云爾。自十四年滅高昌，距此適三年耳，何得云五年不復！或者「三」字誤爲「五」字耳。舊傳置此疏於十八年，蓋亦因此而誤。十八年無西突厥寇西州事，故附於此。上弗聽。

及西突厥入寇，上悔之，曰：「魏徵、褚遂良勸我復立高昌，復，扶又翻，又如字。吾不用其言，今方自咎耳。」

乙毗咄陸西擊康居，道過米國，破之。米國，一曰彌末，一曰弭秣賀，治末息德城，北百里距康居國。虜獲甚多，不分與其下，其將泥熟啜輒奪取之，將，卽亮翻；下同。啜，陟劣翻；下同。乙毗咄陸怒，斬泥熟啜以徇，衆皆憤怨。泥熟啜部將胡祿屋襲擊之，乙毗咄陸衆散，走保白水胡城。於是弩失畢諸部及乙毗咄陸所部屋利啜等遣使詣闕，請廢乙毗咄陸，更立可汗。使，疏吏翻；下同。更，工衡翻。上遣使齎璽書，立莫賀咄之子莫賀咄見一百九十三卷之二年。璽，斯氏翻。爲乙毗射匱可汗。乙毗射匱既立，悉禮遣乙毗咄陸所留唐使者，帥所部擊乙毗咄陸於白水胡城。帥，讀曰率。乙毗咄陸出兵擊之，乙毗射匱大敗。乙毗咄陸遣使招其故部落，故部落皆曰：「使我千人戰死，一人獨存，亦不汝從！」乙毗咄陸自知不爲衆所附，乃西奔吐火羅。考異曰：舊突厥傳云：「都護郭孝恪敗咄陸。十五年，屋利啜等請立可汗。」按上已云「十五年册授沙鉢羅葉護可汗」，下不應更云「十五年」，疑「六」字誤爲「五」字耳。二十年，實錄敍咄陸兵散，居白水胡城事，亦云「是歲貞觀十五年也」。按十六年實錄，「九月癸酉，以涼州都督郭孝恪爲安西都護。」則咄陸寇伊州應在其後，豈得十五年已敗散乎！突厥傳誤，蓋亦由此。今因孝恪爲都護，并言之。乙毗咄陸立事見上卷十二年。

15 冬，十月，丙申，殿中監郢縱公宇文士及卒。賀琛謚法：敗亂百度曰縱；怠德敗禮曰縱。卒，子恤翻。上嘗止樹下，愛之，士及從而譽之不已，譽，音余。上正色曰：「魏徵常勸我遠佞人，遠，于顚翻。我不知佞人爲誰，意疑是汝，今果不謬！」士及叩頭謝。

16 上謂侍臣曰：「薛延陀屈強漠北，屈，其勿翻。強，其兩翻。今御之止有二策，苟非發兵殄滅之，則與之婚姻以撫之耳，二者何從？」房玄齡對曰：「中國新定，兵凶戰危，臣以爲和親便。」上曰：「然。朕爲民父母，苟可利之，何愛一女！」

先是左領軍將軍契苾何力母姑臧夫人及弟賀蘭州都督沙門皆在涼州，先，悉薦翻。鐵勒諸部初降，以契苾部置榆溪州，後又分置賀蘭州。何力來降，見一百九十四卷六年。契，欺訖翻。苾，毗必翻。上遣何力歸覲，且撫其部落。時薛延陀方強，契苾部落皆欲歸之，何力大驚曰：「主上厚恩如是，柰何遽爲叛逆！」其徒曰：「夫人、都督先已詣彼，若之何不往！」何力曰：「沙門孝於親，我忠於君，必不汝從。」其徒執之詣薛延陀，置眞珠牙帳前。何力箕倨，拔佩刀東向大呼曰：呼，火故翻。「豈有唐烈士而受屈虜庭，天地日月，願知我心！」因割左耳以誓。眞珠欲殺之，其妻諫而止。

上聞契苾叛，曰：「必非何力之意。」左右曰：「戎狄氣類相親，何力入薛延陀，如魚趨水耳。」趨，七喻翻。上曰：「不然。何力心如鐵石，必不叛我。」會有使者自薛延陀來，具言其狀，上爲之下泣，使，疏吏翻；下同。爲，于僞翻。下泣，下淚也。謂左右曰：「何力果如何？」卽命兵部侍郎崔敦禮持節諭薛延陀，以新興公主妻之，妻，七細翻。以求何力，新興公主，皇女也。何力由是得還，拜右驍衞大將軍。驍，堅堯翻。

17 十一月，丙辰，上校獵於武功。

18 丁巳，營州都督張儉奏高麗東部大人泉蓋蘇文弒其王武。泉，姓也。新書曰：蓋蘇文者，或號蓋金，姓泉氏；自云生水中，以惑衆。麗，力知翻。考異曰：舊傳云「西部大人」。今從實錄。蓋蘇文凶暴多不法，其王及大臣議誅之。蓋蘇文密知之，悉集部兵若校閱者，并盛陳酒饌於城南，饌，雛戀翻，又雛皖翻。召諸大臣共臨視，勒兵盡殺之，死者百餘人。因馳入宮，手弒其王，斷爲數段，棄溝中，斷，丁管翻。立王弟子藏爲王；自爲莫離支，其官如中國吏部兼兵部尚書也。於是號令遠近，專制國事。蓋蘇文狀貌雄偉，意氣豪逸，身佩五刀，左右莫敢仰視。每上下馬，常令貴人、武將伏地而履之。將，卽亮翻。出行必整隊伍，前導者長呼，則人皆奔迸，不避阬谷，路絕行者，國人甚苦之。呼，火故翻。迸，比孟翻。爲征高麗張本。

19 壬戌，上校獵於岐陽，貞觀七年，分岐州岐山、雍州上宜置岐陽縣，屬岐州。因幸慶善宮，召武功故老宴賜，極歡而罷。庚午，還京師。

20 壬申，上曰：「朕爲兆民之主，皆欲使之富貴。若敎以禮義，使之少敬長、婦敬夫，則皆貴矣。輕傜薄斂，使之各治生業，則皆富矣。若家給人足，朕雖不聽管絃，樂在其中矣。」少，詩照翻。長，知兩翻。治，直之翻。斂，力贍翻。樂，音洛。

21 亳州刺史裴行莊奏請伐高麗，亳，旁各翻。麗，力知翻。上曰：「高麗王武職貢不絕，爲賊臣所弑，朕哀之甚深，固不忘也。但因喪乘亂而取之，雖得之不貴。且山東彫弊，吾未忍言用兵也。」

22 高祖之入關也，隋武勇郎將馮翊党仁弘將兵二千餘人歸高祖於蒲阪，從平京城，此皆隋恭帝義寧元年事。將，卽亮翻。党，抵朗翻。尋除陝州總管，大軍東討，仁弘轉餉不絕，謂討王世充時也。陝，失冉翻。歷南寧、戎、廣州都督。梁以犍爲郡，置戎州，隋廢州爲郡，唐復改郡爲州。仁弘有材略，所至著聲迹，上甚器之。然性貪，罷廣州，爲人所訟，贓百餘萬，罪當死。上謂侍臣曰：「吾昨見大理五奏誅仁弘，五年制令，死罪囚，三日五覆奏。哀其白首就戮，方晡食，遂命撤案；然爲之求生理，爲，于僞翻。終不可得。今欲曲法就公等乞之。」十二月，壬午朔，上復召五品已上集太極殿前，復，扶又翻。謂曰：「法者，人君所受於天，不可以私而失信。今朕私党仁弘而欲赦之，是亂其法，上負於天。欲席藁於南郊，日一進蔬食，以謝罪於天三日。」房玄齡等皆曰：「生殺之柄，人主所得專也，何至自貶責如此！」上不許，羣臣頓首固請於庭，自旦至日昃，上乃降手詔，自稱：「朕有三罪：知人不明，一也；以私亂法，二也；善善未賞，惡惡未誅，三也。惡惡，上烏路翻，下如字。以公等固諫，且依來請。」於是黜仁弘爲庶人，徙欽州。

23 癸卯，上幸驪山溫湯；甲辰，獵于驪山。驪，力知翻。上登山，見圍有斷處，顧謂左右曰：「吾見其不整而不刑，則墮軍法；墮，讀曰隳。刑之，則是吾登高臨下以求人之過也。」乃託以道險，引轡入谷以避之。乙巳，還宮。

24 刑部以「反逆緣坐律兄弟沒官爲輕，請改從死。」敕八座議之，議者皆以爲「秦、漢、魏、晉之法，反者皆夷三族，今宜如刑部請爲是。」給事中崔仁師駁曰：「古者父子兄弟罪不相及，柰何以亡秦酷法變隆周中典！周禮秋官：刑平國，用中典。父子兄弟罪不相及，周法也。駁，北角翻。且誅其父子，足累其心，累，力瑞翻。此而不顧，何愛兄弟！」上從之。

25 上問侍臣曰：「自古或君亂而臣治，或君治而臣亂，二者孰愈？」魏徵對曰：「君治則善惡賞罰當，治，直吏翻；下同。當，丁浪翻。臣安得而亂之！苟爲不治，縱暴愎諫，愎，弼力翻。雖有良臣，將安所施！」上曰：「齊文宣得楊遵彥，非君亂而臣治乎？」對曰：「彼纔能救亡耳，事見一百六十六卷梁敬帝太平元年。烏足爲治哉！」

十七年（癸卯、六四三）

1 春，正月，丙寅，上謂羣臣曰：「聞外間士人以太子有足疾，承乾病足不良行。魏王穎悟，多從遊幸，遽生異議，徼幸之徒徼，堅堯翻。已有附會者。太子雖病足，不廢步履。且禮，嫡子死，立嫡孫。記：公儀仲子之喪，舍其孫而立其子。檀弓曰：「我未之前聞也，」問子服伯子曰：「仲子舍其孫而立其子，何也？」曰：「昔文王舍伯邑考而立武王，微子舍其孫腯而立衍也。夫仲子亦猶行古之道也。」子游問諸孔子，曰：「否，立孫。」太子男已五歲，朕終不以孽代宗，啓窺窬之源也！」孽，魚列翻。孽，支庶也。宗，嫡子也。

2 鄭文貞公魏徵寢疾，上遣使者問訊，賜以藥餌，相望於道。又遣中郎將李安儼宿其第，動靜以聞。使，疏吏翻。將，即亮翻。上復與太子同至其第，指衡山公主欲以妻其子叔玉。復，扶又翻。妻，七細翻。戊辰，徵薨，命百官九品以上皆赴喪，給羽葆鼓吹，陪葬昭陵。吹，昌瑞翻。其妻裴氏曰：「徵平生儉素，今葬以一品羽儀，非亡者之志。」悉辭不受，以布車載柩而葬。柩，音舊。上登苑西樓，長安禁苑之西樓也。望哭盡哀。上自製碑文，并爲書石。爲，于僞翻。上思徵不已，謂侍臣曰：「人以銅爲鏡，可以正衣冠，以古爲鏡，可以見興替，以人爲鏡，可以知得失；魏徵沒，朕亡一鏡矣！」

3 鄠尉游文芝告代州都督劉蘭成謀反，鄠，音戶。戊申，蘭成坐腰斬。右武候將軍丘行恭探蘭成心肝食之；上聞而讓之曰：「蘭成謀反，國有常刑，何至如此！若以爲忠孝，則太子諸王先食之矣，豈至卿邪！」行恭慚而拜謝。

4 二月，壬午，上問諫議大夫褚遂良曰：「舜造漆器，諫者十餘人。說苑：堯釋天下，舜受之，作爲飲器，斬木而裁之，猶漆黑之，諸侯侈，國之不服者十有三。此何足諫？」對曰：「奢侈者，危亡之本；漆器不已，將以金玉爲之。忠臣愛君，必防其漸，若禍亂已成，無所復諫矣。」復，扶又翻。上曰：「然。朕有過，卿亦當諫其漸。朕見前世帝王拒諫者，多云『業已爲之』，或云『業已許之』，終不爲改。不爲，于僞翻。如此，欲無危亡，得乎！」

時皇子爲都督、刺史者多幼穉，遂良上疏，以爲：「漢宣帝云：『與我共治天下者，其惟良二千石乎！』見二十四卷漢宣帝地節二年。穉，與稚同，直利翻。上，時掌翻。治，直之翻。今皇子幼穉，未知從政，不若且留京師，教以經術，俟其長而遣之。」長，知兩翻。上以爲然。

5壬辰，以太子詹事張亮爲洛州都督。侯君集自以有功而下吏，見上卷十四年。下，遐嫁翻。怨望有異志。亮出爲洛州，君集激之曰：「何人相排？」亮曰：「非公而誰！」君集曰：「我平一國來，逢嗔如屋大，嗔，昌眞翻。安能仰排！」因攘袂曰：「鬱鬱殊不聊生！公能反乎？與公反！」亮密以聞。上曰：「卿與君集皆功臣，語時旁無他人，若下吏，君集必不服。如此，事未可知，卿且勿言。」待君集如故。

6鄘州都督尉遲敬德表乞骸骨；鄘，音庸。尉，紆勿翻。乙巳，以敬德爲開府儀同三司，五日一參。參，猶朝也。

7丁未，上曰：「人主惟有一心，而攻之者甚衆。或以勇力，或以辯口，或以諂諛，或以姦詐，或以嗜欲，輻湊攻之，各求自售，以取寵祿。人主少懈，而受其一，少，詩沼翻。懈，古隘翻。則危亡隨之，此其所以難也。」

8戊申，上命圖畫功臣趙公長孫無忌、趙郡元王孝恭、諡法：茂績不德曰元；主善行德曰元。萊成公杜如晦、如晦始封蔡國公，既薨，徙封萊國公。鄭文貞公魏徵、梁公房玄齡、申公高士廉、鄂公尉遲敬德、衞公李靖、宋公蕭瑀、褒忠壯公段志玄、夔公劉弘基、蔣忠公屈突通、鄖節公殷開山、謚法：好廉自克曰節。鄖，音云；下同。譙襄公柴紹、柴紹，當作許紹。邳襄公長孫順德、鄖公張亮、陳公侯君集、郯襄公張公謹、盧公程知節、永興文懿公虞世南、渝【嚴：「渝」改「鄃」。】襄公劉政會、莒公唐儉、英公李世勣、胡壯公秦叔寶等於凌煙閣。書爵不書謚者，其人存；書爵書謚者，其人已死。南部新書曰：凌煙閣在西內三清殿側，畫功臣皆北面。閣中有中隔，隔內北面寫功高宰輔，南面寫功高侯王，隔外面次第功臣。程大昌曰：閣中凡設三隔，內一層畫功高宰輔，外一層寫功高侯王，又外一層次第功臣。此三隔者雖分內外，其所畫功臣象貌皆面北，恐是在三清殿側，以北面爲恭邪！余謂北面者，臣禮也，非以在三清殿側之故。

9 齊州都督齊王祐，性輕躁，其舅尚乘直長陰弘智說之曰：尚乘局，屬殿中監，有奉御，有直長，掌內外閑廐之馬，辨其粗良而率其習馭者也。乘，繩證翻。長，知兩翻。說，輸芮翻。「王兄弟既多，陛下千秋萬歲後，宜得壯士以自衞。」祐以爲然。弘智因薦妻兄燕弘信，燕，因肩翻。祐悅之，厚賜金玉，使陰募死士。

上選剛直之士以輔諸王，爲長史、司馬，諸王有過以聞。祐昵近羣小，好畋獵，昵，尼質翻。近，其靳翻。好，呼到翻。長史權萬紀驟諫，不聽。壯士昝君謩、梁猛彪得幸於祐，萬紀皆劾逐之，昝，子感翻。劾，戶槪翻，又戶得翻；下同。祐潛召還，寵之逾厚。上數以書切責祐，萬紀恐幷獲罪，謂祐曰：「王審能自新，萬紀請入朝言之。」乃條祐過失，迫令表首，數，所角翻。朝，直遥翻；下同。首，式又翻。祐懼而從之。萬紀至京師，言祐必能悛改。悛，丑緣翻。上甚喜，勉萬紀，而數祐前過，以敕書戒之。數，所具翻。祐聞之，大怒曰：「長史賣我！勸我而自以爲功，言萬紀勸祐令自首，而自以爲匡輔之功，是爲所賣也。必殺之。」上以校尉京兆韋文振謹直，用爲祐府典軍，唐諸府各有校尉，每一校尉領旅帥二人。王國親事府、帳內府各有典軍二人，正五品上，副典軍二人，從五品上，掌率校尉以下守衛陪從之事。校，戶教翻。文振數諫，祐亦惡之。數，所角翻。惡，烏路翻。

萬紀性褊，專以刻急拘持祐，城門外不聽出，悉解縱鷹犬，斥君謩、猛彪不得見祐。會萬紀宅中有塊夜落，塊，苦對翻，土塊。萬紀以爲君謩、猛彪謀殺己，悉收繫，發驛以聞，并劾與祐同爲非者數十人。劾，戶概翻，又戶得翻。上遣刑部尚書劉德威往按之，事頗有驗，詔祐與萬紀俱入朝。祐既積忿，遂與燕弘信兄弘亮等謀殺萬紀。萬紀奉詔先行，祐遣弘亮等二十餘騎追射殺之。騎，奇寄翻。射，而亦翻。祐黨共逼韋文振欲與同謀，文振不從，馳走數里，追及，殺之。寮屬股慄，稽首伏地，莫敢仰視。稽，音啓。祐因私署上柱國、開府等官，開庫物行賞，驅民入城，繕甲兵樓堞，置拓東王、拓西王等官。吏民棄妻子夜縋出亡者相繼，祐不能禁。乘夜縋城而出，恐爲逆黨汚染也。堞，達協翻。縋，馳僞翻。三月，丙辰，詔兵部尚書李世勣等發懷、洛、汴、宋、潞、滑、濟、鄆、海九州兵討之。濟，子禮翻。鄆，音運。上賜祐手敕曰：「吾常戒汝勿近小人，正爲此耳。」近，其靳翻。爲，于僞翻。

祐召燕弘亮等五人宿於臥內，餘黨分統士衆，巡城自守。祐每夜與弘亮等對妃宴飲，以爲得志；戲笑之際，語及官軍，弘亮等曰：「王不須憂！弘亮等右手持酒巵，左手爲王揮刀拂之！」爲，于僞翻。祐喜，以爲信然。傳檄諸縣，皆莫肯從。時李世勣兵未至，而青、淄等數州兵已集其境。淄州，淄川郡，武德元年，分齊州之淄川置爲郡。齊府兵曹杜行敏等唐六典：王府有兵曹參軍，專掌武官簿書、考課、儀衞、假使等事。陰謀執祐，祐左右及吏民非同謀者無不響應。庚申，夜，四面鼓譟，聲聞數十里。聞，音問。祐黨有居外者，衆皆攢刃殺之。祐問何聲，攢，徂丸翻。左右紿云：「英公統飛騎已登城矣。」李世勣封英國公。飛騎，北門屯兵也。紿，蕩亥翻。騎，奇寄翻；下同。行敏分兵鑿垣而入，祐與弘亮等被甲執兵入室，閉扉拒戰，垣，于元翻。被，皮義翻。行敏等千餘人圍之，自旦至日中，不克。行敏謂祐曰：「王昔爲帝子，今乃國賊，不速降，立爲煨燼矣。」煨，烏回翻。因命積薪欲焚之。祐自牖間謂行敏曰：「卽啓扉，獨慮燕弘亮兄弟死耳。」行敏曰：「必相全。」祐等乃出。或抉弘亮目，投睛於地，抉，於決翻。睛，音精。餘皆檛折其股而殺之。執祐出牙前示吏民，還，鎖之於東廂。齊州悉平。乙丑，敕李世勣等罷兵。祐至京師，賜死於內侍省，星經有宦者四星，在天市垣帝座之西。周官有巷伯、寺人之職，皆內官也。前漢宮官多用士人，後漢始用宦者爲宮官。晉置大長秋卿爲後宮官，以宦者爲之。隋爲內侍省，煬帝改爲長秋監，武德初，復爲内侍省。同黨誅者四十四人，餘皆不問。

祐之初反也，齊州人羅石頭面數其罪，援槍前，欲刺之，數，所具翻。援，于元翻。刺，七亦翻。爲燕弘亮所殺。祐引騎擊高村，村人高君狀遥責祐曰：「主上提三尺劍取天下，億兆蒙德，仰之如天。王忽驅城中數百人欲爲逆亂以犯君父，無異一手搖泰山，何不自量之甚也！」量，音良。祐縱擊，虜之，慚不能殺。敕贈石頭亳州刺史。以君狀爲榆社令，隋義寧元年，分上黨之鄉縣，置榆社縣，屬并州，武德元年，屬韓州，二年置榆州，六年，廢州，以榆社屬遼州。亳，旁各翻。以杜行敏爲巴州刺史，封南陽郡公；其同謀執祐者官賞有差。

上檢祐家文疏，得記室郟城孫處約諫書，郟城，即漢潁川郡之郟縣也。後魏置郟城縣及龍山縣，隋開皇初，改龍山曰汝南，十八年，改汝南曰輔城，大業初，改輔城曰郟城，併後魏之郟城地屬焉。師古曰：郟，音夾。處，昌呂翻。嗟賞之，累遷中書舍人。庚午，贈權萬紀齊州都督，賜爵武都郡公，謚曰敬；韋文振左武衛將軍，賜爵襄陽縣公。

10 初，太子承乾喜聲色及畋獵，喜，許記翻。所爲奢靡，畏上知之，對宮臣常論忠孝，或至於涕泣，退歸宮中，則與羣小相褻狎。宮臣有欲諫者，太子先揣知其意，褻，息列翻。揣，初委翻。輒迎拜，斂容危坐，引咎自責，言辭辯給，宮臣拜答不暇。宮省祕密，外人莫知，故時論初皆稱賢。

太子作八尺銅鑪，六隔大鼎，募亡奴盜民間馬牛，亡奴，謂官奴之亡命在逃者。親臨烹煮，與所幸厮役共食之。又好效突厥語及其服飾，厮，音斯，今人讀若瑟。好，呼到翻。選左右貌類突厥者五人爲一落，辮髮羊裘而牧羊，作五狼頭纛及幡旗，設穹廬，太子自處其中，纛，徒到翻。處，昌呂翻。斂羊而烹之，抽佩刀割肉相啗。啗，徒濫翻，又徒覽翻。又嘗謂左右曰：「我試作可汗死，汝曹效其喪儀。」因僵臥於地，衆悉號哭，僵，居良翻。號，戶高翻。跨馬環走，臨其身，𠢐面。良久，太子欻起，環，音宦。欻，里之翻。𠢐，許勿翻。曰：「一朝有天下，當帥數萬騎獵於金城西，「金城」恐當作「金河」。帥，讀曰率。騎，奇寄翻。然後解髮爲突厥，委身思摩，若當一設，不居人後矣。」自謂得爲思摩典兵，當一設之任，必當表表自見。史言承乾之狂愚。

左庶子于志寧、右庶子孔穎達數諫太子，數，所角翻；下素數、上數同。上嘉之，賜二人金帛以風勵太子，風，音諷，又如字。仍遷志寧爲詹事。志寧與左庶子張玄素數上書切諫，太子陰使人殺之，不果。上，時掌翻。

漢王元昌所爲多不法，元昌，上弟也。上數譴責之，由是怨望。太子與之親善，朝夕同遊戲，分左右爲二隊，太子與元昌各統其一，被氈甲，操竹矟，被，皮義翻。操，七高翻。矟，色角翻。布陳大呼交戰，擊刺流血，以爲娱樂。陳，讀曰陣。呼，火故翻。樂，音洛；下不樂同。有不用命者，披樹檛之，披其手足，引之就樹而檛之。檛，陟瓜翻。至有死者。且曰：「使我今日作天子，明日於苑中置萬人營，與漢王分將，將，卽亮翻。觀其戰鬬，豈不樂哉！」又曰：「我爲天子，極情縱欲，有諫者輒殺之，不過殺數百人，衆自定矣。」

魏王泰多藝能，有寵於上，見太子有足疾，潛有奪嫡之志，折節下士以求聲譽。折，而設翻。下，遐嫁翻。上命黃門侍郎韋挺攝泰府事，後命工部尚書杜楚客代之，二人俱爲泰要結朝士。爲，于僞翻。要，一遙翻。朝，直遙翻；下同。楚客或懷金以賂權貴，因說以魏王聰明，宜爲上嗣；文武之臣，各有附託，潛爲朋黨。太子畏其逼，遣人詐爲泰府典籤上封事，其中皆言泰罪惡，敕捕之，不獲。籤上，時掌翻。

太子私幸太常樂童稱心，樂童，童子能執樂，隸籍太常者。稱心，其名也。舊書承乾傳云：有太常樂人，年十餘歲，美姿容，善歌舞，承乾時加寵幸，號曰稱心。與同臥起。道士秦英、韋靈符挾左道，得幸太子。上聞之，大怒，悉收稱心等殺之，連坐死者數人，誚讓太子甚至。誚，才笑翻。太子意泰告之，怨怒愈甚，思念稱心不已，於宮中構室，立其像，朝夕奠祭，徘徊流涕。又於苑中作冢，私贈官樹碑。

上意浸不懌，太子亦知之，稱疾不朝謁者動涉數月；陰養刺客紇干承基等及壯士百餘人，謀殺魏王泰。紇，下沒翻。

吏部尚書侯君集之壻賀蘭楚石爲東宮千牛，東宮左、右內率府有千牛十六人，掌執千牛刀，侍奉左右。太子知君集怨望，數令楚石引君集入東宮，問以自安之術，數，所角翻。君集以太子暗劣，欲乘釁圖之，因勸之反，舉手謂太子曰：「此好手，當爲殿下用之。」爲，于僞翻。又曰：「魏王爲上所愛，恐殿下有庶人勇之禍，以隋事動太子。若有敕召，宜密爲之備。」太子大然之。太子厚賂君集及左屯衛中郎將頓丘李安儼，頓丘縣，漢屬東郡，晉置頓丘郡，後齊省，隋開皇十六年，復置，屬魏州；武德初，屬澶州，貞觀初，廢澶州，以頓丘縣還屬於魏州。將，即亮翻。使詗上意，動靜相語。安儼先事隱太子，隱太子敗，安儼爲之力戰，詗，火迥翻，又休正翻。語，牛倨翻。爲，于僞翻。上以爲忠，故親任之，使典宿衛。安儼深自託於太子。

漢王元昌亦勸太子反，且曰：「比見上側有美人，比，毗至翻。善彈琵琶，事成，願以垂賜。」太子許之。洋州刺史開化公趙節，慈景之子也，趙慈景，高祖使之攻河東，爲堯君素所殺。母曰長廣公主，長廣公主，高祖之女。駙馬都尉杜荷，如晦之子也，尚城陽公主，上女也。皆爲太子所親暱，暱，尼質翻。預其反謀。凡同謀者皆割臂，以帛拭血，燒灰和酒飲之，誓同生死，潛謀引兵入西宮。西宮謂大內，以在東宮西，故稱之。杜荷謂太子曰：「天文有變，當速發以應之，殿下但稱暴疾危篤，主上必親臨視，因茲可以得志。」太子聞齊王祐反於齊州，謂紇干承基等曰：「我宮西牆，去大內正可二十步耳，與卿爲大事，豈比齊王乎！」會治祐反事，連承基，承基坐繫大理獄，當死。爲紇干承基告變張本。治，直之翻。

# 資治通鑑卷第一百九十七

端明殿學士兼翰林侍讀學士太中大夫提舉西京嵩山崇福宮上柱國河內郡開國公食邑二千二百戶食實封九百戶賜紫金魚袋臣司馬光　奉敕編集
後　學　天　台　胡三省　音　註

## 唐紀十三

起昭陽單閼（癸卯）四月，盡旃蒙大荒落（乙巳）五月，凡二年有奇。

### 太宗文武大聖大廣孝皇帝中之下

貞觀十七年（癸卯、六四三）

1夏，四月，庚辰朔，承基上變，告太子謀反。觀，古玩翻。上，時掌翻。敕長孫無忌、房玄齡、蕭瑀、李世勣與大理、中書、門下參鞫之，唐制：凡國之大獄，三司詳決。三司，謂給事中、中書舍人與御史參鞫也。今令三省與大理參鞫，重其事。長，知兩翻。瑀，音禹。反形已具。上謂侍臣：「將何以處承乾？」處，昌呂翻。羣臣莫敢對，通事舍人來濟進曰：「陛下不失爲慈父，太子得盡天年，則善矣！」上從之。濟，護兒之子也。來護兒，隋將也，死於宇文化及之難。

乙酉，詔廢太子承乾爲庶人，幽於右領軍府。上欲免漢王元昌死，羣臣固爭，乃賜自盡於家，而宥其母、妻、子。元昌母，孫嬪。侯君集、李安儼、趙節、杜荷等皆伏誅。左庶子張玄素、右庶子趙弘智、令狐德棻等以不能諫爭，皆坐免爲庶人。令，音零。棻，符分翻。爭，讀曰諍。餘當連坐者，悉赦之。詹事于志寧以數諫，獨蒙勞勉。數，所角翻。勞，力到翻。以紇干承基爲祐川府折衝都尉，爵平棘縣公。唐志：岷州有祐川府。隋志：岷州臨洮縣，後周置祐川郡。唐蓋因周郡名以爲府也。

侯君集被收，被，皮義翻。賀蘭楚石復詣闕告其事，復，扶又翻。上引君集謂曰：「朕不欲令刀筆吏辱公，故自鞫公耳。」君集初不承。引楚石具陳始末，又以所與承乾往來啓示之，君集辭窮，乃服。上謂侍臣曰：「君集有功，欲乞其生，可乎？」乞，如字，匄也。羣臣以爲不可。上乃謂君集曰：「與公長訣矣！」因泣下。泣，淚也。君集亦自投於地，遂斬之於市。君集臨刑，謂監刑將軍曰：「君集蹉跌至此！監，古銜翻。蹉，七何翻。跌，徒結翻。然事陛下於藩邸，上在藩時，引君集入幕府，數從征伐。擊取二國，謂吐谷渾、高昌也。乞全一子以奉祭祀。」上乃原其妻及子，徙嶺南。籍沒其家，得二美人，自幼飲人乳而不食。

初，上使李靖教君集兵法，君集言於上曰：「李靖將反矣。」上問其故，對曰：「靖獨教臣以其粗而匿其精，粗，讀與麤同，倉乎翻。以是知之。」上以問靖，靖對曰：「此乃君集欲反耳。今諸夏已定，夏，戶雅翻；下同。臣之所教，足以制四夷，而君集固求盡臣之術，非反而何！」

江夏王道宗嘗從容言於上曰：從，千容翻。「君集志大而智小，自負微功，恥在房玄齡、李靖之下，雖爲吏部尚書，未滿其志。以臣觀之，必將爲亂。」上曰：「君集材器，亦何施不可！朕豈惜重位，但次第未至耳，豈可億度，朱子曰：億，未見而意之也。度，徒洛翻。妄生猜貳邪！」及君集反誅，上乃謝道宗曰：「果如卿言。」

李安儼父，年九十餘，上愍之，賜奴婢以養之。

太子承乾既獲罪，魏王泰日入侍奉，上面許立爲太子，岑文本、劉洎亦勸之；長孫無忌固請立晉王治。請立嫡也。上謂侍臣曰：「昨青雀投我懷云：『臣今日始得爲陛下子，乃更生之日也。泰，小字青雀。臣有一子，臣死之日，當爲陛下殺之，爲，于僞翻。傳位晉王。』人誰不愛其子，朕見其如此，甚憐之。」諫議大夫褚遂良曰：「陛下言大失。願審思，勿誤也！安有陛下萬歲後，魏王據天下，肯殺其愛子，傳位晉王者乎！殺子而立弟，非人情也。褚遂良探其心術之微而言之。陛下日者既立承乾爲太子，復寵魏王，復，扶又翻；下復何同。禮秩過於承乾，以成今日之禍。前事不遠，足以爲鑒。陛下今立魏王，願先措置晉王，始得安全耳。」遂良此語，亦以激帝。上流涕曰：「我不能爾。」因起，入宮。魏王泰恐上立晉王治，謂之曰：「汝與元昌善，元昌今敗，得無憂乎？」治由是憂形於色。上怪，屢問其故，治乃以狀告；上憮然，憮，文甫翻。始悔立泰之言矣。上面責承乾，承乾曰：「臣爲太子，復何所求！但爲泰所圖，時與朝臣謀自安之術，朝，直遙翻。不逞之人遂敎臣爲不軌耳。今若泰爲太子，所謂落其度內。」

承乾既廢，上御兩儀殿，按唐六典，兩儀殿在太極殿之後，蓋古之內朝也，常日視朝而聽事焉。羣臣俱出，獨留長孫無忌、房玄齡、李世勣、褚遂良，謂曰：「我三子一弟，所爲如是，三子，謂齊王祐、太子承乾、魏王泰；一弟，謂漢王元昌。我心誠無聊賴！」因自投于牀，無忌等爭前扶抱；上又抽佩刀欲自刺，刺，七亦翻。遂良奪刀以授晉王治。無忌等請上所欲，上曰：「我欲立晉王。」無忌曰：「謹奉詔；有異議者，臣請斬之！」上謂治曰：「汝舅許汝矣，宜拜謝。」治因拜之。上謂無忌等曰：「公等已同我意，未知外議何如？」對曰：「晉王仁孝，天下屬心久矣，屬，之欲翻。乞陛下試召問百官，有不同者，臣負陛下萬死。」上乃御太極殿，西內正門曰承天門，正殿曰太極，太極之後曰兩儀殿。六典：朔望御太極殿視朝，蓋古之中朝也。召文武六品以上，謂曰：「承乾悖逆，悖，蒲內翻，又蒲沒翻。泰亦凶險，皆不可立。朕欲選諸子爲嗣，誰可者？卿輩明言之。」衆皆讙呼曰：「晉王仁孝，當爲嗣。」讙，與諠同。上悅。是日，泰從百餘騎至永安門；六典：太極宮城南面三門，中曰承天，東曰長樂，西曰永安。敕門司盡辟其騎，辟，音闢。六典：門下省有城門郎四人，掌京城、皇城宮殿諸門開闔之節；置門僕八百人，分番上下。引泰入肅章門，幽於北苑。程大昌曰：太極宮之北有內苑，以其在宮北，故亦曰北苑。苑之北門曰啓運門，又北卽禁苑，禁苑廣矣。

丙戌，詔立晉王治爲皇太子，御承天門樓，赦天下，酺三日。治，直吏翻。酺，薄乎翻。上謂侍臣曰：「我若立泰，則是太子之位可經營而得。自今太子失道，藩王窺伺者，皆兩棄之，伺，相吏翻。傳諸子孫，永爲後法。且泰立，【章：十二行本「立」下有「則」字；乙十一行本同；孔本同；張校同。】承乾與治皆不全；治立，則承乾與泰皆無恙矣。」恙，余亮翻。

臣光曰：唐太宗不以天下大器私其所愛，以杜禍亂之原，可謂能遠謀矣！

2丁亥，以中書令楊師道爲吏部尚書。尚，辰羊翻。初，長廣公主適趙慈景，生節；慈景死，武德元年，慈景爲堯君素所殺。更適師道。更，工衡翻。師道與長孫無忌等共鞫承乾獄，陰爲趙節道地，由是獲譴。上至公主所，公主以首擊地，泣謝子罪，上亦拜泣曰：「賞不避仇讎，罰不阿親戚，此天下至公之道，不敢違也，以是負姊。」

己丑，詔以長孫無忌爲太子太師，房玄齡爲太傅，蕭瑀爲太保，東宮三師，並從一品。李世勣爲詹事，瑀、世勣並同中書門下三品。同中書門下三品自此始。歐陽修曰：謂同侍中、中書令也。又以左衞大將軍李大亮領右衞率，率，所律翻。前詹事于志寧、中書侍郎馬周爲左庶子，吏部侍郎蘇勖、中書舍人高季輔爲右庶子，刑部侍郎張行成爲少詹事，少詹事，正四品，爲詹事之貳。諫議大夫褚遂良爲賓客。太子賓客，正三品。古無此官，唐始置，掌侍從規諫，贊相禮儀。

李世勣嘗得暴疾，方云「須灰可療」，上自翦須，爲之和藥。爲，于僞翻；下同。須，與鬚同。和，戶臥翻。世勣頓首出血泣謝。上曰：「爲社稷，非爲卿也，何謝之有！」世勣嘗侍宴，上從容謂曰：從，千容翻。「朕求羣臣可託幼孤者，無以踰公，公往不負李密，見一百八十六卷武德元年。豈負朕哉！」世勣流涕辭謝，齧指出血，因飲沈醉，上解御服以覆之。齧，魚結翻。沈，持林翻。覆，敷又翻。

癸巳，詔解魏王泰雍州牧、相州都督、左武候大將軍，降爵爲東萊郡王。雍，於用翻。相，息亮翻。泰府僚屬爲泰所親狎者，皆遷嶺表；以杜楚客兄如晦有功，免死，廢爲庶人。給事中崔仁師嘗密請立魏王泰爲太子，左遷鴻臚少卿。臚，陵如翻。

庚子，定太子見三師儀：迎於殿門外，殿門，東宮之殿門也。先拜，三師答拜；每門讓於三師。三師坐，太子乃坐。其與三師書，前後稱名、「惶恐」。

五月，癸酉，太子上表，上，時掌翻。以「承乾、泰衣服不過隨身，飲食不能適口，幽憂可愍，乞敕有司，優加供給。」上從之。

黃門侍郎劉洎上言，以「太子宜勤學問，親師友。今入侍宮闈，動踰旬朔，師保以下，接對甚希，伏願少抑下流之愛，弘遠大之規，則海內幸甚！」少，詩沼翻。上乃命洎與岑文本、褚遂良、馬周更日詣東宮，更，工衡翻。與太子遊處談論。處，昌呂翻。

3 六月，己卯朔，日有食之。

4 丁亥，太常丞鄧素使高麗還，請於懷遠鎮增戍兵以逼高麗，使，疏吏翻。麗，力知翻。上曰：「『遠人不服，則修文德以來之，』論語孔子之言。未聞一二百戍兵能威絕域者也！」

5 丁酉，右僕射高士廉遜位，許之，其開府儀同三司、勳封如故，勳，勳級；封，封邑也。仍同門下中書三品，知政事。

6 閏月，辛亥，上謂侍臣曰：「朕自立太子，遇物則誨之，見其飯，則曰：『汝知稼穡之艱難，則常有斯飯矣。』書無逸曰：惟不知稼穡之艱難，乃逸。見其乘馬，則曰：『汝知其勞逸，不竭其力，則常得乘之矣。』顏淵曰：昔造父巧於使馬，造父不窮其馬力，是造父無佚馬也。見其乘舟，則曰：『水所以載舟，亦所以覆舟，民猶水也，君猶舟也。』孔子家語之言。見其息於木下，則曰：『木從繩則正，后從諫則聖。』」書說命之言。

7 丁巳，詔太子知左、右屯營兵馬事，其大將軍以下並受處分。左右十二衞，屯營也。處，昌呂翻。分，扶問翻。

8 薛延陀眞珠可汗可，從刊入聲。汗，音寒。使其姪突利設來納幣，獻馬五萬匹，牛、橐駝萬頭，羊十萬口。庚申，突利設獻饌，饌，皺戀翻，又皺皖翻。上御相思殿，按褚遂良疏云：「御幸北門，受其獻食。」則相思殿蓋在玄武門內。大饗羣臣，設十部樂，增樂爲十部，見一百九十五卷十四年。突利設再拜上壽，賜賚甚厚。

契苾何力上言：「薛延陀不可與婚。」上，時掌翻。契，欺訖翻。苾，毗必翻。上曰：「吾已許之矣，豈可爲天子而食言乎！」何力對曰：「臣非欲陛下遽絶之也，願且遷延其事。臣聞古有親迎之禮，若敕夷男使親迎，迎，魚敬翻。雖不至京師，亦應至靈州；彼必不敢來，則絶之有名矣。夷男性剛戾，既不成婚，其下復攜貳，復，扶又翻。不過一二年必病死，二子爭立，則可以坐制之矣！」上從之，乃徵眞珠可汗使親迎，仍發詔將幸靈州與之會。眞珠大喜，欲詣靈州，其臣諫曰：「脫爲所留，悔之無及！」眞珠曰：「吾聞唐天子有聖德，我得身往見之，死無所恨，且漠北必當有主。我行決矣，勿復多言！」上發使三道，受其所獻雜畜。薛延陀先無庫廐，眞珠調斂諸部，復，扶又翻。使，疏吏翻；下三使同。畜，許救翻。調，徒釣翻。斂，力贍翻。往返萬里，道涉沙磧，無水草，磧，七迹翻。耗死將半，失期不至。議者或以爲聘財未備而與爲婚，將使戎狄輕中國，上乃下詔絶其婚，停幸靈州，追還三使。

褚遂良上疏，以爲「薛延陀本一俟斤，良上，時掌翻。俟，渠之翻。陛下盪平沙塞，萬里蕭條，謂平突厥也，塞北皆沙磧，故曰沙塞。餘寇奔波，須有酋長，璽書鼓纛，立爲可汗。見一百九十三卷二年。酋，慈由翻。長，知兩翻。璽，斯氏翻。纛，徒到翻。比者復降鴻私，許其姻媾，比，毗至翻。復，扶又翻。見上卷十六年。西告吐蕃，吐，從暾入聲。北諭思摩，中國童幼，靡不知之。御幸北門，受其獻食，羣臣四夷，宴樂終日。樂，音洛。咸言陛下欲安百姓，不愛一女，凡在含生，孰不懷德。今一朝生進退之意，有改悔之心，臣爲國家惜茲聲聽；爲，于僞翻。所顧甚少，所失殊多，少，詩沼翻。嫌隙既生，必搆邊患。彼國蓄見欺之怒，此民懷負約之慚，恐非所以服遠人，訓戎士也。陛下君臨天下十有七載，載，子亥翻。以仁恩結庶類，以信義撫戎夷，莫不欣然，負之無力，此二語考之舊書褚遂良傳亦是如此，然其意義難於強解。或曰：「力」，當作「益」；言負延陀之約爲無益也。何惜不使有始有卒乎！卒，子恤翻。夫龍沙以北，部落無算，匈奴庭謂之龍城，無常處，故沙幕因謂之龍沙。中國誅之，終不能盡，當懷之以德，使爲惡者在夷不在華，失信者在彼不在此，則堯、舜、禹、湯不及陛下遠矣！」上不聽。

是時，羣臣多言：「國家既許其婚，受其聘幣，不可失信戎狄，更生邊患。」上曰：「卿曹皆知古而不知今。昔漢初匈奴強，中國弱，故飾子女，捐金絮以餌之，得事之宜。今中國強，戎狄弱，以我徒兵一千，可擊胡騎數萬，騎，奇寄翻。薛延陀所以匍匐稽顙，惟我所欲，不敢驕慢者，以新爲君長，雜姓非其種族，欲假中國之勢以威服之耳。匍，薄乎翻。匐，蒲北翻。稽，音啓。種，章勇翻。彼同羅、僕骨、回紇等十餘部，紇，下沒翻。兵各數萬，并力攻之，立可破滅，所以不敢發者，畏中國所立故也。今以女妻之，彼自恃大國之壻，雜姓誰敢不服！戎狄人面獸心，一旦微不得意，必反噬爲害。今吾絕其婚，殺其禮，妻，七細翻；下可妻同。殺，所界翻。雜姓知我棄之，不日將瓜剖之矣，卿曹第志之！」瓜剖，猶瓜分也。志，猶記之。

臣光曰：孔子稱去食、去兵，不可去信。見論語。去，羌呂翻。唐太宗審知薛延陀不可妻，則初勿許其婚可也；既許之矣，乃復恃強棄信而絕之，復，扶又翻。雖滅薛延陀，猶可羞也。王者發言出令，可不慎哉！

9 上曰：「蓋蘇文弑其君而專國政，見上卷十六年。誠不可忍，以今日兵力，取之不難，但不欲勞百姓，吾欲且使契丹、靺鞨擾之，何如？」契，欺訖翻，又音喫。靺鞨，音末曷。長孫無忌曰：「蓋蘇文自知罪大，畏大國之討，必嚴設守備，陛下少爲之隱忍，爲，于僞翻。彼得以自安，必更驕惰，愈肆其惡，然後討之，未晚也。」上曰：「善！」觀此，則知帝之雄心未嘗一日不在高麗也。戊辰，詔以高麗王藏爲上柱國、遼東郡王、高麗王，遣使持節册命。麗，力知翻。使，疏吏翻。

10 丙子，徙東萊王泰爲順陽王。

11 初，太子承乾失德，上密謂中書侍郎兼左庶子杜正倫曰：「吾兒足疾乃可耳，但疏遠賢良，狎昵羣小，卿可察之。言承乾之足不良于行，猶云可也；若其遠賢良，近羣小，則不可不諫誨之。遠，于願翻。昵，尼質翻。果不可教示，當來告我。」正倫屢諫，不聽，乃以上語告之。太子抗表以聞，上責正倫漏泄，對曰：「臣以此恐之，冀其遷善耳。」上怒，出正倫爲穀州刺史。及承乾敗，秋，七月，辛卯，復左遷正倫爲交州都督。復，扶又翻。初，魏徵嘗薦正倫及侯君集有宰相材，請以君集爲僕射，且曰：「國家安不忘危，不可無大將，諸衛兵馬宜委君集專知。」上以君集好誇誕，不用。將，卽亮翻。好，呼到翻。及正倫以罪黜，君集謀反誅，上始疑徵阿黨。又有言徵自錄前後諫辭以示起居郎褚遂良者，上愈不悅，乃罷叔玉尚主，而踣所撰碑。許婚、撰碑事見上卷本年。踣，蒲北翻，仆也。

12 初，上謂監脩國史房玄齡曰：歷代史官隸祕書省著作局，皆著作郎掌脩國史。北齊詔魏收撰史，又詔平原王高隆之總監之，書名而已。貞觀三年，始移史館於禁中，在門下省北，宰相監脩國史；自是著作郎始罷史職。監，古銜翻。「前世史官所記，皆不令人主見之，何也？」對曰：「史官不虛美，不隱惡，若人主見之必怒，故不敢獻也。」上曰：「朕之爲心，異於前世。帝王欲自觀國史，知前日之惡，爲後來之戒，公可撰次以聞。」撰，士免翻。諫議大夫朱子奢上言：上，時掌翻；下上之同。「陛下聖德在躬，舉無過事，史官所述，義歸盡善。陛下獨覽起居，於事無失，若以此法傳示子孫，竊恐曾、玄之後或非上智，飾非護短，史官必不免刑誅。如此，則莫不希風順旨，全身遠害，悠悠千載，何所信乎！所以前代不觀，蓋爲此也。」遠，于願翻。載，子亥翻。爲，于僞翻。上不從。玄齡乃與給事中許敬宗等刪爲高祖、今上實錄；癸巳，書成，上之。上見書六月四日事，語多微隱，謂誅建成、元吉事也。謂玄齡曰：「周公誅管、蔡以安周，季友鴆叔牙以存魯，周公，弟也；管叔，兄也。成王幼，周公攝政，管、蔡流言，挾武庚以叛，周公誅之以安周室。魯公子慶父、叔牙、季友，皆桓公子也。莊公疾，問後於叔牙，牙曰：「慶父才。」問季友，友曰：「臣以死奉般。」遂鴆叔牙而立般。朕之所爲，亦類是耳，史官何諱焉！」卽命削去浮詞，去，羌呂翻。直書其事。

13 八月，庚戌，以洛州都督張亮爲刑部尚書，參預朝政；朝，直遥翻。以左衛大將軍、太子右衛率李大亮爲工部尚書。大亮身居三職，宿衛兩宮，三職，卽謂爲工部尚書及衛兩宮也。率，所律翻。恭儉忠謹，每宿直，必坐寐達旦。房玄齡甚重之，每稱大亮有王陵、周勃之節，可當大位。初，大亮爲龐玉兵曹，爲李密所獲，同輩皆死，賊帥張弼見而釋之，遂與定交。帥，所類翻。及大亮貴，求弼，欲報其德，弼時爲將作丞，唐監丞，從六品下。自匿不言。大亮遇諸途而識之，持弼而泣，多推家貲以遺弼，推，吐雷翻。遺，于季翻。弼拒不受。大亮言於上，乞悉以其官爵授弼，上爲之擢弼爲中郎將。上爲，于僞翻。將，卽亮翻。時人皆賢大亮不負恩，而多弼之不伐也。

14 九月，庚辰，新羅遣使言百濟攻取其國四十餘城，復與高麗連兵，使，疏吏翻。復，扶又翻。謀絕新羅入朝之路，乞兵救援。朝，直遥翻；下同。上命司農丞相里玄奬齎璽書賜高麗相里，姓；玄奬，名。姓譜：皋陶之後爲理氏。商末，理證孫仲師遭難，去「王」姓「里」，至里克爲晉所誅，其妻攜少子逃居相城，因爲相里氏。曰：「新羅委質國家，朝貢不乏，質，職日翻。爾與百濟各宜戢兵；戢，阻立翻。若更攻之，明年發兵擊爾國矣！」

15 癸未，徙承乾於黔州。黔，其今翻。甲午，徙順陽王泰於均州。武當縣，漢屬南陽郡，晉屬順陽郡，宋屬始平郡；梁置武當郡及興州，後周改豐州，隋開皇初改均州；大業初，廢爲武當縣，屬淅陽郡；義寧二年，分淅陽之武當、均陽置均州。孫愐曰：沟水出淅縣北山入沔。「沟」，今作「均」。隋置均州，以水名州也。上曰：「父子之情，出於自然。朕今與泰生離，生離。謂生而離別也。楚辭曰：哀莫哀兮生別離。亦何心自處！然朕爲天下主，但使百姓安寧，私情亦可割耳。」又以泰所上表示近臣曰：「泰誠爲俊才，朕心念之，卿曹所知；但以社稷之故，不得不斷之以義，處，昌呂翻。上，時掌翻。斷，丁亂翻。使之居外者，亦所以兩全之耳。」

16 先是，諸州長官或上佐歲首親奉貢物入京師，謂之朝集使，朝集使，自隋以來有之。先，悉薦翻。長，知兩翻。朝，直遙翻。使，疏吏翻；下同。亦謂之考使；京師無邸，率僦屋與商賈雜居。上始命有司爲之作邸。僦，卽就翻。賈，音古。爲，于僞翻。

17 冬，十一月，己卯，上祀圜丘。貞觀禮：冬至祀昊天上帝於圜丘。

18 初，上與隱太子、巢剌王有隙，剌，盧達翻。密明公贈司空封德彝陰持兩端。楊文幹之亂，上皇欲廢隱太子而立上，見一百九十一卷武德七年。德彝固諫而止。其事甚秘，上不之知，薨後乃知之。壬辰，治書侍御史唐臨始追劾其事，請黜官奪爵。治，直之翻。劾，戶概翻，又戶得翻。上命百官議之，尚書唐儉等議：「德彝罪暴身後，恩結生前，所歷衆官，不可追奪，請降贈改謚。」詔黜其贈官，改謚曰繆，削所食實封。謚法：名與實爽曰繆；蔽仁傷賢曰繆。六典曰：魏氏五等，皆以鄉亭，多假空名，不食本邑。隋氏始立王公侯以下制度，至唐因之，率多虛名，其言食實封者乃得眞戶。

舊制，戶皆三丁已上，一分入國，開元中，定以三丁爲限，租賦全入封家。

19 敕選良家女以實東宮；癸巳，太子遣左庶子于志寧辭之。上曰：「吾不欲使子孫生於微賤耳。今既致辭，當從其意。」上疑太子仁弱，密謂長孫無忌曰：「公勸我立雉奴，治，小字雉奴。雉奴懦，懦，奴臥翻，又萬亂翻。恐不能守社稷，柰何！吳王恪英果類我，我欲立之，何如？」無忌固爭，以爲不可。上曰：「公以恪非己之甥邪？」無忌曰：「太子仁厚，眞守文良主；儲副至重，豈可數易！數，所角翻。願陛下熟思之。」上乃止。十二月，壬子，上謂吳王恪曰：「父子雖至親，及其有罪，則天下之法不可私也。漢已立昭帝，燕王旦不服，陰圖不軌，霍光折簡誅之。見二十三卷漢昭帝元鳳元年。爲人臣子，不可不戒！」爲後無忌殺恪張本。

20 庚申，車駕幸驪山溫湯；庚午，還宮。驪，力知翻。

十八年（甲辰、六四四）

1 春，正月，乙未，車駕幸鍾官城；漢鍾官在上林苑中，至唐時蓋故城猶存也，其地當在鄠、杜二縣界。庚子，幸鄠縣；鄠，音戶。壬寅，幸驪山溫湯。

2 相里玄奬至平壤，莫離支已將兵擊新羅，破其兩城，將，卽亮翻。高麗王使召之，乃還。麗，力知翻。還，從宣翻，又音如字。玄奬諭使勿攻新羅，莫離支曰：「昔隋人入寇，新羅乘釁侵我地五百里，謂隋煬帝伐高麗時。自非歸我侵地，恐兵未能已。」玄奬曰：「既往之事，焉可追論！焉，於虔翻。至於遼東諸城，本皆中國郡縣，高麗之地，漢、魏皆爲郡縣，晉氏之亂，始與中國絕。中國尚且不言，高麗豈得必求故地。」莫離支竟不從。

二月，乙巳朔，玄奬還，具言其狀。上曰：「蓋蘇文弒其君，賊其大臣，殘虐其民，今又違我詔命，侵暴鄰國，不可以不討。」諫議大夫褚遂良曰：「陛下指麾則中原清晏，顧眄則四夷讋服，眄，眠見翻。讋，之涉翻。威望大矣。今乃渡海遠征小夷，若指期克捷，猶可也。萬一蹉跌，蹉，七何翻。跌，徒結翻。傷威損望，更興忿兵，則安危難測矣。」李世勣曰：「間者薛延陀入寇，謂十五年擊突厥思摩也。陛下欲發兵窮討，魏徵諫而止，使至今爲患。曏用陛下之策，北鄙安矣。」上曰：「然。此誠徵之失，朕尋悔之而不欲言，恐塞良謀故也。」塞，悉則翻。

上欲自征高麗，褚遂良上疏，上，時掌翻。以爲：「天下譬猶一身：兩京，心腹也；州縣，四支也；四夷，身外之物也。高麗罪大，誠當致討，但命二、三猛將將四五萬衆，將，卽亮翻；下名將同。仗陛下威靈，取之如反掌耳。今太子新立，年尚幼穉，穉，直二翻。自餘藩屏，陛下所知，屏，必郢翻。一旦棄金湯之全，踰遼海之險，以天下之君，輕行遠舉，皆愚臣之所甚憂也。」上不聽。時羣臣多諫征高麗者，上曰：「八堯、九舜，不能冬種，野夫、童子，春種而生，得時故也。夫天有其時，人有其功。夫天，音扶。蓋蘇文陵上虐下，民延頸待救，此正高麗可亡之時也，議者紛紜，但不見此耳。」

3 己酉，上幸靈口；新書作「零口」。九域志：京兆臨潼縣有零口鎮。臨潼，唐之昭應縣；昭應，唐初之新豐縣。按宋白續通典：京兆新豐縣界有零水。零口蓋零水之口。乙卯，還宮。

4 三月，辛卯，以左衛將軍薛萬徹守右衛大將軍。上嘗謂侍臣曰：「於今名將，惟世勣、道宗、萬徹三人而已，世勣、道宗不能大勝，亦不大敗，萬徹非大勝則大敗。」

5 夏，四月，上御兩儀殿，皇太子侍。上謂羣臣曰：「太子性行，外人亦聞之乎？」行，下孟翻。司徒無忌曰：「太子雖不出宮門，天下無不欽仰聖德。」上曰：「吾如治年時，頗不能循常度。治自幼寬厚，諺曰：『生【章：乙十一行本「生」下有「子如」二字，與「狼」字擠刊。】狼，猶恐如羊，』曹大家女誡曰：生男如狼，猶恐其羊；生女如鼠，猶恐其虎。蓋古語也。冀其稍壯，自不同耳。」無忌對曰：「陛下神武，乃撥亂之才，太子仁恕，實守文之德；趣尚雖異，各當其分，趣，七喻翻。分，扶問翻。此乃皇天所以祚大唐而福蒼生者也。」無忌之保護太子至矣，迨其後也，以元舅之親，爲婦人所間，不能保其身，保其家，而唐亦幾於不祀；則太子不可謂之寬厚，謂之闇弱可也。

6 辛亥，上幸九成宮。壬子，至太平宮，京兆鄠縣東南三十里有隋太平宮。謂侍臣曰：「人臣順旨者多，犯顏則少，少，詩沼翻。今朕欲自聞其失，諸公其直言無隱。」長孫無忌等皆曰：「陛下無失。」劉洎曰：「頃有上書不稱旨者，陛下皆面加窮詰，無不慚懼而退，恐非所以廣言路。」洎，其冀翻。上，時掌翻。稱，尺證翻。詰，去吉翻。馬周曰：「陛下比來賞罰，微以喜怒有所高下，此外不見其失。」上皆納之。

上好文學而辯敏，羣臣言事者，上引古今以折之，比，毗至翻。好，呼到翻。折，之列翻。多不能對。劉洎上書諫曰：「帝王之與凡庶，聖哲之與庸愚，上下相懸，擬倫斯絕。是知以至愚而對至聖，以極卑而對至尊，徒思自強，不可得也。陛下降恩旨，假慈顏，凝旒以聽其言，虛襟以納其說，猶恐羣下未敢對颺；颺，與揚同。況動神機，縱天辯，飾辭以折其理，引古以排其議，欲令凡庶何階應答！且多記則損心，多語則損氣，心氣內損，形神外勞，初雖不覺，後必爲累，累，力瑞翻；下之累同。須爲社稷自愛，豈爲性好自傷乎！爲，于僞翻。性好，謂性之所好也。好，呼到翻。至如秦政強辯，失人心於自矜；魏文宏才，虧衆望於虛說。此材辯之累，較然可知矣。」上飛白答之飛白書也。曰：「非慮無以臨下，非言無以述慮，比有談論，遂致煩多，比，毗至翻。輕物驕人，恐由茲道，形神心氣，非此爲勞。今聞讜言，虛懷以改。」讜，音黨。

己未，至顯仁宮。是時幸九成宮，爲避暑也，至八月甲子，始自九成宮還京師。顯仁宮在河南壽安縣，幸東都則爲中頓，幸九成宮非其所經之路。岐州郿縣有隋安仁宮。「顯」，恐當作「安」。

7 上將征高麗，秋，七月，辛卯，敕將作大監【章：十二行本「監」作「匠」；乙十一行本同。】閻立德等詣洪、饒、江三州，造船四百艘以載軍糧。艘，蘇遭翻。甲午，下詔遣營州都督張儉等帥幽、營二都督兵及契丹、奚、靺鞨先擊遼東以觀其勢。帥，讀曰率。契，欺訖翻，又音喫。以太常卿韋挺爲饋運使，使，疏吏翻。以民部侍郎崔仁師副之，自河北諸州皆受挺節度，聽以便宜從事。又命太僕少卿蕭鋭運河南諸州糧入海。鋭，瑀之子也。

8 八月，壬子，上謂司徒無忌等曰：「人苦不自知其過，卿可爲朕明言之。」爲，于僞翻。對曰：「陛下武功文德，臣等將順之不暇，孝經：君子之事上也，將順其美，匡救其惡。又何過之可言！」上曰：「朕問公以己過，公等乃曲相諛悦，朕欲面舉公等得失以相戒而改之，何如？」皆拜謝。上曰：「長孫無忌善避嫌疑，應物敏速，決斷事理，古人不過；而總兵攻戰，非其所長。斷，丁亂翻。高士廉涉獵古今，心術明達，臨難不改節，當官無朋黨；所乏者骨鯁規諫耳。難，乃旦翻。唐儉言辭辯捷，善和解人；事朕三十年，遂無言及於獻替。帝未起兵時，儉在晉陽，雅與帝游。楊師道性行純和，自無愆違；而情實怯懦，緩急不可得力。岑文本性質敦厚，文章華贍；而持論恆據經遠，自當不負於物。劉洎性最堅貞，有利益；然其意尚然諾，私於朋友。馬周見事敏速，性甚貞正，論量人物，直道而言，朕比任使，多能稱意。行，下孟翻。贍，而豔翻。恆，戶登翻。論，盧昆翻。量，音良。比，毗至翻。稱，尺證翻。褚遂良學問稍長，性亦堅正，每寫忠誠，親附於朕，譬如飛鳥依人，人自憐之。」

9 甲子，上還京師。

10 丁卯，以散騎常侍劉洎爲侍中，散，悉亶翻。騎，奇寄翻。行中書侍郎岑文本爲中書令，太子左庶子中書侍郎馬周守中書令。

文本既拜，還家，有憂色。母問其故，文本曰：「非勳非舊，濫荷寵榮，位高責重，所以憂懼。」親賓有來賀者，文本曰：「今受弔，不受賀也。」

文本弟文昭爲校書郎，喜賓客，荷，下可翻。唐校書郎，正九品上，掌讎校典籍，屬祕書省。喜，許記翻。上聞之不悅，嘗從容謂文本曰：「卿弟過爾交結，恐爲卿累；從，千容翻。累，力瑞翻。朕欲出爲外官，何如？」文本泣曰：「臣弟少孤，老母特所鍾愛，未嘗信宿離左右。少，詩照翻。離，力智翻。今若出外，母必愁悴，悴，秦醉翻。儻無此弟，亦無老母矣。」因歔欷嗚咽，歔，音虛。欷，音希，又許既翻。上愍其意而止。惟召文昭嚴戒之，亦卒無過。卒，子恤翻。

11 九月，以諫議大夫褚遂良爲黃門侍郎，參預朝政。黃門侍郎，即門下侍郎，正四品上，掌貳侍中之職，凡政之弛張，事之與奪，皆參預焉。朝，直遙翻；下同。

12 焉耆貳於西突厥，西突厥大臣屈利啜爲其弟娶焉耆王女，啜，陟劣翻。爲，于僞翻。由是朝貢多闕；安西都護郭孝恪請討之。按唐六典，永徽中，始置安南、安西大都護。又按舊書郭孝恪傳：貞觀十六年，行安西都護、西州刺史。蓋滅高昌後，便置安西都護，而加「大」字則在永徽中也。安西都護府時治西州，西至焉耆七百一十里。詔以孝恪爲西州道行軍總管，帥步騎三千出銀山道以擊之。帥，讀曰率。騎，奇寄翻。會焉耆王弟頡鼻兄弟三人至西州，孝恪以頡鼻弟栗婆準爲鄉導。鄉，讀曰嚮。焉耆城四面皆水，恃險而不設備，孝恪倍道兼行，夜，至城下，命將士浮水而渡，將，即亮翻。比曉，登城，執其王突騎支，比，必寐翻。舊唐書作「龍突騎支」。騎，奇寄翻；下同。獲首虜七千級，留栗婆準攝國事而還。還，從宣翻，又如字。孝恪去三日，屈利啜引兵救焉耆，不及，執栗婆準，以勁騎五千，追孝恪至銀山，孝恪還擊，破之，追奔數十里。

辛卯，上謂侍臣曰：「孝恪近奏稱八月十一日往擊焉耆，二十日應至，必以二十二日破之，朕計其道里，使者今日至矣！」使，疏吏翻；下同。言未畢，驛騎至。

西突厥處那啜使其吐屯攝焉耆，遣使入貢。上數之曰：「我發兵擊得焉耆，汝何人而據之！」吐屯懼，返其國。焉耆立栗婆準從父兄薛婆阿那支爲王，仍附於處那啜。處那啜蓋亦西突厥之部落酋長。數，所具翻。從，才用翻。

13 乙未，鴻臚奏「高麗莫離支貢白金。」臚，陵如翻。褚遂良曰：「莫離支弑其君，九夷所不容，後漢書：東方有九夷，曰：畎夷、干夷、方夷、黃夷、白夷、赤夷、玄夷、風夷、陽夷。白虎通：夷者，蹲也，言無禮儀。或云：夷者，抵也，言仁而好生，抵地而出，故天性柔順，易以道禦。今將討之而納其金，此郜鼎之類也，春秋：桓公取郜大鼎于宋，納于太廟，非禮也。郜，古到翻。臣謂不可受。」上從之。上謂高麗使者曰：「汝曹皆事高武，有官爵。莫離支弑逆，汝曹不能復讎，今更爲之遊說以欺大國，罪孰大焉！」悉以屬大理。爲，于僞翻。屬，之欲翻。

14冬十月，辛丑朔，日有食之。

15甲寅，車駕行幸洛陽，以房玄齡留守京師，守，手又翻。右衛大將軍、工部尚書李大亮副之。

16郭孝恪鎖焉耆王突騎支及其妻子詣行在，敕宥之。丁巳，上謂太子曰：「焉耆王不求賢輔，不用忠謀，自取滅亡，係頸束手，漂搖萬里；人以此思懼，則懼可知矣。」

己巳，畋于澠池之天池；澠池縣，漢、晉屬弘農郡，後魏置澠池郡，後周置河南郡，大象中廢郡，以縣屬洛州，唐屬穀州。酈道元曰：熊耳山際有池，池水東南流，水側有一池，世謂之澠池。澠，彌兗翻。十一月，壬申，至洛陽。

前宜州刺史鄭元璹，已致仕，上以其嘗從隋煬帝伐高麗，鄭元璹仕隋，爲右武候將軍，從伐高麗。璹，殊玉翻。召詣行在；問之，對曰：「遼東道遠，糧運艱阻；東夷善守城，攻之不可猝下。」上曰：「今日非隋之比，公但聽之。」帝所謂恃國家之大，甲兵之強，算略之足，以取勝，欲見威於敵者也。張儉等値遼水漲，久不得濟，上以爲畏懦，召儉詣洛陽。至，具陳山川險易，水草美惡；懦，乃臥翻，又奴亂翻。易，以豉翻。上悅。

上聞洺州刺史程名振善用兵，召問方略，嘉其才敏，勞勉之，曰：洺，音名。勞，力到翻。「卿有將相之器，將，卽亮翻。相，息亮翻。朕方將任使。」名振失不拜謝，上試責怒，以觀其所爲，曰：「山東鄙夫，得一刺史，以爲富貴極邪！敢於天子之側，言語粗疏；又復不拜！」復，扶又翻。名振謝曰：「疏野之臣，未嘗親奉聖問，適方心思所對，故忘拜耳。」舉止自若，應對愈明辯。上乃歎曰：「房玄齡處朕左右二十餘年，每見朕譴責餘人，顏色無主。此玄齡所以爲忠謹也。處，昌呂翻。名振平生未嘗見朕，朕一旦責之，曾無震懾，辭理不失，眞奇士也！」卽日拜右驍衞將軍。懾，之涉翻。驍，堅堯翻。

甲午，以刑部尙書張亮爲平壤道行軍大總管，帥江、淮、嶺、峽兵四萬，硤中諸州，夔、硤、歸是也。帥，讀曰率；下同。長安、洛陽募士三千，戰艦五百艘，自萊州泛海趨平壤；艦，戶黯翻。艘，蘇遭翻。趨，七諭翻。又以太子詹事、左衞率李世勣爲遼東道行軍大總管，帥步騎六萬及蘭、河二州降胡趣遼東，率，所律翻。騎，奇寄翻。降，戶江翻。趣，與趨同，音七喩翻。兩軍合勢並進。庚子，諸軍大集於幽州，遣行軍總管姜行本、少府少監丘行淹先督衆工造梯衝於安蘿山。時遠近勇士應募及獻攻城器械者不可勝數，上皆親加損益，取其便易。勝，音升。易，以豉翻。又手詔諭天下，以「高麗蓋蘇文弒主虐民，情何可忍！今欲巡幸幽、薊，問罪遼、碣，碣，其謁翻。所過營頓，無爲勞費。」且言：「昔隋煬帝殘暴其下，高麗王仁愛其民，以思亂之軍擊安和之衆，故不能成功。今略言必勝之道有五：一曰以大擊小，二曰以順討逆，三曰以治乘亂，治，直吏翻。四曰以逸待勞，五曰以悅當怨，何憂不克！布告元元，勿爲疑懼！」太宗以高麗爲必可克而卒不克，所謂常勝之家，難與慮敵也。於是凡頓舍供費之具，減者太半。

17 十二月，辛丑，武陽懿公李大亮卒於長安，卒，子恤翻。遺表請罷高麗之師。家餘米五斛，布三十匹。親戚早孤爲大亮所養，喪之如父者十有五人。喪，息郎翻。

18 壬寅，故太子承乾卒於黔州，上爲之廢朝，卒，子恤翻。爲，于僞翻。葬以國公禮。

19 甲寅，詔諸軍及新羅、百濟、奚、契丹分道擊高麗。

20 初，上遣突厥俟利苾可汗北渡河，見上卷十五年。薛延陀眞珠可汗恐其部落翻動，意甚惡之，夷狄畏服大種，其天性也。俟利苾承祖父之餘威，依中國之大援，還主部落。薛延陀雖據漠北，突厥之種類，與鐵勒諸部舊屬突厥，聞俟利苾之來，恐翻而從之，故甚惡焉。惡，烏路翻。豫蓄輕騎於漠北，欲擊之。上遣使戒敕，無得相攻。騎，奇寄翻。使，疏吏翻。眞珠可汗對曰：「至尊有命，安敢不從！然突厥翻覆難期，當其未破之時，歲犯中國，殺人以千萬計。臣以爲至尊克之，當翦爲奴婢，以賜中國之人；乃反養之如子，其恩德至矣，而結社率竟反。見一百九十五卷十三年。此屬獸心，安可以人理待也！臣荷恩深厚，請爲至尊誅之。」自是數相攻。荷，下可翻。爲，于僞翻。數，所角翻。

俟利苾之北渡也，有衆十萬，勝兵四萬人，勝，音升。俟利苾不能撫御，衆不愜服。戊午，悉棄俟利苾南渡河，請處於勝、夏之間；上許之。羣臣皆以爲：「陛下方遠征遼左，而置突厥於河南，距京師不遠，勝州去京師一千八百三十里，夏州去京師一千一百一十里。處，昌呂翻。夏，戶雅翻。豈得不爲後慮！願留鎭洛陽，遣諸將東征。」上曰：「夷狄亦人耳，其情與中夏不殊。將，卽亮翻。夏，戶雅翻。人主患德澤不加，不必猜忌異類。蓋德澤洽，則四夷可使如一家；猜忌多，則骨肉不免爲讎敵。煬帝無道，失人已久，遼東之役，人皆斷手足以避征役，斷，丁管翻。玄感以運卒反於黎陽，見一百八十二卷隋煬帝大業九年。非戎狄爲患也。朕今征高麗，皆取願行者，募十得百，募百得千，其不得從軍者，皆憤歎鬱邑，豈比隋之行怨民哉！「行怨民」語法本之晁錯。突厥貧弱，吾收而養之，計其感恩，入於骨髓，豈肯爲患！且彼與薛延陀嗜欲略同，彼不北走薛延陀而南歸我，其情可見矣。」顧謂褚遂良曰：「爾知起居，爲我志之！走，音奏。爲，于僞翻。自今十五年，保無突厥之患。」俟利苾旣失衆，輕騎入朝。騎，奇寄翻。朝，直遙翻。上以爲右武衞將軍。

## 十九年（乙巳、六四五）

1春，正月，韋挺坐不先行視漕渠，運米六百餘艘至盧思臺側，據舊書，盧思臺去幽州八百里。此漕渠蓋卽曹操伐烏丸所開泉州渠也，上承桑乾河。行，下孟翻。艘，蘇遭翻。淺塞不能進，械送洛陽；丁酉，除名，以將作少監李道裕代之。崔仁師亦坐免官。

2滄州刺史席辯坐贓汚，二月，庚子，詔朝集使臨觀而戮之。朝，直遙翻。使，疏吏翻。

3 庚戌，上自將諸軍發洛陽，以特進蕭瑀爲洛陽宮留守。將，即亮翻。守，手又翻。乙卯，詔：「朕發定州後，宜令皇太子監國。」開府儀同三司致仕尉遲敬德上言：「陛下親征遼東，太子在定州，長安、洛陽心腹空虛，恐有玄感之變。且邊隅小夷，不足以勤萬乘，監，工銜翻。尉，紆勿翻。上，時掌翻。乘，繩證翻。願遣偏師征之，指期可殄。」上不從。以敬德爲左一馬軍總管，使從行。

4 丁巳，詔諡殷太師比干曰忠烈，所司封其墓，春秋祠以少牢，給隨近五戶供灑掃。少，詩照翻。灑，所賣翻；掃，素報翻；又並上聲。

上之發京師也，命房玄齡得以便宜從事，不復奏請。復，扶又翻。或詣留臺稱有密，玄齡問密謀所在，對曰：「公則是也。」玄齡驛送行在。上聞留守有表送告密人，上怒，使人持長刀於前而後見之，問告者爲誰，曰：「房玄齡。」上曰：「果然。」叱令腰斬。璽書讓玄齡以不能自信，璽，斯氏翻。「更有如是者，可專決之。」

癸亥，上至鄴，自爲文祭魏太祖，魏太祖葬鄴城西。鄴縣本相州治所，後周大象二年，隋文帝輔政，尉遲迥起兵於鄴，兵敗，鄴城破，文帝令焚鄴城，徙其居人，南遷四十五里，以安陽城爲相州治所。煬帝復於鄴故都大慈寺置鄴縣。貞觀八年，始築今治所小城。曰：「臨危制變，料敵設奇，一將之智有餘，萬乘之才不足。」將，即亮翻。乘，繩證翻。

是月，李世勣軍至幽州。洛陽至幽州一千六百里。

三月，丁丑，車駕至定州。洛陽至定州一千二百里。丁亥，上謂侍臣曰：「遼東本中國之地，隋氏四出師而不能得；隋文帝開皇十八年伐高麗，煬帝大業八年、九年、十年，三伐高麗。朕今東征，欲爲中國報子弟之讎，言中國之人，其父兄死於高麗，今伐之，是爲其子弟報父兄之讎。爲，于僞翻。高麗雪君父之恥耳。言蓋蘇文弒其主，而其臣子不能討，恥莫大焉，今討其罪，是爲高麗雪恥。且方隅大定，惟此未平，故及朕之未老，用士大夫餘力以取之。朕自發洛陽，唯噉肉飯，噉，徒濫翻，又徒覽翻。雖春蔬亦不之進，懼其煩擾故也。」上見病卒，召至御榻前存慰，付州縣療之，士卒莫不感悅。有不預征名，謂不預東征之名籍者。自願以私裝從軍，動以千計，皆曰：「不求縣官勳賞，惟願效死遼東。」上不許。

上將發，太子悲泣數日，上曰：「今留汝鎮守，輔以俊賢，欲使天下識汝風采。夫爲國之要，在於進賢退不肖，賞善罰惡，至公無私，汝當努力行此，悲泣何爲！」命開府儀同三司高士廉攝太子太傅，與劉洎、馬周、少詹事張行成、詹事，秦官，自漢以來，掌東宮內外衆務，員一人；後魏置二人，分左右，尋復置一人。至唐又置少詹事一人，正四品上。洎，其冀翻。右庶子高季輔同掌機務，輔太子。長孫無忌、岑文本與吏部尚書楊師道從行。壬辰，車駕發定州，親佩弓矢，手結雨衣於鞍後。命長孫無忌攝侍中，楊師道攝中書令。

李世勣軍發柳城，柳城縣，營州治所。多張形勢，若出懷遠鎮者，營州有懷遠守捉城。而潛師北趣甬道，出高麗不意。夏，四月，戊戌朔，世勣自通定濟遼水，通定鎮在遼水西，隋大業八年伐遼所置。甬道，隋起浮橋渡遼水所築。趣，七喻翻。甬，余隴翻。至玄菟。陳壽曰：漢武帝開玄菟郡，治沃沮，後爲夷貊所侵，徙郡句驪縣。西北有遼山，遼水所出。高麗大駭，城邑皆閉門自守。壬寅，遼東道副大總管江夏王道宗將兵數千至新城，夏，戶雅翻。將，卽亮翻；下同。考異曰：唐曆：「張儉懼敵，不敢深入。江夏王道宗固請將百騎覘賊，帝許之。因問往返幾日，對曰：『往十日，周覽十日，返十日，總經一月，望謁陛下。』遂秣馬束兵，經歷險阻，直登遼東城南，觀其地形險易，安營置陳之所。及還，賊已引兵斷其歸路，道宗擊之盡殪，斬關而出，如期謁見。帝歎曰：『賁、育之勇，何以過此！』賜金五十斤，絹千匹。」今從實錄。折衝都尉曹三良引十餘騎直壓城門，城中驚擾，無敢出者。騎，奇寄翻。營州都督張儉將胡兵爲前鋒，進渡遼水，趨建安城，自遼東城西行三百里至建安城，漢平郭縣地。趨，七喻翻。破高麗兵，斬首數千級。

5 太子引高士廉同榻視事，又令更爲士廉設案，士廉固辭。

6 丁未，車駕發幽州。上悉以軍中資糧、器械、簿書委岑文本，文本夙夜勤力，躬自料配，籌、筆不去手，籌，所以計算；筆，所以書。精神耗竭，言辭舉措，頗異平日。上見而憂之，謂左右曰：「文本與我同行，恐不與我同返。」是日，遇暴疾而薨。其夕，上聞嚴鼓聲，晉灼曰：嚴鼓，疾擊之鼓。司馬法曰：昏鼓四通爲大鼜。曰：「文本殞沒，所不忍聞，命撤之。」時右庶子許敬宗在定州，與高士廉等同知機要，文本薨，上召敬宗，以本官檢校中書侍郎。

7 壬子，李世勣、江夏王道宗攻高麗蓋牟城。蓋牟城在遼東城東北，唐取之，以其地爲蓋州。大元遼陽府路有蓋州、遼海軍節度，領建安、湯地、熊岳、秀岩四縣。丁巳，車駕至北平。此古北平也。舊志：平州，隋爲北平郡。癸亥，李世勣等拔蓋牟城，獲二萬餘口，糧十餘萬石。

張亮帥舟師自東萊渡海，襲卑沙城，帥，讀曰率。其城四面懸絕，惟西門可上。上，時掌翻。程名振引兵夜至，副總管王文度先登，五月，己巳，拔之，獲男女八千口。分遣總管丘孝忠等曜兵於鴨綠水。杜佑曰：鴨綠水，在平壤城西北四百五十里，源出靺鞨長白山，漢書謂之馬訾水，今謂之混同江。李心傳曰：鴨綠水發源契丹東北長白山。鴨綠水之源，蓋古肅愼氏之地，今女眞居之。

李世勣進至遼東城下。庚午，車駕至遼澤，泥淖二百餘里，淖，奴教翻。人馬不可通，將作大匠閻立德布土作橋，軍不留行。壬申，渡澤東。乙亥，高麗步騎四萬救遼東，江夏王道宗將四千騎逆擊之，騎，奇寄翻；下同。將，卽亮翻；下同。軍中皆以爲衆寡懸絕，不若深溝高壘以俟車駕之至。道宗曰：「賊恃衆，有輕我心，遠來疲頓，擊之必敗。且吾屬爲前軍，當淸道以待乘輿，乃更以賊遺君父乎！」「不以賊遺君父」，漢耿弇之言。乘，繩證翻。遺，于季翻。李世勣以爲然。果毅都尉馬文舉曰：「不遇勍敵，何以顯壯士！」策馬趨敵，所向皆靡，勍，渠京翻。趨，七喩翻。衆心稍安。旣合戰，行軍總管張君乂退走，唐兵不利，道宗收散卒，登高而望，見高麗陳亂，陳，讀曰陣。與驍騎數十衝之，驍，堅堯翻。左右出入；李世勣引兵助之，高麗大敗，斬首千餘級。丁丑，車駕渡遼水，撤橋，以堅士卒之心，軍於馬首山，勞賜江夏王道宗，超拜馬文舉中郎將，斬張君乂。有功必賞，退懦必誅，則將士知所懲勸矣。勞，力到翻。上自將數百騎至遼東城下，見士卒負土塡塹，塹，七豔翻。上分其尤重者，於馬上持之，從官爭負土致城下。從，才用翻。李世勣攻遼東城，晝夜不息，旬有二日，上引精兵會之，圍其城數百重，重，直龍翻。鼓譟聲震天地。甲申，南風急，上遣銳卒登衝竿之末，爇其西南樓，爇，如劣翻。火延燒城中，因麾將士登城，高麗力戰不能敵，遂克之，所殺萬餘人，得勝兵萬餘人，男女四萬口，勝，音升。以其城爲遼州。今大元遼陽府。

乙未，進軍白巖城。丙申，右衛大將軍李思摩中弩矢，上親爲之吮血；將士聞之，莫不感動。中，竹仲翻。爲，于僞翻。烏骨城遣兵萬餘爲白巖聲援，自登州東北海行至烏湖島，又行五百里東傍海壖，過青泥浦、桃花浦、杏人浦、石人汪、橐駝灣，乃至烏骨江。將軍契苾何力以勁騎八百擊之，契，欺訖翻。苾，毗必翻。何力挺身陷陳，槊中其腰，陳，讀曰陣。中，竹仲翻。尚輦奉御薛萬備單騎往救之，拔何力於萬衆之中而還。還，從宣翻，又如字。何力氣益憤，束瘡而戰，從騎奮擊，從，才用翻。遂破高麗兵，追奔數十里，斬首千餘級，會暝而罷。暝，莫定翻。萬備，萬徹之弟也。

# 資治通鑑卷第一百九十八

端明殿學士兼翰林侍讀學士太中大夫提舉西京嵩山崇福宮上柱國河內郡開國公食邑二千二百戶食實封九百戶賜紫金魚袋臣　司馬光　奉敕編集

後　學　天　台　胡三省　音　註

## 唐紀十四

起旃蒙大荒落（乙巳）六月，盡著雍涒灘（戊申）三月，凡二年有奇。

### 太宗文武大聖大廣孝皇帝下之上

貞觀十九年（乙巳、六四五）觀，古玩翻。

1 六月，丁酉，李世勣攻白巖城西南，上臨其西北。城主孫代音潛遣腹心請降，降，戶江翻；下同。臨城，投刀鉞爲信，且曰：「奴願降，城中有不從者。」上以唐幟與其使，幟，昌志翻。使，疏吏翻。曰：「必降者，宜建之城上。」代音建幟，城中人以爲唐兵已登城，皆從之。

上之克遼東也，白巖城請降，既而中悔。上怒其反覆，令軍中曰：「得城當悉以人物賞戰士。」言以其男女及財物爲賞也。李世勣見上將受其降，帥甲士數十人請曰：「士卒所以爭冒矢石，不顧其死者，貪虜獲耳；帥，讀曰率；下同。冒，莫比翻；下同。今城垂拔，柰何更受其降，孤戰士之心！」觀世勣此言，蓋少年爲盜之氣習未除耳。上下馬謝曰：「將軍言是也。然縱兵殺人而虜其妻孥，孥，音奴。朕所不忍。將軍麾下有功者，朕以庫物賞之，庶因將軍贖此一城。」世勣乃退。得城中男女萬餘口，上臨水設幄受其降，仍賜之食，八十以上賜帛有差。他城之兵在白巖者悉慰諭，給糧仗，任其所之。

先是，遼東城長史爲部下所殺，其省事奉妻【章：十二行本「妻」上有「其」字；乙十一行本同；張校同。】子奔白巖。省事，吏職也，自後魏以來有之，賀拔岳之攻尉遲菩薩也，菩薩使省事傳語是也。先，悉薦翻。省，悉景翻。上憐其有義，賜帛五匹，爲長史造靈輿，歸之平壤。爲，于僞翻；下自爲、彼爲、汝爲、當爲同。以白巖城爲巖州，以孫代音爲刺史。

契苾何力瘡重，契，欺訖翻。苾，毗必翻。上自爲傅藥，推求得刺何力者高突勃，付何力使自殺之。何力奏稱：「彼爲其主冒白刃刺臣，乃忠勇之士也，刺，七亦翻。與之初不相識，非有怨讎。」遂捨之。怨，於元翻。

初，莫離支遣加尸城七百人戍蓋牟城，李世勣盡虜之，其人請從軍自效，上曰：「汝家皆在加尸，汝爲我戰，莫離支必殺汝妻子，得一人之力而滅一家，吾不忍也。」戊戌，皆廩賜遣之。

己亥，以蓋牟城爲蓋州。

丁未，車駕發遼東，丙辰，至安市城，安市，漢古縣，屬遼東郡；舊書薛仁貴傳作「安地城」。進兵攻之。丁巳，高麗北部耨薩延壽、惠眞帥高麗、靺鞨兵十五萬救安市。後漢書東夷傳：高句驪有五族：有消奴部、絕奴部、順奴部、灌奴部、桂婁部。賢曰：按今高麗五部：一曰內部，一名黃部，卽桂婁部也；二曰北部，一名後部，卽絕奴部也；三曰東部，一名左部，卽順奴部也；四曰南部，一名前部，卽灌奴部也；五曰西部，一名右部，卽消奴部也。據北史，高麗五部各有耨薩，蓋其酋長之稱也。耨，奴屋翻。新書：高麗大城置耨薩一，比都督也。麗，力知翻。靺鞨，音末曷。上謂侍臣曰：「今爲延壽策有三：引兵直前，連安市城爲壘，據高山之險，食城中之粟，縱靺鞨掠吾牛馬，攻之不可猝下，欲歸則泥潦爲阻，坐困吾軍，上策也。若高延壽出於上策，不知太宗何以應之！唯有江夏王道宗之計策耳。拔城中之衆，與之宵遁，中策也。不度智能，來與吾戰，下策也。度，徒洛翻。卿曹觀之，必出下策，成擒在吾目中矣！」

高麗有對盧，年老習事，東夷傳：高句驪置官，有相加、對盧、沛者。陳壽曰：其置官有對盧則不置沛者，有沛者則不置對盧。薛居正曰：高麗官，其大者號大對盧，比一品，總知國事。對盧以下官，總十一級。列置州縣六十餘，大城置耨薩，比都督；小城置運使，比刺史。謂延壽曰：「秦王內芟羣雄，芟，所銜翻。外服戎狄，獨立爲帝，此命世之材，今舉海內之衆而來，不可敵也。爲吾計者，莫若頓兵不戰，曠日持久，分遣奇兵斷其運道，斷，丁管翻。糧食旣盡，求戰不得，欲歸無路，乃可勝也。」此卽帝所謂上策也。延壽不從，引軍直進，去安市城四十里。上猶恐其低徊不至，命左衛大將軍阿史那社爾將突厥千騎以誘之，厥，九勿翻。騎，奇寄翻。誘，音酉。兵始交而僞走。高麗相謂曰：「易與耳！」競進乘之，至安市城東南八里，依山而陳。易，以豉翻。陳，讀曰陣；下爲陳、陳於、布陳、其陳同。

上悉召諸將問計，長孫無忌對曰：「臣聞臨敵將戰，必先觀士卒之情。臣適行經諸營，見士卒聞高麗至，皆拔刀結旆，喜形於色，此必勝之兵也。陛下未冠，冠，古玩翻。身親行陣，行，戶剛翻。凡出奇制勝，皆上稟聖謀，諸將奉成算而已。今日之事，乞陛下指蹤！」以獵爲喻，指示獸蹤，則狗得以追殺。上笑曰：「諸公以此見讓，朕當爲諸公商度。」度，徒洛翻。乃與無忌等從數百騎乘高望之，觀山川形勢，可以伏兵及出入之所。高麗、靺鞨合兵爲陳，長四十里。長，直亮翻。江夏王道宗曰：「高麗傾國以拒王師，平壤之守必弱，願假臣精卒五千，覆其本根，則數十萬之衆可不戰而降。」上不應。爲上悔不用道宗策張本。夏，戶雅翻。遣使給延壽曰：「我以爾國強臣弒其主，故來問罪；至於交戰，非吾本心。入爾境，芻粟不給，故取爾數城，俟爾國脩臣禮，則所失必復矣。」延壽信之，不復設備。使，疏吏翻。給，蕩亥翻。復，扶又翻。

上夜召文武計事，命李世勣將步騎萬五千陳於西嶺；長孫無忌將精兵萬一千爲奇兵，自山北出於狹谷以衝其後；上自將步騎四千，挾鼓角，偃旗幟，登北山上；敕諸軍聞鼓角齊出奮擊。因命有司張受降幕於朝堂之側。降，戶江翻。朝，直遙翻。行營備宮省之制，故亦有朝堂。戊午，延壽等獨見李世勣布陳，勒兵欲戰。上望見無忌軍塵起，命作鼓角，舉旗幟，諸軍鼓譟並進，延壽等大懼，欲分兵禦之，而其陳已亂。會有雷電，方合戰而雷電皆至。龍門人薛仁貴龍門，漢皮氏縣地；後魏曰龍門縣，幷置龍門郡；隋廢郡，以縣屬蒲州。唐武德初，爲泰州治所；貞觀十七年州廢，屬絳州。薛仁貴自編戶應募。著奇服，大呼陷陳，著，陟略翻。呼，火故翻。所向無敵；高麗兵披靡，披，普彼翻。大軍乘之，高麗兵大潰，斬首二萬餘級。上望見仁貴，召拜游擊將軍。唐制，武散階，游擊將軍，從五品下。仁貴，安都之六世孫，薛安都爲將，以勇聞於宋、魏之間。名禮，以字行。

延壽等將餘衆依山自固，上命諸軍圍之，長孫無忌悉撤橋梁，斷其歸路。斷，丁管翻。己未，延壽、惠眞帥其衆三萬六千八百人請降，考異曰：實錄云：「李勣奏曰：『向若陛下不自親行，臣與道宗將數萬人攻安市城未克，延壽等十餘萬抽戈齊至，城內兵士復應開門而出，臣救首救尾，旋踵卽敗，必爲延壽等縛送向平壤，爲莫離支等所笑；今日臣敢謝陛下性命恩澤。』帝素狎勣，笑而頷之。」按勣後獨將兵取高麗，豈必太宗親行邪！此非史官虛美，乃勣諛辭耳。今不取。入軍門，膝行而前，拜伏請命。上語之曰：「東夷少年，跳梁海曲，至於摧堅決勝，故當不及老人，自今復敢與天子戰乎？」語，牛倨翻。少，詩照翻。復，扶又翻；下無復同。皆伏地不能對。上簡耨薩以下酋長三千五百人，授以戎秩，遷之內地，酋，慈由翻。長，知兩翻。餘皆縱之，使還平壤；皆雙舉手以顙頓地，歡呼聞數十里外。聞，音問。收靺鞨三千三百人，悉阬之，以靺鞨犯陣也。獲馬五萬匹，牛五萬頭，鐵甲萬領，他器械稱是。稱，尺證翻。高麗舉國大駭，後黃城、銀城皆自拔遁去，數百里無復人煙。

上驛書報太子，仍與高士廉等書曰：「朕爲將如此，何如？」史言太宗有矜功之心。將，卽亮翻。更名所幸山曰駐蹕山。據舊史，其山本名六山。更，工衡翻。

秋，七月，辛未，上徙營安市城東嶺。己卯，詔標識戰死者尸，識，音志。俟軍還與之俱歸。戊子，以高延壽爲鴻臚卿，臚，陵如翻。高惠眞爲司農卿。

張亮軍過建安城下，壁壘未固，士卒多出樵牧，高麗兵奄至，軍中駭擾。亮素怯，踞胡床，直視不言，將士見之，更以爲勇。總管張金樹等鳴鼓勒兵擊高麗，破之。

八月，甲辰，候騎獲莫離支諜者高竹離，反接詣軍門，反接兩手縛之也。騎，奇寄翻。諜，達協翻；下同。上召見，解縛問曰：「何瘦之甚？」對曰：「竊道間行，間，古莧翻；下同。不食數日矣。」命賜之食，謂曰：「爾爲諜，宜速反命。爲我寄語莫離支：語，牛倨翻；下語爾同。欲知軍中消息，可遣人徑詣吾所，何必間行辛苦也！」竹離徒跣，上賜屩而遣之。屩，居灼翻，草履也。

丙午，徙營於安市城南。上在遼外，凡置營，但明斥候，不爲塹壘，雖逼其城，高麗終不敢出爲寇抄，塹，七豔翻。軍士單行野宿如中國焉。史言帝威懾絕域，所謂善師者不陳。

上之【章：十二行本「之」下有「將」字；乙十一行本同；孔本同；張校同。】伐高麗也，薛延陀遣使入貢，使，疏吏翻。上謂之曰：「語爾可汗：可，從刊入聲。汗，音寒。今我父子東征高麗，汝能爲寇，宜亟來！」眞珠可汗惶恐，遣使致謝，且請發兵助軍；上不許。及高麗敗於駐蹕山，莫離支使靺鞨說眞珠，啗以厚利，眞珠懾服不敢動。說，輸芮翻。啗，徒覽翻，又徒濫翻。懾，之涉翻。考異曰：實錄：「上謂近臣曰：『以我量之，延陀其死矣。』聞者莫能測。」按太宗雖明，安能料薛延陀之死！今不取。九月，壬申，眞珠卒，卒，子恤翻。上爲之發哀。爲，于僞翻。

初，眞珠請以其庶長子曳莽爲突利失可汗，居東方，統雜種；長，知兩翻。種，章勇翻。嫡子拔灼爲肆葉護可汗，居西方，統薛延陀；詔許之，皆以禮册命。曳莽性躁擾，躁，則到翻。輕用兵，與拔灼不協。眞珠卒，來會喪。既葬，曳莽恐拔灼圖己，先還所部，拔灼追襲殺之，自立爲頡利俱利薛沙多彌可汗。爲薛延陀亂亡張本。

2 上之克白巖也，謂李世勣曰：「吾聞安市城險而兵精，其城主材勇，莫離支之亂，城守不服，莫離支擊之不能下，因而與之。建安兵弱而糧少，少，詩沼翻。若出其不意，攻之必克。公可先攻建安，建安下，則安市在吾腹中，此兵法所謂『城有所不攻』者也。」孫子兵法之言。對曰：「建安在南，安市在北，吾軍糧皆在遼東；今踰安市而攻建安，若賊斷吾運道，將若之何？斷，丁管翻。不如先攻安市，安市下，則鼓行而取建安耳。」上曰：「以公爲將，將，即亮翻。安得不用公策。勿誤吾事！」世勣遂攻安市。

安市人望見上旗蓋，輒乘城鼓譟，上怒，世勣請克城之日，男女皆阬之，安市人聞之，益堅守，攻久不下。高延壽、高惠眞請於上曰：「奴既委身大國，不敢不獻其誠，欲天子早成大功，奴得與妻子相見。安市人顧惜其家，人自爲戰，未易猝拔。易，以豉翻。今奴以高麗十餘萬衆，望旗沮潰，沮，在呂翻。國人膽破，烏骨城耨薩老耄，不能堅守，移兵臨之，朝至夕克。其餘當道小城，必望風奔潰。然後收其資糧，鼓行而前，平壤必不守矣。」羣臣亦言：「張亮兵在沙城，沙城卽卑沙城。召之信宿可至，乘高麗兇懼，兇，許拱翻。併力拔烏骨城，渡鴨綠水，直取平壤，在此舉矣。」上將從之，獨長孫無忌以爲：「天子親征，異於諸將，不可乘危徼幸。徼，古堯翻。今建安、新城之虜，衆猶十萬，若向烏骨，皆躡吾後，不如先破安市，取建安，然後長驅而進，此萬全之策也。」上乃止。太宗之定天下，多以出奇取勝，獨遼東之役，欲以萬全制敵，所以無功。

諸軍急攻安市，上聞城中雞彘聲，謂李世勣曰：「圍城積久，城中煙火日微，今雞彘甚喧，此必饗士，欲夜出襲我，宜嚴兵備之。」是夜，高麗數百人縋城而下。縋，馳僞翻。上聞之，自至城下，召兵急擊，斬首數十級，高麗退走。

江夏王道宗督衆築土山於城東南隅，浸逼其城，城中亦增高其城以拒之。士卒分番交戰，日六、七合，衝車礮石，壞其樓堞，礮，與砲同，匹皃翻。壞，音怪。城中隨立木柵以塞其缺。道宗傷足，上親爲之針。塞，悉則翻。爲，于僞翻。築山晝夜不息，凡六旬，用功五十萬，山頂去城數丈，下臨城中，道宗使果毅傅伏愛將兵屯山頂以備敵。山頹，壓城，城崩；會伏愛私離所部，離，力智翻。高麗數百人從城缺出戰，遂奪據土山，塹而守之。塹，七豔翻。上怒，斬伏愛以徇，命諸將攻之，三日不能克。道宗徒跣詣旗下請罪，上曰：「汝罪當死，但朕以漢武殺王恢，見十八卷元光二年。不如秦穆用孟明，秦穆公使孟明帥師東伐，再爲晉師所敗，穆公復用孟明。孟明增脩其政，帥師伐晉，晉人不敢出，遂霸西戎。且有破蓋牟、遼東之功，故特赦汝耳。」

上以遼左早寒，草枯水凍，士馬難久留，且糧食將盡，癸未，敕班師。先拔遼、蓋二州戶口渡遼，乃耀兵於安市城下而旋，城中皆屏跡不出。屏，必郢翻。城主登城拜辭，上嘉其固守，賜縑百匹，縑，幷絲繒也。以勵事君。命李世勣、江夏王道宗將步騎四萬爲殿。殿，丁練翻。

乙酉，至遼東。丙戌，渡遼水。遼澤泥潦，車馬不通，命長孫無忌將萬人，翦草塡道，水深處以車爲梁，上自繫薪於馬鞘以助役。將，即亮翻。鞘，所交翻，鞭鞘也。按孔穎達禮記正義曰：弓頭爲鞘。此所謂馬鞘，蓋馬鞍頭也。冬，十月，丙申朔，上至蒲溝駐馬，督塡道諸軍渡渤錯水，蒲溝、渤錯水，皆在遼澤中。暴風雪，士卒沾濕多死者，敕然火於道以待之。

凡征高麗，拔玄菟、橫山、蓋牟、磨米、遼東、白巖、卑沙、麥谷、銀山、後黃十城，菟，同都翻。磨，莫臥翻。徙遼、蓋、巖三州戶口入中國者七萬人。考異曰：實錄上云，「徙三州戶口入內地者，前後七萬人」；下癸丑詔書云，「獲戶十萬，口十有八萬」。蓋幷不徙者言之耳。新城、建安、駐驆三大戰，斬首四萬餘級，戰士死者幾二千人，幾，音祈，近也。戰馬死者什七、八。上以不能成功，深悔之，歎曰：「魏徵若在，不使我有是行也！」命馳驛祀徵以少牢，少，詩照翻。復立所製碑，踣碑見上卷十七年。召其妻子詣行在，勞賜之。勞，力到翻。

丙午，至營州。營州至洛陽二千九百一十里。詔遼東戰亡士卒骸骨並集柳城東南，命有司設太牢，上自作文以祭之，臨哭盡哀。其父母聞之，曰：「吾兒死而天子哭之，死何所恨！」上謂薛仁貴曰：「朕諸將皆老，思得新進驍勇者將之，將，卽亮翻。驍，堅堯翻。無如卿者，朕不喜得遼東，喜得卿也。」

丙辰，上聞太子奉迎將至，從飛騎三千人馳入臨渝關，漢遼西郡有臨渝縣。唐志，營州有渝關守捉城。杜佑曰：臨渝關在平州盧龍縣城東百八十里。騎，奇寄翻。師古曰：渝，音喩。道逢太子。上之發定州也，指所御褐袍謂太子曰：「俟見汝，乃易此袍耳。」在遼左，雖盛暑流汗，弗之易。及秋，穿敗，左右請易之，上曰：「軍士衣多弊，吾獨御新衣，可乎？」至是，太子進新衣，乃易之。

諸軍所虜高麗民萬四千口，先集幽州，將以賞軍士，上愍其父子夫婦離散，命有司平其直，悉以錢布贖爲民，讙呼之聲，三日不息。讙，許爰翻。十一月，辛未，車駕至幽州，高麗民迎於城東，拜舞呼號，號，戶高翻。宛轉於地，塵埃彌望。

庚辰，過易州境，司馬陳元璹使民於地室蓄火種蔬而進之；上惡其諂，免元璹官。璹，殊玉翻。惡，烏路翻。

丙戌，車駕至定州。

丁亥，吏部尚書楊師道坐所署用多非其才，左遷工部尚書。

壬辰，車駕發定州。十二月，辛丑，上病癰，御步輦而行。戊申，至并州，太子爲上吮癰，扶輦步從者數日。爲，于僞翻。吮，徐兗翻。從，才用翻。辛亥，上疾瘳，百官皆賀。瘳，丑留翻。

上之征高麗也，使右領軍大將軍執失思力將突厥屯夏州之北以備薛延陀。力將，卽亮翻；下同。夏，戶雅翻。薛延陀多彌可汗既立，以上出征未還，引兵寇河南，河南者，北河之南，卽朔方、新秦之地。上遣左武候中郎將長安田仁會與思力合兵擊之。思力羸形僞退，誘之深入，及夏州之境，整陳以待之。羸，倫爲翻。誘，音酉。陳，讀曰陣。薛延陀大敗，追奔六百餘里，耀威磧北而還。磧，七迹翻。還，從宣翻，又如字。考異曰：高宗實錄云：「會延陀死，耀威漠北而還。」其意指眞珠爲延陀也。按眞珠憚太宗威靈，不敢入寇，又死在九月；而此云冬來寇，必非眞珠也。田仁會傳作十八年，亦誤也。多彌復發兵寇夏州，復，扶又翻。己未，敕禮部尚書江夏王道宗，發朔、并、汾、箕、嵐、代、忻、蔚、雲九州兵鎭朔州；武德三年，分并州之樂平、遼山、平城、石艾置遼州樂平郡；八年，改曰箕州。後周置蔚州於漢代郡之靈丘，隋廢州，以靈丘縣屬肆州；唐武德六年，分肆州之靈丘、易州之飛狐地置蔚州。雲州，雲中郡，貞觀十四年自朔州北定襄城徙治定襄縣，其地實隋馬邑郡之雲內縣恆安鎭，卽後魏所都平城也。開元十八年，改定襄縣爲雲中縣。蔚，紆勿翻。右衞大將軍代州都督薛萬徹，左驍衞大將軍阿史那社爾，發勝、夏、銀、綏、丹、延、鄜、坊、石、隰十州兵鎭勝州；勝州，隋之榆林郡。後魏舊有銀州，隋廢爲儒林縣，屬綏州；貞觀二年，分綏州之儒林眞鄉縣復置銀州銀川郡，漢西河之圁陰、圁陽縣地也。圁，音銀。杜佑曰：銀州，春秋白狄地，治儒林縣，漢圁陰縣地。丹州，古孟門河西之地；西魏置汾州義川郡，後改州爲丹州。隋廢州及郡，以義川縣屬延州。義寧元年，分延州之義川、咸寧、汾川置丹州咸寧郡。坊州，春秋白狄之地；姚興置中部縣，後魏置中部郡。隋廢郡，以中部縣屬敷州。武德二年分鄜州，置坊州中部郡，以周天和七年，元皇帝放牧鄜州，於此置馬坊也。鄜，音膚。勝州都督宋君明，左武候將軍薛孤吳，發靈、原、寧、鹽、慶五州兵鎮靈州；西魏於五原置西安州，後改爲鹽州，隋廢州爲鹽川郡，貞觀二年復置鹽州。又令執失思力發靈、勝二州突厥兵，與道宗等相應。薛延陀至塞下，知有備，不敢進。

3初，上留侍中劉洎輔皇太子於定州，仍兼左庶子、檢校民部尚書，總吏、禮、戶部三尚書事。劉洎既檢校民部尚書，又總吏、禮，是爲三尚書事，民部之外，安得復有戶部哉！唐六典：貞觀二十三年，始改民部爲戶部。洎，其冀翻。上將行，謂洎曰：「我今遠征，爾輔太子，安危所寄，宜深識我意。」對曰：「願陛下無憂，大臣有罪者，臣謹卽行誅。」上以其言妄發，頗怪之，戒曰：「卿性疏而太健，必以此敗，深宜愼之！」及上不豫，洎從內出，色甚悲懼，謂同列曰：「疾勢如此，聖躬可憂！」或譖於上曰：「洎言國家事不足憂，但當輔幼主行伊、霍故事，大臣有異志者誅之，自定矣。」上以爲然，因洎於上前先有誅有罪大臣之言，遂信譖者之言爲然。庚申，下詔稱：「洎與人竊議，窺窬萬一，謀執朝衡，自處伊、霍，朝，直遙翻。處，昌呂翻。猜忌大臣，皆欲夷戮。宜賜自盡，賜自盡，即賜死也，令自盡其命。考異曰：實錄云：「黃門侍郎褚遂良誣奏之曰：『國家之事不足慮也，正當輔少主行伊、霍，大臣有異志者誅之，自然定矣。』太宗疾愈，詔問其故，洎以實對。遂良執證之不已。洎引中書令馬周以自明，太宗問周，周對與洎所陳不異。帝以詰遂良；又證周諱之，洎遂及罪。」按此事中人所不爲，遂良忠直之臣，且素無怨仇，何至如此！蓋許敬宗惡遂良，故修實錄時以洎死歸咎於遂良耳。今不取。免其妻孥。」孥，音奴。

中書令馬周攝吏部尚書，以四時選爲勞，四時選始一百九十二卷元年。選，須絹翻。請復以十一月選，至三月畢；從之。復，扶又翻。

4 是歲，右親衞中郎將裴行方六典曰：隋氏左・右親衞、左・右勳衞、左・右翊衞各置開府一人，武德七年改開府，各置中郎將一人，正四品下，掌各領其屬以宿衞，而各總其府事。將，卽亮翻。討茂州叛羌黃郎弄，大破之，貞觀八年，改會州汶山郡曰茂州，取界內茂滋山爲名。後書：冉駹，其山有六夷、七羌、九氐各部落。窮其餘黨，西至乞習山，臨弱水而歸。蜀之西山有弱水。

二十年（丙午、六四六）

1 春，正月，辛未，夏州都督喬師望、右領軍大將軍執失思力等擊薛延陀，大破之，虜獲二千餘人。多彌可汗輕騎遁去，騎，奇寄翻。部內騷然矣。

2 丁丑，遣大理卿孫伏伽等二十二人以六條巡察四方，用漢六條也。刺史、縣令以下多所貶黜，其人詣闕稱冤者，前後相屬。屬，之欲翻。上令褚遂良類狀以聞，上親臨決，以能進擢者二十人，以罪死者七人，流以下除免者數百千人。

3 二月，乙未，上發并州。三月，己巳，車駕還京師。并州至京師一千三百六十里。上謂李靖曰：「吾以天下之衆困於小夷，何也？」靖曰：「此道宗所解。」解，戶買翻。上顧問江夏王道宗，具陳在駐驆時乘虛取平壤之言。上悵然曰：「當時匆匆，吾不憶也。」是役也，不唯不用乘虛取平壤之策，乘勝取烏骨之策亦不用也。

4 上疾未全平，欲專保養，庚午，詔軍國機務並委皇太子處決。於是太子間日聽政於東宮，既罷，則入侍藥膳，不離左右。處，昌呂翻。間，古莧翻。離，力智翻。上命太子暫出遊觀，太子辭不願出；上乃置別院於寢殿側，使太子居之。褚遂良請遣太子旬日一還東宮，與師傅講道義；從之。

上嘗幸未央宮，辟仗已過，辟仗者，衞士在駕前攘辟左右，止行人，所謂陳兵清道而後行也。辟，音闢。忽於草中見一人帶橫刀，橫刀者，用皮襻帶之，刀橫掖下。詰之，詰，去吉翻。曰：「聞辟仗至，懼不敢出，辟仗者不見，遂伏不敢動。」上遽引還，顧謂太子：「茲事行之，則數人當死，汝於後速縱遣之。」又嘗乘腰輿，腰輿，令人舉之，其高至腰。有三衞誤拂御衣，親衞、勳衞、翊衞，謂之三衞。其人懼，色變。上曰：「此間無御史，吾不汝罪也。」

5 陝人常德玄告刑部尚書張亮養假子五百人，與術士公孫常語，云「名應圖讖」，陝，失冉翻。讖，楚譖翻。又問術士程公穎曰：「吾臂有龍鱗起，欲舉大事，可乎？」上命馬周等按其事，亮辭不服。上曰：「亮有假子五百人，養此輩何爲？正欲反耳！」命百官議其獄，皆言亮反，當誅。獨將作少匠李道裕言：「亮反形未具，將作少匠，從四品下。罪不當死。」上遣長孫無忌、房玄齡就獄與亮訣曰：「法者天下之平，與公共之。公自不謹，與凶人往還，陷入於法，今將柰何！公好去。」好去者，與之決別之辭。己丑，亮與公穎俱斬西市，籍沒其家。

歲餘，刑部侍郎缺，上命執政妙擇其人，擬數人，皆不稱旨，既而曰：「朕得其人矣。往者李道裕議張亮獄云『反形未具』，此言當矣，稱，尺證翻。當，丁浪翻。朕雖不從，至今悔之。」遂以道裕爲刑部侍郎。

6 閏月，癸巳朔，日有食之。

7 戊戌，罷遼州都督府及巖州。伐高麗所得二州。

8 夏，四月，甲子，太子太保蕭瑀解太保，仍同中書門下三品。

9 五月，甲寅，高麗王藏及莫離支蓋金遣使謝罪；使，疏吏翻；下同。幷獻二美女，上還之。金，即蘇文也。

10 六月，丁卯，西突厥乙毗射匱可汗遣使入貢，且請婚；上許之，且使割龜茲、于闐、疏勒、朱俱波、葱嶺五國以爲聘禮。于闐時兼有漢戎盧、扜彌、渠勒、皮山五國故地。疏勒在葱嶺東北。判汗國，治葱嶺中都城。杜佑曰：朱俱波亦曰朱俱槃，漢子合國也，去疏勒八九百里。

11 薛延陀多彌可汗，性褊急，猜忌無恩，廢棄父時貴臣，專用己所親昵，昵，尼質翻。國人不附；多彌多所誅殺，人不自安。回紇酋長吐迷度與僕骨、同羅共擊之，紇，下沒翻。酋，慈由翻。長，知兩翻。多彌大敗。乙亥，詔以江夏王道宗、左衞大將軍阿史那社爾爲瀚海安撫大使；又遣右領衞大將軍執失思力將突厥兵，右驍衞大將軍契苾何力將涼州及胡兵，代州都督薛萬徹、營州都督張儉各將所部兵，分道並進，以擊薛延陀。

上遣校尉宇文法詣烏羅護、靺鞨，烏羅護直京師東北六千里，一曰烏羅渾，即後魏之烏洛侯也。東鄰靺鞨，大抵風俗皆靺鞨也。將，即亮翻。驍，堅堯翻。契，欺訖翻。苾，毗必翻。校，戶教翻。靺鞨，音末曷。遇薛延陀阿波設之兵於東境，法帥靺鞨擊破之。薛延陀國中驚擾，曰：「唐兵至矣！」諸部大亂。多彌引數千騎奔阿史德時健部落，頡利滅，李靖徙突厥羸破數百帳於雲中，以阿史德爲之長，衆稍盛。回紇攻而殺之，幷其宗族殆盡，遂據其地。諸俟斤互相攻擊，爭遣使來歸命。俟，渠之翻。

薛延陀餘衆西走，猶七萬餘口，共立眞珠可汗兄子咄摩支爲伊特勿失可汗，歸其故地。尋去可汗之號，咄，當沒翻。去，羌呂翻。遣使奉表，請居鬱督軍山之北；使兵部尚書崔敦禮就安集之。

敕勒九姓酋長，以其部落素服薛延陀種，聞咄摩支來，皆恐懼，朝議恐其爲磧北之患，乃更遣李世勣與九姓敕勒共圖之。上戒世勣曰：「降則撫之，叛則討之。」種，章勇翻。朝，直遙翻。磧，七迹翻。降，戶江翻；下同。考異曰：舊李勣傳云：「詔勣以二百騎發突厥兵討擊。」今從鐵勒傳。己丑，上手詔，以「薛延陀破滅，其敕勒諸部，或來降附，或未歸服，今不乘機，恐貽後悔，朕當自詣靈州招撫。其去歲征遼東兵，皆不調發」。調，徒釣翻。

時太子當從行，少詹事張行成上疏，以爲：「皇太子從幸靈州，不若使之監國，上，時掌翻。監，古銜翻。接對百寮，明習庶政，既爲京師重鎮，且示四方盛德。宜割私愛，俯從公道。」上以爲忠，進位銀青光祿大夫。

12 李世勣至鬱督軍山，考異曰：勣傳作「烏德鞬山」。唐曆云即「鬱督軍山」；虜語兩音也。鐵勒傳云：「至于天山。」今從唐曆。其酋長梯眞達官帥衆來降。帥，讀曰率。薛延陀咄摩支南奔荒谷，世勣遣通事舍人蕭嗣業往招慰，咄摩支詣嗣業降。其部落猶持兩端，世勣縱兵追擊，前後斬五千餘級，虜男女三萬餘人。秋，七月，咄摩支至京師，拜右武衞大將軍。

13 八月，甲子，立皇孫忠爲陳王。

14 己巳，上行幸靈州。

15 江夏王道宗兵既渡磧，遇薛延陀阿波達官衆數萬拒戰，道宗擊破之，斬首千餘級，追奔二百里。道宗與薛萬徹各遣使招諭敕勒諸部，其酋長皆喜，頓首請入朝。朝，直遙翻。庚午，車駕至浮陽。浮陽，舊書作「涇陽」，當從之。涇陽縣，前漢屬安定郡，後漢、晉省，後魏屬隴東郡，隋、唐屬京兆。杜佑曰：京兆涇陽縣，乃秦封涇陽君之地。漢涇陽縣在今平涼郡界涇陽故城是。此時車駕蓋至京兆之涇陽。回紇、拔野古、同羅、僕骨、多濫葛、思結、阿跌、契苾、跌結、渾、斛薛等十一姓各遣使入貢，跌，徒結翻。考異曰：舊回紇鐵勒傳作「多覽葛」，今從實錄及本紀、唐曆。又回紇傳、陳彭年唐紀作「斛薩」，鐵勒傳作「解薛」。今從實錄。實錄又有契丹、奚，云十三姓。按契丹、奚本非薛延陀所統，又內附已久，嘗從征遼，非至此乃降。今從舊本紀。稱：「薛延陀不事大國，暴虐無道，不能與奴等爲主，自取敗死，部落鳥散，不知所之。奴等各有分地，分，扶問翻。不從薛延陀去，歸命天子。願賜哀憐，乞置官司，養育奴等。」上大喜。辛未，詔回紇等使者宴樂，頒賚拜官，樂，音洛。賜其酋長璽書，璽，斯氏翻。遣右領軍中郎將安永壽報使。使，疏吏翻；下同。

壬申，上幸漢故甘泉宮，甘泉宮在京兆雲陽縣界磨石嶺，又曰磨盤嶺，又曰車盤嶺。元和志曰：當其登山，必自車箱阪而上，阪在雲陽縣西北三十八里，縈紆曲折，單軌財通，上阪卽平原宏敞，樓觀相屬。以其曲折，故名。詔以「戎、狄與天地俱生，上皇並列，流殃構禍，乃自運初。言戎、狄之流殃構禍，乃自唐興運之初也。朕聊命偏師，遂擒頡利；始弘廟略，已滅延陀。鐵勒百餘萬戶，散處北溟，處，昌呂翻。遠遣使人，委身內屬，請同編列，並爲州郡；混元以降，太極元氣，函三爲一，混沌未分，謂之混元。殊未前聞，宜備禮告廟，仍頒示普天。」

庚辰，至涇州；丙戌，踰隴山，隴山時屬隴州汧源縣界。至西瓦亭，觀馬牧。原州平高縣南有瓦亭故關。瓦亭水出隴山，東北斜趣，西南流，經成紀、略陽、顯親界，又東南出新陽峽，入于渭，故有東、西瓦亭之別。九月，上至靈州，靈州在京師西北千二百五十里。敕勒諸部俟斤遣使相繼詣靈州者數千人，咸云：「願得天至尊爲奴等天可汗，子子孫孫常爲天至尊奴，死無所恨。」甲辰，上爲詩序其事曰：「雪恥酬百王，除凶報千古。」公卿請勒石於靈州；從之。

16 特進同中書門下三品宋公蕭瑀，性狷介，與同寮多不合，狷，吉縣翻。嘗言於上曰：「房玄齡與中書門下衆臣，朋黨不忠，執權膠固，陛下不詳知，但未反耳。」上曰：「卿言得無太甚！人君選賢才以爲股肱心膂，當推誠任之。人不可以求備，必捨其所短，取其所長。朕雖不能聰明，何至頓迷臧否，乃至於是！」否，音鄙。瑀內不自得，既數忤旨，數，所角翻。忤，五故翻。上亦銜之，但以其忠直居多，未忍廢也。

上嘗謂張亮曰：「卿既事佛，何不出家？」瑀因自請出家。上曰：「亦知公雅好桑門，今不違公意。」好，呼到翻。瑀須臾復進曰：復，扶又翻。「臣適思之，不能出家。」上以瑀對羣臣發言反覆，尤不能平；會稱足疾不朝，或至朝堂而不入見。上知瑀意終怏怏，冬，十月，手詔數其罪曰：朝，直遙翻。見，賢遍翻。怏，於兩翻。數，所具翻。「朕於佛教，非意所遵。求其道者未驗福於將來，脩其教者翻受辜於既往。至若梁武窮心於釋氏，簡文銳意於法門，傾帑藏以給僧祇，殫人力以供塔廟。帑，他朗翻。藏，徂浪翻。祇，巨支翻。事並見梁紀。及乎三淮沸浪，三淮本之詩，淮有三洲。五嶺騰煙，謂侯景既亂，而蕭勃、元蘭又復亂於嶺南也。假餘息於熊蹯，引殘魂於雀鷇，熊蹯，楚成王事；雀鷇，趙武靈王事；引以喻梁武餓死於臺城。蹯，音煩。鷇，苦候翻。子孫覆亡而不暇，社稷俄頃而爲墟，報施之徵，何其謬也！施，式豉翻。瑀踐覆車之餘軌，襲亡國之遺風；棄公就私，未明隱顯之際；身俗口道，莫辨邪正之心。修累葉之殃源，祈一躬之福本，上以違忤君主，下則扇習浮華。自請出家，尋復違異。復，扶又翻。一迴一惑，在乎瞬息之間；自可自否，變於帷扆之所。帷扆之所，謂天子朝羣臣之所。乖棟梁之體，豈具瞻之量乎！朕隱忍至今，瑀全無悛改。悛，丑緣翻。可商州刺史，商州，漢弘農上洛、商縣地，晉置上洛郡，後魏置洛州，後周改商州。京師至商州二百八十一里。仍除其封。」

17 上自高麗還，蓋蘇文益驕恣，雖遣使奉表，其言率皆詭誕；又待唐使者倨慢，常窺伺邊隙。屢敕令勿攻新羅，而侵陵不止。壬申，詔勿受其朝貢，更議討之。使，疏吏翻。伺，相吏翻。朝，直遙翻。

18 丙戌，車駕還京師。

冬，十月，己丑，上以幸靈州往還，冒寒疲頓，欲於歲前專事保攝。十一月，己【張：「己」作「乙」。】丑，詔祭祀、表疏、胡客、兵馬、宿衛，行魚契給驛、祭祀，謂郊廟社稷明堂也。表疏，在朝羣臣及四方所上者。胡客，四夷朝貢之客。兵馬，調遣征伐及番上宿衛者也。符寶郎掌天子八寶及國之符節，辨其所用，有事則請之於內，既事則奉而藏之，藏其左而班其右，以合中外之契。一曰銅魚符，所以起軍旅，易守長。二曰傳符，所以給郵驛，通制命。三曰隨身魚符，所以明貴賤，應徵召。四曰木契，所以重鎮守，慎出納。五曰旌節，所以委良能，假賞罰。魚符之制，王畿之內，左三右一，王畿之外，左五右一；左者在內，右者在外。行用之日，從第一爲首，後事須用，以次發之，周而復始。大事兼敕書，小事但降符函封，遣使合而行之。傳符之制，太子監國曰雙龍符，左右各十。京都留守曰麟符。左二十，其右一十有九。東方曰青龍符，西方曰騶虞符，南方曰朱雀符，北方曰玄武符，左四右三，左者進內，右者付外。隨身符之制，左二右一。太子以玉，親王以金，庶官以銅，佩以爲飾。刻姓名者，去官而納焉；不刻者，傳而佩之。木契之制，太子監國，則王畿之內，左右各三，王畿之外，左右各五；庶官鎮守，則左右各十。旌節之制，命大將帥及遣使於四方，則請而假之。旌以專賞，節以專殺。**授五品以上官及除解、決死罪皆以聞，餘並取皇太子處分。**處，昌呂翻。分，扶問翻。

19 **十二月，己丑，羣臣累請封禪；從之。詔造羽衛送洛陽宮。**

20 **戊寅，回紇俟利發吐迷度、僕骨俟利發歌濫拔延、多濫葛俟斤末、拔野古俟利發屈利失、同羅俟利發時健啜、思結酋長烏碎及渾、斛薛、奚結、阿跌、契苾、白霫酋長，皆來朝。**敕勒（原缺二十二字）**庚辰，上賜宴於芳蘭殿，**按閣本大明宮圖，玄武門右玄武殿後有紫蘭殿，大樂宴胡客，率引入玄武門。今此芳蘭殿，豈紫蘭殿邪？**命有司□□□□**【章：十二行本「司」下四空格爲「厚加給待」四字；乙十一行本同；孔本同；張校同；退齋校同；熊校同。】**每五日一會。**

21 癸未，上謂長孫無忌等曰：「今日吾生日，世俗皆爲樂，樂，音洛；下宴樂同。在朕翻成傷感。今君臨天下，富有四海，而承歡膝下，永不可得，此子路所以有負米之恨也。家語：子路見孔子曰：「昔由事二親之時，常食藜藿之實，爲親負米百里之外。親沒之後，南遊於楚，後車百乘，積粟萬鍾，累茵而坐，列鼎而食，願欲食藜藿，爲親負米，不可得也。」子曰：「由也事親，可謂生事盡力，死事盡思者也。」詩云：『哀哀父母，生我劬勞。』詩蓼莪之辭。柰何以劬勞之日更爲宴樂乎！」因泣數行下，行，戶剛翻。左右皆悲。

22 房玄齡嘗以微譴歸第，褚遂良上疏，以爲：「玄齡自義旗之始翼贊聖功，謂謁見於軍門，署爲記室時也。上，時掌翻。武德之季冒死決策，謂誅建成、元吉時也。貞觀之初選賢立政，謂遜直於王、魏在朝，文武隨能收敘也。觀，古玩翻。人臣之勤，玄齡爲最。自非有罪在不赦，搢紳同尤，不可遐棄。陛下若以其衰老，亦當諷諭使之致仕，退之以禮；不可以淺鮮之過，鮮，少也。鮮，息淺翻。棄數十年之勳舊。」上遽召出之。頃之，玄齡復避位還家。復，扶又翻。久之，上幸芙蓉園，芙蓉園在京城東南隅，秦之隑州、漢之樂遊苑、唐之曲江，同此地也。長安志曰：隋營宮城，宇文愷以其地在京城東南隅，地高不便，故闕此地，不爲居人坊巷，而鑿之爲池以厭勝之。又會黃渠水自城外南來，入城爲芙蓉池，且爲芙蓉園也。劉餗小說曰：園本古曲江，文帝惡其名「曲」，改曰芙蓉，爲其水盛而芙蓉富也。玄齡敕子弟汛掃門庭，曰：「乘輿且至！」乘，繩證翻。有頃，上果幸其第，因載玄齡還宮。

二十一年（丁未、六四七）

1春，正月，開府儀同三司申文獻公高士廉疾篤；辛卯，上幸其第，流涕與訣；壬辰，薨。上將往哭之，房玄齡以上疾新愈，固諫，上曰：「高公非徒君臣，兼以故舊姻戚，高士廉，長孫后之母舅也。士廉識帝於龍潛，因以甥女妻帝。豈得聞其喪不往哭乎！公勿復言！」復，扶又翻。帥左右自興安門出，按六典，大明宮南面五門，次西曰興安門。但貞觀以前，人主常居太極宮，高宗龍朔之後，方居大明宮。然此時已營永安宮，永安卽大明也。或者帝自永安宮而出興安門歟？按舊書高士廉傳：上出興安門，至延喜門，長孫無忌迎諫馬首。延喜門直皇城之東北隅，而興安門直大明宮城之西南隅，由大明之興安門至皇城之延喜門，其路迂且遠，意太極宮中別自有興安門也。帥，讀曰率。長孫無忌在士廉喪所，聞上將至，輟哭，迎諫於馬首曰：「陛下餌金石，於方不得臨喪，柰何不爲宗廟蒼生自重！爲，于僞翻。且臣舅臨終遺言，深不欲以北首、夷衾，輒屈鑾駕。」死者北首。夷衾，覆尸之衾。鄭氏曰：夷之言尸也，尸之槃曰夷槃，牀曰夷牀，衾曰夷衾，移尸曰夷于堂，皆依尸而爲言者也。首，式又翻。上不聽。無忌中道伏臥，流涕固諫，上乃還入東苑，南望而哭，涕下如雨。及柩出橫橋，長安故城橫門外有橋，曰橫橋。柩，音舊。橫，音光。上登長安故城西北樓，望之慟哭。

2丙申，詔以回紇部爲瀚海府，僕骨爲金微府，考異曰：舊書作「金徽」。今從實錄、唐曆。多濫葛爲燕然府，拔野古爲幽陵府，同羅爲龜林府，思結爲盧山府，府者，都督府也。燕，因肩翻。渾爲皋蘭州，斛薛爲高闕州，奚結爲雞鹿州，阿跌爲雞田州，契苾爲榆溪州，思結別部爲蹛林州，白霫爲寘顏州；蹛，音帶。寘，徒年翻。各以其酋長爲都督、刺史，各賜金銀繒帛及錦袍。繒，慈陵翻。敕勒大喜，捧戴歡呼拜舞，宛轉塵中。及還，上御天成殿宴，設十部樂而遣之。諸酋長奏稱：「臣等既爲唐民，往來天至尊所，如詣父母，請於回紇以南、突厥以北開一道，謂之參天可汗道，置六十八驛，各有馬及酒肉以供過使，使，疏吏翻。歲貢貂皮以充租賦，仍請能屬文人，屬，之欲翻。使爲表疏。」疏，所去翻。上皆許之。於是北荒悉平，然回紇吐迷度已私自稱可汗，官號皆如突厥故事。

3 丁酉，詔以明年仲春有事泰山，禪社首；應劭曰：社首山在漢泰山郡博縣。晉灼曰：山在鉅平縣南十二里。唐志：兗州博城縣有社首山。餘並依十五年議。

4 二月，丁丑，太子釋奠于國學。

5 上將復伐高麗，復，扶又翻。朝議以爲：「高麗依山爲城，攻之不可猝拔。朝，直遙翻。前大駕親征，國人不得耕種，所克之城，悉收其穀，繼以旱災，民太半乏食。今若數遣偏師，更迭擾其疆埸，數，所角翻。更，工衡翻。埸，音亦。使彼疲於奔命，釋耒入堡，耒，盧對翻。數年之間，千里蕭條，則人心自離，鴨綠之北，可不戰而取矣。」上從之。三月，以左武衛大將軍牛進達爲青丘道行軍大總管，相如子虛賦曰：「夫齊東陼鉅海，觀乎成山，射乎之罘，秋獵乎青丘，彷徨乎海外。」服虔曰：青丘國在海東三百里。晉天文志有青丘七星，在軫東南，蠻夷之國也。右武候將軍李海岸副之，發兵萬餘人，乘樓船自萊州汎海而入。又以太子詹事李世勣爲遼東道行軍大總管，右武衛將軍孫貳朗等副之，將兵三千人，將，卽亮翻。因營州都督府兵自新城道入。兩軍皆選習水善戰者配之。

6 辛卯，上曰：「朕於戎、狄所以能取古人所不能取，臣古人所不能臣者，皆順衆人之所欲故也。昔禹帥九州之民，鑿山槎木，帥，讀曰率。槎，士下翻，逆斫木也。疏百川注之海，其勞甚矣，而民不怨者，因人之心，順地之勢，與民同利故也。」

7 是月，上得風疾，苦京師盛暑，夏，四月，乙丑，命脩終南山太和廢宮爲翠微宮。楊大年曰：翠微宮在驪山絕頂。

8 丙寅，置燕然都護府，統瀚海等六都督、皐蘭等七州，六都督、七州並見上。新書曰：置燕然都護府於古單于臺。宋白曰：在西受降城東南四十里。以揚州都督府司馬李素立爲之。素立撫以恩信，夷落懷之，共率馬牛爲獻；素立唯受其酒一盃，餘悉還之。

9 五月，戊子，上幸翠微宮。冀州進士張昌齡獻翠微宮頌，上愛其文，命於通事舍人裏供奉。資格淺不得除正官，命於通事舍人班裏供奉。

初，昌齡與進士王公治【嚴：「治」改「瑾」。】皆善屬文，名振京師，考功員外郎王師旦知貢舉，屬，之欲翻。唐初以考功員外郎知貢舉，至開元間，考功員外郎李昂爲舉人詆訶；帝以員外郎望輕，遂移貢舉於禮部，以侍郎主之。禮部選士自此始。黜之，舉朝莫曉其故。及奏第，上怪無二人名，詰之。朝，直遙翻。詰，去吉翻。師旦對曰：「二人雖有辭華，然其體輕薄，終不成令器。若置之高第，恐後進效之，傷陛下雅道。」上善其言。

10 壬辰，詔百司依舊啓事皇太子。

11 庚辰，上御翠微殿，翠微宮之正殿也。問侍臣曰：「自古帝王雖平定中夏，不能服戎、狄。夏，戶雅翻。朕才不逮古人而成功過之，自不諭其故，諸公各率意以實言之。」羣臣皆稱：「陛下功德如天地，萬物不得而名言。」上曰：「不然。朕所以能及此者，止由五事耳。自古帝王多疾勝己者，朕見人之善，若己有之。人之行能，不能兼備，行，下孟翻。朕常棄其所短，取其所長。人主往往進賢則欲寘諸懷，退不肖則欲推諸壑，推，吐雷翻。朕見賢者則敬之，不肖者則憐之，賢不肖各得其所。人主多惡正直，惡，烏路翻。陰誅顯戮，無代無之，朕踐阼以來，正直之士，比肩於朝，未嘗黜責一人。朝，直遙翻。自古皆貴中華，賤夷、狄，朕獨愛之如一，故其種落皆依朕如父母。種，章勇翻。此五者，朕所以成今日之功也。」顧謂褚遂良曰：「公嘗爲史官，褚遂良嘗知起居注；十八年，拜黃門侍郎，參綜朝政，不復兼史職，故曰嘗。如朕言，得其實乎？」對曰：「陛下盛德不可勝載，勝，音升。獨以此五者自與，蓋謙謙之志耳。」

12 李世勣軍既渡遼，歷南蘇等數城，前漢書：玄菟郡高句驪縣有南蘇水，西北經塞外。高麗多背城拒戰，背，蒲妹翻。世勣擊破其兵，焚其羅郭而還。還，從宣翻，又如字。

13 六月，癸亥，以司徒長孫無忌領揚州都督，實不之任。

14 丁丑，詔以「隋末喪亂，喪，息浪翻。邊民多爲戎、狄所掠，今鐵勒歸化，宜遣使詣燕然等州，使，疏吏翻；下同。燕，因肩翻。與都督相知，訪求沒落之人，贖以貨財，給糧遞還本貫；其室韋、烏羅護、靺鞨三部人爲薛延陀所掠者，亦令贖還。」

15 癸未，以司農卿李緯爲戶【嚴：「戶」改「民」。】部尚書。緯，于貴翻。時房玄齡留守京師，守，手又翻。有自京師來者，上問：「玄齡何言？」對曰：「玄齡聞李緯拜尚書，但云李緯美髭鬢。」髭，即移翻。帝遽改除緯洛州刺史。考異曰：唐曆云：「居無何，改緯太子詹事。」今從舊傳。

16 秋，七月，牛進達、李海岸入高麗境，凡百餘戰，無不捷，攻石城，拔之。進至積利城下，高麗兵萬餘人出戰，海岸擊破之，斬首二千級。

17 上以翠微宮險隘，不能容百官，庚子，詔更營玉華宮於宜春【嚴：「春」改「君」。】之鳳皇谷。玉華宮在宜春縣西四十里。庚戌，車駕還宮。還，從宣翻，又音如字。

18 八月，壬戌，詔以薛延陀新降，土功屢興，降，戶江翻。屢，力句翻，又音如字。加以河北水災，停明年封禪。

19 辛未，骨利幹遣使入貢；丙戌，以骨利幹爲玄闕州，拜其俟斤爲刺史。使，疏吏翻。俟，渠之翻。骨利幹於鐵勒諸部爲最遠，晝長夜短，日沒後，天色正曛，煮羊脾適熟，日已復出矣。骨利幹居瀚海北，產良馬。其地北距海，至京師最遠。又北渡海，則晝長夜短，蓋近日出處。復，扶又翻。考異曰：實錄、唐曆皆作「羊胛」。僧一行大衍曆義及舊天文志、唐統紀皆作「脾」。新天文志云：「胹，羊髀。」按正言羊脾者，取其易熟故也。若煮羊胛及髀，則雖中國，通夕亦未爛矣。今從大衍曆義。

20己丑，齊州人段志沖上封事，上，時掌翻。請上致政於皇太子；太子聞之，憂形於色，發言流涕。長孫無忌等請誅志沖。長，知兩翻。上手詔曰：「五岳陵霄，四海亙地，納汙藏疾，無損高深。左傳云：川澤納汙，山藪藏疾。亙，古鄧翻。志沖欲以匹夫解位天子，言欲使天子解位也。朕若有罪，是其直也；若其無罪，是其狂也。譬如尺霧障天，不虧於大；寸雲點日，何損於明！」

21丁酉，立皇子明爲曹王。明母楊氏，巢剌王之妃也，有寵於上；剌，盧達翻。文德皇后之崩也，欲立爲皇后。魏徵諫曰：「陛下方比德唐、虞，柰何以辰嬴自累！」左傳：晉太子圉爲質於秦，秦穆公以女妻之，圉將逃歸，謂之曰：「與子歸乎？」嬴氏不敢從，圉遂逃歸。及晉公子重耳入秦，秦穆公納女五人，懷嬴與焉，謂之辰嬴。賈季曰「辰嬴嬖於二君」是也。累，力瑞翻。乃止。尋以明繼元吉後。

22戊戌，敕宋州刺史王波利等發江南十二州工人造大船數百艘，欲以征高麗。十二州：宣、潤、常、蘇、湖、杭、越、台、婺、括、江、洪也。艘，蘇遭翻。麗，力知翻。

23 冬，十月，庚辰，奴剌啜匐俟友帥其所部萬餘人內附。奴剌部落居吐谷渾、党項之間。剌，來達翻。啜，陟劣翻。匐，蒲北翻。俟，渠之翻。帥，讀曰率；下同。

24 十一月，突厥車鼻可汗遣使入貢。車鼻名斛勃，本突厥同族，世爲小可汗。頡利之敗，突厥餘衆欲奉以爲大可汗，時薛延陀方強，車鼻不敢當，帥其衆歸之。或說薛延陀：「車鼻貴種，有勇略，說，輸芮翻。種，章勇翻。爲衆所附，恐爲後患，不如殺之。」車鼻知之，逃去。薛延陀遣數千騎追之，騎，奇寄翻。車鼻勒兵與戰，大破之，乃建牙於金山之北，其地三垂斗絕，惟一面可容車騎，壤土夷博。自稱乙注車鼻可汗，突厥餘衆稍稍歸之，數年間勝兵三萬人，勝，音升。時出抄掠薛延陀。抄，楚交翻。及薛延陀敗，車鼻勢益張，張，知亮翻。遣其子沙鉢羅特勒入見，見，賢遍翻。又請身自入朝。朝，直遙翻；下同。詔遣將軍郭廣敬徵之。車鼻特爲好言，初無來意，竟不至。考異曰：實錄，「詔遣雲麾將軍安調遮、右屯衛郎將韓華迎之。車鼻徒飾其辭，初無來意。韓華將招歌邏祿共劫之，車鼻覺其謀，華與車鼻子陟苾特勒相射而死，調遮亦被殺。」今從舊突厥傳。

25 癸卯，徙順陽王泰爲濮王。濮，博木翻。

26 壬子，上疾愈，三日一視朝。

27 十二月，壬申，西趙酋長趙磨帥萬餘戶內附，以其地爲明州。東謝之南有西趙蠻，西抵昆明，南即西洱河，山穴阻深，趙氏世爲酋長。酋，慈由翻。長，知兩翻。

28龜茲王伐疊卒，弟訶黎布失畢立，龜茲，音丘慈。訶，虎何翻。浸失臣禮，侵漁鄰國。上怒，戊寅，詔使持節・崑丘道行軍大總管・自古相傳，西域有崑崙山，河源所出。又爾雅曰：三成爲崑崙丘，故曰崑丘道。使，疏吏翻。左驍衛大將軍阿史那社爾、副大總管・右驍衛大將軍契苾何力、安西都護郭孝恪等將兵擊之，仍命鐵勒十三州、突厥、吐蕃、吐谷渾連兵進討。驍，堅堯翻。契，欺訖翻。苾，毗必翻。將，卽亮翻。吐，從暾入聲。谷，音浴。

29高麗王使其子莫離支任武入謝罪，上許之。

二十二年（戊申、六四八）

1春，正月，己丑，上作帝範十二篇以賜太子，曰君體、建親、求賢、審官、納諫、去讒、戒盈、崇儉、賞罰、務農、閱武、崇文；去，羌呂翻。且曰：「脩身治國，備在其中。治，直之翻。一旦不諱，更無所言矣。」又曰：「汝當更求古之哲王以爲師，如吾，不足法也。夫取法於上，僅得其中；取法於中，不免爲下。吾居位已來，不善多矣，錦繡珠玉不絕於前，宮室臺榭屢有興作，犬馬鷹隼無遠不致，隼，息尹翻。行遊四方，供頓煩勞，此皆吾之深過，勿以爲是而法之。顧我弘濟蒼生，其益多；肇造區夏，其功大。益多損少，故人不怨；功大過微，故業不墮；夏，戶雅翻。少，詩沼翻。墮，讀曰隳。然比之盡美盡善，固多愧矣。汝無我之功勤而承我之富貴，竭力爲善，則國家僅安；驕惰奢縱，則一身不保。且成遲敗速者，國也；失易得難者，位也；可不惜哉！可不慎哉！」太宗自疏其所行之過差者以戒太子，可謂至矣。然太子病於柔弱好內，乃無一言及此以警策之，人莫知其子之惡，信矣！易，以豉翻。

2 中書令兼右庶子馬周病，上親爲調藥；爲，于僞翻。使太子臨問；庚寅，薨。

3 戊戌，上幸驪山溫湯。

4 己亥，以中書舍人崔仁師爲中書侍郎，參知機務。

5 新羅王金善德卒，以善德妹眞德爲柱國，封樂浪郡王，遣使册命。卒，子恤翻。樂浪，音洛琅。使，疏吏翻。

6 丙午，詔以右武衞大將軍薛萬徹爲靑丘道行軍大總管，右衞將軍裴行方副之，將兵三萬餘人及樓船戰艦艦，戶黯翻。自萊州泛海以擊高麗。

7 長孫無忌檢校中書令、知尙書·門下省事。長孫無忌蓋總三省之事。

8 戊申，上還宮。

9 結骨自古未通中國，杜佑曰：結骨在回紇西北三千里。聞鐵勒諸部皆服，二月，其俟利發失鉢屈阿棧入朝。俟，渠之翻。屈，居勿翻。阿，烏葛翻。棧，士限翻。朝，直遙翻。其國人皆長大，赤髮綠睛，睛，音精。有黑髮者以爲不祥。上宴之於天【張：「天」作「大」。】成殿，謂侍臣曰：「昔渭橋斬三突厥首，自謂功多，謂武德九年，頡利犯便橋時也。今斯人在席，更不以爲怪邪！」失鉢屈阿棧請除一官，「執笏而歸，誠百世之幸」。戊午，以結骨爲堅昆都督府，以失鉢屈阿棧爲右屯衞大將軍、堅昆都督，隸燕然都護。燕，因肩翻。又以阿史德時健俟斤部落置祁連州，隸營【章：十二行本「營」作「靈」；乙十一行本同。】州都督。

是時四夷大小君長爭遣使入獻見，長，知兩翻。使，疏吏翻。見，賢遍翻；下引見同。道路不絕，每元正朝賀，常數百千人。辛酉，上引見諸胡使者，謂侍臣曰：「漢武帝窮兵三十餘年，疲弊中國，所獲無幾；幾，居豈翻。豈如今日綏之以德，使窮髮之地盡爲編戶乎！」陸德明經典釋文曰：司馬云：窮髮，北極之下無毛之地也。崔云：北方無毛地也。按毛，草也。地理書曰：山以草木爲髮。

10 上營玉華宮，程大昌曰：玉華宮在坊州宜君縣。務令儉約，惟所居殿覆以瓦，覆，敷又翻。餘皆茅茨；然備設太子宮、百司，苞山絡野，所費已巨億計。乙亥，上行幸玉華宮；己卯，畋于華原。華原、宜君、銅官，漢雲陽祋祤之地。後魏於華原置北雍州，西魏改爲宜州，又置北地郡。隋開皇初，郡廢，大業初，州廢，以縣屬京兆。唐初復置宜州，貞觀十七年，州廢，而以華原復屬於京兆。

11 中書侍郎崔仁師坐有伏閤自訴者，仁師不奏，除名，流連州。連州，漢桂陽、陽山之地，梁置陽山郡，隋置連州，大業初，廢州爲熙平郡，唐復爲連州。連州在京師南三千六百六十五里。考異曰：舊傳「流龔州」。今從新、舊本紀。

12 三月，己丑，分瀚海都督俱羅勃部置燭龍州。

13甲午，上謂侍臣曰：「朕少長兵間，頗能料敵；少，詩照翻。長，知兩翻。今崑丘行師，處月、處密二部及龜茲用事者羯獵顛、那利每懷首鼠，必先授首，弩失畢其次也。」「弩失畢」當作「布失畢」，龜茲王也。

14庚子，隋蕭后卒，詔復其位號，謚曰愍；使三品護葬，備鹵簿儀衞，送至江都，與煬帝合葬。

15充容長城徐惠唐會要曰：舊制，昭儀、昭容、昭媛、脩儀、脩容、脩媛、充儀、充容、充媛各一人，爲九嬪，正二品，晉武帝太康三年，分烏程立長城縣，屬吳興郡，今湖州長興縣是也。惠，徐孝德之女。以上東征高麗，西討龜茲，翠微、玉華，營繕相繼，又服玩頗華靡，上疏諫，其略曰：「以有盡之農功，填無窮之巨浪；圖未獲之他衆，喪已成之我軍。喪，息浪翻；下喪國同。昔秦皇幷吞六國，反速危亡之基，晉武奄有三方，翻成覆敗之業；魏、蜀、吳三方鼎峙，至晉混一。豈非矜功恃大，棄德輕邦，圖利忘危，肆情縱欲之所致乎！是知地廣非常安之術，人勞乃易亂之源也。」又曰：「雖復茅茨示約，易，以豉翻。復，扶又翻。猶興木石之疲，和雇取人，不無煩擾之弊。」又曰：「珍玩伎巧，乃喪國之斧斤；伎，渠綺翻。喪，息浪翻。珠玉錦繡，寔迷心之酖毒。」又曰：「作法於儉猶恐其奢；作法於奢，何以制後！」上善其言，甚禮重之。

王崇武標點容肇祖聶崇岐覆校

# 資治通鑑卷第一百九十九

端明殿學士兼翰林侍讀學士太中大夫提舉西京嵩山崇福宮上柱國河内郡開國公食邑二千二百戶食實封九百戶賜紫金魚袋臣　司馬光　奉敕編集
後　學　天　台　胡三省　音　註

## 唐紀十五

起著雍涒灘（戊申）四月，盡旃蒙單閼（乙卯）九月，凡七年有奇。

### 太宗文武大聖大廣孝皇帝下之下

貞觀二十二年（戊申、六四八）觀，古玩翻。

1 夏，四月，丁巳，右武候將軍梁建方擊松外蠻，破之。松外諸蠻依阻山谷，亦屬古南中之地，蓋以其在松州之外而得名也。新志：松外蠻在巂州昌明縣徼外。

初，巂州都督劉伯英上言：「松外諸蠻蹔降復叛，請出師討之，以通西洱、天竺之道。」此卽漢武帝欲通之道，而爲昆明所蔽者也。巂州，漢邛都夷之地，武帝開置越巂郡。後周武帝置嚴州，唐爲巂州。巂，音髓。上，時掌翻。蹔，與暫同。降，戶江翻。復，扶又翻。洱，乃吏翻。敕建方發巴蜀十三州兵討之。十三州：益、眉、榮、梓、利、綿、遂、巴、盧、渠、達、集、渝也。蠻酋雙舍帥衆拒戰，酋，慈由翻。帥，讀曰率；下同。建方擊敗之，敗，補邁翻。殺獲千餘人。羣蠻震慴，亡竄山谷。建方分遣使者諭以利害，懾，之涉翻。使，疏吏翻。皆來歸附，前後至者七十部，戶十萬九千三百，建方署其酋長蒙和等爲縣令，長，知兩翻；下同。各統所部，莫不感悦。因遣使詣西洱河，新書曰：西洱河蠻道，由郎州走三千里。時建方自巂州道千五百里遣奇兵奄至其地。其帥楊盛大駭，具船將遁，使者曉諭以威信，盛遂請降。帥，所類翻。降，戶江翻。其地有楊、李、趙、董等數十姓，各據一州，大者六百，小者二、三百戶，無大君長，不相統壹，語雖小訛，其生業、風俗，大略與中國同，自云本皆華人，其所異者以十二月爲歲首。

2 己未，契丹辱紇主曲據帥衆内附，奚、契丹酋領皆稱爲辱紇主。契，欺訖翻，又音喫。帥，讀曰率。以其地置玄州，以曲據爲刺史，隸營州都督府。

3 甲子，烏胡鎮將古神感烏胡鎮當置於海中烏胡島。自登州東北海行，過大謝島、龜歆島、淤島而後至烏湖島；又三百里北渡烏湖海。姓譜，周太王去邠適岐，稱古公，因氏焉。將兵浮海擊高麗，遇高麗步騎五千，戰於易山，破之。「易山」，新書作「曷山」。將，卽亮翻。麗，力知翻。騎，奇寄翻。其夜，高麗萬餘人襲神感船，神感設伏，又破之而還。還，從宣翻，又如字。

4 初，西突厥乙毗咄陸可汗厥，九勿翻。咄，當沒翻。可，從刋入聲。汗，音寒。以阿史那賀魯爲葉護，居多邏斯水，在西州北千五百里，邏，郎佐翻。統處月、處密、始蘇、歌邏祿、失畢五姓之衆。乙毗咄陸奔吐火羅，見一百九十六卷十六年。乙毗射匱可汗遣兵迫逐之，部落亡散。乙亥，賀魯帥其餘衆數千帳內屬，詔處之於庭州莫賀城，庭州西延城西六十里有沙鉢城守捉，蓋即莫賀城也；以賀魯後立爲沙鉢羅葉護可汗，故改城名也。處，昌呂翻。拜左驍衛將軍。驍，堅堯翻。賀魯聞唐兵討龜茲，請爲鄉導，龜茲，音丘慈。鄉，讀曰嚮。仍從數十騎入朝。朝，直遥翻。上以爲崑丘道行軍總管，厚宴賜而遣之。爲賀魯後叛張本。

五月，庚子，右衛率長史王玄策擊帝那伏帝王阿羅那順，大破之。東宮十率府，各有長史，正七品上。新書作「那伏帝阿羅那順」，無「王」字。率，所律翻。

初，中天竺王尸羅逸多兵最強，四天竺皆臣之，天竺國，漢身毒國也，或曰摩伽陀，或曰婆羅門，去京師九千六百里，居葱嶺南，幅員三萬里，分東、西、南、北、中五天竺。南天竺瀕海，北天竺距雪山，東天竺際海，與扶南、林邑接，西天竺與罽賓、波斯接，中天竺在四天竺之會。都城曰茶鎛和羅城。杜佑曰：天竺，塞種也。顔師古曰：塞，釋也。玄策奉使至天竺，諸國皆遣使入貢。會尸羅逸多卒，國中大亂，其臣阿羅那順自立，發胡兵攻玄策，玄策帥從者三十人與戰，使，疏吏翻。卒，子恤翻。帥，讀曰率。從，才用翻。力不敵，悉爲所擒，阿羅那順盡掠諸國貢物。玄策脫身宵遁，抵吐蕃西境，以書徵鄰國兵，吐蕃遣精鋭千二百人，泥婆國遣七千餘騎赴之。泥婆羅國直吐蕃之西樂陵川，臣於吐蕃。吐，從暾入聲。騎，奇寄翻。玄策與其副蔣師仁帥二國之兵進至中天竺所居茶鎛和羅城，帥，讀曰率。鎛，音博。新書曰：茶鎛和羅城濱伽毗黎河。連戰三日，大破之，斬首三千餘級，赴水溺死者且萬人。溺，奴狄翻。阿羅那順棄城走，更收餘衆，還與師仁戰；又破之，擒阿羅那順。餘衆奉其妃及王子，阻乾陀衛江，水經註曰：崑崙山，釋氏曰阿耨達山，河水出其東北陬，屈從其東南流注于蒲昌海，自蒲昌海潛行地下，南出積石而爲中國河。其崑崙山西，有大水出焉，曰新頭河，西南流逕烏長國，又東南流逕中天竺國，亦曰恆河，又西逕四大塔北，又西逕陀衛國北。所謂乾陀衛江蓋卽此也。師仁進擊之，衆潰，獲其妃及王子，虜男女萬二千人。於是天竺響震，城邑聚落降者五百八十餘所，降，戶江翻。俘阿羅那順以歸。以玄策爲朝散大夫。唐制：文散階朝散大夫，從五品下。朝，直遙翻。散，悉亶翻。

6 六月，乙丑，以白霫〔別〕部爲居延州。霫，而立翻。

7 癸酉，特進宋公蕭瑀卒，太常議謚曰「德」，尚書議謚曰「肅」。周公謚法：剛德克就曰肅。謚，時利翻。上曰：「謚者，行之迹，當得其實，行，下孟翻。可謚曰貞褊公。」賀琛謚法：直道不撓曰貞；儉嗇無德曰褊；心隘政急曰褊。子銳嗣，尚上女襄城公主。上欲爲之營第，爲，于僞翻。公主固辭，曰：「婦事舅姑，當朝夕侍側，若居別第，所闕多矣。」上乃命卽瑀第而營之。

8 上以高麗困弊，議以明年發三十萬衆，一舉滅之。或以爲大軍東征，須備經歲之糧，非畜乘所能載，宜具舟艦爲水運。隋末劍南獨無寇盜，屬者遼東之役，劍南復不預及，畜，許救翻。乘，繩證翻。艦，戶黯翻。屬，之欲翻。復，扶又翻。其百姓富庶，宜使之造舟艦。上從之。秋，七月，遣右領左右府長史強偉領左右府，亦分爲左、右，各有長史，此卽左、右千牛府也。強，其兩翻，姓也。於劍南道伐木造舟艦，大者或長百尺，其廣半之。別遣使行水道，長，直亮翻。行，下孟翻。自巫峽抵江、揚，趣萊州。趣，七喻翻。

9 庚寅，西突厥相屈利啜請帥所部從討龜茲。相，息亮翻。屈，居勿翻。啜，陟劣翻。帥，讀曰率。

10 初，左武衛將軍武連縣公武安李君羡直玄武門，武連縣時屬始州，始州後改劍州。武安縣，漢屬魏郡，晉屬廣平郡，後周、隋屬洺州。左、右武衛將軍乃南牙諸衛將軍；直玄武門，則掌北門宿衛。時太白屢晝見，太史占云：「女主昌。」民間又傳祕記云：「唐三世之後，女主武王代有天下。」上惡之。見，賢遍翻。惡，烏路翻；下深惡同。會與諸武臣宴宮中，行酒令，行酒令者，一人爲令伯，餘人以次行之。下文使各言小名，即酒令也。使各言小名。君羡自言名五娘，上愕然，因笑曰：「何物女子，乃爾勇健！」又以君羡官稱封邑皆有「武」字，深惡之，後出爲華州刺史。華，戶化翻。有布衣員道信，自言能絕粒，曉佛法，君羡深敬信之，數相從，屏人語。員，音運，姓也。數，所角翻。屏，必郢翻。御史奏君羡與妖人交通，謀不軌。妖，於喬翻。壬辰，君羡坐誅，籍沒其家。

上密問太史令李淳風：「祕記所云，信有之乎？」對曰：「臣仰稽天象，俯察曆數，其人已在陛下宮中，爲親屬，自今不過三十年，當王天下，王，于況翻。殺唐子孫殆盡，其兆既成矣。」上曰：「疑似者盡殺之，何如？」對曰：「天之所命，人不能違也。王者不死，徒多殺無辜。且自今以往三十年，其人已老，庶幾頗有慈心，爲禍或淺。幾，居希翻。今借使得而殺之，天或生壯者肆其怨毒，恐陛下子孫，無遺類矣！」上乃止。

11 司空梁文昭公房玄齡留守京師，守，手又翻。疾篤，上徵赴玉華宮，肩輿入殿，至御座側乃下，相對流涕，因留宮下，聞其小愈則喜形於色；加劇則憂悴。悴，秦醉翻。玄齡謂諸子曰：「吾受主上厚恩，今天下無事，唯東征未已，羣臣莫敢諫，吾知而不言，死有餘責。」乃上表諫，上，時掌翻。以爲：「老子曰：『知足不辱，知止不殆。』陛下功名威德亦可足矣，拓地開疆亦可止矣，且陛下每決一重囚，必令三覆五奏，進素膳，止音樂者，見一百九十三卷五年。重人命也。今驅無罪之士卒，委之鋒刃之下，使肝腦塗地，獨不足愍乎！明謹用刑，重人命也。踴躍用兵，則忘人命之爲重矣。引彼形此，玄齡之言可謂深切著明。向使高麗違失臣節，誅之可也；侵擾百姓，滅之可也；他日能爲中國患，除之可也。今無此三條而坐煩中國，內爲前代雪恥，外爲新羅報讎，豈非所存者小，所損者大乎！說到此，分明見得高麗不必征。當時在朝之臣諫東征者，未有能及此者也，此是忠誠懇切中流出。爲，于僞翻。願陛下許高麗自新，焚陵波之船，罷應募之衆，自然華、夷慶賴，遠肅邇安。臣旦夕入地，儻蒙錄此哀鳴，論語：曾子有疾，孟敬子問之，曾子言曰：「鳥之將死，其鳴也哀；人之將死，其言也善。」死且不朽！」玄齡子遺愛尚上女高陽公主，上謂公主曰：「彼病篤如此，尚能憂我國家。」上自臨視，握手與訣，悲不自勝。勝，音升。癸卯，薨。

柳芳曰：玄齡佐太宗定天下，及終相位，凡三十二年，天下號爲賢相；相，息亮翻。

然無跡可尋，德亦至矣。故太宗定禍亂而房、杜不言功，王、魏善諫諍而房、杜讓其賢，英、衛善將兵而房、杜行其道，新贊作「房、杜濟以文」。將，卽亮翻。理致太平，善歸人主。爲唐宗臣，宜哉！

12 八月，己酉朔，日有食之。

13 丁丑，敕越州都督府及婺、洪等州造海船及雙舫千一百艘。東陽郡，隋平陳，置婺州。舫，甫妄翻。艘，蘇遭翻。

14 辛未，遣左領軍大將軍執失思力出金山道擊薛延陀餘寇。

15 九月，庚辰，崑丘道行軍大總管阿史那社爾擊處月、處密，破之，餘衆悉降。降，戶江翻。

16 癸未，薛萬徹等伐高麗還。還，從宣翻，又如字。萬徹在軍中，使氣陵物，裴行方奏其怨望，坐除名，流象州。裴行方副萬徹東伐，見上卷上年。象州，漢潭中中溜縣之地，隋爲始安郡桂林縣，唐武德四年，置象州桂林郡，以象山名州。

17 己丑，新羅奏爲百濟所攻，破其十三城。

18 己亥，以黃門侍郎褚遂良爲中書令。

19 強偉等發民造船，役及山獠，雅、邛、眉三州獠反。強，其兩翻。邛，渠容翻。獠，魯皓翻。壬寅，遣茂州都督張士貴、右衛將軍梁建方發隴右、峽中兵二萬餘人以擊之。蜀人苦造船之役，或乞輸直雇潭州人造船；上許之。州縣督迫嚴急，民至賣田宅、鬻子女不能供，穀價踊貴，劍外騷然。自劍門關以南謂之劍外，內京師而外諸夏也。上聞之，遣司農少卿長孫知人馳驛往視之。知人奏稱：「蜀人脆弱，不耐勞劇。脆，此芮翻。大船一艘，庸絹二千二百三十六匹。山谷已伐之木，挽曳未畢，復徵船庸，艘，蘇遭翻。復，扶又翻。二事併集，民不能堪，宜加存養。」上乃敕潭州船庸皆從官給。

20 冬，十月，癸丑，車駕還京師。

21 回紇吐迷度兄子烏紇蒸其叔母。紇，下沒翻。烏紇與俱陸莫賀達官俱羅勃，皆突厥車鼻可汗之壻也，相與謀殺吐迷度以歸車鼻。烏紇夜引十餘騎襲吐迷度，殺之。燕然副都護元禮臣使人誘烏紇，許奏以爲瀚海都督，烏紇輕騎詣禮臣謝，禮臣執而斬之，以聞。燕，因肩翻。誘，音酉。騎，奇寄翻。上恐回紇部落離散，遣兵部尚書崔敦禮往安撫之。久之，俱羅勃入見，上留之不遣。回紇由是又微。見，賢遍翻。

22 阿史那社爾既破處月、處密，引兵自焉耆之西趨龜茲北境，趨，七喩翻。分兵爲五道，出其不意，焉耆王薛婆阿那支棄城奔龜茲，保其東境。社爾遣兵追擊，擒而斬之，十六年，郭孝恪破焉耆，立栗婆準爲王，而阿那支殺之，今也罪人斯得。立其從父弟先那準爲焉耆王，新書曰：立突騎支弟婆伽利爲王。此從舊書。從，才用翻。使修職貢。龜茲大震，守將多棄城走。社爾進屯磧口，去其都城三百里，「磧口」，新、舊書作「磧石」。龜茲都伊邏盧城，北倚白山，亦曰阿羯田山。將，卽亮翻。磧，七迹翻。遣伊州刺史韓威帥千餘騎爲前鋒，帥，讀曰率；下同。騎，奇寄翻。右〔驍〕衛將軍曹繼叔次之。至多褐城，龜茲王訶利布失畢、其相那利、羯獵顚帥衆五萬拒戰。相，息亮翻。羯，居謁翻。鋒刃甫接，威引兵僞遁，龜茲悉衆追之，行三十里，與繼叔軍合。龜茲懼，將卻，繼叔乘之，龜茲大敗，逐北八十里。

23 甲戌，以迴紇吐迷度子前左屯衛大將軍〔翊左郎將〕婆閏爲左驍衛大將軍、大俟利發、瀚海都督。驍，堅堯翻。俟，渠之翻。考異曰：舊回紇傳云：「詔西突厥可汗阿史那賀魯統五啜，五俟斤，二十餘部，居多羅斯水南，去西州馬行十五日程。回紇不肯西屬突厥。」按賀魯時爲將軍，自多邏斯水入居庭州，永徽二年乃西遁，自稱可汗，所統咄陸五啜，弩失畢五俟斤，唐未嘗以回紇隸之也。今不取。

24 十一月，庚子，契丹帥窟哥、奚帥可度者並帥所部內屬。帥，所類翻；下別帥同。並帥，讀曰率。以契丹部爲松漠府，杜佑曰：松漠之地，在柳城郡之北。以窟哥爲都督；又以其別帥達稽等部爲峭落等九州，各以其辱紇主爲刺史。峭落州、無逢州、羽陵州、白連州、徒何州、萬丹州、疋黎州、赤山州、并松漠府爲九州。峭，七笑翻。以奚部爲饒樂府，以可度者爲都督；樂，音洛。又以其別帥阿會等部爲弱水等五州，弱水州、祁黎州、洛瓌州、太魯州、渴野州。亦各以其辱紇主爲刺史。辛丑，置東夷校尉官於營州。校，戶教翻。

25 十二月，庚午，太子爲文德皇后作大慈恩寺成。兩京新記：西京外城，朱雀街東第三橋，皇城之東第一街進業坊，隋無漏寺之故基，太子卽其地建寺，爲文德皇后祈福，竹木森邃，爲京城觀游之最。雍錄曰：慈恩寺在朱雀街東第三街，自北次南第十五坊，名曰進昌坊，寺南臨黃渠，竹木森邃。爲，于僞翻。

26 龜茲王布失畢既敗，走保都城，阿史那社爾進軍逼之，布失畢輕騎西走。社爾拔其城，使安西都護郭孝恪守之。沙州刺史蘇海政、尙輦奉御薛萬備帥精騎追布失畢，行六百里，布失畢窘急，保撥換城，自安西府西出柘厥關，渡白馬河四百餘里至撥換城。騎，奇寄翻。帥，讀曰率；下同。社爾進軍攻之四旬，閏月，丁丑，拔之，擒布失畢及羯獵顛。那利脫身走，潛引西突厥之衆幷其國兵萬餘人，襲擊孝恪。孝恪營於城外，龜茲人或告之，孝恪不以爲意。那利奄至，孝恪帥所部千餘人將入城，那利之衆已登城矣，城中降胡與之相應，降，戶江翻；下同。共擊孝恪，矢刃如雨，孝恪不能敵，將復出，復，扶又翻；下利復同。死於西門。城中大擾，倉部郎中崔義超倉部郎，掌判天下倉儲，受納租稅，出給祿廩之事，屬戶部。義超以是官從軍。召募得二百人，衛軍資財物，與龜茲戰於城中，曹繼叔、韓威亦營於城外，自城西北隅擊之。那利經宿乃退，斬首三千餘級，城中始定。後旬餘日，那利復引山北龜茲萬餘人趣都城，山北，蓋白山之北也。趣，七喻翻。繼叔逆擊，大破之，斬首八千級。那利單騎走，龜茲人執之，以詣軍門。

阿史那社爾前後破其大城五，遣左衛郎將權祇甫詣諸城，開示禍福，皆相帥請降，帥，讀曰率。降，戶江翻。凡得七百餘城，虜男女數萬口。社爾乃召其父老，宣國威靈，諭以伐罪之意，立其王之弟葉護爲王；龜茲人大喜。西域震駭，西突厥、于闐、安國爭饋駝馬軍糧，闐，徒賢翻，又徒見翻。社爾勒石紀功而還。還，從宣翻，又如字。

27 戊寅，以崑丘道行軍總管、左驍衛將軍阿史那賀魯爲泥伏沙鉢羅葉護，賜以鼓纛，使招討西突厥之未服者。假賀魯以羽翼，正速其叛耳。驍，堅堯翻。纛，徒到翻。

28 癸未，新羅相金春秋及其子文王入見。相，息亮翻。見，賢遍翻。春秋，眞德之弟也。上以春秋爲特進，文王爲左武衛將軍。春秋請改章服從中國，內出冬服賜之。

二十三年（己酉、六四九）

1 春，正月，辛亥，龜茲王布失畢及其相那利等至京師，上責讓而釋之，以布失畢爲左武衛中郎將。龜茲，音丘慈，又音屈佳。將，卽亮翻。考異曰：實錄云「左武衛翊衛中郎將」，舊傳爲「武翊衛中郎將」。按會要，武德五年，改左、右翊衛爲左、右衛。然則於時已無翊衛之名，且布失畢必不獨兼兩衛之官。今去「翊衛」字。按唐六典，左、右衛有親、勳、翊三衛中郎將，其餘諸衛府各有翊衛中郎將，「翊衛」二字，恐不可去。

2 西南徒莫祇等蠻內附，以其地爲傍、望、覽、丘四州，隸朗州都督府。徒莫祇蠻在爨蠻之西。「朗州」，當作「郎州」。武德元年，開南中，仍舊置南寧州，貞觀八年，改爲郎州，以其地本夜郎國也。

3 上以突厥車鼻可汗不入朝，遣右驍衛郎將高侃發回紇、僕骨等兵襲擊之。兵入其境，諸部落相繼來降。拔悉密吐屯肥羅察降，以其地置新黎州。舊書云：車鼻長子羯漫陀，先統拔悉密部，遣其子菴鑠入朝，帝嘉之，爲置新黎州。朝，直遙翻。降，戶江翻。考異曰：高宗實録云：「初，突厥車鼻可汗遣其子車鉢羅入貢，太宗遣使徵之，不至。太宗大怒，遣右驍衞郎將高侃引回紇、僕骨等兵襲擊之，其下諸部落相次歸降。其子羯漫陀先統拔悉密部，泣諫其父，請歸國；車鼻不聽。羯漫陀遂背父來降，以其地爲新黎州。」舊傳云：「二十三年，遣右驍衞郎將高侃潛引回紇、僕骨等兵衆襲擊之，其酋長歌邏祿泥孰闕俟利發、乃拔塞匐、處木昆、莫賀咄俟斤等，帥部落，背車鼻，相繼來降。車鼻長子羯漫陀先統拔悉密部，車鼻未敗前，遣其子菴鑠入朝，太宗嘉之，拜左屯衞將軍，更置新黎州以統其衆。」今從太宗實録。

4 二月，丙戌，置瑤池都督府，此因穆天子傳西王母觴天子於瑤池之上而命名也。隸安西都護；戊子，以左衞將軍阿史那賀魯爲瑤池都督。

5 三月，丙辰，置豐州都督府，使燕然都護李素立兼都督。

6 去冬旱，至是始雨。辛酉，上力疾至顯道門外，赦天下。丁卯，敕太子於金液門聽政。按唐六典：城門郎掌京城、皇城、宮殿諸門。明德等門爲京城門，朱雀等門爲皇城門，承天等門爲宮城門，嘉德等門爲宮門，太極等門爲殿門。通內諸門，並同上閤門，顯道、金液，其亦通內諸門之門歟？圖志不能盡載耳。

7 夏，四月，乙亥，上行幸翠微宮。

8 上謂太子曰：「李世勣才智有餘，然汝與之無恩，恐不能懷服。我今黜之，若其即行，俟我死，汝於後用爲僕射，親任之；若徘徊顧望，當殺之耳。」五月，戊午，以同中書門下三品李世勣爲疊州都督；世勣受詔，不至家而去。史言太宗以機數御李世勣，世勣亦以機心而事君。杜佑曰：疊州去京師千三百四十里。孫愐曰：疊州自秦至魏，諸羌據焉，周武帝逐諸羌，乃置疊州，蓋以山重疊名之。

9 辛酉，開府儀同三司衞景武公李靖薨。

10 上苦利增劇，太子晝夜不離側，離，力智翻。或累日不食，髮有變白者。上泣曰：「汝能孝愛如此，吾死何恨！」丁卯，疾篤，召長孫無忌入含風殿。含風殿，在翠微宮。上臥，引手捫無忌頤，無忌哭，悲不自勝；勝，音升。上竟不得有所言，因令無忌出。己巳，復召無忌及褚遂良入臥內，復，扶又翻。謂之曰：「朕今悉以後事付公輩。太子仁孝，公輩所知，善輔導之！」謂太子曰：「無忌、遂良在，汝勿憂天下！」又謂遂良曰：「無忌盡忠於我，我有天下，多其力也，我死，勿令讒人間之。」武、許之間二臣，玉几之命猶在高宗之耳，何遽忘之邪！間，古莧翻。仍令遂良草遺詔。有頃，上崩。年五十有三。

太子擁無忌頸，號慟將絕，無忌攬涕，請處分衆事以安內外，太子哀號不已，號，戶高翻。處，昌呂翻。分，扶問翻。無忌曰：「主上以宗廟社稷付殿下，豈得效匹夫唯哭泣乎！」乃祕不發喪。庚午，無忌等請太子先還，飛騎、勁兵及舊將皆從。騎，奇寄翻。將，卽亮翻。從，才用翻。辛未，太子入京城；大行御馬輿，侍衞如平日，繼太子而至，頓於兩儀殿。以太子左庶子于志寧爲侍中，少詹事張行成兼侍中，以檢校刑部尚書、右庶子、兼吏部侍郎高季輔兼中書令。壬申，發喪太極殿，宣遺詔，太子卽位。太極殿，西內正朝，於此發喪，太子於柩前卽位。軍國大事，不可停闕；平常細務，委之有司。諸王爲都督、刺史者，並聽奔喪，濮王泰不在來限。罷遼東之役及諸土木之功。四夷之人入仕於朝及來朝貢者數百人，聞喪皆慟哭，翦髮、剺面、割耳，流血灑地。朝，直遥翻。剺，里之翻。

六月，甲戌朔，高宗卽位，赦天下。

11 丁丑，以疊州都督李勣爲特進、檢校洛州刺史、洛陽宮留守。李世勣去「世」字，避太宗二名也。守，手又翻。

12 先是，太宗二名，令天下不連言者勿避；先，悉薦翻。至是，始改官名犯先帝諱者。孔穎達曰：曲禮，卒哭乃諱。註云：敬鬼神之名也。諱，避也。生者不相避名。衞侯名惡，大夫有名惡，君臣同名，春秋不非。按昭七年，衞侯惡卒。穀梁傳云：昭元年有衞齊惡。今衞侯惡何？謂君臣同名也，君子不奪人親所名也。

13 癸未，以長孫無忌爲太尉，兼檢校中書令，知尚書、門下二省事。無忌固辭知尚書省事，帝許之，仍令以太尉同中書門下三品。唐制：三公正一品。無忌既爲太尉，而令同中書門下三品，當時朝議之失也。癸巳，以李勣爲開府儀同三司、同中書門下三品。

14 阿史那社爾之破龜茲也，行軍長史薛萬備請因兵威說于闐王伏闍信入朝，說，輸芮翻。闍，視遮翻。朝，直遥翻。社爾從之。秋，七月，己酉，伏闍信隨萬備入朝，詔入謁梓宮。

15 八月，癸酉，夜，地震，晉州尤甚，壓殺五千餘人。

16 庚寅，葬文皇帝于昭陵，昭陵在京兆醴泉縣西北六十里九嵕山。廟號太宗。自唐太宗後，爲臣子者率稱其君之廟號，豈非子孫臣民亦病其謚號太多非實，而古者祖有功宗有德之義微乎！阿史那社爾、契苾何力請殺身殉葬，上遣人諭以先旨不許。蠻夷君長爲先帝所擒服者頡利等十四人，皆琢石爲其像，刻名列於北司馬門內。

17 丁酉，禮部尚書許敬宗奏弘農府君廟應毁，弘農府君，魏弘農太守重耳也，於高宗爲七世祖，親盡應毁。請藏主於西夾室，從之。太廟有東西夾室，夾太室兩旁，故謂之夾室。

18 九月，乙卯，以李勣爲左僕射。行先帝之治命也。

19 冬，十月，以突厥諸部置舍利等五州隸雲中都督府，五州：舍利州、思辟州、阿史那州、綽州、白登州。蘇農等六州隸定襄都督府。史只載蘇農州、阿德州、執失州、拔延州，餘二州逸。

20 乙亥，上問大理卿唐臨繫囚之數，對曰：「見囚五十餘人，見，賢遍翻。唯二人應死。」上悅。上嘗錄繫囚，前卿所處者多號呼稱冤，臨所處者獨無言。上怪問其故。囚曰：「唐卿所處，本自無冤。」號，戶高翻。處，昌呂翻。上歎息良久，曰：「治獄者不當如是邪！」治，直之翻。

21 上以吐蕃贊普弄讚爲駙馬都尉，漢武帝置三都尉：曰奉車都尉，曰駙馬都尉，曰騎都尉。唐以騎都尉爲勳官，駙馬都尉以授尚主者，奉車都尉不復除授。封西海郡王。贊普致書于長孫無忌等云：「天子初卽位，臣下有不忠者，當勒兵赴國討除之。」吐蕃以太宗晏駕，固有輕中國之心矣。

22 十二月，詔濮王泰開府置僚屬，車服珍膳，特加優異。

## 高宗天皇大聖大弘孝皇帝上之上

諱治，字爲善，小字雉奴，太宗第九子也。文明元年，謚曰天皇大帝，廟號高宗；天寶八載，加尊號高宗天皇大聖皇帝；十三載，加尊號高宗天皇大聖大弘孝皇帝。

### 永徽元年（庚戌、六五〇）

1 春，正月，辛丑朔，改元。

2 丙午，立妃王氏爲皇后。后，思政之孫也。王思政爲西魏守潁川，沒於東魏。以后父仁祐爲特進、魏國公。

3 己未，以張行成爲侍中。

4 辛酉，上召朝集使，朝，直遙翻。使，疏吏翻。謂曰：「朕初卽位，事有不便於百姓者悉宜陳，不盡者更封奏。」自是日引刺史十人入閤，問以百姓疾苦，及其政治。治，直吏翻。

有洛陽人李弘泰誣告長孫無忌謀反，上命立斬之。無忌與褚遂良同心輔政，上亦尊禮二人，恭己以聽之，以帝之尊任二人如此，武后譖而去之，雖隊諸淵不悔也。哲婦之爲鴟梟也尚矣。故永徽之政，百姓阜安，有貞觀之遺風。觀，古玩翻。

5太宗女衡山公主應適長孫氏，有司以爲服既公除，欲以今秋成婚。于志寧上言：「漢文立制，本爲天下百姓。公主服本斬衰，上，時掌翻。爲，于僞翻。衰，倉回翻。縱使服隨例除，豈可情隨例改，請俟三年喪畢成婚。」上從之。

6二月，辛卯，立皇子孝爲許王，上金爲杞王，素節爲雍王。帝後宮鄭生孝，楊生上金，蕭淑妃生素節。雍，於用翻。

7夏，五月，壬戌，吐蕃贊普弄讚卒，卒，子恤翻。其嫡子早死，立其孫爲贊普。贊普幼弱，政事皆決於國相祿東贊。相，息亮翻。祿東贊性明達嚴重，行兵有法，吐蕃所以強大，威服氐、羌，皆其謀也。

8六月，高侃擊突厥，至阿息山。車鼻可汗召諸部兵皆不赴，與數百騎遁去。侃帥精騎追至金山，擒之以歸，其衆皆降。騎，奇寄翻。帥，讀曰率。降，戶江翻。

9初，阿史那社爾虜龜茲王布失畢，立其弟爲王。事見太宗貞觀二十六年。唐兵既還，其酋長爭立，更相攻擊。酋，茲由翻。長，知兩翻。更，工衡翻。秋，八月，壬午，詔復以布失畢爲龜茲王，復，扶又翻。遣歸國，撫其衆。

10九月，庚子，高侃執車鼻可汗至京師，釋之，拜左武衛將軍，處其餘衆於鬱督軍山，處，昌呂翻。置狼山都督府以統之。以高侃爲衛將軍。唐無衛將軍，「衛」字之上須有脫字。於是突厥盡爲封內之臣，分置單于、瀚海二都護府。單于領狼山、雲中、桑乾三都督，蘇農等一十四州；瀚海領瀚海、金徽、新黎等七都督，仙萼等八州；各以其酋長爲刺史、都督。新書作「蘇農二十四州」，舊書作「一十四州」。又考是後調露元年，溫傅、奉職二部反，二十四州皆叛應之，則「二」字爲是。然單于都護府所領見於史者，蘇農等四州，舍利等五州及桑乾府所領郁射、藝失、卑失、叱略等四州，呼延府所領賀魯、葛邏、跌跌等三州，財十九州耳，其五州逸，無所考。又有定襄、呼延二都督而無狼山都督，是其廢置離合，不可詳也。狼山府，顯慶三年廢爲州。「金徽」當作「金微」。瀚海都護府領瀚海、金微、新黎、幽陵、龜林、堅昆六都督府，其一逸；仙萼、浚稽、余吾、稽落、居延、寘顏、榆溪、渾河、燭龍凡八州。宋白曰：振武軍舊爲單于都護府，卽漢定襄郡之盛樂縣也，在陰山之陽，黃河之北，西南至東受降城百二十里。瀚海都護後移於回紇本部。乾，音干。

11 癸亥，上出畋，遇雨，問諫議大夫昌樂谷那律曰：「油衣若爲則不漏？」炙轂子曰：惟絹油之製及帽油，陳始有之。樂，音洛。對曰：「以瓦爲之，必不漏。」上悅，爲之罷獵。悅爲之爲，于僞翻。考異曰：舊書那律傳云：嘗從太宗出獵，在塗遇雨，有此語，意欲太宗不爲畋獵，太宗悅，賜帛二百段。唐錄、政要高宗出獵有此月日，唐統紀亦在此年，今從之。

12 李勣固求解職；冬，十月，戊辰，解勣左僕射，以開府儀同三司、同中書門下三品。

13 己未，監察御史陽武韋思謙陽武縣，漢屬河南郡，自晉以來屬滎陽郡。監，工銜翻。劾奏中書令褚遂良抑買中書譯語人地。中書掌受四方朝貢及通表疏，故有譯語人。劾，戶概翻，又戶得翻。大理少卿張叡册以爲准估無罪。思謙奏曰：「估價之設，備國家所須，臣下交易，豈得准估爲定！

估，音古。叡册舞文，附下罔上，罪當誅。」是日，左遷遂良爲同州刺史，叡册循州刺史。思謙名仁約，以字行。

14 十二月，庚午，梓州都督謝萬歲、兗州都督謝法興，與黔州都督李孟嘗討琰州叛獠；「梓州」，當作「牂州」。武德三年，牂柯蠻酋謝龍羽降，以其地置牂州。「兗州」當作「充州」，武德三年，以牂柯蠻別部置。琰州，亦蠻州，貞觀四年置。皆屬黔州都督府。黔，音琴。獠，魯皓翻。萬歲、法興入洞招慰，爲獠所殺。

二年（辛亥、六五一）

1 春，正月，乙巳，以黄門侍郎宇文節、中書侍郎柳奭並同中書門下三品。奭，亨之兄子，柳亨，西魏尚書左僕射慶之孫，竇誕之壻也，亨妻卽襄陽公主之女。王皇后之舅也。

2 左驍衛將軍、瑤池都督阿史那賀魯驍，堅堯翻。招集離散，廬帳漸盛，聞太宗崩，謀襲取西、庭二州。庭州刺史駱弘義知其謀，表言之，上遣通事舍人橋寶明馳往慰撫。寶明說賀魯，令長子咥運入宿衛，授右驍衛中郎將，尋復遣歸。咥運乃說其父擁衆西走，說，輸芮翻。復，扶又翻。擊破乙毗射匱可汗，併其衆，建牙于雙河及千泉，自雙河西南抵賀魯牙帳二百里。千泉屬石國界，又在賀魯牙帳西南。新書曰：素葉城西四百里至千泉，地贏二百里，南雪山，三垂平陸，多泉地，因名之。自號沙鉢羅可汗，咄陸五啜、努失畢五俟斤皆歸之，勝兵數十萬，咄，當沒翻。啜，步劣翻。俟，渠之翻。勝，音升。與乙毗咄陸可汗連兵，處月、處密及西域諸國多附之。以咥運爲莫賀咄葉護。咥，徒結翻。

3 焉耆王婆伽利卒，國人表請復立故王突騎支；卒，子恤翻。復，扶又翻。騎，奇寄翻。夏，四月，詔加突騎支右武衞將軍，遣還國。

4 金州刺史滕王元嬰驕奢縱逸，居亮陰中，畋遊無節，數夜開城門，勞擾百姓，或引彈彈人，或埋人雪中以戲笑。數，所角翻。引彈，徒旦翻。上賜書切讓之，且曰：「取適之方，亦應多緒，晉靈荒君，何足爲則！左傳，晉靈公不君，從臺上彈人以觀其避丸。朕以王至親，不能【張：「能」作「忍」。】致王於法，今書王下上考以愧王心。」

元嬰與蔣王惲皆好聚斂，惲，於粉翻。好，呼到翻。斂，力贍翻。上嘗賜諸王帛各五百段，獨不及二王，敕曰：「滕叔、蔣兄自能經紀，不須賜物；給麻兩車以爲錢貫。」二王大慙。

5 秋，七月，西突厥沙鉢羅可汗寇庭州，攻陷金嶺城及蒲類縣，西州交河縣北行八十里入谷，又百三十里經柳谷，渡金沙嶺，百六十里至庭州。蒲類縣，屬西州，後屬庭州，又改爲後庭縣。殺略數千人。詔左武候【嚴：「候」改「衞」。】大將軍梁建方、右驍衞大將軍契苾何力爲弓月道行軍總管，弓月城在庭州西千有餘里。右驍衞將軍高德逸、右武候將軍薛孤吳仁【嚴：「薛」改「薩」。】爲副，發秦、成、岐、雍府兵三萬人成州，漢武都上祿、下辨之地，後魏置仇池郡。漢陽郡南秦州，西魏改曰成州。雍州，京兆郡。雍，於用翻。及回紇五萬騎以討之。紇，下沒翻。

6 癸巳，詔諸禮官學士議明堂制度，以高祖配五天帝，太宗配五人帝，五天帝，註已見七十九卷晉武帝泰始二年。五人帝：東方帝太皞、西方帝少皞、南方帝炎帝、北方帝顓頊、中央帝黃帝。

7 八月，己巳，以于志寧爲左僕射，張行成爲右僕射，高季輔爲侍中；志寧、行成仍同中書門下三品。

8 己卯，郎州白水蠻反，寇麻州，白水蠻與青蛉、弄棟接，隸郎州。麻州，貞觀二十二年分郎州置。遣左領軍將軍趙孝祖等發兵討之。

9 九月，癸巳，廢玉華宮爲佛寺。戊戌，更命九成宮爲萬年宮。更，工衡翻。

10 庚戌，左武侯引駕盧文操踰牆盜左藏物，上以引駕職在糾繩，左、右武侯，掌宮中及京城晝夜巡警之法，以執禦非違；有引駕仗三衛六十人，引駕佽飛六十六人。左、右藏，晉始有之，唐因而不改，各有令一人。宋白曰：唐制：左、右金吾有引駕仗百四十人，以三衛人數充。左藏掌邦國庫藏，右藏掌國寶貨。藏，徂浪翻。乃自爲盜，命誅之。諫議大夫蕭鈞諫曰：「文操情實難原，然法不至死。」上乃免文操死，顧侍臣曰：「此眞諫議也！」

11 閏月，長孫無忌等上所刪定律令式；上，時掌翻。甲戌，詔頒之四方。

12 上謂宰相曰：「聞所在官司，行事猶互觀顏面，多不盡公。」長孫無忌對曰：「此豈敢言無；然肆情曲法，實亦不敢。至於小小收取人情，恐陛下尚不能免。」無忌以元舅輔政，凡有所言，上無不嘉納。

13 冬，十有一月，辛酉，上祀南郊。

14 癸酉，詔：「自今京官及外州有獻鷹隼及犬馬者，罪之。」隼，息允翻。

15 戊寅，特浪羌酋董悉奉求、辟惠羌酋卜檐莫各帥種落萬餘戶詣茂州內附。特浪、辟惠皆生羌也。是年，以其地置蓬魯等三十二州，屬茂州都督府。酋，茲由翻。檐，余廉翻。帥，讀曰率。種，章勇翻。

16 竇州、義州蠻酋李寶誠等反，義州，漢猛陵縣地，梁置永業郡，隋改爲懷德縣，屬瀧州，唐武德五年，置南義州，貞觀二年，曰義州。桂州都督劉伯英討平之。

17 郎州道總管趙孝祖討白水蠻，蠻酋禿磨蒲及儉彌于帥衆據險拒戰，孝祖皆擊斬之。會大雪，蠻飢凍，死亡略盡。孝祖奏言：「貞觀中討昆州烏蠻，始開青蛉、弄棟爲州縣。昆州，漢益州郡地，隋置昆州，以亂廢。唐武德初，開南中，復置。柘東兩爨蠻，自曲州、靖州西南昆川、曲軛、晉寧、喻獻、安寧距龍和城，通謂之西爨白蠻。自彌鹿、升麻二川，南至步頭，謂之東爨烏蠻。青蛉，漢武帝開爲縣，屬越巂郡。弄棟縣屬益州郡，晉並屬雲南郡，後屬興寧郡。隋亂，與中國絕，唐以青蛉地置髳州，弄棟地置褒州。弄棟之西有小勃弄、大勃弄二川，勃弄屬漢永昌郡界，唐武德七年，置南雲州，貞觀八年，更名匡州。恆扇誘弄棟，欲使之反。恆，戶登翻。其勃弄以西與黃瓜、葉榆、西洱河相接，葉榆亦漢武帝開爲縣，有葉榆澤，屬益州郡，後漢屬永昌郡，晉屬雲南郡，後分屬東河陽郡。人衆殷實，多於蜀川，無大酋長，好結讎怨，好，呼到翻。今因破白水之兵，請隨便西討，撫而安之。」敕許之。

18 十二月，壬子，處月朱邪孤注殺招慰使單道惠，邪，音耶。單，音善。與突厥賀魯相結。

19 是歲，百濟遣使入貢，上戒之，使「勿與新羅、高麗相攻，不然，吾將發兵討汝矣。」

三年（壬子、六五二）

1 春，正月，己未朔，吐谷渾、新羅、高麗、百濟並遣使入貢。

2 癸亥，梁建方、契苾何力等大破處月朱邪孤注於牢山。新書：牢山亦曰賭蒲，東北距烏德鞬山，度馬行十五日。孤注夜遁，建方使副總管高德逸輕騎追之，騎，奇寄翻。行五百餘里，生擒孤注，斬首九千級。軍還，御史劾奏梁建方兵力足以追討，而逗留不進；高德逸敕令市馬，自取駿者。劾，戶概翻，又戶得翻。上以建方等有功，釋不問。大理卿李道裕奏言：「德逸所取之馬，筋力異常，請實中廐。」中廐，猶言內廐也。上謂侍臣曰：「道裕法官，進馬非其本職，妄希我意；豈朕行事不爲臣下所信邪！朕方自咎，故不復黜道裕耳。」復，扶又翻。

3 己巳，以同州刺史褚遂良爲吏部尚書、同中書門下三品。

4 丙子，上饗太廟；丁亥，饗先農，躬耕藉田。漢儀：天子正月親耕藉田，告祠先農。先農卽神農也，祠以太牢，百官皆從。唐制，天子以孟冬吉亥享先農，而遂以耕藉。

5 二月，甲寅，上御安福門樓，唐六典：長安皇城西面二門，北曰安福，南曰順義；安福西直京城之開遠門。觀百戲。乙卯，上謂侍臣曰：「昨登樓，欲以觀人情及風俗奢儉，非爲聲樂。爲，于僞翻。朕聞胡人善爲擊鞠之戲，鞠以韋爲之，實以柔物，今謂之毬子。嘗一觀之。昨初升樓，即有羣胡擊鞠，意謂朕篤好之也。好，呼到翻。帝王所爲，豈宜容易。易，以豉翻。朕已焚此鞠，冀杜胡人窺望之情，亦因以爲誡。」

6 三月，辛巳，以宇文節爲侍中，柳奭爲中書令，以兵部侍郎三原韓瑗守黃門侍郎、同中書門下三品。瑗，于眷翻。

7 夏，四月，趙孝祖大破西南蠻，斬小勃弄酋長歿盛，擒大勃弄酋長楊承顛。自餘皆屯聚保險，大者有衆數萬，小者數千人，孝祖皆破降之，降，戶江翻。西南蠻遂定。

8 甲午，澧州刺史彭思王元則薨。澧，音禮。

9 六月，戊申，遣兵部尚書崔敦禮等將并、汾步騎萬人往茂州。茂州，考之新、舊志無之，當置之於薛延陀故地也。將，即亮翻。發薛延陀餘衆渡河，置祁連州以處之。

10 秋，七月，丁巳，立陳王忠爲皇太子，赦天下。王皇后無子，柳奭爲后謀，爲，于僞翻。以忠母劉氏微賤，勸后立忠爲太子，冀其親己；外則諷長孫無忌等使請於上。上從之。乙丑，以于志寧兼太子少師，張行成兼少傅，高季輔兼少保。

11 丁丑，上問戶部尚書高履行：「去年進戶多少？」戶部尚書即民部尚書，避太宗諱，改焉。進戶，新增進之戶也。少，詩沼翻。履行奏：「去年進戶總一十五萬。」因問隋代及今日見戶，見，賢遍翻。履行奏：「隋開皇中，戶八百七十萬，卽今戶三百八十萬。」卽今，猶言當今也，唐人多有此語。履行，士廉之子也。

12 九月，守中書侍郎來濟同中書門下三品。

13 冬，十一月，庚寅，弘化長公主自吐谷渾來朝。弘化公主，貞觀十三年降吐谷渾慕容諾曷鉢。長，知兩翻。

14 癸巳，濮【章：十二行本「濮」下有「恭」字；乙十一行本同；孔本同。】王泰薨於均州。濮，博木翻。

15 散騎常侍房遺愛尚太宗女高陽公主，散，悉亶翻。騎，奇寄翻。公主驕恣甚，房玄齡薨，公主教遺愛與兄遺直異財，既而反譖遺直。遺直自言，太宗深責讓主，由是寵衰；主怏怏不悅。怏，於兩翻。會御史劾盜，得浮屠辯機寶枕，浮屠，正號曰佛陀，與浮屠音聲相近，皆西方言，其來轉爲二音，華言譯之則謂之淨覺，言滅穢成明道爲聖悟。劾，戶概翻，又戶得翻。云主所賜。主與辯機私通，餉遺億計，餉遺，唯季翻。更以二女子侍遺愛。太宗怒，腰斬辯機，殺奴婢十餘人；主益怨望，太宗崩，無戚容。上卽位，主又令遺愛與遺直更相訟，直更，工衡翻。遺愛坐出爲房州刺史，房州，古房陵、上庸地，西魏置光遷國，後周改曰遷州，隋改曰房州，尋廢州爲房陵郡，唐復曰房州。遺直爲隰州刺史。又，浮屠智勗等數人私侍主，主使掖庭令陳玄運伺宮省機祥。掖庭局令，從七品下，宦者爲之，屬內侍省，掌宮禁女工之事，凡宮人名籍，司其除附。璣，居希翻，又其旣翻。

先是，駙馬都尉薛萬徹高祖女丹陽公主下嫁薛萬徹。先，悉薦翻。坐事除名，徙寧州刺史，入朝，與遺愛款昵，朝，直遙翻。昵，尼質翻。對遺愛有怨望語，且曰：「今雖病足，坐置京師，鼠輩猶不敢動。」因與遺愛謀，「若國家有變，當奉司徒荆王元景爲主。」元景女適遺愛弟遺則，由是與遺愛往來。元景嘗自言，夢手把日月。駙馬都尉柴令武，紹之子也，柴紹尙高祖女平陽公主。尙巴陵公主，巴陵公主，太宗之女。除衞州刺史，託以主疾留京師求醫，因與遺愛謀議相結。高陽公主謀黜遺直，奪其封爵，使人誣告遺直無禮於己。遺直亦言遺愛及主罪，云：「罪盈惡稔，恐累臣私門。」累，力瑞翻。上令長孫無忌鞫之，令，力丁翻。長，知兩翻。更獲遺愛及主反狀。

司空、安州都督吳王恪母，隋煬帝女也。恪有文武才，太宗常以爲類己，欲立爲太子，無忌固爭而止，事見一百九十七卷貞觀十七年。由是與無忌相惡。恪名望素高，爲物情所向，無忌深忌之，欲因事誅恪以絕衆望。遺愛知之，因言與恪同謀，冀如紇干承基得免死。事見一百九十六卷、一百九十七卷貞觀十七年。

四年（癸丑、六五三）

1 春，二月，甲申，詔遺愛、萬徹、令武皆斬，元景、恪、高陽、巴陵公主並賜自盡。上泣謂侍臣曰：「荆王，朕之叔父，吳王，朕兄，欲匄其死，可乎？」匄，居大翻。兵部尙書崔敦禮以爲不可，乃殺之。萬徹臨刑大言曰：「薛萬徹大健兒，留爲國家效死力，豈不佳，尙，辰羊翻。爲，于僞翻。乃坐房遺愛殺之乎！」吳王恪且死，罵曰：「長孫無忌竊弄威權，構害良善，宗社有靈，當族滅不久！」

乙酉，侍中兼太子詹事宇文節，特進、太常卿江夏王道宗、左驍衞大將軍駙馬都尉執失思力高祖女九江公主下嫁執失思力。夏，戶雅翻。驍，堅堯翻。並坐與房遺愛交通，流嶺表。節與遺愛親善，及遺愛下獄，下，遐嫁翻。節頗左右之。左右，讀曰佐佑。江夏王道宗素與長孫無忌、褚遂良不協，故皆得罪。戊子，廢恪母弟蜀王愔爲庶人，置巴州；愔，於今翻。房遺直貶春州銅陵尉，銅陵縣，漢允吾縣地，屬合浦郡。宋置瀧潭縣，屬新寧郡；隋改爲銅陵縣，屬端州；唐初屬春州。萬徹弟萬備流交州。罷房玄齡配饗。鄭樵曰：盤庚云：茲予大享于先王，爾祖其從與享之。周制，凡有功者祭于大烝。漢制，祭功臣於庭。生時侍燕於庭，死則降在庭位，謂之配饗。

2 開府儀同三司李勣爲司空。

3 初，林邑王范頭利卒，卒，子恤翻。子眞龍立，大臣伽獨弒之，盡滅范氏。伽獨自立，國人弗從，乃立頭利之壻婆羅門爲王。國人咸思范氏，復罷婆羅門，復，扶又翻。立頭利之女爲王。女不能治國，治，直之翻。有諸葛地者，頭利之姑子也，父爲頭利所殺，南奔眞臘，眞臘，一名吉蔑，本扶南屬國，去京師二萬七百里，東距車渠，西屬驃，南瀕海，北與道明接，東北抵驩州，貞觀初，幷扶南，有其地。大臣可倫翁定遣使迎而立之，使，疏吏翻；下同。妻以女王，妻，七細翻。衆然後定。夏，四月，戊子，遣使入貢。

4 秋，九月，壬戌，右僕射北平定公張行成薨。謚法：純行不爽曰定。甲戌，以褚遂良爲右僕射，同中書門下三品如故，仍知選事。選，須絹翻。

5 冬，十月，庚子，上幸驪山溫湯；乙巳，還宮。

6 初，睦州女子陳碩眞吳孫權分丹楊立新安郡，隋仁壽三年置睦州，大業初，廢州爲遂安郡，唐復爲睦州。以妖言惑衆，妖，於喬翻；下同。與妹夫章叔胤舉兵反，自稱文佳皇帝，以叔胤爲僕射。甲子夜，叔胤帥衆攻桐廬，陷之。吳分富春立桐廬縣，屬吳郡，隋、唐屬睦州。九域志：縣在州東一百五里。項安世曰：桐廬縣，魏黄初四年，吳置，以桐溪側有大椅樹，垂條偃蓋，旁蔭數畝，遠望如廬，因謂之桐廬。帥，讀曰率。碩眞撞鍾焚香，撞，直江翻。引兵二千攻陷睦州及於潛，於潛縣，漢屬丹楊郡，晉、宋屬吳興郡，梁、陳屬錢唐郡，隋、唐屬杭州。宋白曰：吳越春秋，秦徙大越鳥語之人寘之朁。闞駰十三州志：「朁」，讀爲「潛」。吳錄、地理志：縣西有朁山。舊「朁」字無「水」，至隋加「水」。於，如字。進攻歙州，不克，歙，音攝。敕揚州刺史房仁裕發兵討之。碩眞遣其黨童文寶將四千人寇婺州，將，即亮翻；下同。刺史崔義玄發兵拒之。民間訛言碩眞有神，犯其兵者必滅族，士衆兇懼。兇，許勇翻。司功參軍崔玄籍曰：功、倉、戶、兵、法、士參軍，所謂州判司也。「起兵仗順，猶且無成，况憑妖妄，其能久乎！」義玄以玄籍爲前鋒，自將州兵繼之，至下淮戍，遇賊，與戰。左右以楯蔽義玄，楯，食尹翻。義玄曰：「刺史避箭，人誰致死！」命撤之。於是士卒齊奮，賊衆大潰，斬首數千級。聽其餘衆歸首；歸首，式又翻。進至睦州境，降者萬計。降，戶江翻。十一月，庚戌，房仁裕軍合，獲碩眞、叔胤，斬之，餘黨悉平。義玄以功拜御史大夫。御史大夫，天子耳目官也，非以賞功。厥後崔義玄承中宮旨繩長孫無忌等，豈不忝厥官哉！

7 癸丑，以兵部尚書崔敦禮爲侍中。

8 十二月，庚子，侍中蓨憲公高季輔薨。謚法：博聞多能曰憲。蓨，音條。

9 是歲，西突厥乙毗咄陸可汗卒，其子頡苾達度設號眞珠葉護，始與沙鉢羅可汗有隙，與五弩失畢共擊沙鉢羅，破之，斬首千餘級。

五年（甲寅、六五四）

1 春，正月，壬戌，羌酋凍就內附，以其地置劍州。凍就，特浪生羌卜樓大首領也。劍州羈縻，屬松州都督府。

2 三月，戊午，上行幸萬年宮。考異曰：實錄戊午以下，皆爲二月。按長曆，二月丁丑朔，無戊午。戊午，三月十二日也。

3 庚申，加贈武德功臣屈突通等十三人官。

初，王皇后無子，蕭淑妃有寵，考異曰：新、舊唐書或作「蕭淑妃」，或作「蕭良娣」。實錄皆作「良娣」，廢王后詔亦曰「良娣蕭氏」。按當時後宮位號無良娣名，唯漢世太子宮有良娣。疑高宗在東宮時，蕭爲良娣，及卽位，拜淑妃也。王后疾之。上之爲太子也，入侍太宗，見才人武氏而悅之。才人，晉武帝所制爵，視千石以下；宋、齊之時，以爲散職；梁於九嬪之下，置五職、三職，才人位列三職，比駙馬都尉；唐承隋制，才人五人，正五品。太宗崩，武氏隨衆感業寺爲尼。長安志曰：貞觀二十三年五月，太宗上仙，其年卽以安業坊濟度尼寺爲靈寶寺，盡度太宗嬪御爲尼以處之。程大昌曰：以通鑑及長安志及呂大防長安圖參定，通鑑言武氏在感業寺，長安志在安業寺，惟此差不同。然志能言寺之位置及始末，則安業者是也。忌日，上詣寺行香，見之，武氏泣，上亦泣。王后聞之，陰令武氏長髮，長，知兩翻。勸上內之後宮，欲以間淑妃之寵。間，古莧翻。武氏巧慧，多權數，初入宮，卑辭屈體以事后；后愛之，數稱其美於上。數，所角翻。未幾大幸，幾，居豈翻。拜爲昭儀，后及淑妃寵皆衰，更相與共譖之，上皆不納。昭儀欲追贈其父而無名，故託以褒賞功臣，【章：十二行本「臣」下有「徧贈屈突通等」六字；乙十一行本同；孔本同；退齋校同。】而武士彠預焉。爲廢皇后、淑妃張本。彠，一號翻。

4 乙丑，上幸鳳泉湯；鳳泉湯在岐州郿縣。乙【章：十二行本「乙」作「己」；乙十一行本同；孔本同；張校同。】巳，還萬年宮。

5 夏，四月，大食發兵擊波斯，波斯國居達遏水之西，距京師萬五千里而贏，東與吐火羅、康接，北鄰突厥可薩部，西南皆瀕海。其先波斯匿王，大月氏別裔，王因以姓，又以爲國號。杜佑曰：波斯國卽條支之故地，大月氏之別種，其先有波斯匿王，因以爲號。大食本波斯地，隋大業中，有波斯國人牧于俱紛摩地，山有獸，言曰：「山西三穴有利兵，黑質而白文，得之者王。」走視，如言。石文言當反，乃詭衆裒亡命於恒曷水，劫商旅，保西鄙自王，移黑石寶之，國人往討，皆大敗而還，於是遂強。殺波斯王伊嗣侯，伊嗣侯之子卑路斯奔吐火羅。大食兵去，吐火羅發兵立卑路斯爲波斯王而還。

6 閏月，丙子，以處月部置金滿州。其地近古輪臺，屬北庭都護府。

7 丁丑，夜，大雨，山水漲溢，衝玄武門；此萬年宮之玄武門也。唐離宮諸門，蓋略倣宮城之制。宿衞士皆散走。右領軍郎將薛仁貴曰：唐制：自左、右衞至左、右金吾衞，其屬各有左、右中郎將府，有中郎將及左郎將、右郎將。將，卽亮翻。「安有宿衞之士，天子有急而敢畏死乎！」乃登門桄大呼以警宮內。桄，枯黃翻，門前橫木也。呼，火故翻。上遽出乘高，俄而水入寢殿，水溺衞士及麟遊居人，隋文帝於岐州之北置仁壽宮。大業初，置普潤縣。義寧二年，於宮獲白麟，因分普潤於宮置麟遊縣。仁壽宮，唐改爲九成宮，又改曰萬年宮。溺，奴狄翻。死者三千餘人。

8 壬辰，新羅女王金眞德卒，詔立其弟春秋爲新羅王。

9 六月，丙午，恒州大水，呼沱溢，漂溺五千三百家。恒，戶登翻。沱，徒何翻。

10 中書令柳奭以王皇后寵衰，內不自安，請解政事；癸亥，罷爲吏部尚書。

11 秋，七【章：十二行本「七」作「九」；乙十一行本同；孔本同；退齋校同。】月，丁酉，車駕至京師。

12 戊戌，上謂五品以上曰：「頃在先帝左右，見五品以上論事，或仗下面陳，唐制：常朝諸衞皆立仗，仗下宰執、諫官奏事。或退上封事，終日不絕；上，時掌翻。豈今日獨無事邪，何公等皆不言也？」

13 冬，十月，雇雍州四萬一千人築長安外郭，三旬而畢。雇者，以錢若物酬其功庸，不徒役其力也。雍，於用翻。癸丑，雍州參軍薛景宣上封事，言：「漢惠帝城長安，尋晏駕；事見十二卷漢惠帝三年、五年。上，時掌翻；下同。今復城之，復，扶又翻。必有大咎。」于志寧等以景宣言涉不順，請誅之。上曰：「景宣雖狂妄，若因上封事得罪，恐絕言路。」遂赦之。

14 高麗遣其將安固將高麗、靺鞨兵擊契丹；麗，力知翻。將，即亮翻。靺鞨，音末曷。契，欺訖翻，又音喫。松漠都督李窟哥禦之，大敗高麗於新城。窟，苦骨翻。敗，補邁翻。

15 是歲大稔，洛州粟米斗兩錢半，秔米斗十一錢。秔，音庚，稻之不黏者。

16 王皇后、蕭淑妃與武昭儀更相譖訴，更，工衡翻。上不信后、淑妃之語，獨信昭儀。后不能曲事上左右，母魏國夫人柳氏及舅中書令柳奭入見六宮，又不爲禮。武昭儀伺后所不敬者，伺，相吏翻。必傾心與相結，所得賞賜分與之。由是后及淑妃動靜，昭儀必知之，皆以聞於上。后寵雖衰，然上未有意廢也。會昭儀生女，后憐而弄之，后出，昭儀潛扼殺之，覆之以被。覆，敷又翻。上至，昭儀陽歡笑，發被觀之，女已死矣，卽驚啼。問左右，左右皆曰：「皇后適來此。」上大怒曰：「后殺吾女！」昭儀因泣數其罪。數，所具翻。后無以自明，上由是有廢立之志。又畏大臣不從，乃與昭儀幸太尉長孫無忌第，酣飲極驩，席上拜無忌寵姬子三人皆爲朝散大夫，朝，直遙翻。散，悉亶翻。仍載金寶繒錦十車以賜無忌。上因從容言皇后無子以諷無忌，從，千容翻。無忌對以他語，竟不順旨，上及昭儀皆不悅而罷。昭儀又令母楊氏詣無忌第，屢有祈請，無忌終不許。禮部尚書許敬宗亦數勸無忌，無忌厲色折之。上於無忌官及庶孽又有横賜，意可知矣，無忌欲格其非心，則辭而不受可也。爲無忌得罪張本。數，所角翻。折，之舌翻。

六年（乙卯、六五五）

1 春，正月，壬申朔，上謁昭陵；甲戌，還宮。

2 己丑，巂州道行軍總管曹繼叔破胡叢、顯養、車魯等蠻於斜山，拔十餘城。胡叢，劍山招討使所領五部落之一也；顯養、車魯亦各蠻種。「車魯」，新書作「東魯」。巂，音髓。

3 庚寅，立皇子弘爲代王，賢爲潞王。

4 高麗與百濟、靺鞨連兵，侵新羅北境，取三十三城；新羅王春秋遣使求援。使，疏吏翻。二月，乙丑，遣營州都督程名振、左衞中郎將蘇定方發兵擊高麗。將，卽亮翻。

5 夏，五月，壬午，名振等渡遼水，高麗見其兵少，開門渡貴端水逆戰，按舊書程名振傳，貴端水當在新城西南。少，詩沼翻。名振等奮擊，大破之，殺獲千餘人，焚其外郭及村落而還。

6 癸未，以右屯衛大將軍程知節爲葱山道行軍大總管，葱山卽葱嶺。以討西突厥沙鉢羅可汗。

7 壬辰，以韓瑗爲侍中，瑗，于眷翻。來濟爲中書令。

8 六月，武昭儀誣王后與其母魏國夫人柳氏爲厭勝，厭，於葉翻，又一琰翻。考異曰：舊傳云：「后懼不自安，密與母柳氏求巫祝厭勝，事發，故廢。」今從實錄。敕禁后母柳氏不得入宮。秋，七月，戊寅，貶吏部尚書柳奭爲遂州刺史。奭行至扶風，武德元年，分岐山置湋川縣，取湋水爲名；貞觀八年，更名扶風，屬岐州。九域志：縣在州東八十里。岐州長史于承素希旨奏奭漏洩禁中語，復貶榮州刺史。榮州，漢南安江陽之地，隋爲大牢縣，屬資州，武德元年，分置榮州。復，扶又翻。

唐因隋制，後宮有貴妃、淑妃、德妃、賢妃皆視一品。上欲特置宸妃，以武昭儀爲之，韓瑗、來濟諫，以爲故事無之，乃止。考異曰：唐曆在此年四月，今據實錄。四月，韓瑗、來濟未爲侍中、中書令。唐曆又云：「瑗、濟諫，帝不從。」按立武后詔書，猶云昭儀武氏。然則未嘗爲宸妃也。今從會要。

中書舍人饒陽李義府爲長孫無忌所惡，惡，烏路翻。左遷壁州司馬。武德八年，析巴州始寧縣地置壁州。敕未至門下，義府密知之，問計於中書舍人幽州王德儉，德儉曰：「上欲立武昭儀爲后，猶豫未決者，直恐宰臣異議耳。君能建策立之，則轉禍爲福矣。」義府然之，是日，代德儉直宿，叩閤上表，請廢皇后王氏，立武昭儀，以厭兆庶之心。厭，於葉翻。上悅，召見，與語，賜珠一斗，留居舊職。昭儀又密遣使勞勉之，使，疏吏翻。勞，力到翻。尋超拜中書侍郎。考異曰：舊傳云：「高宗將立武后，義府密申叶贊，擢拜中書侍郎、同中書門下三品、監修國史，賜爵廣平縣男。」新書本紀、年表皆云「是歲七月，義府爲中書侍郎參知政事」。實錄但云「超拜中書侍郎」。宰輔圖：「十一月，自中書侍郎參知政事。」今從之。於是衞尉卿許敬宗、御史大夫崔義玄、中丞袁公瑜皆潛布腹心於武昭儀矣。

9 乙酉，以侍中崔敦禮爲中書令。

10 八月，尚藥奉御蔣孝璋員外特置，仍同正員。尚藥局奉御，員二人，掌合和御藥及診候方脈之事。員外同正自孝璋始。

11 長安令裴行儉聞將立武昭儀爲后，以國家之禍必自此始，與長孫無忌、褚遂良私議其事。袁公瑜聞之，以告昭儀母楊氏，行儉坐左遷西州都督府長史。唐制：長安、萬年、河南、洛陽、太原、晉陽六縣，謂之京縣。京縣令，正五品上。西州，中都督府；中都督府長史亦正五品上。但從輦轂下出佐邊州，故爲左遷。行儉，仁基之子也。裴仁基，隋將，歸李密，爲王世充所殺。

12 九月，戊辰，以許敬宗爲禮部尚書。

上一日退朝，朝，直遙翻。召長孫無忌、李勣、于志寧、褚遂良入內殿。遂良曰：「今日之召，多爲中宮，上意旣決，逆之必死。太尉元舅，司空功臣，不可使上有殺元舅及功臣之名。

遂良起於草茅，無汗馬之勞，致位至此，且受顧託，不以死爭之，何以下見先帝！」勣稱疾不入。無忌等至內殿，上顧謂無忌曰：「皇后無子，武昭儀有子，今欲立昭儀爲后，何如？」遂良對曰：「皇后名家，先帝爲陛下所娶。爲，于僞翻。先帝臨崩，執陛下手謂臣曰：『朕佳兒佳婦，今以付卿。』此陛下所聞，言猶在耳。皇后未聞有過，豈可輕廢！臣不敢曲從陛下，上違先帝之命！」上不悅而罷。明日又言之，遂良曰：「陛下必欲易皇后，伏請妙擇天下令族，何必武氏。武氏經事先帝，衆所具知，天下耳目，安可蔽也。萬代之後，謂陛下爲如何！願留三思！臣今忤陛下，罪當死。」忤，五故翻。因置笏於殿階，解巾叩頭流血曰：「還陛下笏，乞放歸田里。」上大怒，命引出。昭儀在簾中大言曰：「何不撲殺此獠！」無忌曰：「遂良受先朝顧命，有罪不可加刑。」撲，弼角翻，又普木翻。獠，魯皓翻。朝，直遙翻。顧，音古。考異曰：唐曆云：「無忌等將入，遂良曰：『今者多爲中宮事，遂良欲諫，何如？』無忌曰：『公但極言，無忌接公。』及入，上再三顧無忌曰：『莫大之罪，無過絕嗣。皇后無子，今欲廢之，立武士彠女，何如？』無忌曰：『自貞觀二十三年後，先朝託付遂良，望陛下問其可否？』」按如此則是無忌賣遂良也。今不取。于志寧不敢言。

韓瑗因間奏事，間，古莧翻。涕泣極諫，上不納。明日又諫，悲不自勝，勝，音升。上命引出。瑗又上疏諫曰：「匹夫匹婦，猶相選擇，況天子乎！皇后母儀萬國，善惡由之，故嫫母輔佐黃帝，漢書古今人表：嫵母，黃帝妃，生倉林。師古曰：嫵，音謨；即嫫母也。何承天纂文曰：嫫母，醜人也，黃帝愛幸之。嫫，音謨。妲己傾覆殷王，妲己，有蘇氏之美女，紂愛之，唯妲己之言是從，卒以亡殷。妲，當割翻。詩云：『赫赫宗周，褒姒滅之。』詩小雅正月之辭。韓瑗之意，謂嫫母以醜而佐黃帝有天下，妲己、褒姒以美豔而亡殷、周，女在德不在色也。每覽前古，常興嘆息，不謂今日塵黷聖代。作而不法，後嗣何觀！左傳，曹劌諫魯莊公之辭。願陛下詳之，無爲後人所笑！使臣【張：「臣」下脫「言」字。】有以益國，菹醢之戮，臣之分也！分，扶問翻。昔吳王不用子胥之言而麋鹿遊於姑蘇。漢伍被曰：昔子胥諫吳王，吳王不用，迺曰：「臣今見麋鹿遊於姑蘇之臺也。」師古曰：姑蘇，因山爲臺名，西南去吳國二十五里。范成大吳郡志曰：姑蘇臺在姑蘇山。舊圖經云：在吳縣西三十五里。續圖經云：三十五里。史記正義曰：在吳縣西南三十里，橫山西北麓姑蘇山上。臣恐海內失望，棘荆生於闕庭，宗廟不血食，期有日矣！」來濟上表諫曰：「王者立后，上法乾坤，必擇禮教名家，幽閑令淑，副四海之望，稱神祇之意。是故周文造舟以迎太姒，而興關雎之化，百姓蒙祚；太姒，文王之妃也。詩云：文定厥祥，親迎于渭，造舟爲梁，不顯其光。太姒佐文王以興王業，故關雎美其德。稱，尺證翻。造，七到翻。孝成縱欲，以婢爲后，使皇統亡絕，社稷傾淪。事見漢成帝紀。有周之隆既如彼，大漢之禍又如此，惟陛下詳察！」上皆不納。褚遂良、韓瑗、來濟言皆痛切。此時去貞觀未遠，士大夫敢言之氣未衰，自三人者得罪，在朝之臣唯承武后風旨，安能言人所難言哉！

他日，李勣入見，見，賢遍翻。上問之曰：「朕欲立武昭儀爲后，遂良固執以爲不可。遂良既顧命大臣，事當且已乎？」對曰：「此陛下家事，何必更問外人！」自李勣有是言，李林甫襲取之以成明皇殺三子之禍。德宗舒王之議亦祖此說，微李泌，東宮殆哉！上意遂決。許敬宗宣言於朝曰：「田舍翁多收十斛麥，尚欲易婦；況天子欲立后，何豫諸人事而妄生異議乎！」以田舍翁況天子，許敬宗之事君，不敬莫大乎是！朝，直遙翻。昭儀令左右以聞。庚午，貶遂良爲潭州都督。潭州，在京師南二千四百四十五里。



王崇武標點容肇祖聶崇岐覆校